地図と鉄道省文書で読む私鉄の歩み

関西 2

近鉄・南海

今尾恵介

白水社

はじめに

鉄道や軌道の許認可に関する戦前の公文書が鉄道省（鉄道院）文書である。会社設立から鉄道・軌道敷設、停車場の新設や廃止、変電所や引込線の新設から車両関係に至るまで、さまざまな分野にまたがる許認可を記した文書だ。

これら国立公文書館に収蔵されている公文書の、古くは和紙に墨書——後には洋紙に万年筆と変わっていくが、それらを綴じた簿冊を一ページずつ繰りながら閲覧していくと、個々の事象は些末に見えることながら、それらの積み重ねを俯瞰してみると、一つの鉄道会社の黎明期から現在に至るまでの総体的な歩みがぼんやりと浮かび上がってくる。

会社のいろいろな申請に対して、許認可権者たる内務大臣や鉄道大臣（鉄道院総裁）の名が墨痕淋漓《ぼっこんりんり》たる筆致で記されており、それらはたとえば日本史の教科書でお目にかかった桂太郎、原敬や西園寺公望など錚々たる顔ぶれだ。彼らの印鑑と、時に花押の実に重厚なこと。

文書のページの行間からは、これから鉄道が敷設されて発展していく地域の期待や、事業の成功を祈る事業家の野望などが見え隠れする。しかしそれらは期待に満ちたものばかりではなく、戦時中の文書を繰れば、石油禁輸などで紙質の悪くなった黄土色の紙に綴られているのは、たとえば資材不足でどうにも貨客の輸送がままならない状況に対する呻き声だ。空襲に見舞われる時期になっても毎日これらに丁寧に対応した省庁の事務官たちの姿も目に浮かぶ。疎開した家族のことも気懸かりだったであろう。

鉄道会社の日々の地道な業務の積み重ねと、その許認可を担当する事務官たち。時には書類の不備で出頭を命じられた鉄道会社の社員が風呂敷包みをほどき、一所懸命に資料を示しつつ説明する場面もあっただろう。それらの小さな作業の積み重ねによって線路は建設され、日々の電車の運行は無事に行なわれ、今日の世界に冠たる「鉄道王国」は築き上げられた。

大上段に振りかぶるような話、社史に太ゴシックの見出しで飾られるような話ではなく、それら記念的な印刷物から除外されたような、ふつうの鉄道会社の職員やふつうの沿線住民、そしてふつうの公務員たちが地道に働いていた日常を意識しつつ、当時をしのばせるに最適な大きな縮尺の地形図という舞台装置を使って、鉄道会社のある一側面を描いてみたいと思う。もちろん「もうひとつの私鉄史」などと大きく構えるつもりは毛頭ないが、私個人が注目した、あるいはたまたま公文書の中で発見した文章をきっかけに、当時の地図や時刻表を眺めることで得られた「物語」をまずはお読みいただきたい。ただし歴史の専門家でもなければ、鉄道や会社組織に関して特段に広い知識を持っているわけでもない私のことである。とんでもない勘違いをしているかもしれないので、お気付きの際にはご教示いただければありがたい。

＊引用した公文書は読みやすさを考慮して漢字を新字に改め、適宜句読点を補い、必要と思われる箇所で改行を行なった。それ以外は国立公文書館収蔵の原本の通りである。

目次

はじめに 3

近畿日本鉄道

大阪〜奈良間の電車構想 13
生駒山地の難関を貫く 31

大阪南郊の支線型鉄道　44
大阪鉄道（大鉄）の発展　61
「一目千本桜」を目指す鉄道　79
信徒輸送鉄道の変貌　99
高速山越え線——参宮急行　116
津〜四日市間を結ぶ伊勢鉄道　138
三つ巴となった松阪〜伊勢神宮　154
名古屋への道　169

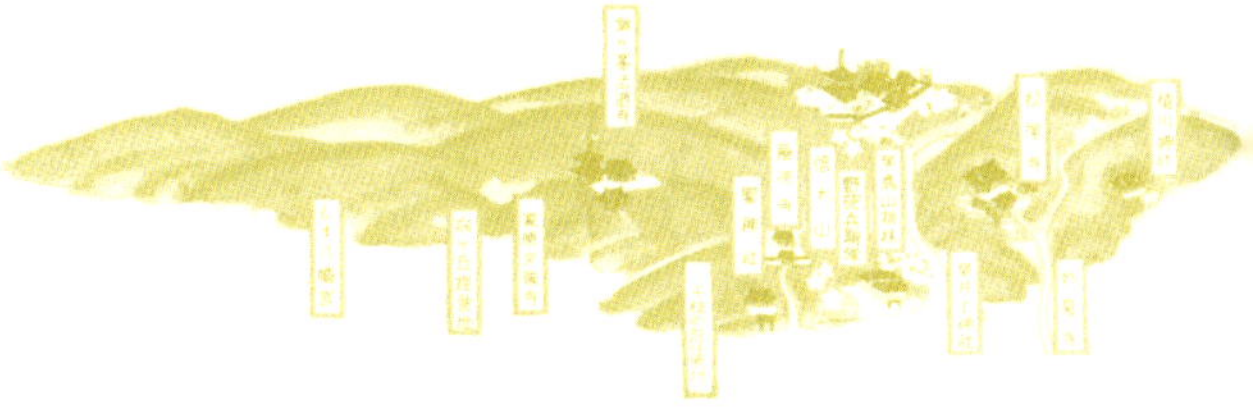

南海電気鉄道

大阪～堺間を結ぶ「最古」の私鉄　193
南海道の紀州和歌山を目指す　203
遥か高野山を目指して　219
和泉山脈を越えて橋本へ　235

高野山へ分け入る本格的登山電車 254
超高速のライバル・阪和電気鉄道 274
戦時体制下での阪和合併、そして国有化 294

あとがき 313
主要参考文献

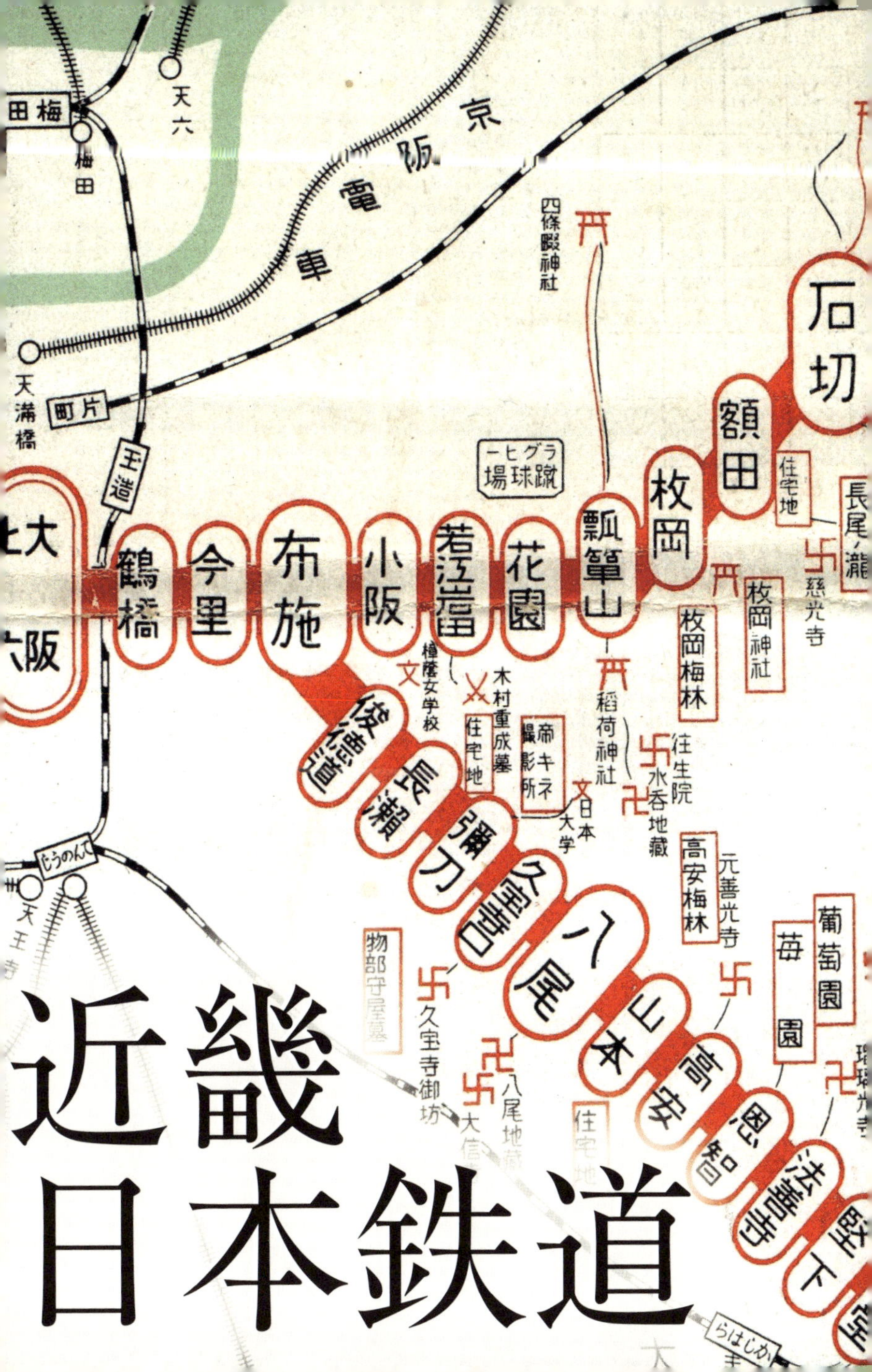
梅田
梅田
天六
京阪電車
天満橋
片町
玉造
四條畷神社
ラグビー蹴球場
鶴橋
今里
布施
小阪
若江岩田
花園
瓢箪山
枚岡
額田
石切
住宅地
長尾ノ瀧
慈光寺
枚岡神社
枚岡梅林
樟蔭女学校
木村重成墓
住宅地
帝キネ撮影所
稲荷神社
往生院
水呑地蔵
日本大学
俊徳道
長瀬
彌刀
久宝寺口
八尾
山本
高安
恩智
法善寺
堅下
高安梅林
元善光寺
葡萄園
苺園
物部守屋墓
久宝寺御坊
八尾地蔵
住宅地
てんのうじ
天王寺
かしはら

近畿日本鉄道

大阪〜奈良間の電車構想

立ちはだかる生駒山地を抜けて大阪と奈良を結ぶ

新幹線の上り「のぞみ」で新大阪駅を出てほどなく、右手遠方に連なる穏やかな稜線が生駒《いこま》山地である。南北に向いたこの山地は大阪平野の東縁を限っており、その向こう側は奈良県の大和盆地。地理の教科書では「断層山地」の典型として紹介されているが、要するに大地が東西から押し合った結果、東の地盤が西へ乗り上げたような形で、南北三五キロメートルにも及ぶ大きな逆断層が作り上げたものである。

このため山を越えるいくつかの峠道のいずれも西側が急峻だ。奈良県在住の友人と一緒に暗越《くらがりごえ》奈良街道を歩いた時も、坂道が緩い東側から歩きましょうと貴重なアドバイスを受けたものである。山から西へ流れる川はいずれも急勾配であるため、特に江戸時代後期に入って水車が多数設けられ、その動力を利用した伸銅業が発展した。現在でも生駒山地西側の東大阪市に金属加工業の会社や工場が集中しているのもそんな歴史が背景にある。

大和と河内の国境をなすこの生駒山地が障壁として立ちはだかるなか、大阪と奈良の町を結んだ鉄道は明治二三年（一八九〇）の大阪鉄道（後の関西《かんせい》鉄道、現JR関西《かんさい》本線）が最初で、生駒山地の南側を大和川沿いに迂回して奈良～湊町《みなとまち》（現JR難波）間を結んだ。そしてもう一本、大阪の片町《かたまち》を起点に山地の北側を迂回する浪速《なにわ》鉄道（現JR片町線）が、明治三一年（一八九八）に奈良の北隣の木津《きづ》駅まで開業している。

これに加え、明治三九年（一九〇六）の五月から七月にかけて、前記二路線が避けた生駒山地を通って大阪と奈良をまっすぐ結ぶ電気鉄道の特許申請が三件提出された。この年はちょうど阪神電気鉄道が開業し、

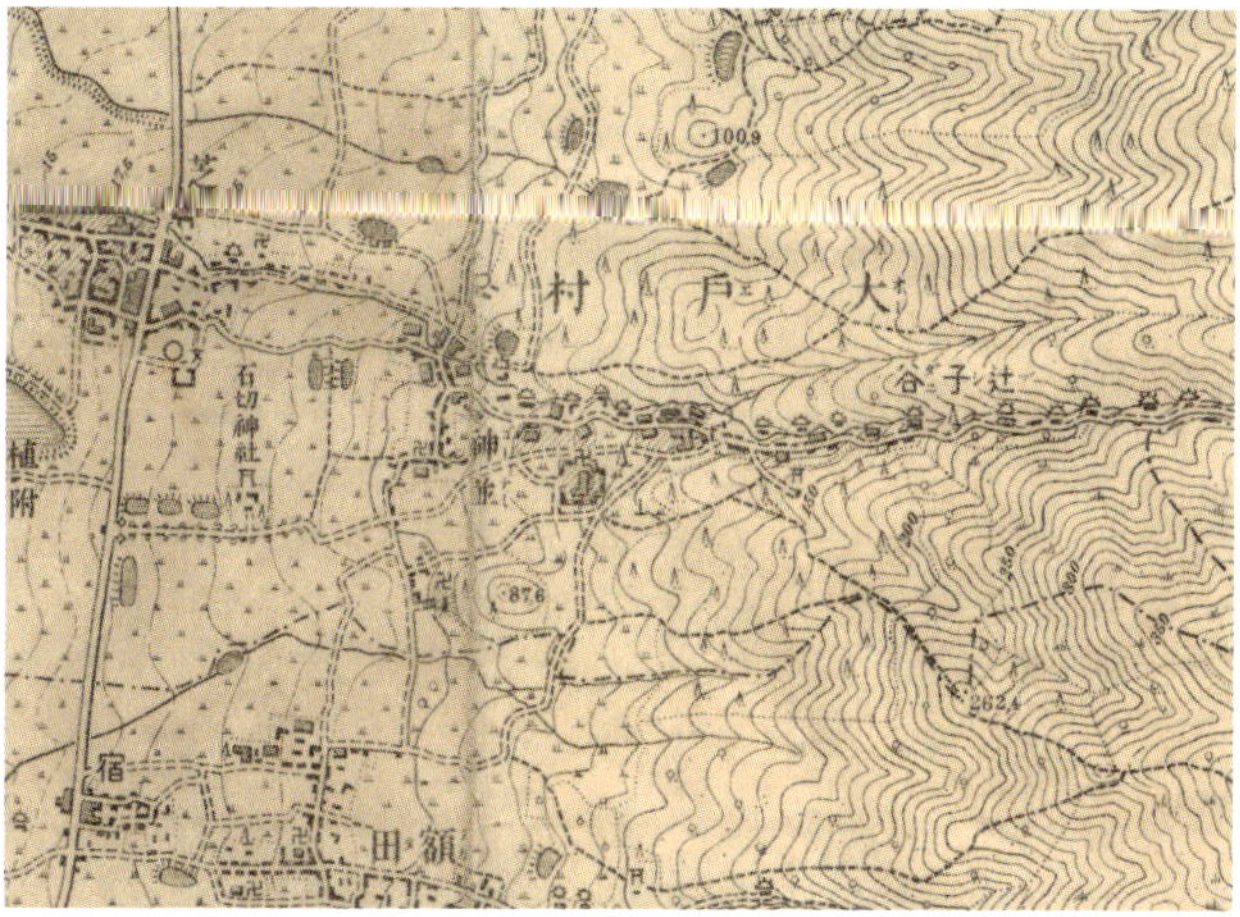

図2　江戸後期からの伸銅業の隆盛を物語る辻子谷《ずしだに》の水車群。これほど水車が密集した場所が他にあるだろうか。図は大阪電気軌道が開業する以前で、辻子谷は現石切駅付近から遡った場所。1:20,000「生駒山」明治41年測図　×0.65

図1　大阪と奈良の間に聳える生駒山地。旧来は関西本線が山の南側を経て両都市を結んでいたところを、大阪電気軌道（現近鉄奈良線・細い「軌道記号」で描かれている）は長大な生駒トンネルで近道させた。1:200,000帝国図「京都及大阪」大正8年製版＋「和歌山」大正9年製版　×0.75

そのスピードと待たずに乗れる利便性が注目された翌年にあたる。電車がこれだけ便利な乗り物であることが巷間に知れ渡ったからには、各地で電気鉄道・軌道の敷設計画が叢生するのも当然の成り行きだろう。

　これら三社は管轄の大阪府と奈良県の勧告で合同することとなり、同じ年の一二月三日に「奈良電気鉄道株式会社」が設立されている。同社の特許申請書によれば大阪市東区上《うえ》本町《ほんまち》六丁目一五四番地を起点に暗越奈良街道を東進し、奈良市三条町二四番地に至るもので、当初の目論見では生駒山地を越える暗越の区間にはケーブルカーを採用することとなった。建設予算は三〇〇万円。申請した翌年の明治四〇年（一九〇七）

四月三〇日に軌道の敷設特許を得ている。社名については私設鉄道条例ではなく軌道条例によることから同年六月に奈良軌道株式会社と変更した。

生駒山地を経て阪奈間を結ぶには、もちろん大金をかけて長いトンネルを掘るのが最良であるが、そうでなければ何度もヘアピンカーブを繰り返す葛折《つづら》りの線路を敷くか、箱根登山鉄道（当時まだ存在しない）のようなスイッチバックなどの方法が考えられる。しかし西側の最も急峻な地形に「普通の線路」を敷くのは、暗越を歩いた人なら実感できると思うが困難で、結論としてこの区間のみケーブルカー方式を採用することとなった。

三割が路面区間だった当初の計画

次はこの日に当局から受けた特許命令書の一部だが、これは敷設区間を道路上と新設軌道（専用軌道）に区別し、それぞれの起終点の地番を明記したものだ。当初の原本が簿冊に綴じられていなかったので、それ以外に「参照」として何か所かに一部転載された文書などを繋いで構成してみた。各区間の冒頭は原文ではすべて「一」であるが、説明のため丸数字①②③……に改めている。なお区間の終端点と次の区間の起点はまったく同一なので、繁雑を避けるため②以降の起点の所在地表示は便宜的に〔前項〕と表示した。

内務省阪甲第六号　明治四十年四月卅《さんじゅう》日

命　令　書

第一条　今般奈良電気鉄道〔最終的には奈良軌道〕株式会社発起人前田欣次郎他百四名ニ対シ特許シタル軌道ノ線路ハ左ノ如シ。

①奈良市三条町二十四番地ノ一地先ヨリ奈良県生駒郡都跡《みあと》村大字尼ヶ辻《あまがつじ》五百九番地先ニ至ル仮定県道

②〔前項〕ヨリ同県同郡伏見村〔現奈良市〕大字宝来《ほうらい》六十八番地ニ至ル新設軌道

③〔前項〕ヨリ同県同郡同村同大字百九十四番地先ニ至ル里道

④〔前項〕ヨリ同県同郡富雄《とみお》村〔現奈良市〕大字三碓《みつがらす》千七百八番地ニ至ル新設軌道

⑤〔前項〕ヨリ同県同郡北生駒村〔現生駒市〕大字菜畑《なばた》三百五番地先ニ至ル仮定県道

⑥〔前項〕ヨリ大阪府中河内《なかかわち》郡英田《あかた》村〔現東大阪市〕大字吉田字川島六百六十六番地ニ至ル新設軌道

起点の奈良市三条町から尼ヶ辻まで仮定県道ということなので、現在の三条通をまっすぐ西進して近鉄橿原《かしはら》線の現尼ヶ辻駅付近を通り、そこから宝来までは暗越奈良街道〔国道三〇八号〕にほど近い場所、さらに三碓までは阪奈道路にほぼ並行、そこから県道で椚《くぬぎ》峠を経由して菜畑〔近鉄生駒線菜畑駅付近〕へ出るルートらしい。

その先の⑥の区間が生駒山地を越える新設軌道になるはずだが、詳しい経由地はわからない。菜畑からは生駒山地の最高峰である生駒山をわざわざ経由しないだろうから、徐々に南寄りにトラバースし、暗峠あたりから西へ下っていくと思われる。ケーブルを敷設するとすればこのあたりに

間違いなさそうだ。申請書などによればケーブル線の勾配は「八分ノ一」すなわち一二五パーミルというもので、これでも暗峠西側の道路勾配よりはだいぶ緩い。なお⑥の終点の所在地である吉田は現東花園駅の北方である。

〔承前〕⑦〔前項〕ヨリ同府同郡玉川村〔現東大阪市〕大字稲葉字垣花六百三十四番地先ニ至ル仮定県道

⑧〔前項〕ヨリ同府同郡意岐《おき》部《べ》村〔現東大阪市〕大字菱江《ひしえ》東《ひがし》字花畑五百九十二番地先ニ至ル新設軌道

⑨〔前項〕ヨリ同府同郡同村

図3　開業翌年の大阪電気軌道が載った奈良付近の地形図。当初の軌道敷設申請書では国鉄奈良駅北方から西へ延びる暗越奈良街道（三条通）を進むルートであった。西大寺で接続する畝傍《うねび》支線（現近鉄橿原線）や奈良電気鉄道（現近鉄京都線）はまだない。1:50,000「奈良」大正4年鉄道補入

大字新家《しんけ》字西ノ口十五番地先ニ至ル仮定県道
⑩〔前項〕ヨリ同府同郡同村大字御厨《みくりや》字敷地九百九十七番地ニ至ル新設軌道
⑪〔前項〕ヨリ同府同郡楠根《くすね》村〔現東大阪市〕大字川俣字海道下六百七番地先ニ至ル仮定県道
⑫〔前項〕ヨリ同府同郡高井田《たかいだ》村〔現東大阪市〕大字高井田字河原崎七百九十八番地ニ至ル新設軌道
⑬〔前項〕ヨリ同府東成《ひがしなり》郡南新開荘《みなみしんかいのしょう》村〔現大阪市東成区〕大字深江《ふかえ》字角田千百七十六番地先ニ至ル仮定県道
⑭〔前項〕ヨリ同府同郡同村大字深江字中大路下千百十番地ニ至ル新設軌道
⑮〔前項〕ヨリ同府同郡同村大字大今里《おおいまざと》字宝寺三十一番地先ニ至ル仮定県道
⑯〔前項〕ヨリ同府大阪市東区〔現天王寺区〕上本町六丁目百五十四番地先ニ至ル新設軌道

峠越え区間にはケーブルカー方式を採用

『大阪電気軌道株式会社三十年史』（同社昭和一五年）には前記の免許区間それぞれの距離が掲載されているので転載しておこう。もちろん①～⑯の数字は引用者による便宜的な番号である（一

内はキロメートル換算)。細かいことではあるが、文書によれば大阪府内でも当時は府道ではなく「県道」と称したらしい。

①県道　一哩《マイル》十六鎖《チェーン》四十節《リンク》〔一・九四キロメートル〕
②新設　零哩七十七鎖二十節〔一・五五キロメートル〕
③里道　零哩二十九鎖二十節〔〇・五九キロメートル〕
④新設　二哩七十五鎖三十節〔四・七三キロメートル〕
⑤県道　一哩零鎖五十節〔一・六二キロメートル〕
⑥新設　五哩五十五鎖二十節〔九・一六キロメートル〕
⑦県道　零哩五十四鎖〔一・〇九キロメートル〕
⑧新設　零哩四十一鎖〔〇・八二キロメートル〕
⑨県道　零哩六十一鎖六十五節〔一・二四キロメートル〕
⑩新設　零哩三十八鎖十節〔〇・七七キロメートル〕
⑪県道　零哩三十八鎖五十節〔〇・七七キロメートル〕
⑫新設　零哩二十七鎖二十五節〔〇・五五キロメートル〕
⑬県道　零哩三十八鎖二十節〔〇・七七キロメートル〕
⑭新設　零哩十六鎖四十節〔〇・三三キロメートル〕
⑮県道　零哩三十七鎖二十節〔〇・七五キロメートル〕

⑩新設　一哩四十九鎖九十節〔二・六一キロメートル〕
合計　十八哩十六鎖〔二九・二九キロメートル〕
＊現在の近鉄奈良線大阪上本町〜近鉄奈良間は三〇・八キロメートル。

再び命令書の続きを引用する。軌条の項で「グルーブドガーダーレール」とあるのは、路面区間に用いられる溝付きレールのことだろう。また文中に何度か登場する「鋼綱」は「鋼綱（ケーブル）」のことらしい。当時は「鋼索鉄道（ケーブルカー）」の語が定着していなかったのだろうか。

〔中略〕
第二条　原動力ノ方式ハ大阪市内ハ複線架空式、其ノ他ハ単線架空式トス。但《ただし》山間部ノ急坂路ハ鋼綱《ママ》釣瓶《つるべ》式トス。
〔中略〕
第四条〔略〕
第五条
一、〔略〕
二、軌条ハ鋼鉄製「ステツプ」若《もしく》ハ「グルーブドガーダーレール」ヲ用ヰ《もちい》、其ノ重量ハ一碼《ヤード》ニ付七十封度《ポンド》〔約三五キロレール〕以上トス。鋼綱釣瓶式ヲ用ヰル山間部急坂路ニハ、重量一碼ニ付六十封度〔約三〇キロレール〕以上ノ鋼鉄製工字形軌条ヲ用フヘシ。

〔中略〕

十、鋼網式釣瓶式ヲ用キル山間部急坂路ヲ外《ママ》クノ外、勾配ハ二十五分ノ一〔四〇パーミル〕ヲ超ユヘカラス。

十一、〔以下略〕

生駒山北方を大迂回するコース

生駒山地の西側はおおむね暗越奈良街道上もしくはこれに沿って西へ進み、屈曲部分は新設軌道という原則であったようだ。文書の中で急坂路に設置する「釣瓶式」と言及されたケーブルカーであるが、現在では一般の電車との間には天と地ほどの輸送力の違いがあるので、途中でケーブルに乗り換えるなどナンセンスに感じられるかもしれない。

しかし明治末の電車といえば一両編成が当たり前で、電車から乗り換える煩わしさはあったかもしれないが、現実的な選択肢だったのである。それでも、前掲の『三十年史』では「株主の不安を払拭するため」にもケーブルを用いない新たな迂回線を検討したとして、次のように記している（二四ページ）。

一方会社創立の準備は進捗して、〔明治四三年〕六月三十日には株式の引受も満株に達し、その第一回払込金を七月二十五日限と定め、新秋九月には愈々《いよいよ》創立総会を開かうとするまでに進んだが、世間では、前に特許せられた線路中暗峠に軌道を敷設し、ケーブル式に拠《よ》らうとする計画を

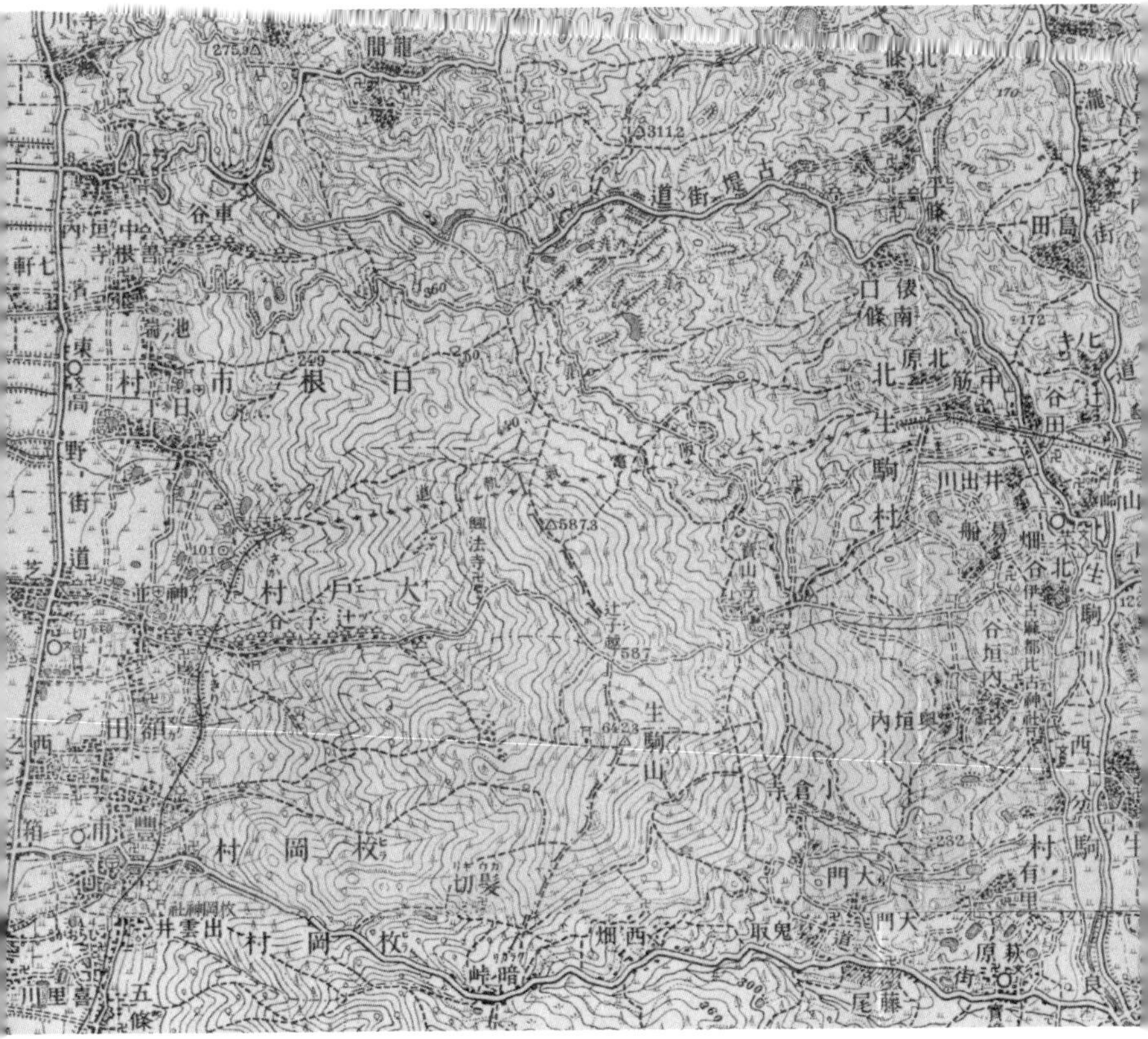

図4　標高642メートルの生駒山を頂点とする生駒山地を貫いた大阪電気軌道の生駒トンネル（現在線より少し北側）とその周辺。当初の申請では南に見える暗峠付近で「鋼綱釣瓶式軌道（ケーブルカー）」の区間が想定されていた。比較検討された3ルートのうち甲案は図の北端「龍間」付近を迂回する路線、乙案は実現した丙案と甲案の間を通るものであった。
1:50,000「大阪東北部」大正3年部分修正＋「大阪東南部」大正3年部分修正　×0.95

机上の空論とし、その完成は不可能であるとの風説を伝へるものがあつた。創立事務所としては、斯《かか》る風説のために不安を感ずる株式引受人のあることを慮《おもんぱか》り、七月九日事務の経過及び計画の状況等を報告する書中に、前記ケーブル式に依り車台を昇降せしむる工法は、決して不可能ではないが、たゞ乗換の不便が交通の渋滞を来たす虞《おそれ》ある故に、之を廃して同山麓より北方生駒山に沿ひ、その低鞍部を普通軌道によつて越すことにすれば、却つて乗客の便利であることを認め、目下適当なる線路を選定するために、実地測量に従事中である旨を告げ、また輸送力を充実して将来の発展に備へるために、前に特許を得た単線軌道を複線とし、県道などによらずに専用軌道に変更する計画であることをも知らしめた。

ケーブルに頼らない路線として検討された甲・乙・丙の三ルートはおおむね次の通りであった。

〔甲〕現在の瓢簞山《ひょうたんやま》駅付近から生駒山地に沿って北上しつつ標高を稼ぎ、現在大東市の龍間《たつま》から山を越え、その後は南へ転じて生駒山地の東麓を現生駒駅方面へ勾配を下って富雄《とみお》村の丘陵へ向かう一〇マイル（約一六・一キロ）。

〔乙〕甲線の龍間より少し南に位置する現東大阪市の善根寺谷《ぜんごんじだに》から山に入り、約一マイル三〇チェーン（約二・二キロメートル）のトンネルをくぐり、生駒山地の東麓を斜めに下って富雄村丘陵へ通じる九マイル（約一四・五キロメートル）。

〔丙〕乙線よりさらに南側の日下《くさか》から約二マイル（約三・二キロメートル）の長いトンネルを抜けて

まっすぐ富雄村丘陵に達する約七マイル半（約一二・一キロメートル）。

先見の明あった岩下清周の決断

甲は迂回して低い鞍部を越える、建設費は安価だが遠回りで急勾配、丙は大胆にも生駒山を貫く当時としては日本一であった中央東線（現中央本線）の笹子トンネル（四六五六メートル）に次ぐ長大なトンネルを掘るというもので、こちらは近道で勾配も抑えられるが、莫大なトンネルの建設費がネック。乙は両者の中間という位置づけだ。

その後の役員会ではそれこそ甲論乙駁の議論があったというが、最終決定を下す明治四三年（一九一〇）一一月二一日の役員会において、丙のトンネル案に決している。取締役の一人であった著名な実業家・岩下清周（後に大阪電気軌道の第二代社長）が最も積極的にこのトンネル案を推したとされるが、『三十年史』には後の金森又一郎社長（昭和二年〜一二年在任）が『岩下清周伝』で述べたという次の文言が引用されている。

愈々工事に着手するに当つて、生駒山を越えるか、又は隧道《ずいどう》を貫通するかといふ問題で、社内の意見が纏《まとま》らず、此の両案（甲と丙）を比較研究の結果、隧道によつて貫通することに決したのであるが、其の際翁（岩下氏）は「之は断じて隧道とすべきものだ」と強硬な意見を主張され、其の他の建設工事にしても「最初にウンと金をかけて完全なものを建設せねばならぬ。之れが為三百万円の会社が六百万円の金を費《つか》つた処《ところ》で、夫《そ》れは敢て問題でない。要は後日に悔を残さぬことである」と極めて強く云はれ、今日大軌の工事が其の完全を誇り得る所以《ゆえん》のもの偏《ひとえ》にそれが為で、その達見には敬服せざるを得ない。

鉄道当局には同年一二月一七日に一旦「甲」のルートで線路変更申請を行なっているのだが、その際に新設軌道と併用軌道が混在した旧来の特許線を、大半を専用軌道とするよう改めている。具体的には前掲の②から⑭の区間をひとまとめに「奈良県生駒郡都跡村大字尼ヶ辻五百九番地ヨリ大阪府東成郡南新開荘《みなみしんかいのしょう》村大字深江字中大路下千百拾番地ニ至ル新設軌道」とした。この時の理由書は次の通り。

理　由　書

当会社軌道線路中、大阪府東成郡南新開荘村大字深江字中大路下千百拾番地ヨリ七哩〔約一一・三キロメートル〕ノ地点ニ至ル間ハ山間部ト接続上甚シク迂曲ノ線路ヲ形成スルノミナラス、従来新設軌道又ハ道路上ニ交々《こもごも》敷設スルノ計画ナリシカ為メ、処々《ところどころ》ニ線路ノ屈曲ヲ生シ、運転上安全ヲ保シ難ク、且《か》ツ将来線路ノ維持ニ多分ノ労費ヲ要スル恐レアルヲ以テ、是等ノ故障ヲ避クル為メ、特ニ軌道敷ヲ設ケテ線路ヲ敷設スルコト、シ、運輸ノ安全ヲ計ラントスルモノニ有之《これあり》候。

①〜⑯のうち奇数の項目が路面区間を走る併用軌道であるが、その合計は全体の三割にあたる八・七七キロメートルにも及び、しかも狭い里道が大半を占めるため、屈曲して安全面からもス

ピードの点からも問題があるとして、大半を新設軌道に変更したのである。高速輸送機関として急速に存在感を増しつつあった当時の電気鉄道のまさに変貌を感じさせる。なおこの申請の二か月前の明治四三年（一九一〇）一〇月一五日付で奈良軌道株式会社は「大阪電気軌道株式会社」と商号変更を行なった。

「製氷の適地」という寒冷地の心配

大阪電気軌道では、この長大トンネルによるルートを実現すべく翌四四年二月八日に再度の線路変更申請を行っているが、その申請書と理由書は次の通り。

線路変更許可申請書

明治四十年四月三十日内務省阪甲第六号ヲ以テ特許相受候御命令書第一条軌道線路中、別紙図面ノ通変更仕《つかまつりたく》度候間、御許可被成下度《なしくだされたく》図面并《ならびに》理由書相添此段申請仕候也。

明治四十四年二月八日

大阪市東区今橋三丁目二番地

大阪電気軌道株式会社

取締役社長　広岡恵三　印

内閣総理大臣侯爵　桂　太郎殿

内務大臣法学博士男爵　平田東助殿

理由書

当会社軌道線路中、生駒山間部ハ鋼綱式釣瓶式《つるべ》ニ依ルモノトシテ特許相受候得共《そうらえども》、平坦部ト接続上多大ノ不便アリ。且ツ急坂ヲ上下スルニ危惧ノ感ヲ抱カシムルノ懸念有之《これあり》候為メ、曩《さき》ニ御許可ヲ得テ釣瓶式ヲ廃シ、生駒山脈ノ北方ヲ繞《めぐ》リ、全線同一方式ノ電気軌道ニ相改メ候ニ付テハ、猶《なお》実施設計ニ際シ違算ナキコトヲ期シ、再三実測精査相遂ケ候処、右変更線ノ一部、即チ生駒山《さん》巓《てん》〔山頂〕ニ近キ部分ニ於テ大小延長約六十鎖〔六〇チェーン＝約一・二キロメートル〕ノ隧道ヲ鑿《うが》ツノ設計トナシタルニ、尚三十分一〔三三・三パーミル〕以上ノ急勾配総テ五哩五分〔約八・九キロメートル〕ニ亘リ、切取築堤等工事モ亦頗《またすこぶ》ル多ク、且ツ此局部ハ冬期凍氷ノ製造ニ適スル程寒冷ナル地帯ニ属スルヲ以テ、仮令《たとえ》施工上ニ注意ヲ加フルモ、厳冬ニ際シテハ軌道并《ならび》ニ架空線〔架線〕ノ保存ニ幾多ノ困難ヲ来スヘキ恐レアリ、到底安全ナル計画ヲ為スニ適シ難ク相覚ヘ候。

北へ迂回するルートは山岳地帯ゆえ築堤・切取工事が多く、さらに製氷の適地であるほど寒冷な地域であるため、そのような所に急勾配の電気軌道を敷設すれば架線をはじめ施設のメンテナンス上の問題が生じ、安全運行が保証できないと主張している。

〔承前〕依之《これにより》能フ限リ急勾配ノ箇所ヲ減シ、危険ヲ避クル為メ、山巓ニ近キ一部ヲ変更シ、従来設計セル隧道ノ位置ヲ低下延長シテ掘鑿スルノ計画ヲ相立テ申候。之レカ為メ工費ノ増加ハ相免

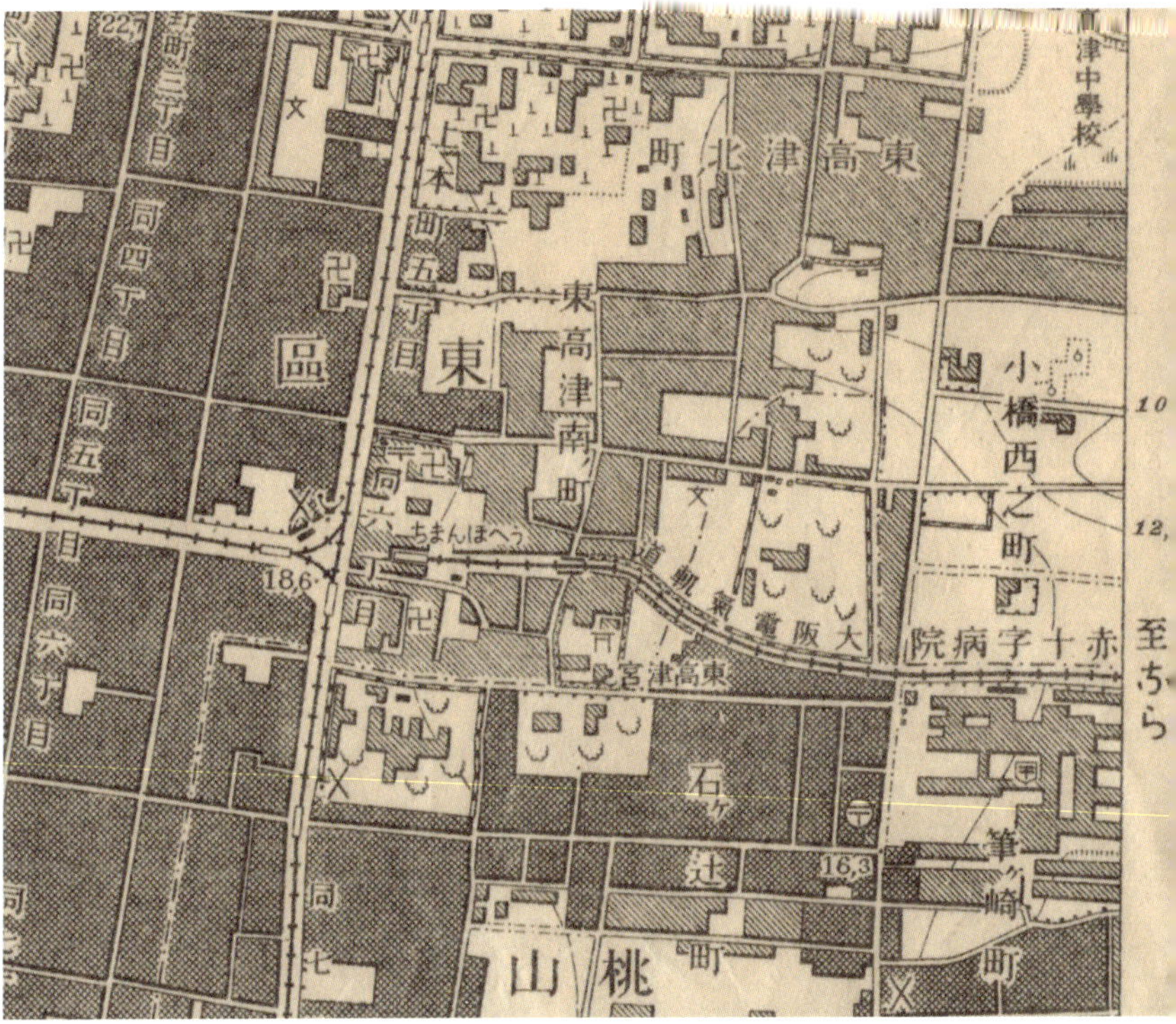

図5　起点の上本町（現大阪上本町）駅。現在では十字路である上本町交差点の東側の道路（千日前通）はまだ通じておらず丁字路だが、市電の系統は集まっており、都心部への交通は便利であった。現在の地上駅は少し南側にある。1:10,000「大阪南部」大正10年測図　×1.3

レ難ク候得共《そうらえども》、三十分ノ一勾配ハ僅《わずか》ニ一哩ニ止リ、如上ノ危険ト困難ヲ除キ、運輸上最モ安全ヲ期シ得ヘク候ニ付、不得止《やむをえず》費額ノ増嵩ヲ忍ヒテ本線ヲ択《えら》ヒタルモノニ有之候。而シテ本願ハ御命令書第一条ノ軌道経過地名ニハ影響セス、同一区内ニ於ケル変更ニ有之候間、事情御諒察宜《よろ》シク御詮議奉　請《ねがいたてまつり》候。

そこで急勾配および危険箇所を可能な限り減らすためにも、従来計画より標高の低い所で長大なトンネルを穿つことにした。建設費は大幅に膨らんでしまうが、これは仕方のないことである、と。

しかし株主たちはこの出来たての電気軌道会社が新トンネルの莫大な工事費を払うことができるか不安だったようだ。『三十年史』には「この決定が一度《ひとた》び発表せられるや、今日と大《おおい》に趣を異にした当時のことであるから、またまた世間では生駒隧道を無暴の挙であるとして、嘲笑と非難を以て之を迎へ、中には大軌の運命知るべしとまで極言した人々さへあつた」とある。

今日の「大近鉄」を知らない株主たちが、今で言えば成り上がりのベンチャー企業が身の丈に合わない無謀な投資を強行しようとしている、と受け止められたのも当然かもしれない。後世の高い所から振り返って過去の「愚行」を批判するのは簡単なことだ。いずれにせよ大軌の役員たちはいよいよ腹を括って開通に向けて前進しようと決心したのであるが、しかしその先には大きな試練が待っていた。

生駒山地の難関を貫く

『橋のない川』と生駒トンネルの事故

明治末から大正にかけての被差別部落の暮らしを描いた住井すゑさんの『橋のない川』は、今の若い人には馴染みがないかもしれないが、少し前の時代であれば同和教育にとって不可欠な作品として位置づけられていた。しかしもっぱら部落問題に焦点を当てた評価がなされてきたため、この時代の庶民生活の細部を丁寧に描いた文学という側面にあまり光が当てられていないのは残念だ。一方でこの作家に対して「戦前は時勢に迎合していた」といったマイナス評価も散見するが、そんな類の批判ができる「有資格者」がはたしてこの国にどれだけいるだろうか。

それはともかく、『橋のない川』の第一部には、大阪の上本町《うえほんまち》から奈良を結ぶ大阪電気軌道（現近鉄奈良線）の建設中に生駒トンネルで起きた事故の様子が描かれている。明治四四年（一九一一）八月の着工から約一年半、事故は明治天皇の崩御後からちょうど半年が過ぎようとしていた大正二

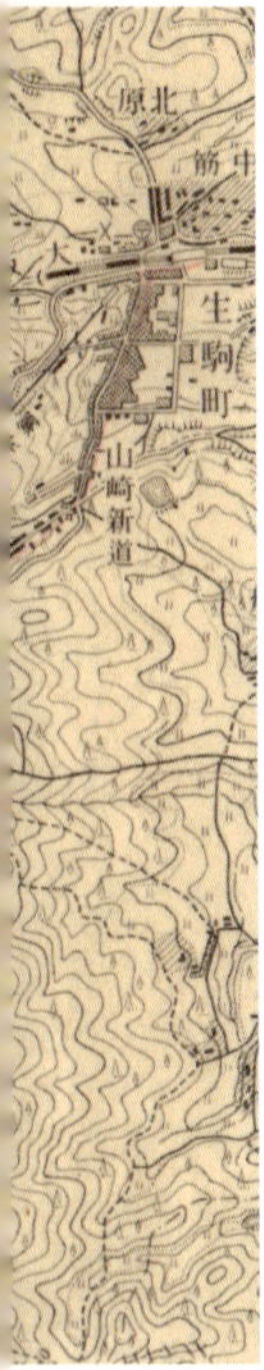

年（一九一三）一月二六日のことであった。一五時二〇分に東口、つまり生駒側から六九八メートル入った地点で大規模な岩盤崩落が起きたのである。坑内には掘鑿に従事していた現場監督を含む約一五〇人が閉じ込められた。『橋のない川』では主人公の住む部落からも工事に行っている設定で、そのシーンは現場付近に居合わせた亀三の話から始まる。当時の空気がよく伝わってくるので、少し長いが引用しよう（『橋のない川』第一部　新潮社版四四四〜四四五ページ、一九九二年発行。〔　〕内は引用者注）。

「三時ちょっと過ぎてましたやろか。」と、亀三はすすめられるままにわらじを解きながら、もう気ぜわしく話しはじめた。

「わしは、いつもと同じように、王寺駅〔関西本線。生駒トンネル東口から約一三キロ南方〕からつけてきた煉瓦をおろしてましたんや。そしたら山の方から、いきなりごーっと大風が吹きおろしてくるみたいな音がした思うと、ダ、ダ、ダーンて、それはどえらい地響きがしましてな、わしは、こりゃもうてっきり生駒山が総崩れになるんや思うて、牛も車もほったらかして逃げましてン。それは、もうだいぶ前から、聖天《しょうでん》さんのお山を荒した罰に、今に仰山人死《ぎょうさんひとじに》が出るような事が起こるやろうと、恐いうわさがあったよって、そら、来よった！と思いましたんや。

せやけど、いくら逃げよう思う

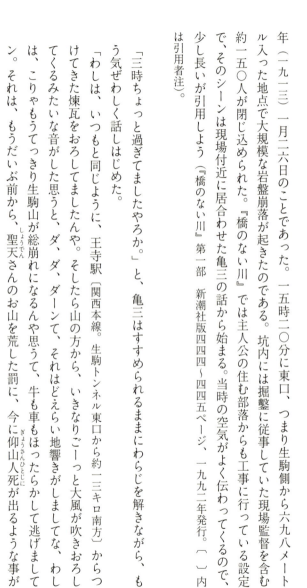

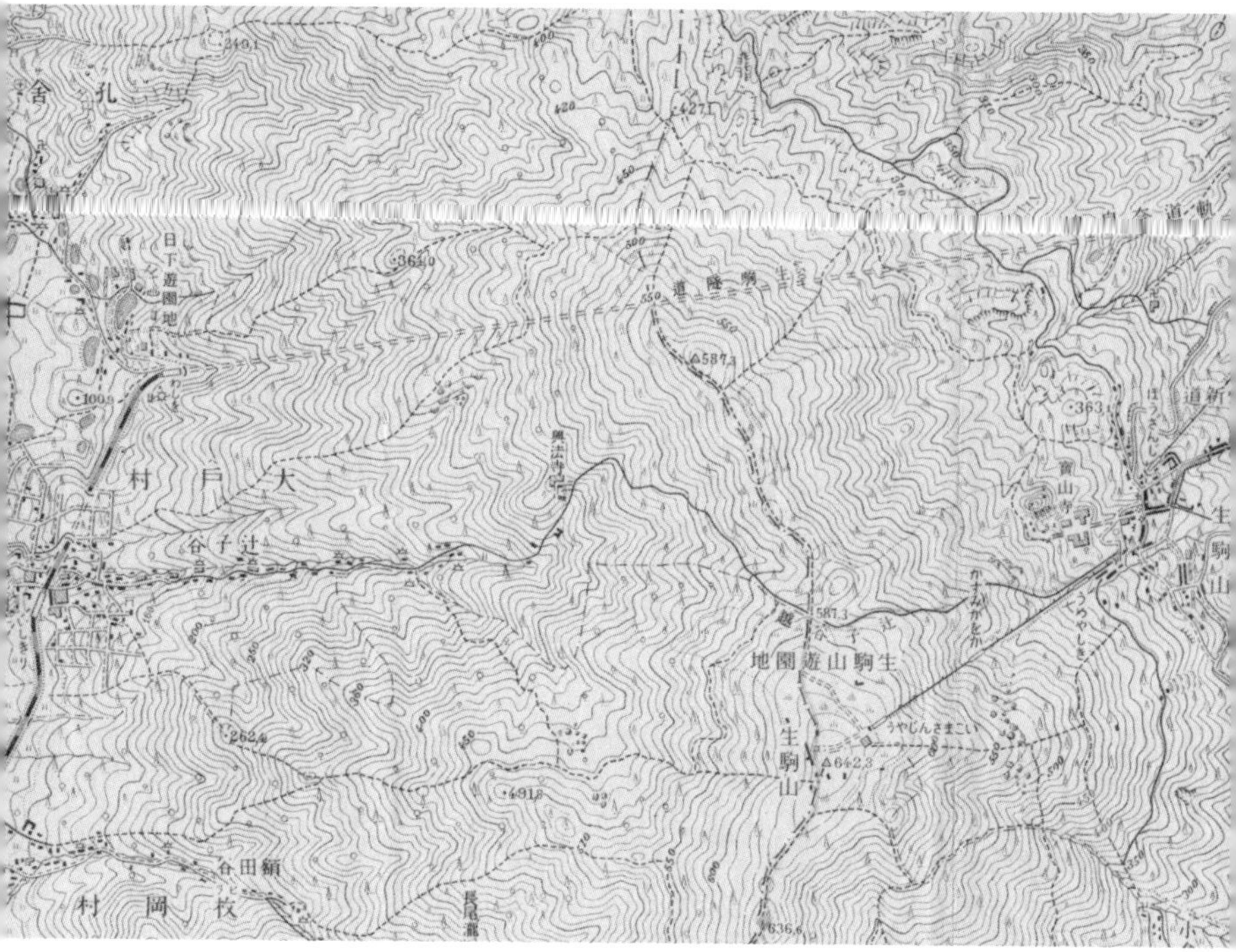

図1　当時は日本第二位の長さを誇った3388メートルの旧生駒トンネル。現在の新生駒トンネルの北側に並行していた。これにより大阪〜奈良間の所要時間は大幅に短縮されることとなる。
1:25,000「生駒山」昭和4年修正　×0.85

ても、そない遠くまでとても逃げられるものやおまへん。気イついたら、政吉がそばに居よって、〝叔父さん、えらいことでけた。小森の小父《おっ》さんは、トンネルの中や。〟いいますネ。それから会社の事務所へ走っていきましたんやが、事務所はもう大けな騒ぎで……。なんでも東の入口から五、六町奥のところで崩れてますんやそうな。」

「じゃ、そこからずーっと奥まで崩れてんのかな?」

「それが、旦那はん、どんなあんばいか、わしらが来る時はまだわかりまへんでした。三、四間〔約五・五〜七・三メートル〕崩れただけか、それとも、掘ったとこがみんな崩れてしもたんか。もしそうやったら、四、五町〔約四三六〜五四五メートル〕も崩れた勘定で、なかで働いたはった百五、六十人は、みな死んでしまうしかおまへん。いくらなんでも、そねんむごい事があってよろしもんか！　働いたはる人らは、みな聖天さんを信心して、肌身はなさずお守りをいただいてますんやさかい。」

広軌複線式では「東洋一」の隧道

当時の日本で最長のトンネルといえば、明治三六年（一九〇三）に開通した中央本線の笹子トンネル（四六五六メートル。現上り線）であったが、もちろん単線非電化であり、これに対して大阪電気軌道が手がける生駒トンネルは三三八八メートルと及ばないながらも、広軌（標準軌）複線式では「東洋一の大隧道」として評判であった。最新鋭の送風機などが導入されていた現場のはずであるが、掘鑿に従事していた人たちが生駒聖天こと宝山寺の鎮守神である歓喜天のお守りを身につけていたことなどは、近世から近代への移行期の風俗として捉えられるかもしれないが、常に命の危険に直面しながら作業にあたる人たちだからこそ、神仏の力にすがりたい気持ちは理解できる。

遭難を聞いて駆けつけた家族や親類たちはトンネル入口に近い場所で救出活動を見守っていたが、事故から一時間四〇分後の一七時頃から昼夜兼行の作業が功を奏し、坑内に閉じ込められた人の大半が救出されている。しかし不幸にも一九人が還らぬ人となった。家族の身を案じて聖天さんへお参りしていた妻（かね）らが見た光景は印象的だ。

人、人、人。右手の山ひだからなおも現われる人、人、人。五十人。七十人。いや、百人をまだ上越すほどの人数だ。人数《ママ》はダッ、ダッ、ダッと山坂を踏み鳴らし、はだかの肩で、はだかの胸で、刻々かねたちに迫ってくる。

もう疑う余地はない。それはたった今、死のトンネルから救い出された人たちなのだ。中には、広吉〔夫〕もまじっているにちがいない。

つまり生き埋めの絶望から奇跡的に助けられた男たちが、聖天さんにお礼参りするために駆けつけるシーンである。『大阪電気軌道株式会社三十年史』にもその描写がある。住井すゑさんも同書から材料を得たのかもしれないが、以下そのくだりを引用しよう。ちなみにかねさんの夫・広吉は不幸にも還らぬ人となった。

殊に生埋《いきうめ》となつた工夫達の聖天を恐るゝことは非常なもので、救ひ出された時の如きは、百余名が一斉に泥に塗れた半裸体の儘《まま》、狂気の如くに生駒山に駈け登り、聖天に参詣して霊前に額づいた、九死に一生を得たことを感謝したのであつた。

この崩落事故の他にも地質の難しさで出水を伴うなどして難工事となったため、トンネルの貫通は予定より八か月も遅れ、工期は結局着工から二年一〇か月の長さにわたった。工事費も二七万円増しの二六九万円にのぼっている。毎日の運賃収入のある電鉄会社であればまだしも、まだ開通区間が一マイルもない新会社であった大阪電気軌道として、この予想外の出費増はまさに痛打であった。

支払いは滞り、ついには支払い困難に陥るのだが、トンネル工事を請け負った大林組社長の大林芳五郎は、崩壊事故で落胆する大軌の金森支配人に「金森さん、決して失望なさるな。資金に困れば建設費は会社の開業後に払って貰えば宜しい。それよりも将来に望みを託して努力しようではありませんか」と激励した、と『三十年史』には感謝を込めて綴られている。

一部新聞による悪意ある攻撃

新会社・大阪電気軌道の将来性を信じ、工事代金の支払い繰り延べを待った大林組との関係は一種の「美談」として今日まで伝えられているが、当時の世間の風は温かいものだけではなかったようで、『中央新聞』は、まさに生駒トンネルが掘鑿中であった大正二年（一九一三）九月一五日から二五日にかけて「大阪の郊外電車」と題する記事を連載、特に大阪電気軌道を「無鉄砲なる軌道会社」として連日のように攻撃した。

その執拗さはなかなかのもので、曰くそもそも建設費の見積りが甘く、平野ばかりの阪神や阪堺（電気軌道）などと比べても安くなっているのは不可解だ、生駒山地を貫くのにトンネルの建設費が非常に低く抑えられており、「困難な地質」で関西鉄道（現関西本線）も断念したルートを性懲りもなく実現しようとしているなどと建設計画の杜撰さを指摘し、さらに工事が完成したとしても沿線人口や遊覧者数を挙げつつ乗客の少なさを予想し、到底採算が合うはずがないなどと非難の礫を浴びせている。この記事を読んで大軌株を手放した投資家も少なからず存在したのではないかと心配になるほどだが、その膨大な文章量の中から少し引用してみよう（句読点を補った）。

其山層を形造れる花崗岩は岩質頗る硬密にして掘鑿《くっさく》容易の事にあらず。遊覧客の運輸を主とする電車鉄道などにては、望んでも之れを避く可《べ》き筈のものたるは技術家及び鉄道経営者の一致せる意見なり。然るに盲目なる会社重役は隧道《ずいどう》位はどうでもなると無茶苦茶に噛《かじ》り着きたる結果、今に及んで始めて素人の悲しさを心々痛歎《つうたん》するに至れるぞ詮なき。（大正二年九月二一日付）

どうせ遊覧客を乗せるだけの電車鉄道なんぞ、大金をかけた難工事を決行してまで通すような線路ではない、というのは当時の電気鉄道がまだまだ「補助的な交通機関に過ぎない」という旧時代の捉え方を引きずった印象で、またトンネルが通じたとしても次のように採算性に疑問を差し挟んでいる。

現在関西本線の取扱人員中通過客を除外し、確実に奈良、大阪間の遊覧客は一日往復平均八千人なり。此外旧網島《あみじま》線（現片町線）あれど、之は甚しき迂廻線たるのみならず、列車も悪しく直通車も少なく、主として汽動車に因る短距離乗客を取扱ふに過ぎず、所謂《いわゆる》奈良遊覧客の如き殆ど絶無なれば、先づ奈良往復客は関西線の乗客全部を奪取し得るものとして八千人に過ぎず。

之れに生駒聖天、瓢箪山《ひょうたんやま》稲荷、牧岡《ひらおか》大社、石切神社、西大寺其他、沿道神社仏閣の参詣者並びに附近村落の実用往来客を頗《すこぶ》る寛大に見積りて同様の八千人、合計一万六千人なり。即ち阪神（阪

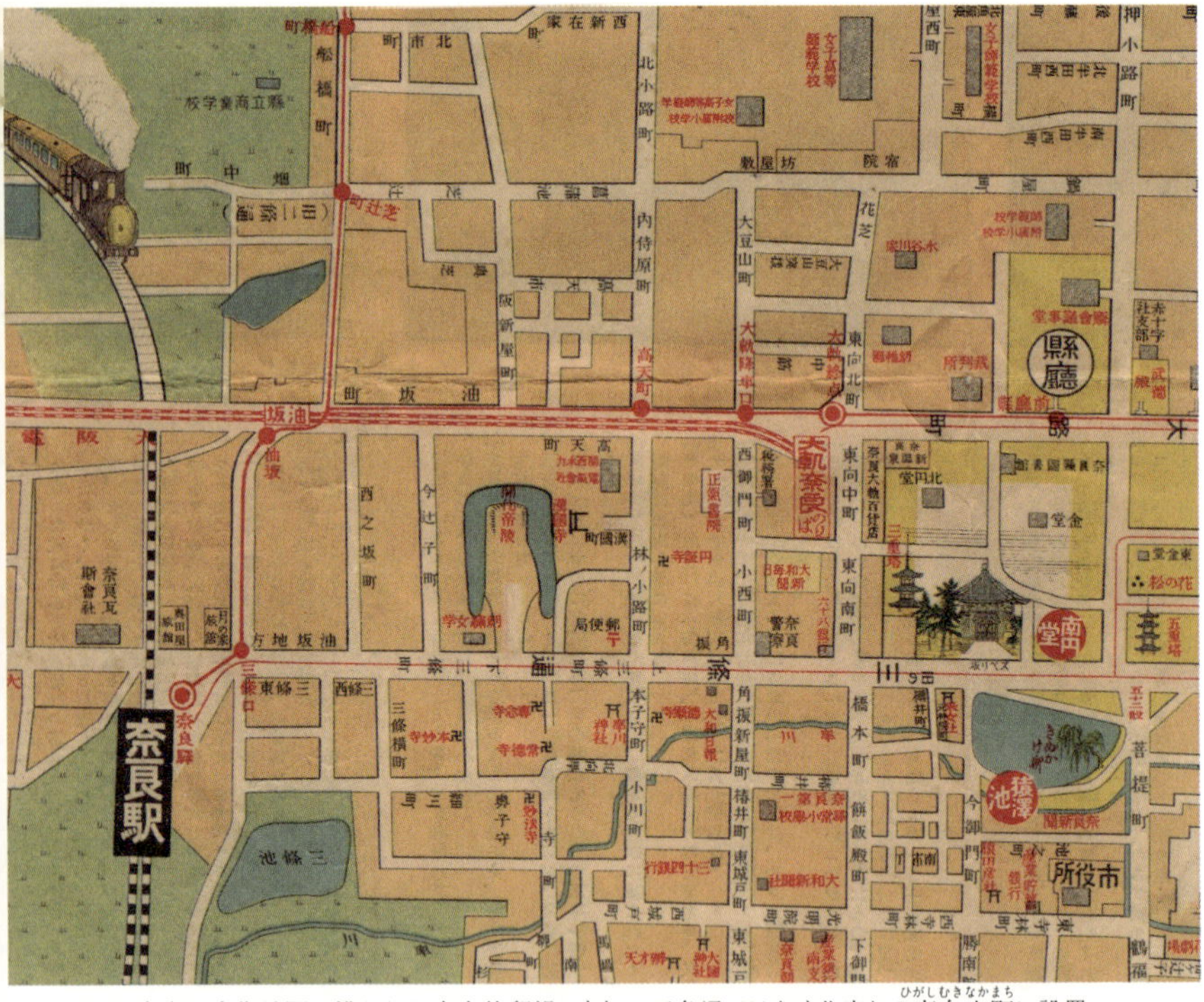

図2　奈良の市街地図に描かれた奈良停留場。当初の三条通ではなく北寄りの東向中町《ひがしむきなかまち》に設置された。最初に仮停留場が置かれたのは開化天皇陵北東側の高天町《たかまちょう》。駸々堂旅行案内部「奈良名勝案内図」昭和7年発行

神電気鉄道〕乗客の半数に過ぎず。但し沿道客の八千人は会社側の見積りなれば実際に信用し難く、且つ関西線の乗客全部を奪取するが如きは何等弁解の要なく瞭《あきら》かに不可能の事にして、唯問題は如何なる程度まで関西線の乗客を奪ひ得るかに存す。〔大正二年九月二二日〕

関西本線が運ぶわずか八〇〇〇人を奪うか

『中央新聞』の筆者は現在その大半を関西本線が運んでいる大阪~奈良間の「遊覧客」を一日往復八〇〇〇人として固定し、はたして大阪電気軌道がこの

「パイ」をどれだけ奪えるかという計算を試みようとしているのがわかる。ところが実際は国鉄に並行して電気鉄道が敷設されると、確かにその乗客を奪う現象も生じる一方でそれ以上に需要が喚起され、トータルの人の往来は激増するという実例が、阪神電気鉄道をはじめ各地で実現していたことを記事の筆者はあまり認識していない。

これまで電車なしの生活に甘んじていた沿線住民が気軽に都市へ出られることにより、地元の神社仏閣で済ませていた参拝を遠方の有名寺社に変更したり、大都市で買い物をする機会も増えてくるだろうし、これはもう少し先の話であるが、さらに沿線に住宅を構えて都市へ通勤する住民も増えていくのである。

元来遊覧客を相手にする鉄道にして、時間の節減にのみ重きを置きケーブル式に依り生駒山腹を登攀するの却《かえ》つて興味多く、乗客の喝采を博し得べかりしに想ひ到らざりしは、彼等一期の失策其愚や蓋《けだ》し到底及ぶ可らざる所なり。〔大正二年九月二二日〕

別の場所で「大阪～奈良間の所要時間を一〇分二〇分縮めたところで、どうせ遊覧客はそこに価値を置かない」といった論を展開した少し後にこのように言及しているのだが、要するに大金を投じてトンネルを掘るようなことをせずとも、ケーブルカーとして生駒山腹を登る方がかえって乗客にも歓迎されるのではないか、というのが筆者の理解である。

遊ぶ人は往復の道中ものんびり楽しむはず、という「江戸気分」が当時まだ世間では抜けていなかったのかと、今読むと新鮮な印象もあるが、その後の電気鉄道の利便性の急進展を知っているわれわれからすれば、観光客も用のない途中区間はすっ飛ばしてくれという、後の新幹線時代に通じる「待てない日本人」が、すぐそこまで押し寄せていたことを知っている。ついでながら、このケーブルは大軌の本線とは別に、その数年後の大正七年（一九一八）に生駒鋼索鉄道（同一一年に大軌に合併）が宝山寺へ向けて敷設された。

岩盤崩落事故以来、高まる世間の不安と新聞に叩かれてさんざんな目に遭った大軌であるが、崩落区間は一か月で復旧させている。その後も予期せぬ湧水に見舞われるなど困難も立ちはだかったが、悪意に満ちた新聞連載から約四か月の後、大正三年（一九一四）一月三一日に東西の導坑が開通し、ついに四月一八日に隧道は完成を見た。

トンネルの完成と大軌の開通

生駒トンネルが抜ければあとは一気呵成である。同年の四月三〇日にはターミナルの上本町停留場から奈良の仮停留場まで開業した。もちろん全線が複線電化線である。奈良のターミナルが「仮」なのは市街地への乗り入れ協議が難航していたためで、まずは高天《たかま》町に仮停留場を設置している。列車の運行は朝の五時から深夜の二四時までおおむね一〇分間隔で行なわれ、この区間を五五分で結ぶこととなった。

大正元年（一九一二）一〇月の時刻表（駸々堂『旅行案内』）によれば、関西本線の列車はもちろん蒸気機関車牽引の列車がおおむね一時間間隔で一日一六往復という状況であった。所要時間は大阪の湊町（現JR難波駅）から奈良駅まで一時間半（急行は一時間一〇分）、天王寺からでも一時間一〇～一〇分（同一時間）であるから、運転間隔でも所要時間の面でも、大軌の有利は決定的だったのである。

開業日の乗客数はフタを開けてみれば二万一三六四人、『中央新聞』が書き散らした「関西本線の八〇〇〇人のパイをどこまで奪うか」を云々するような数字ではない。もちろん初物見たさに乗った人も多かっただろうが、その翌日は生駒聖天・宝山寺の縁日（大般若会式）であったこともあり、輸送人員は四万三三八二人とさらに倍増している。株価も低迷して一二円台であったのが二〇円に急騰した。

開業時の停留場は以下の通り。それぞれの距離は開業一週間前の大正三年（一九一四）四月二三日「一部運輸開始許可申請書」に綴じ込まれていた区間距離、下の数字はこれらを足し合わせた累計である。なおここに記載された数字を合計すれば一九マイル〇四チェーン二七リンクとなるが、『二十年史』をはじめ社史では「二七リンク」の端数は掲載されていない（和久田康雄『私鉄史ハンドブック』も一九マイル〇四チェーン）。なお〔　〕内は現在の駅名、＊印は現在の駅と位置が異なる停留場を示す。哩程の記されたこの文書で富雄《とみお》は「富雄」となっていたが、単純な誤りかもしれない。

上本町　　〇〇哩〇〇鎖　　〇哩〇〇鎖〇〇節〔〇・〇〇キロメートル〕
鶴橋＊　　六五鎖三五節　　〇哩六五鎖三五節〔一・三一キロメートル〕

片江〔今里《いまざと》〕	六七鎖三五節	一哩五二鎖七〇節〔二・六七キロメートル〕
深江〔布施〕	五九鎖八〇節	二哩三二鎖五〇節〔三・八七キロメートル〕
小阪《こさか》〔河内小阪〕	一哩〇七鎖五〇節	三哩四〇鎖〇〇節〔五・六三キロメートル〕
若江〔若江岩田〕	一哩四四鎖一五節	五哩〇四鎖一五節〔八・一三キロメートル〕
瓢簞山《ひょうたんやま》	一哩六四鎖八五節	六哩六九鎖〇〇節〔一一・〇四キロメートル〕
枚岡	六六鎖二三節	七哩五五鎖二三節〔一二・三八キロメートル〕
石切＊	七五鎖七九節	八哩五一鎖〇二節〔一三・九〇キロメートル〕
〔この間に生駒隧道〕		
生駒	二哩六四鎖〇〇節	一一哩三五鎖〇二節〔一八・四一キロメートル〕
富雄	二哩一五鎖〇〇節	一三哩五〇鎖〇二節〔二一・九三キロメートル〕
西大寺	二哩六五鎖〇〇節	一六哩三五鎖〇二節〔二六・四五キロメートル〕
奈良（仮）＊	二哩四九鎖二五節	一九哩〇四鎖二七節〔三〇・六六キロメートル〕

哩＝マイル（約一六〇九・三四メートル）、鎖＝チェーン（約二〇・一二メートル）、節＝リンク（約二〇・一二センチメートル）

その後、奈良の正式なターミナルとなる本停留場までの延伸となるのだが、同市街地の用地買収が三月末にようやく終了したこともあり、二か月半後の大正三年（一九一四）七月八日、八チェーン七五リンク（約一七六メートル）を延伸開業した。これによる全区間の距離は一九マイル一三チェー

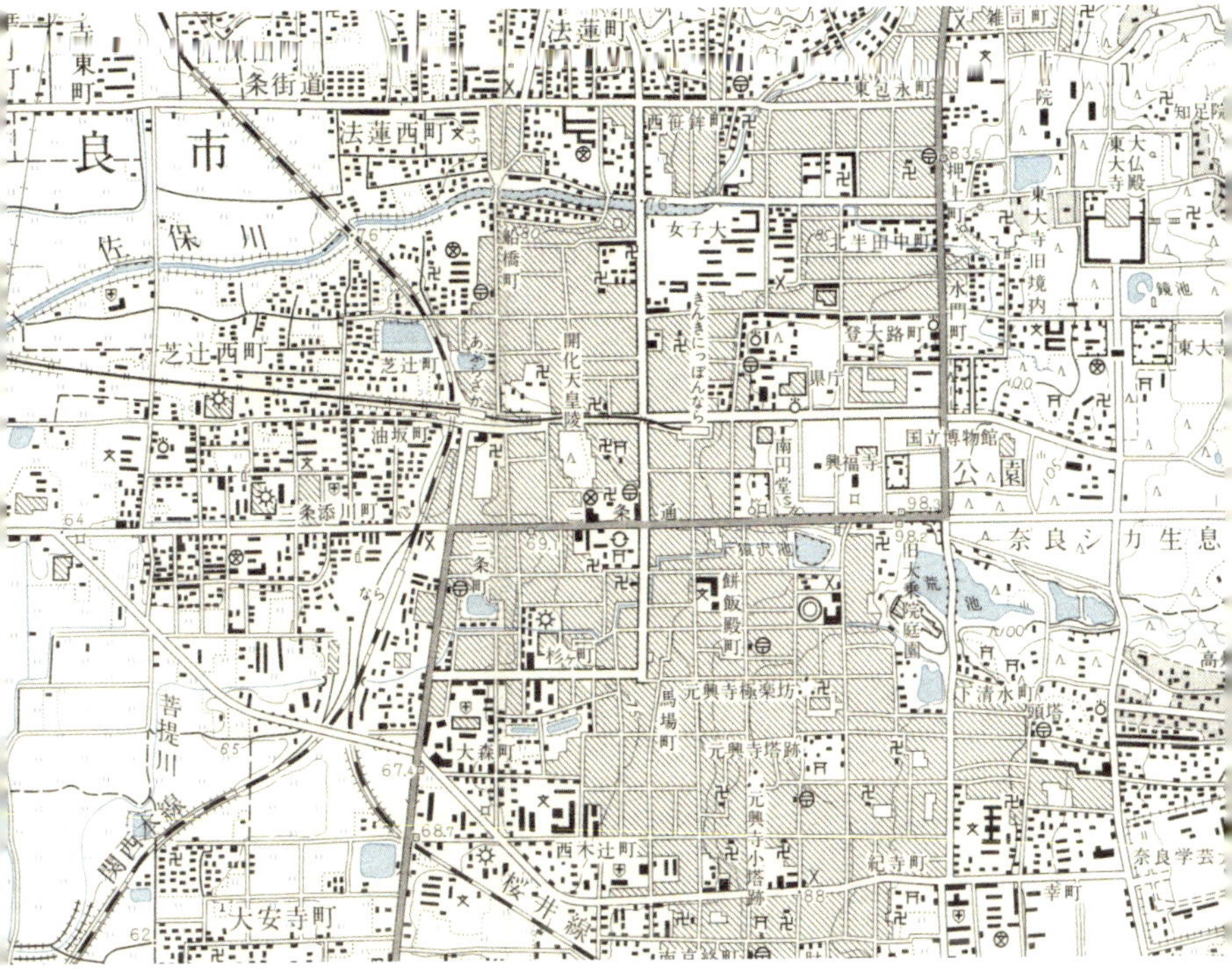

図3　近鉄奈良駅（昭和45年まで近畿日本奈良駅）付近は長らく路面を走っていたが、昭和44年(1969)に地下化されて現在に至る。1:25,000「奈良」昭和42年改測　×0.95

ン〇二リンク（三〇・八四キロメートル）である。

大阪南郊の支線型鉄道

近鉄最大のターミナル・大阪阿部野橋駅

日本最大の路線網を誇る近鉄全駅のうち、乗車人数が最大なのは一日平均一六・三万人（平成二七年。以下同）の南大阪線大阪阿部野橋駅である。大阪線と奈良線が複々線で入ってくる鶴橋駅（大阪環状線と接続。一六・〇万人）や大阪上本町駅、大阪難波駅のいずれでもないのは、大阪線や奈良線のターミナルがそれら数駅に分散しているのに対して、南大阪線でターミナル機能を担うのがこの大阪阿部野橋だけという事情が反映されている。

駅のすぐ西側に聳えているのが日本一高いビルとして知られる「あべのハルカス」だ。すでに大阪の観光地としてトップクラスの人気を誇っているが、建っているのは近鉄百貨店阿倍野店（平成二五年から「あべのハルカス近鉄本店」と改称）の西館があった場所である。戦前には大鉄《だいてつ》百貨店として知られ、平成二九年（二〇一七）には開店八〇周年を迎えた。大鉄というのは大阪鉄道の略称で、数多い近鉄の前身会社のひとつである。

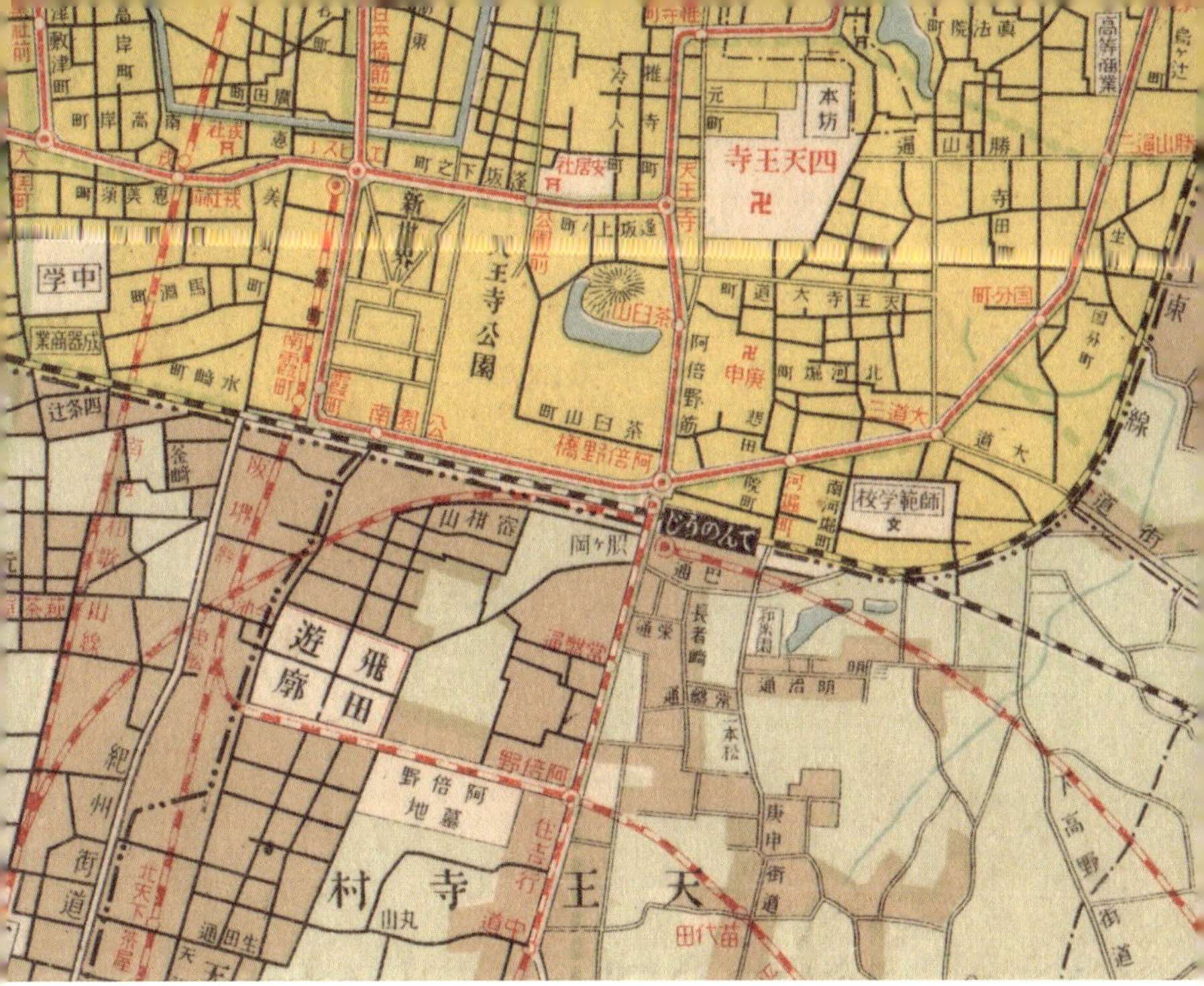

図1　大阪鉄道（現近鉄南大阪線）が開通した年に発行された市街地図に描かれた天王寺駅と市電阿部野橋電停との関係。この図では四天王寺前にある天王寺西門前電停は「天王寺」と略記されている。なお東西に走る関西本線より南側は当時市外の東成郡天王寺村であった。大阪阿部野橋駅には駅名の記載がない。駸々堂旅行案内部「大阪市及郊外地図」大正12年発行

　各社の沿革を記せば長くなるので省くが、要するに奈良線や大阪線の前身が大阪電気軌道であったのに対して、大阪阿部野橋を起点とする南大阪線は大阪鉄道というまったく別の会社であった。このため線路の幅も大阪電気軌道由来の大阪線・奈良線が一四三五ミリメートル（標準軌）であるのに対して、南大阪線は一〇六七ミリメートルとJRの在来線と同じ幅である。

　この駅はJR天王寺駅と道を挟んですぐお向いなので、関東なら同じ駅名にしそうなものだが、JR大阪駅と阪急・阪神・地下鉄の梅田駅の関係と同様

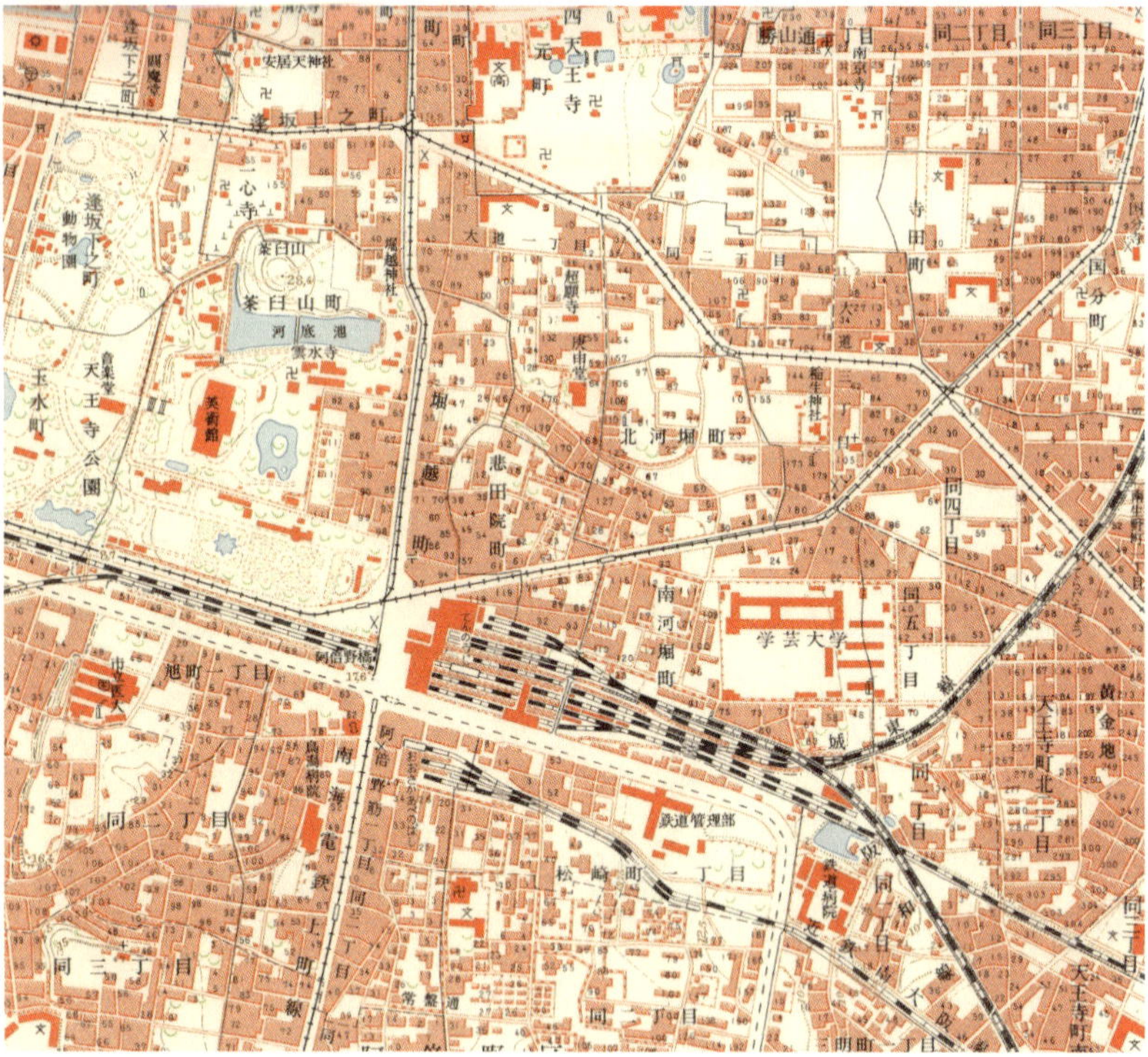

図2　道路を距てて向き合っている国鉄天王寺駅と近鉄（旧大阪鉄道）大阪阿部野橋駅。1:10,000「大阪南部」昭和27年修正　×0.6

に、他の地方からの人にはわかりにくい。天王寺駅と大阪阿部野橋駅の間の道路、あべの筋が天王寺区と阿倍野区の境界にあたっている事情もあるけれど、明治二二年（一八八九）に開業した天王寺駅の目の前に大正一二年（一九二三）とだいぶ後にやって来て、あえて別の名前を付けるのは不思議な感覚だと思っていた。

　ところが開業時は大阪天王寺駅と称したのを後で知り、わざわざ改称したのはなぜだろうと疑問はますます深まった。それも大阪天王寺駅が開業した翌年の改称というのは解せない。社史である『近畿日本鉄道一〇〇年のあゆみ』にも大正一三年六月改称とあり、私が監修をつとめた『日本鉄道旅行地図帳　関西1』（新潮社）にもその通りに記載した。ウィキペディアでもそうなっている。

大阪天王寺駅から大阪阿部野橋駅へ異例の改称

しかしこの原稿を執筆するにあたって南大阪線の各種資料に目を通しているうちに、気になるものを発見した。大正一二年（一九二三）七月の時刻表『公認汽車汽船旅行案内』（旅行案内社発行）が、すでに大阪阿部野橋という駅名を掲載していたからだ。開業の四月一三日からわずか三か月しか経っていない。該当ページの表タイトルも「柏原《かしわら》長野間及大阪阿部野橋間（電車）」とあり、時刻表しその駅名なので何かの間違いとは考えにくい。改称されたはずなのに旧称のままという誤りはしばしば見かけるが、その逆はまずない。改称時期が社史の通りだとすれば、この時刻表の表記は大幅な「フライング」である。

国立公文書館で大正一二年（一九二三）から翌一三年にかけての簿冊を調べてみたが改称の事実は記載されていない。駅の改称や移転の記録が漏れていることは一般に珍しくないのだが、それとは直接関係ない大正一二年六月二五日付の文書に「大阪阿部野橋」の文字が載っていた。これは駅に仮設物を設けるための土地収用に関する文書だが、「弊社鉄道道明寺大阪阿部野橋間各駅仮設工事使用期限ハ……」と記されているので、明らかにこの日付までには大阪天王寺から大阪阿部野橋への改称が済んでいたことを示している。

これより早い時期の文書を探してみたが見つからず、官報を閲覧してみることにした。昨今は国立国会図書館デジタルコレクションの充実で官報の検索・閲覧が大幅に楽になったので、さっそく「大阪鉄道」と「大阪天王寺駅」で検索してみると、見事にヒットした。大正一二年五月一四日付の官報第三二三四号で、全文は次の通り。

地方鉄道停車場名称変更　大阪鉄道株式会社所属大阪天王寺停車場ヲ大阪阿部野橋《おほさかあべのばし》停車場ニ本月十日ヨリ名称変更ノ旨届出テタリ（鉄道省）

つまり四月一三日に開業して翌月一〇日、正確にはわずか二七日後の改称である。官報のこの簡素な記述からは他に何も伝わってこないが、異例に早期の改称が行なわれた背景には、大阪天王寺という駅名ではマズい、もしくはぜひとも大阪阿部野橋にしたいという何らかの強力な事情が存在したと考えるしかない。

そもそも阿倍野橋というのは関西本線が大阪鉄道（近鉄の前身の大阪鉄道とは別会社）として最初に湊町（現JR難波）〜柏原《かしわら》間を開業した際に設けられた天王寺駅西側の陸橋の名前である。一帯は南北に延びる上町《うえまち》台地を線路が切通しでくぐる区間で、四天王寺から住吉方面を経て紀州に至る熊野街道が線路を跨ぐために架けられた陸橋（跨線橋）が阿倍野橋だ。

駅名が阿部野橋であるのに対して橋名は阿倍野橋と字は異なるが、阿倍野と阿部野はどちらも長いこと並行して用いられてきた表記である。現在では行政区名が阿倍野区、同区内の町名も阿倍野筋など「倍」の字のみで、警察署や郵便局、図書館、高校、それに市営地下鉄谷町線の駅も阿倍野駅と圧倒的であるが、大阪阿部野橋の駅名の他には阿部野神社が今も「部」の字を用いている。

駅が設置された大正一二年（一九二三）の時点では現阿倍野区の天王寺駅南側エリアは東成郡天王寺村で、大阪阿部野橋駅の所在地も同村の大字阿部野であった。大字阿部野は江戸期から明治二二年（一八八九）の町村制まで用いられてきた阿部野村の表記であったため、駅名はそれに倣ったのかもしれない。近年では「あべのハルカス」をはじめ、「あべのキューズタウン」など平仮名も目立つ。近鉄自身が南大阪線の列車の行先表示に「あべの橋」を用いていたこともあり、そのあたりは基準の緩さも感じられるが、かつてはこの二通りだけではなく安倍野・安部野の表記さえあったようで、近世までの日本の地名表記は実に緩かった。

さて、天王寺という地名はもともと四天王寺の上略形で、寺名の略称として「天王寺」が長らく使われた後、徐々にその周辺一帯の汎称地名となっていく。これは東京の京橋が橋の名から広域の区名や町名に転じるのと同様の変動であるが、大阪（大坂）の市街の広がりにつれて、示す地域は徐々に南下していったようだ。現在の天王寺区は大正一四年（一九二五）に旧東区と南区から分割されたもので、天王寺駅の南側に位置する天王寺村のエリアとは重なっていない。

あえて大阪阿部野橋の駅名に改めた理由を考えてみると、大正一二年（一九二三）当時の大阪市電の路線図を見れば納得できる気もしてくる。というのは天王寺駅の北側に位置していた市電のターミナルが「安倍野橋」を名乗っていたからで、これは現在の市バスの停留所名にも引き継がれている（南海上町線＝現阪堺電気軌道は大正一〇年から天王寺駅前）。

ここを起終点とする市電の系統は多く、橋の名はすでに大阪南部の繁華街を代表する汎称地名化が進行しており、北部の「梅田」に対応するブランド地名としての価値があったのではないだろうか。さらに天王寺西門前という市電の停留所が、大正期の大阪市街図でしばしば単に「天王寺」と記されていることからも、そちらの電停とは区別したい意識も働いたと考えるのは自然だ。

近鉄で最古の路線――柏原線と長野線

この大阪鉄道が大阪阿部野橋への進出を果たす四半世紀も前の明治三一年（一八九八）三月二四日、大阪鉄道（現関西本線）の柏原駅から南下して古市までの二マイル五五チェーン（約四・三三キロメートル）を結ぶ河陽《かよう》鉄道が開業した。これが大阪鉄道（二代目）の前身であるが、約五〇〇キロに及ぶ近鉄の路線の中では最も古い。次は明治二六年（一八九三）に提出された河陽鉄道の会社創立願である。

河陽銕道株式会社創立願

今般私共申合《もうしあわせ》私設鉄道条例ヲ遵奉《じゅんぽう》シ、旅客及荷物運輸営業ノ目的ヲ以テ鉄道会社ヲ創立シ、大坂《ママ》府下志紀《ふかしき》郡柏原《かしわら》村〔現柏原市〕ヨリ同府下錦部《にしごり》郡長埜《ながの》村〔現河内長野市〕ニ至ル拾弐哩間ニ軽便銕道《てつどう》布設仕度《つかまつりたし》。

抑《そもそ》モ長埜村ハ一小村落ニ有之候《これありそうら》得共《えども》、東西高野《こうや》街道合線ノ要地ニシテ、西高野街道ハ大坂〔大阪〕ヨリ和泉国堺市ヲ経テ紀州高野山ニ至ルノ道路ニシテ、堺市ヲ距ル四里余ナリ。亦《また》東高野街道ハ河摂〔河内と摂津〕国境交野《かたの》郡招提《しょうだい》村〔現枚方市〕ニ起リ柏原、道明寺《どうみょうじ》、冨田林《とんだばやし》等ヲ経テ

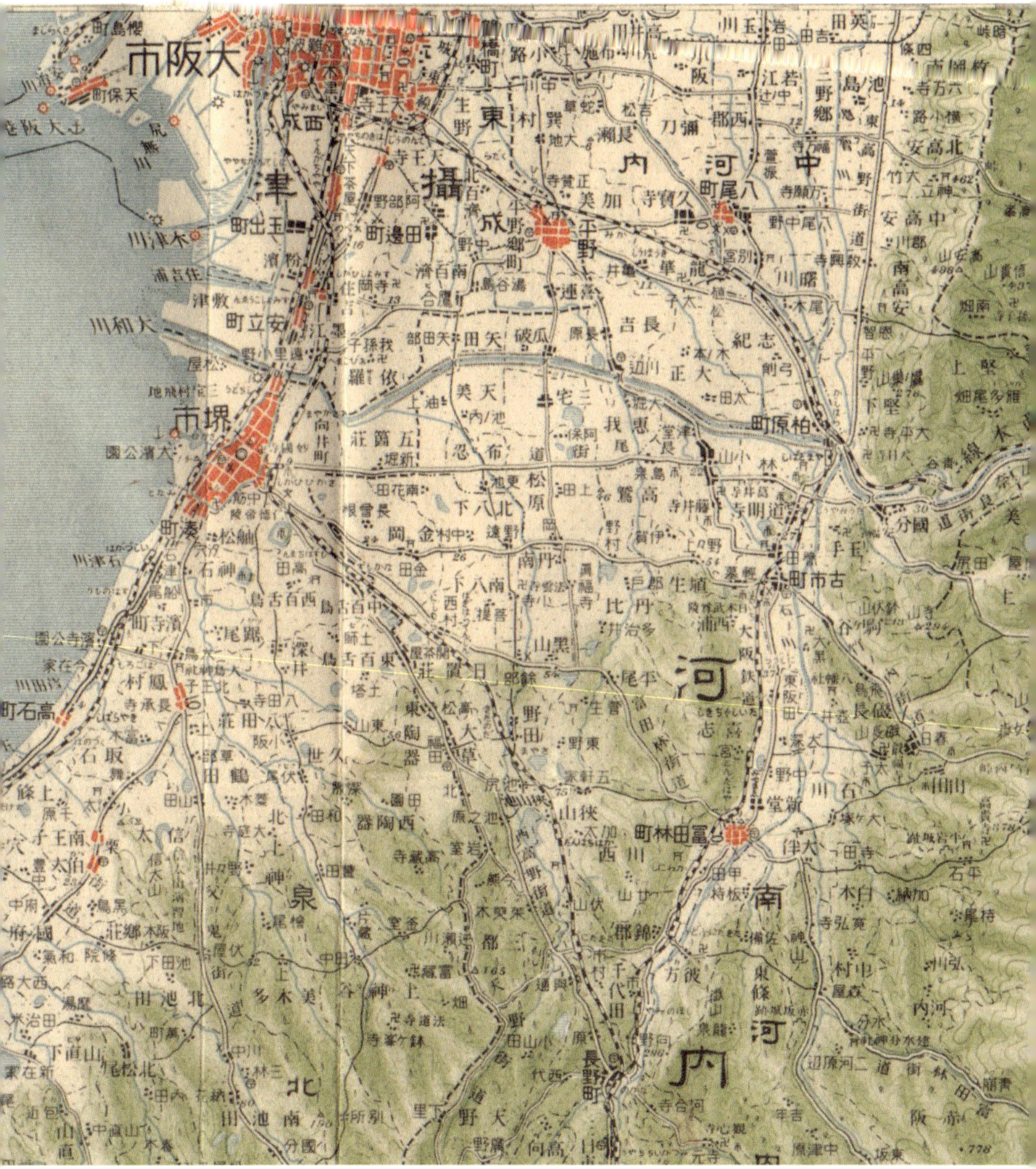

図3　関西本線の柏原駅から南下して長野（現河内長野）まで敷設された河南鉄道（当初は河陽鉄道）。図は大正9年のもので、前年に大阪鉄道に改称したばかり。1:200,000帝国図「和歌山」大正9年製版

高野山ニ至ルノ道路ニシテ、柏原ヲ距ル五里余ナリ。
何レモ府道ナルヲ以テ交通頻繁、加フルニ柏原長埜間ニハ道明寺天満宮、玉手山安福寺、誉田《こんだ》八幡宮、応神天皇御陵、上ノ太子、滝谷《たきだに》不動、観心寺観世音及楠公首墓〔首塚〕、後村上《ごむらかみ》天皇御陵、壺井八幡、大黒大黒《おぐろだいこく》等ノ霊勝地アリ。亦《また》沿道著名ノ宿駅ニハ柏原、古市、冨田林等アリ。其他近傍ニハ天野山《あまのさん》、金剛山、千窟、赤坂等ノ城址、水分《すいぶん》神社、楠公誕生地等、凡《およそ》河内国有名ナル個所ノ大半ハ南部ニアリテ、春秋笻《つえ》ヲ曳クノ旅客不少《すくなからず》。

生駒山地の西麓を枚方《ひらかた》から南下して河内長野に至る東高野街道（ほぼ現在の国道一七〇号）は当時としても賑やかな幹線道路であり、ここに鉄道を敷設しようとする計画は当時の状況からみて自然な動きだろう。柏原にはすでに大阪鉄道（現ＪＲ関西本線）が大阪の湊町（現ＪＲ難波）まで通じており、そこから支線的鉄道として古市や富田林を経て長野（当時はしばしば長埜と表記）に至る鉄道として計画されたものだ。沿線には神社仏閣や御陵など河内国の中で主要な名所旧跡の大半をカバーするほどだと強調している。

〔承前〕亦貨物ハ薪炭、木材ヲ始トシ、木綿、米穀、氷豆腐〔いわゆる高野豆腐・千早《ちはや》豆腐〕等ノ大坂ニ搬出スルモノ夥敷《おびただしく》、殊ニ石川、錦部ノ両郡ハ東・大和、南・紀伊ヲ境トシ、二丈嶽、葛城《かつらぎ》山、金剛山、紀伊見嶺《きのみとうげ》等連亙《れんこう》タル山脈ヲ有シ、其間三里余ノ山間原野ニ散在スル新村〔明治二二年に誕生した自治体＝行政村〕二十五ヶ村ノ大字百余部落〔集落の意〕ノ人民ト貨物ハ皆東西高野街道ノ便ヲ取リ大坂ニ出《いず》ルモノナレハ、其不便少カラサルヲ以テ、一昨二十四年中鉄道馬車ヲ敷設シ、是レカ便利ヲ助ケント当発起者ニ於テ已《すで》ニ予測ヲ為シ、結社出願ノ運ニ至リ候処、聊《いささか》事故ノ為メ一姑《しばら》ク中止致居《いたしおり》候折柄《おりから》、大坂和歌山間鉄道官設ノ議起リタルヲ以テ目的ヲ変シ、之レカ比較線トセラレンコトヲ上願スルニ至レリ。

然ルニ線路中紀伊見嶺ノ難所アルヲ以テ斥ケラル、コト、ナリタレトモ、実ニ本線ノ必要ハ前陳ノ如クシテ、仮令《たとい》和歌山ニ連絡ヲ通セサルモ、河内南部ト紀州橋本、高野、妙寺《みょうじ》〔現伊都郡かつらぎ町〕等ト大坂間ノ交通ハ東西高野街道ノ二線ニ頼ルノ外無《ほかな》シニ付、今本鉄道ニシテ成功スルノ暁ニ至レハ、其便益実ニ尠少《せんしょう》ニアラサルナリ。

尤《もっとも》本線敷設目的ノ要旨ハ、南河内一部ノ便ヲ開カントスルニ基キタルモノニシテ、柏原以南紀伊見嶺ノ交通ニ止マリ、他ノ幹線ニ接続スルノ目的ニアラス。軽便鉄道ヲ以テ適当ト考究候ニ付、別紙起業目論見書并《ならび》ニ略図相添、連署出願仕候間、地方ノ実況深ク御酌察、至急御允許《いんきょ》仮免状御下付相成度《あいなりたく》、此段奉懇願《こんがんたてまつり》候也。

明治二十六年七月二十一日

発起人

河内国丹南《たんなん》郡平尾村大字平尾〔現堺市美原区〕三十八番屋敷平民

出水弥太郎

他十九名

追テ幅員ハ二呎六吋〔二フィート六インチ＝七六二ミリメートル〕ノモノヲ布設ノ見込ニ候。

逓信大臣伯爵　黒田清隆殿

当初は紀見峠を通って紀州へ通じる馬車鉄道の敷設を申請したものの、険しいルートゆえに当局の許可が得られず断念したというくだりによれば、河内長野以南は現在の南海高野線と似たルートを計画していたことが窺える。申請はこの後で長野から三日市まで二マイルほど延伸、その区間も後日に認められた。末尾では軌間を二フィート六インチとしているが、結局は現在と同じ三フィート六インチ（一〇六七ミリメートル）で開業している。

発起人筆頭の出水弥太郎（文書ではこの略字だが一般には彌太郎の表記）はこの住所に見られる平尾村の豪農で、創立願の提出前年にあたる明治二五年（一八九二）から衆議院議員もつとめている。地元の鉄道敷

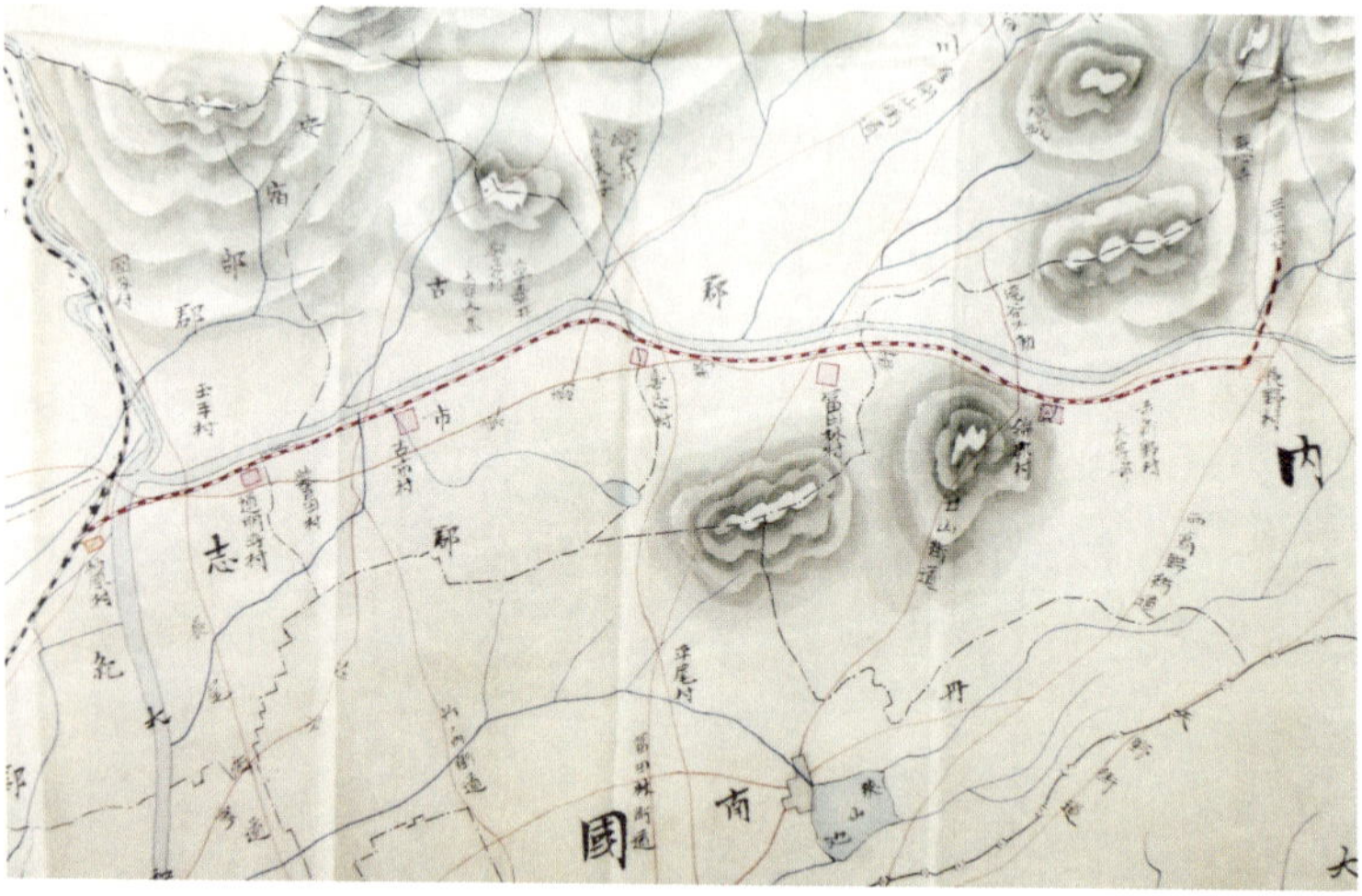

図4　河陽鉄道の敷設申請書に添付されていた全線略図の一部。新線は大和川の支流である石川と東高野街道に沿って南下するルートである。当時は阪堺鉄道（現南海電鉄）が堺まで、高野線の前身・高野鉄道はまだ開業していなかった。鉄道院文書「河陽鉄道株式会社」巻全 明治28・29年 国立公文書館蔵

設の気運に応えて奔走した人物で、鉄道敷設の仮免許は同二八年一〇月一〇日、本免許を同二九年二月四日に得て同年度末に会社を設立、自らが社長に就任している。同三一年の三月二四日にまずは第一期区間として柏原~古市間、翌月の四月一四日には古市~富田林間を開業した。

沿線にさまざまな産物があって交通頻繁を申請書で強調していた河陽鉄道ではあったが、いかんせん沿線人口は少なく、大阪に直結しているわけでもないので当初から経営は厳しかった。そこで翌三二年には河南鉄道に経営権を譲渡している。同社になって三年後の明治三五年（一九〇二）三月二五日には滝谷《たきだに》不動まで、同年一二月一二日には長野（現河内長野）まで開通させている。同駅には高野鉄道（現南海高野線）がすでに明治三一年（一八九八）に到達していた。開業に際しての竣功監査の書類が綴じ込まれていないので、だいぶ後ではあるが明治四二年（一九〇九）の文書に添付された時刻表より停車場の一覧を掲げる。ついでに所要時間の目安として下り第六列車と第二二列車の時刻（長野以外は発時刻）を掲載しよう。細かい話ではあるが、富田林の表記は同時期でもしばしば「富田林」が混在している。

停車場名	起点からの距離	第六列車	第二二列車
柏原	〇哩〇〇鎖（〇・〇〇キロメートル）	七：四四	八：三五
道明寺	一哩三〇鎖（二・二一キロメートル）	七：五一	八：四三
古市	二哩五五鎖（四・三三キロメートル）	七：五七	八：五〇
喜志	四哩五六鎖（七・五六キロメートル）	八：〇五	九：〇〇

冨田林　六哩〇六鎖〔九・七八キロメートル〕　八：一二　九：〇八
滝谷不動　七哩七四鎖〔一二・七五キロメートル〕　八：一九　九：一六
長野　一〇哩二二鎖〔一六・五四キロメートル〕　八：二八　九：二五

この第六列車と第二二列車の所要時間の相違にお気づきだろうか。第六が四四分であるのに対して第二二は五〇分とだいぶ差がある。着発時間をすべて示した元の表によれば駅間の所要時間は同一なのだが、第二二列車の方は混合列車、つまり客車と貨車を一緒に連結したものだ。このため各駅で積み卸しのためそれぞれ一分ずつ余分に停車し、これが所要時間に反映されている。

このうち第六列車は貨車を連結しないだけではなく、蒸気機関を据え付けた客車すなわち「蒸気動車」が用いられた列車である。日本では名古屋鉄道瀬戸線の前身である瀬戸自動鉄道がその名の通り蒸気動車（セルポレー式）を用いた日本初の事例であるが、整備の困難さと線路条件との不適合などの理由で早々に引退しており、河南鉄道は明治四〇年（一九〇七）に関西鉄道（現JR関西本線）に改めて導入された二年後にこの「新兵器」を採用した。この新車両の導入を時刻改正とともに申請した文書とその理由書を以下に掲げよう。

汽車運転時刻改正之義ニ付申請

当会社鉄道列車并《ならび》ニ蒸気自動客車運転時刻、別表之通リ改正実施致度《いたしたく》候間、御認可被成下度《なしくだされたく》、運行図表及理由書相副へ此段申請候也。

明治四十二年三月十三日
河南鉄道株式会社
社長　野田吉兵衛

鉄道院総裁　男爵後藤新平殿

理由書
弊社線路ニヨル来往旅客ハ追年増加ノ傾向ニ有之《これあり》候処、現行ノ列車ハ約弐時間ノ運転ニシテ、世ノ進運ニ伴ヒ旅客ハ常ニ交通上ノ不便ノ声ヲ洩セリ。然リト雖《いえど》モ今一列車ヲ増発センニハ経費ノ点ニ於テ之ヲ容ル、ノ余地ナク、苦心考究ノ結果、一部動力ヲ変更シ「ガンツ式」自働車ヲ採用スルニ於テハ、取扱簡易ナルノミナラズ、比較的経費低廉ニシテ、当会社線ニハ至極適当且ツ有効ト認メタルニヨリ、該自働客車ヲ増設シ、通常列車ト併用運転スルコト、シ、旅客ノ交通ヲ便ナラシムル所以《ゆえん》ニ有之候。

ガンツ式自働車とはオーストリア＝ハンガリー帝国ブダペスト市のガンツ社から輸入した蒸気動車で、添付された「工事方法書」によれば車体はボギー八輪車で最大幅八フィート二インチ（約二・四九メートル）、最大長四三フィート二インチ半（約一三・一七メートル）、自重約一五トン三三五（これを英トンとして換算すれば約一五・六トン）、旅客定員五四人（二等室四人、三等室五〇人）という車両であった。

河南鉄道はこの蒸気動車の導入に加えて、その機動性に対応すべく一挙に六つの停留所の設置を計画している。鉄道の分野でいう「停留所」とは一般に転轍機（分岐器）が設置されず列車交換ができない簡便な形式の駅で、これらは主に大正期頃から気動車が普及するのに伴って乗客の利便性向上を図って設置されたものが多い。明治末にその動きが始まった河南鉄道はかなり先駆的である。

従来の七つの停車場の間にそれぞれ一か所ずつ、合計六つの停留所が設けられた（△印）。設置場所を明治四四年（一九一一）七月に提出された文書の「営業哩程表」（哩以下は十進法の小数にて記載＝原資料のまま）から換算して記せば次の通り。所在地は別の資料によった。これらの停留所は同年八月一五日に開業、このうち大和橋停留所は少し遅れて一一月一二日に開業している。

停車場・停留所	累計哩程〔キロメートル換算〕	所在地
柏原	〇・〇〇哩〔〇・〇〇キロメートル〕	南河内郡柏原村大字柏原
△大和橋*	〇・五五哩〔〇・八九キロメートル〕	南河内郡道明寺村大字船橋
道明寺	一・三八哩〔二・二二キロメートル〕	南河内郡道明寺村大字道明寺
△誉田《こんだ》*	二・三〇哩〔三・七〇キロメートル〕	南河内郡古市村大字誉田
古市	二・六九哩〔四・三三キロメートル〕	南河内郡古市村大字古市
△西浦	三・七八哩〔六・〇八キロメートル〕	南河内郡西浦村大字西浦

図5　蒸気動車の導入に伴って駅間に設けられた河南鉄道の停留所。大和川南側の大和橋、道明寺～古市間には誉田の停留所が見える。道明寺から西へ分岐していく路線は大正11年～12年に開業した現在の南大阪線の前身で、図は河南鉄道から大阪鉄道に改称した後。1:25,000「古市」大正11年測図　×0.8

喜志　四・七〇哩（七・五六キロメートル）　南河内郡喜志村
△宮前＊　五・〇三哩（八・一〇キロメートル）　南河内郡喜志村
富田林　六・〇八哩（九・七八キロメートル）　南河内郡富田林町大字毛人谷《えびたに》
△川西　七・〇〇哩（一一・二七キロメートル）　南河内郡川西村大字甲田《こうだ》
滝谷不動　七・九三哩（一二・七六キロメートル）　南河内郡錦郡《にしこり》村大字錦郡
△汐ノ宮　九・一四哩（一四・七一キロメートル）　南河内郡市新野《いちしの》村大字市
長野　一〇・二八哩（一六・五四キロメートル）　南河内郡長野町大字長野

＊大和橋は大正一三年（一九二四）六月一日に移転して柏原南口と改称、誉田は昭和八年（一九三三）に誉田八幡と改称後同二〇年休止した後に廃止、宮前（宮ノ前）は一旦廃止後旭ヶ丘として復活するも昭和二〇年休止した後に廃止。

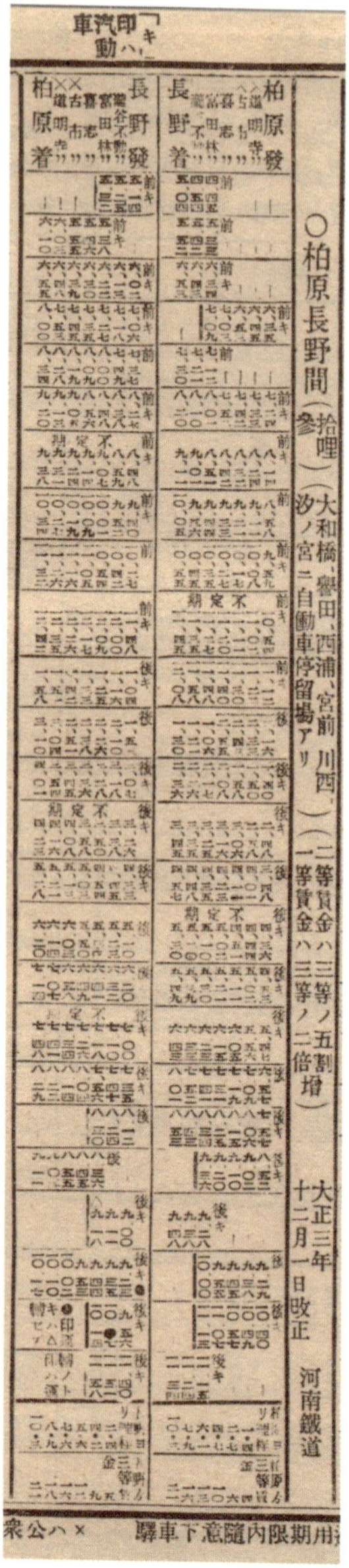

図6　蒸気動車の導入に伴って6か所の停留所が新設された後の河南鉄道。「キ」印は自働車によって運行される列車で、新設停留所は右方に記されている。旅行案内社『公認汽車汽船旅行案内』大正4年2月号

大阪鉄道（大鉄）の発展

大阪へ直結する独自路線を計画

生駒山地の南端近くに位置する大阪府の柏原《かしわら》（現柏原市）から東高野街道に沿って南下する河南《かなん》鉄道は、明治三五年（一九〇二）一二月一二日に長野（現河内長野）まで延伸して当初の予定区間を全通させた。

しかしあくまで関西鉄道（現ＪＲ関西本線）の支線的な位置づけにとどまるため貨客輸送の伸び悩みは否めず、以前から独自路線で大阪へ進出する計画を持ってはいた。長野開業の三年前にあたる明治三二年（一八九九）一〇月の株主総会で大阪直結の方針を決定、起点である柏原から上本町へ延伸する敷設免許（現近鉄大阪線ルートに類似？）を同一一月に申請したのをはじめ、何度か大阪直結路線の敷設免許を申請しているのだが、他社の申請と競合するなどして免許はなかなか獲得できなかった。

起終点を調整し、ようやく現行ルートである道明《どうみょうじ》寺から天王寺（現大阪阿部野橋）に至る路線が

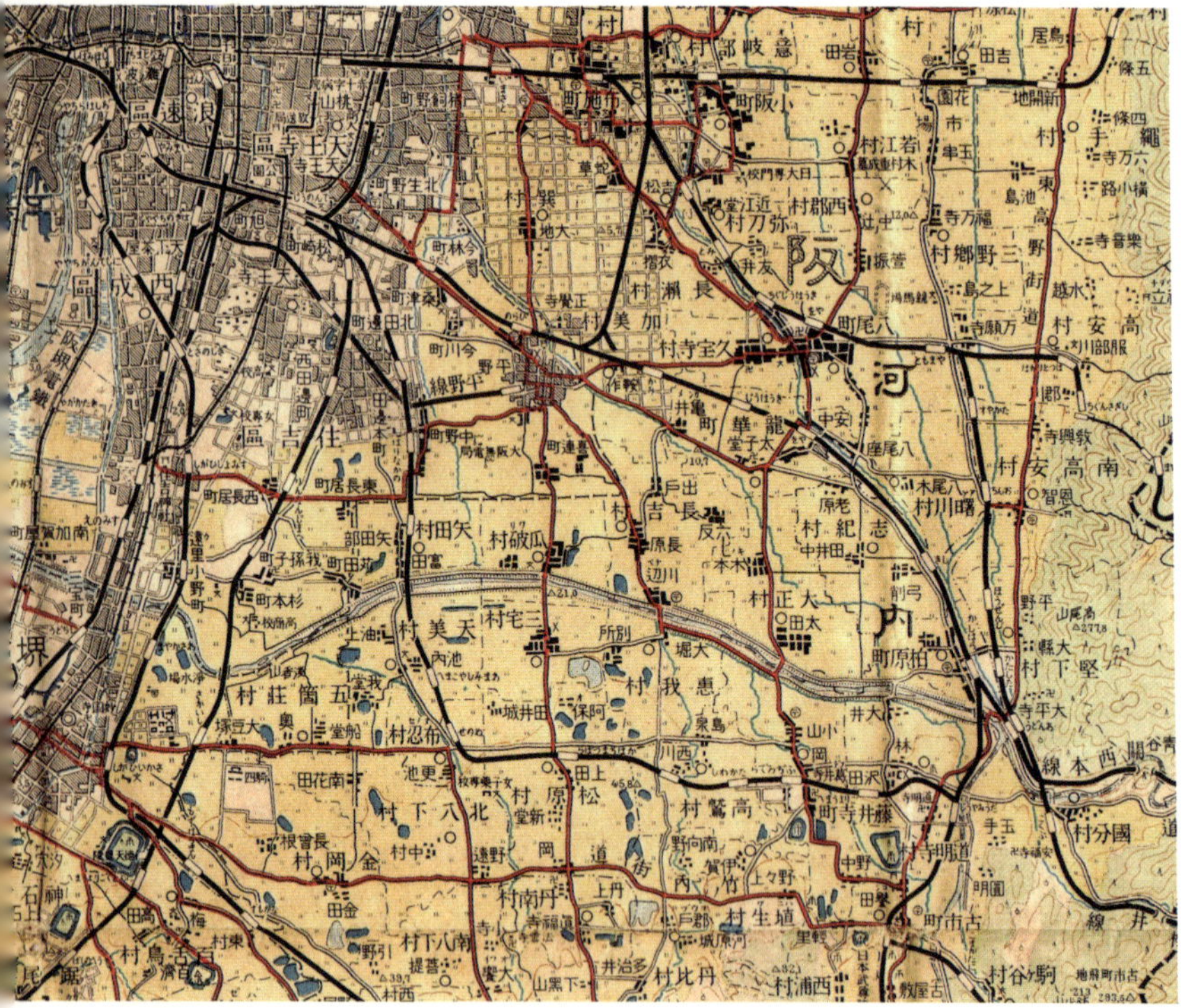

図1　道明寺（右下）から天王寺（現大阪阿部野橋）へのルート。陸地測量部編纂 1:100,000「京都及大阪近傍図」昭和7年　×0.65

「軽便鉄道」として免許されたのは大正七年（一九一八）六月二二日のことである。軽便といっても現在イメージされるような軌間七六二ミリメートル（二フィート半）の狭軌に限ったものではなく、鉄道建設促進のための規制緩和策として明治四三年（一九一〇）に施行された軽便鉄道法によるものである。同法は「仮免許」の過程を省略するなどして免許手続を簡略化、線路規格のハードルも下げて地元資本でも簡便に鉄道を敷設できるように工夫された。

大正七年（一九一八）六月二五日付の官報に掲載された

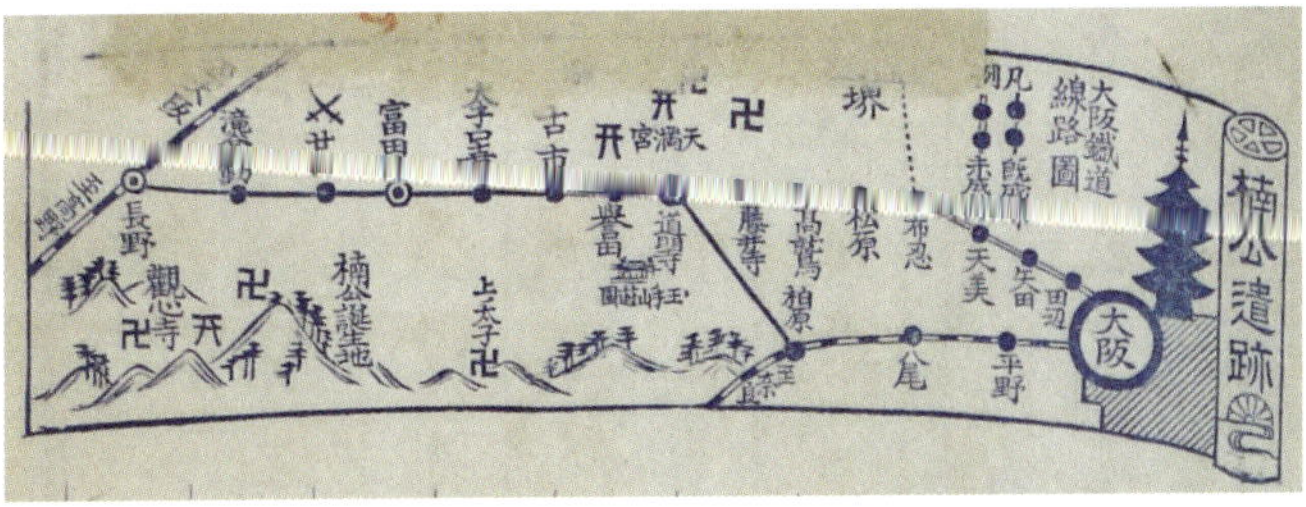

図2　当時の社用箋上部に印刷された大阪鉄道の略図。未開通の布忍〜天王寺間の各駅は仮称になっている。

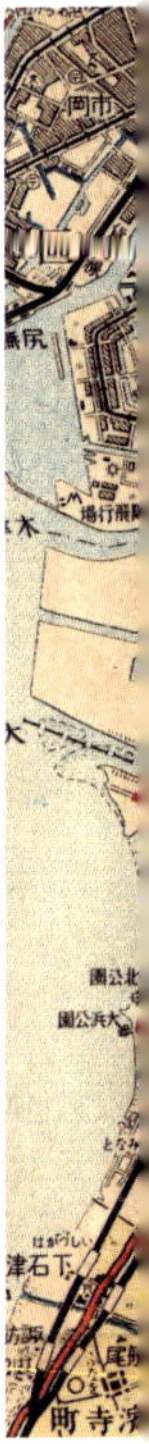

「軽便鉄道延長線敷設免許状下付」によれば、軌間は柏原〜長野間と同じ三呎六吋（一〇六七ミリ・国鉄と同様）で、大阪府南河内郡道明寺村（現藤井寺市）から東成郡天王寺村（現大阪市阿倍野区）までの九マイル六〇チェーン（約一五・六九キロメートル）で、現行路線より八〇〇メートルほど短い。建設資金には七五万円を計上していた。

その前年に河南鉄道の社長に就任した越井醇三は、これまで長らく実現できなかった大阪直通線を積極的に前へ進めた立役者で、さらに一〇年ほど後の昭和四年（一九二九）には久米寺《くめでら》（現橿原神宮前駅付近）への延伸と吉野鉄道との直通運転を実現させている。大正八年（一九一九）三月八日には、社名を河内国の南を意味する河南鉄道から、大阪大都市圏で事業展開を図る意味合いを込めて「大阪鉄道」に改めた。大鉄《だいてつ》の誕生である。

第一次世界大戦期の日本の工業化の進展に伴う勤労世帯の急増を受けて、大都市近郊に路線を持つ蒸気鉄道沿線の輸送需要も増加していた。これを受けて線路の電化が急速に進んでいた時期でもあり、この天王寺延長線も当初の免許では蒸気鉄道であったが、後に電車を走らせる方針に変更していた。輸送量の面でも予測を上方修正して後日単線から複線に変更している。

　蒸気鉄道の電化は関西圏では南海鉄道（現南海電鉄）が明治四〇年（一九〇七）に他に先駆けて実現していたが、首都圏や名古屋圏でも遅まきながら大正一〇年頃から本格化する。たとえば大正一一年（一九二二）には武蔵野鉄道（現西武池袋線）と尾西《びさい》鉄道（現

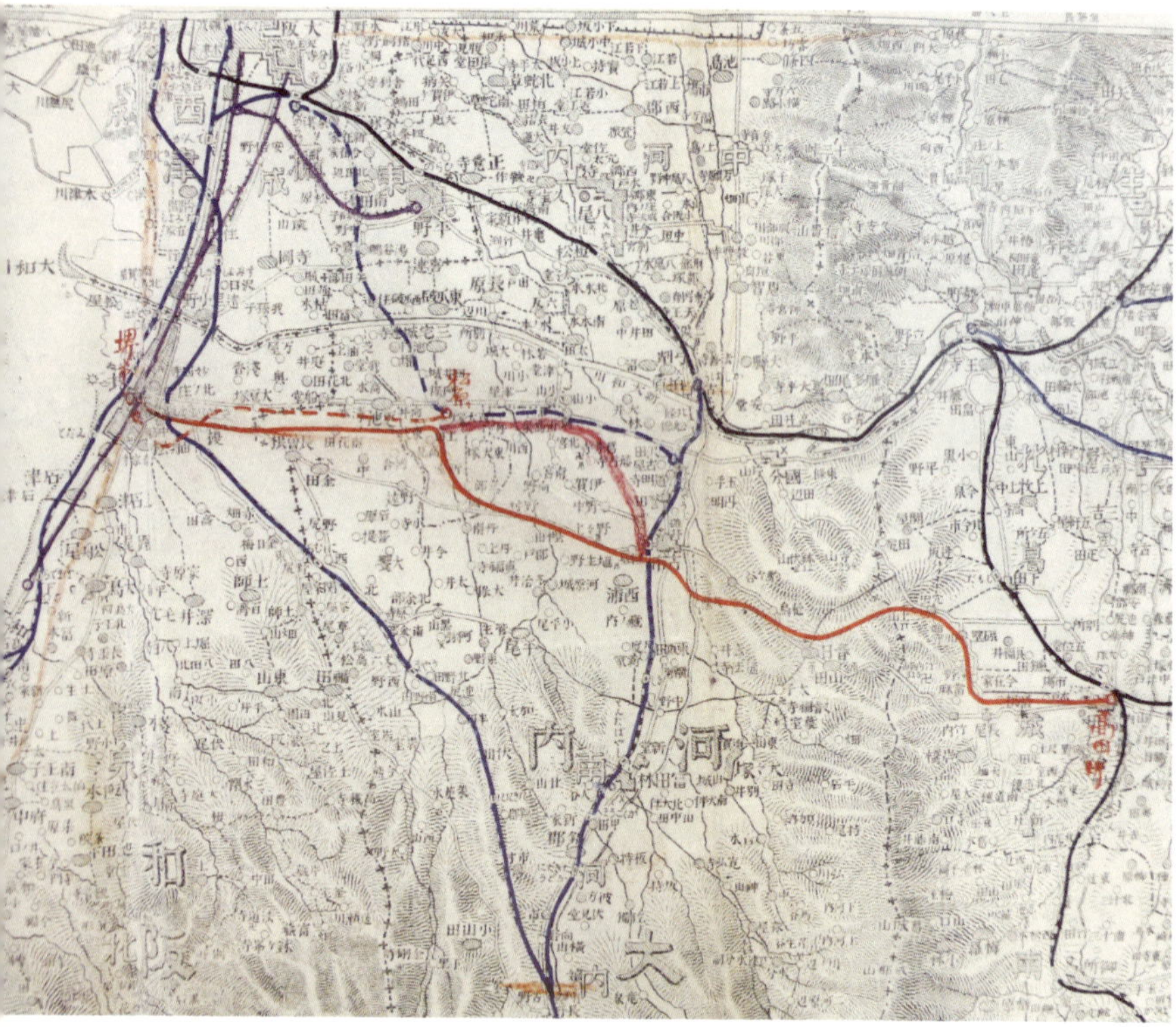

図3　大正10年3月頃の簿冊に綴じられた大阪南部の免許路線を示す地図。堺〜高田町を結ぶ赤い実線が南大阪電気鉄道を示す。紺色の破線は大阪鉄道天王寺延長線。鉄道省文書「大阪鉄道」巻五（大正10年）国立公文書館蔵

名鉄尾西線）、同一一年には青梅《おうめ》鉄道（現JR青梅線）、同一三年には東武鉄道、同一四年に三河鉄道（現名鉄三河線）といった具合である。

競合していた南大阪電気鉄道の免許路線

そこへ堺市から古市を経て穴虫《あなむし》峠から奈良県の高田町に至る電気鉄道の敷設計画が持ち上がる。おおむね長尾街道に沿ったルートで、古市から松原付近までの間は大阪鉄道の天王寺延長線と重複していたが、この鉄道は免許された。大正九年（一九二〇）六月一日付官報の記載は次の通り。

◎鉄道免許状下付　大正九年三月二十日南大阪電気鉄道株式会社発

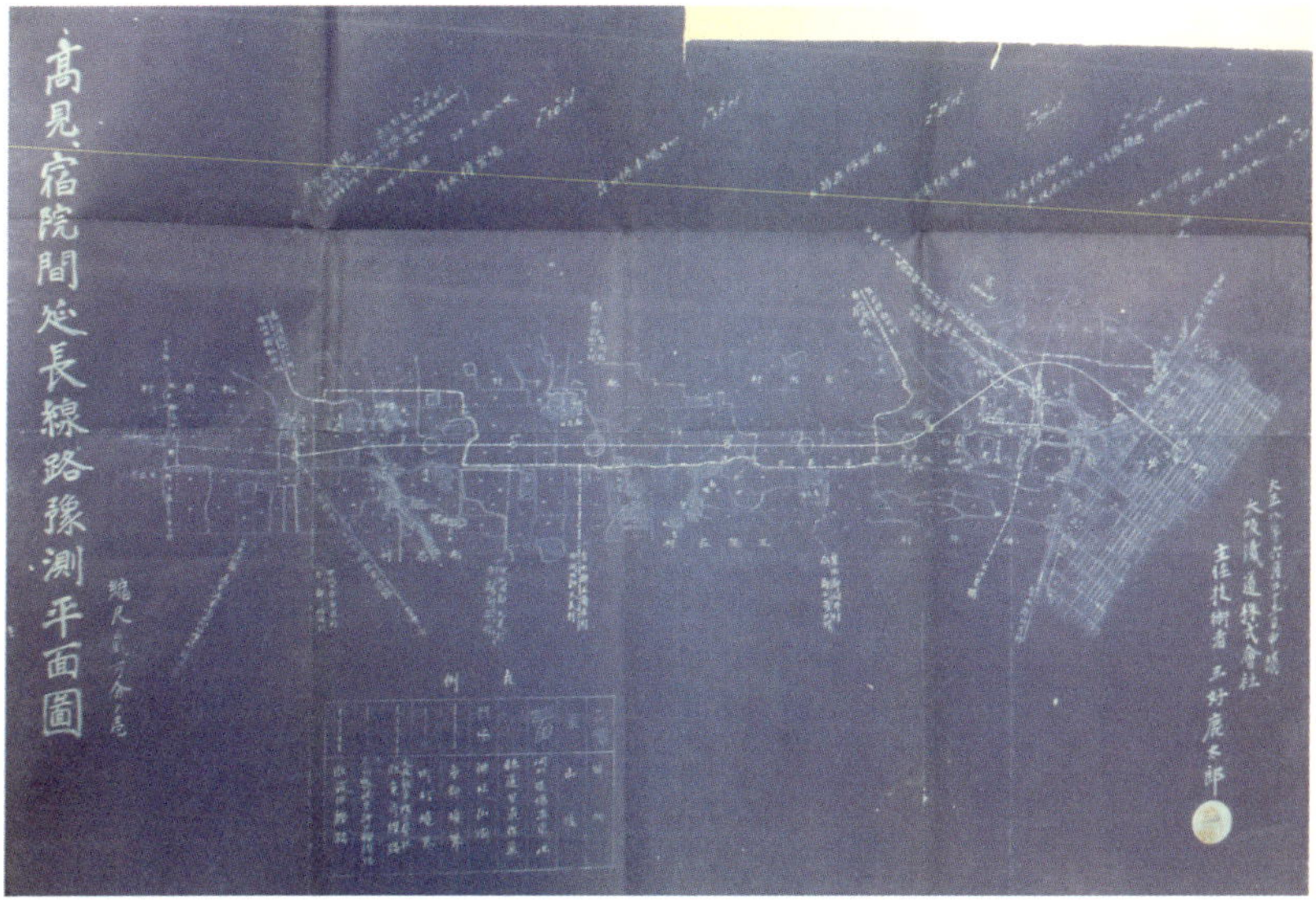

図4　大阪鉄道が計画していた高見～宿院（堺）間延長線の線路予測平面図。この支線は高見駅（現高見ノ里駅付近）から西へまっすぐ堺へ向かっていた（図は南が上）。図3の赤い破線に該当する。鉄道省文書「大阪鉄道」巻六（大正11年）国立公文書館蔵

起人食満《けま》藤吉外二十四名ニ対シ鉄道敷設免許状ヲ下付セリ。其起業目論見ノ概要左ノ如シ。

鉄道種別　電気鉄道

軌道幅員　三呎六吋〔一〇六七ミリメートル〕

線路両端　大阪府堺市

奈良県北葛城《かつらぎ》郡高田町

延長哩《マイル》程　十八哩十鎖〔一八マイル一〇チェーン＝約二九・一七キロメートル〕

建設資金　金二百五十万円

図3に紺色で示されたのが既存の鉄道で、紺色の破線が大阪鉄道の天王寺延長

図5　高見駅付近の分岐点を拡大したもの。当初の道明寺～天王寺延長線が北上する地点は現在線より東側の高見ノ里駅付近。実際に建設された北上地点の布忍《ぬのせ》駅は分岐点のすぐ西に見える2つの池のさらに西側であった。北を上に調整済み。出典は同前。

線。赤い実線は南大阪電気鉄道の免許線で、赤い破線は門社とまったく併走する大正八年（一九一九）七月二二日出願の大阪鉄道堺延長線。当然ながら「並行線」として大正一〇年（一九二一）四月に鉄道省により却下されている。

松原〜古市間の並行線だけを見れば、後発の南大阪電気鉄道に敷設を免許したのは不可解だが、並行区間が部分的でもあることから認められたのだろう。両者が接近する松原から古市にかけての区間に関して鉄道省は、大阪鉄道に「二社に

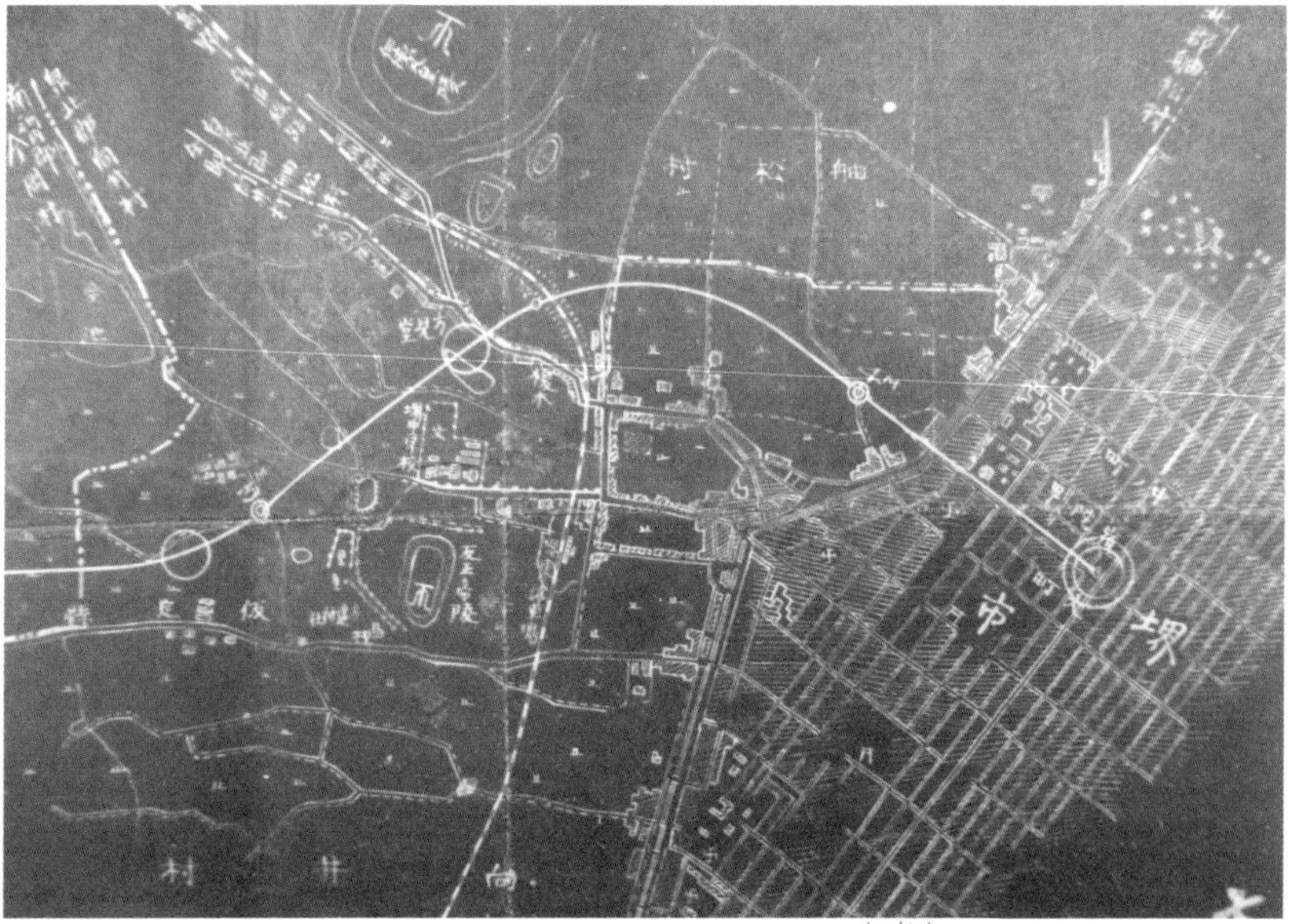

図6　実現することはなかった幻の堺延長線の西端付近。終点の宿院《しゅくいん》駅は堺市街のまん中、現宿院交差点付近に計画されていた。出典は同前。

よる線路共用」を検討するよう促している。以下は大阪鉄道がそれに難色を示した上申書。

鉄道延長線路ノ義ニ付上申

大阪鉄道株式会社

弊社ハ大正七年六月廿二日監第一〇三〇号ヲ以テ道明寺天王寺間延長線敷設ノ免許ヲ受ケ、同九年一月廿九日監第一〇七号ヲ以テ工事施行ノ認可ヲ受ケ、既ニ工事ニ着手スルト共ニ、用地買収モ既ニ大《おお》ニ進捗致シ居候処、本年二月以来南大阪電気鉄道株式会社代表者紀志嘉実ヨリ同社ニ対シ大正九年三月二十日付監第四四〇号堺市ヨリ奈良県高田町ニ至ル鉄道敷設免許状左記条件ニ基キ、弊社カ土地買収セル道明寺松原間ノ線路ヲ変更シテ両社ノ共用スヘキ一線ヲ更ニ選定方交渉ヲ受ケ候ニ付テハ、左ノ主旨ヲ以テ同社へ回答致置候間、御含置被成下度《おふくみおきなしくだされたし》。

第一　弊社延長線ハ工事施行ノ認可ヲ受ケ、既ニ用地ノ大部分買収ヲ了シタルヲ以テ、今更線路再調ハ寔《まこと》ニ至難ニ有之《これあり》候。

第二　右ニ就キ松原藤井寺間ハ弊社カ《が》工事施行認可ヲ受ケ着手セル線ヲ共用トシ、別ニ藤井寺村古市町間ニ弊社ノ支線敷設免許ヲ得テコレヲ共用シ、古市町ヨリ高田町ニ達スル線ハ南大阪電気鉄道ノ任意ニ敷設セラレナハ、以テ同社ニ対スル免許状、左記ノ主旨ニ適合可致《いたすべき》ト被存《ぞんぜられ》候。

前叙ノ如ク、去ル三月九日及同廿九日同社ニ対シ回答致置候間、御承知置被成下度《なしくだされたく》御参攷《ごさんこうのため》此段上申仕《つかまつり》候也。

大正十年四月廿一日

大阪鉄道株式会社

社長　越井醇三

鉄道省監督局長　井出繁三郎殿

いずれにせよ南大阪電気鉄道は資金難で実現の見通しが立っておらず、そんな会社の免許路線に左右されては迷惑とばかりに、藤井寺～古市の支線を免許してそれを共用すれば、といった現実味のない「提案」を掲げているのかもしれない。大鉄としては邪魔になるその免許線を買収し、大和高田から久米寺（橿原神宮）、吉野方面への進出も併せて実現しようとした。まだ先の話になるが、高田への免許は大正一五年（一九二六）一月五日に南大阪電気鉄道から古市～高田～桜井間三〇・五キロメートルの免許を譲り受ける交渉が成立している。

ところが南大阪電気鉄道が未着工であることを理由に鉄道省は譲渡を認めなかったため、同社と合併することによって解決した。未着工の免許譲渡を当局が許可しなかったのは、非現実的な敷設免許でたとえば土地の将来性を粉飾する類の業者が暗躍するのを避けるためらしい。もちろん南大阪電気鉄道がその類の会社であったというわけではないが。

布忍で屈曲している理由

話を天王寺延長線の頃に戻そう。現在の南大阪線のルートは布忍《ぬのせ》駅で屈曲しているが、当初計画ではもっと東側の現高見ノ里《たかみのさと》駅から斜めに北西へ向かい、同じく現河内天美《あまみ》駅方面へ達するものであった。これをわざわざ遠回りになる現在ルートに変更した理由が次の文書に載っている。大正一〇年（一九二一）七月二三日付で大鉄が鉄道省監督局長に提出した「線路一部変更認可申請ニ関スル懇願書」の一部を抜粋してみよう。

第三　本件ノ変更ハ同願書ニ添付セル理由書ノ如ク、既認可線ハ高見池内間《たかみいけうち》、田圃《たんぼ》ノ間ヲ通セシ為メ、貨客集散上殆《ほとん》ト乾燥無味ナリシヲ以テ、地方鉄道ノ本義ニ副フベク、高見ヨリ弐十五鎖〔二五チェーン＝約五〇三メートル〕西方ニ於テ北ニ曲折シ、以テ布忍《ぬのせ》村大字向井、東代《ひがしだい》、更池《さらいけ》、清水《しみず》、高木及泉北郡《せんぼく》五箇荘《ごかのしょう》村ノ一部、南河内郡北八下《きたやしも》村并《ならび》ニ南八下村、丹南《たんなん》村各一部ノ貨客ニ便スベク、関係地方ノ要望ニ応シ変更ノ必要ニ迫リシモノニ有之候。

現在でこそ市街地が連続しているが当時は田んぼのまん中を通過するルートで、利便性を考えれば西寄りに線路を変更してほしいと地元の要望もあり、会社もこれを受け入れた。「懇願書」の日付は道明寺〜布忍間が開業するわずか九か月前であり、後の文書を見れば新線路の設計も済んでおそらく地元対策も終わっていたようだが、だいぶ忙しい日程だったに違いない。

文書が提出された三か月後に大鉄は兼業の認可申請を提出したが、当時の主だった鉄道会社がい

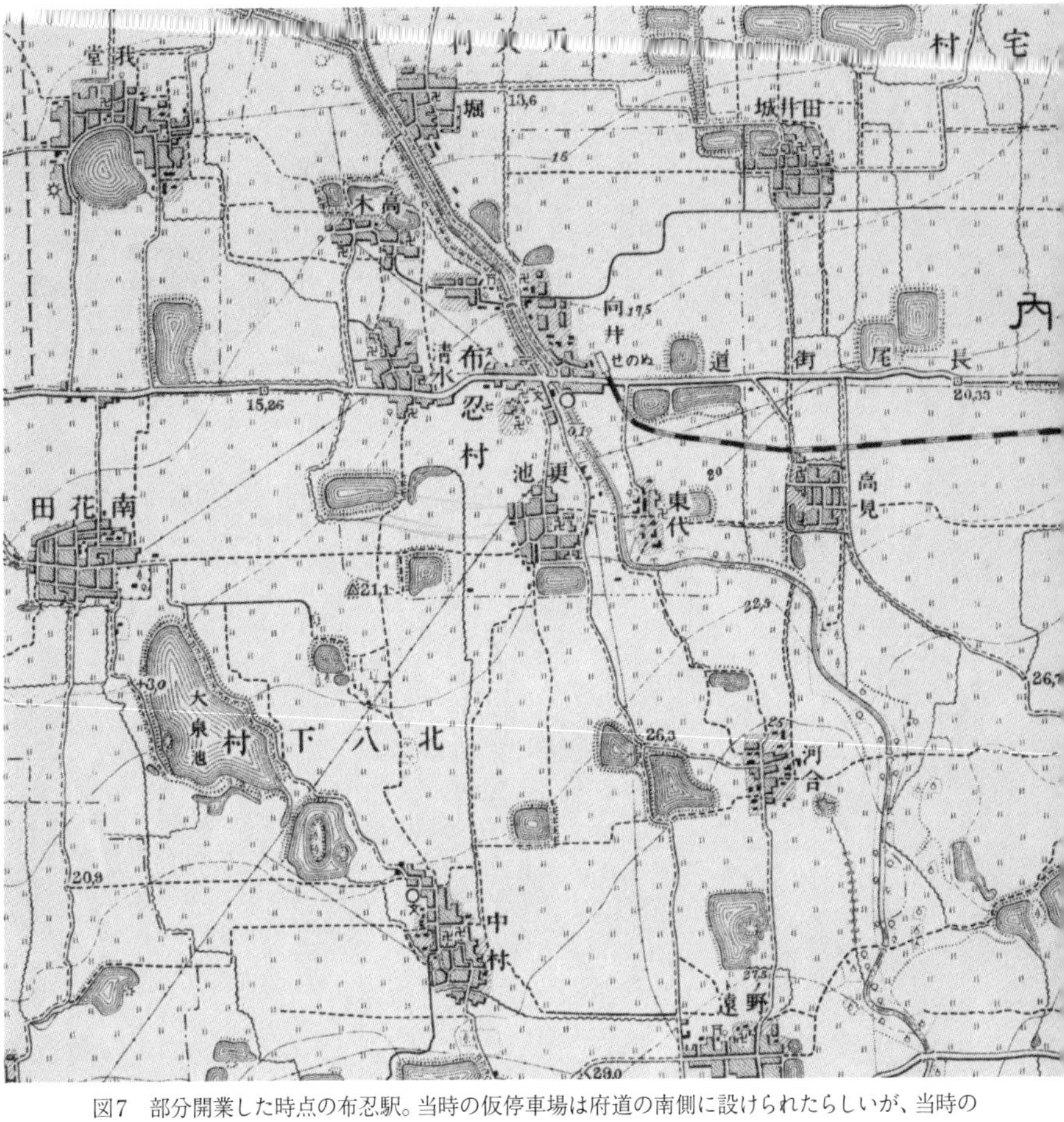

図7　部分開業した時点の布忍駅。当時の仮停車場は府道の南側に設けられたらしいが、当時の地形図は修正作業なども時間がかかったため、正式な停車場になるべき位置に描いたと思われる。線路用地は複線分確保されていたが、この時点では単線のはず。こちらも翌年の複線化がわかっていたためそのように描いたのだろう。1:25,000「古市」大正11年測図　×1.1

ずれも多角化を目指していた時期にあたる。

副業兼営認可申請

当会社ハ大正九年四月三十日并《ならび》ニ大正十年十月二十二日株主総会ノ決議ニ基キ、沿道土地家屋ノ売買賃貸借、温泉保養園、娯楽場ノ経営ヲ副業トシテ兼営致度候間、御認可被成下度、別紙関係書類添付此段申請候也。

大正十年十月二十五日

大阪府南河内郡富田林町大字毛人谷《えびたに》五百二拾壱番第貳、五百二拾貳〔五二一—二、五二二〕番地

大阪鉄道株式会社

取締役社長　越井醇三

理由書

近年大阪市ノ住民増加ニ伴ヒ住宅不足ヲ告ゲ、又ハ煤煙塵芥ノ巷《ちまた》ニ棲息スルハ摂生《せっせい》上不良ナリトシテ漸次当社沿線ニ移住ヲ希望スルモノ多ク、現ニ沿道ヨリ日常都市ニ通勤スル者ノ数比年〔毎年〕増加シ来リテ、沿線各村落ニモ著シク住宅欠乏ヲ告ゲ来リシヲ以テ、当会社ハ適当ノ地ニ住宅ヲ経営シ、娯楽場ヲ設ケ、潮〔汐〕ノ宮付近ニ湧出スル冷鉱泉ヲ以テ入浴場ヲ設ケ、以テ其需要ニ応給シ、或ハ家屋ヲ建設シ之ヲ売却セントスルモノハ適当ニ買得シ、又之ヲ購入セントスルモノニハ相当ノ方法ト価格ヲ以テ之レヲ供給シ、以テ其住宅難ヲ緩和シ、沿道移住者ヲ迎ヘ、其

生活ヲ簡潔ナラシメ、運輸営業ト共ニ聊《いささ》カ現代社会問題ノ幾部ニ貢献セントスルニアリ。

大阪の街が本当に「煤煙塵芥ノ巷」と表現されるほど環境が劣悪だったのか、それとも表現が大袈裟なのか判断できないが、いずれにせよ日本で初めて月賦による分譲住宅販売を実現した箕面《みのお》有馬電気軌道（現阪急）も明治末にすでに似た表現で郊外居住を誘っている。特に同社の宝塚での温泉・劇場経営の成功は高い評価を受けており、サラリーマン階層が厚さを増すなかで私鉄経営における観光および住宅開発の重要度は確実に高まっていた。

道明寺～布忍間は取り急ぎ非電化・単線で開業

大正一一年（一九二二）四月一九日に道明寺～布忍《ぬのせ》間が開業した。天王寺まで一気に完成できなかったのは、前述の線路変更が響いたのだろう。以下は開業前日に鉄道省が行なった竣功監査報告および停車場表である。

大正十一年四月十八日

雇　高野　有《たもつ》

技師　手塚　善

大阪鉄道道明寺布忍間竣功監査報告（四月十七日監査）

竣功線路ハ大阪府南河内郡道明寺村既設停車場、道明寺駅内《ママ》ニ於ケル零哩《マイル》零鎖《チェーン》零節《リンク》ヨリ大阪府中河内郡布忍村五哩零鎖三十三節〔約八・〇五キロメートル〕ニ於ケル布忍停車場ニ至ル延長五哩零鎖三十三節ニシテ、地勢平坦ニシテ工事モ亦《また》容易ナリ。

本区間ノ線路ハ今回単線運転ニ適スル仮設工事トシテ竣功ヲ告ゲ、車両ハ既成ノモノヲ用ヒ、其他通信等ノ運転設備モ完成セリ。右線路工事ノ概要ハ別紙工事方法概要書及諸表ノ如シ。汽動車ニ貨車一両ヲ連結シ、所定最大速度ヲ以テ本区間ヲ走行セシメタルニ、線路及車両共異常ナク安全ニ運転セリ。依テ使用開始ノ件支障ナシト認ム。

前段の監査の文章と別添の停車場表に記された布忍停車場の位置〔四哩六八鎖四〇節＝約七・八一キロメートル〕が二四〇メートルほど東寄りになっているのだが、これは府道の南側に設けられた仮停車場の位置と思われる。図7では長尾街道を踏切で渡った池の南あたりだ。この布忍駅を含め、ここに掲げられた高鷲、河内松原の各駅とも仮本屋〔駅舎〕であった。部分開業にあたっては電化も間に合っていない。自動閉塞信号機も未完成で、取り急ぎ通票《タブレット》閉塞が採用された。なぜこれほど不十分な形での部分開業を急いだのか理由を示す文書がある。

大正十一年三月二十七日監第一一八三号御照会ニ対シ左ニ答申候也。

一　運輸開始ノ予定日　四月十日〔実際には四月一九日となった〕

二　電車工事竣功図表提出ノ件ハ、弊社鉄道道明寺天王寺南間工事施行中ノ処、今般道明寺布忍間線路竣功致シ候ヘ共、電車工事設計未タ完成セス。然ルニ沿道町村ノ有志ヨリ、地方開発ノ為一日モ早ク運輸開始ノ希望切ナルニヨリ、単線ニテ汽動車、蒸気車ヲ以テ運転セントスルニ因リ、電気工事竣功図表ノ方ハ提出不致《いたさず》次第ニ御座候。

大正十一年三月三十一日

大阪鉄道株式会社

専務取締役　野田広三郎

鉄道省監督局長

井出　繁三郎殿

大阪天王寺（大阪阿部野橋）開業と電車運転開始

布忍開業翌年の大正一二年（一九二三）四月一三日、めでたく大阪天王寺駅までの全線が開業する。以下はその三日前の四月一〇日付の竣功監査報告に掲載された停車場表である。

道明寺・大阪天王寺間停車場表

名称	所在地	位置（キロメートル換算）
道明寺	大阪府南河内郡道明寺村大字道明寺（既設）	○哩○二鎖七八節（○・○六キロメートル）
藤井寺	同府　同郡　藤井寺村大字岡	一哩五五鎖〇〇節（二・七二キロメートル）
高鷲	同府　同郡　高鷲村大字北宮《きたみや》	二哩二七鎖一〇節（三・七六キロメートル）

河内松原	同府	中河内郡松原村大字上田《うえだ》	三哩七七鎖二七節	（六・三八キロメートル）
布忍	同府	同郡　布忍村大字東代《ひがしだい》	五哩〇〇鎖三三節	（八・〇五キロメートル）
天美車庫前	同府	同郡　天美《あまみ》村大字堀	五哩五四鎖一三節	（九・一四キロメートル）
矢田	同府	同郡　矢田《やた》村大字矢田部	七哩〇一鎖五三節	（一一・三〇キロメートル）
△針中野	同府	東成郡南百済村大字鷹合《たかあい》	七哩六六鎖一八節	（一二・六〇キロメートル）
大阪天王寺	同府	同郡　天王寺村大字天王寺	一〇哩二二鎖二三節	（一六・五四キロメートル）

＊表中△は停留所。天美車庫前は現河内天美駅。

いよいよ大阪鉄道は文字通り大阪市の南端に接続し、念願の「郊外電車」を走らせることになった。当初の計画通り道明寺〜長野間にも電車を直通させるべく、この区間のレールを四〇ポンド軌条（約二〇キロレール）から大阪天王寺〜道明寺間の新線に合わせて六〇ポンド軌条（約三〇キロレール）に変え、一部の橋桁も架け替えて大正一二年（一九二三）一〇月一六日に電化を完成、前述した通り開業翌月（五月一〇日）に大阪天王寺から大阪阿部野橋に改称したターミナルから道明寺・古市経由で長野まで電車が直通運転されることとなった。

電車は大阪阿部野橋〜道明寺間が一五分間隔、道明寺〜長野間は三〇分間隔で運転され、道明寺〜長野間の所要時間は蒸気機関車や蒸気動車（汽動車）で三九分かかっていたものが二七分と大幅に短縮されている。大阪直結によって乗客数は飛躍的に伸び、『近畿日本鉄道一〇〇年のあゆみ』

のグラフによれば大正一一年（一九二二）が年間一五〇万人程度であったのに対して翌一二年は約三八〇万人と倍増以上を記録している（いずれもグラフから読み取った概数）。なお非電化で残っていた道明寺～柏原間（現道明寺線）はしばらく蒸気動車が担当したが、この区間も翌一三年に電化された。

図8　大阪鉄道の沿線案内図。大鉄の経営多角化を反映して昭和3年(1928)に藤井寺球場、同4年には教材園(小中学生の自然研究のために設けた動植物園的なもの)を設けた。いずれも現存しない。「大鉄電車沿線案内」昭和8年頃発行

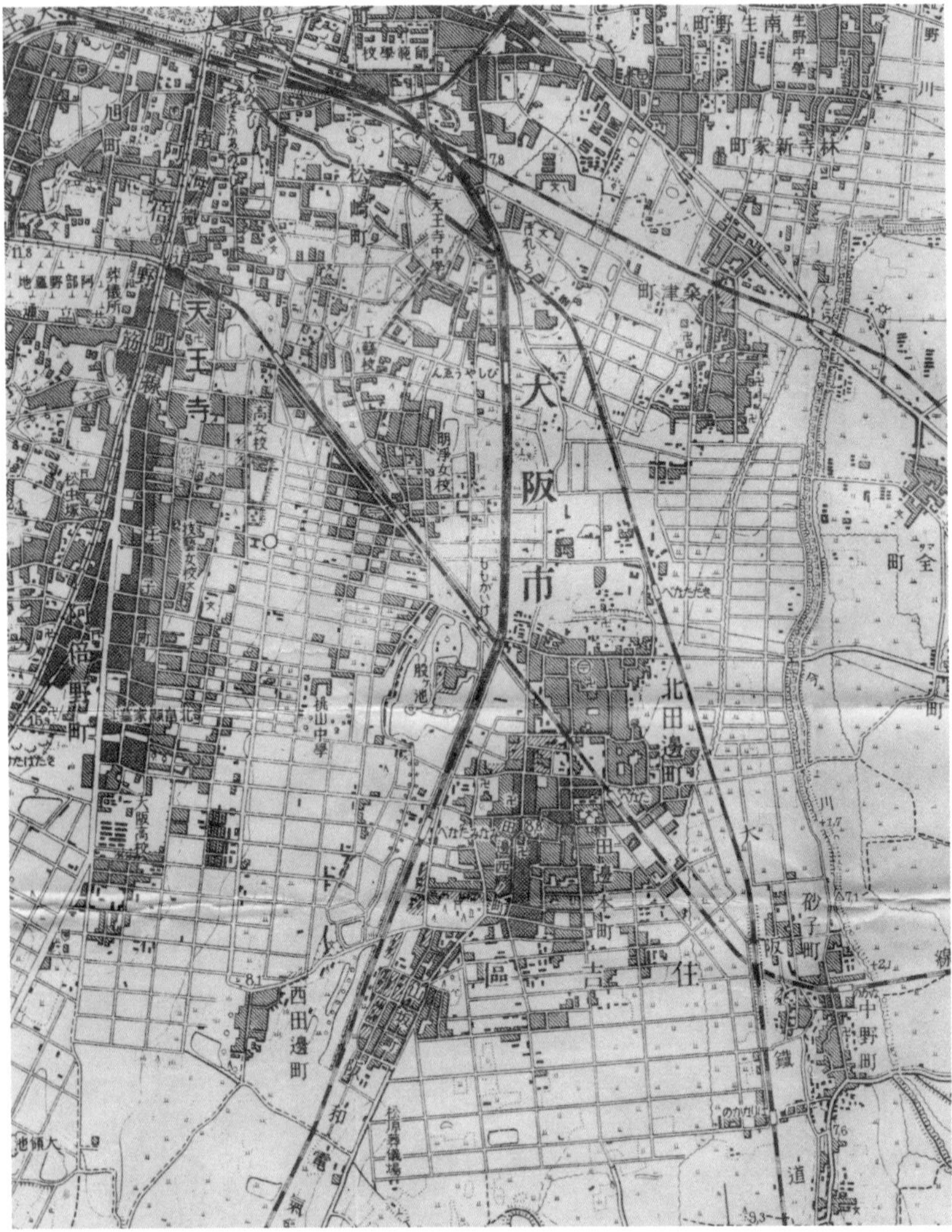

図9　大阪鉄道(図の右下へ伸びる線路)が開業した2年後に大阪市に編入されて住吉区となった旧東成郡域(現東住吉区など)。都市化を見据えて区画(耕地)整理が進みつつある。昭和4年(1929)には阪和電気鉄道(現JR阪和線)も登場した。1:25,000「大阪東南部」昭和7年部分修正　×1.1

「一目千本桜」を目指す鉄道

山道を徒歩で三里たどった明治期の吉野

吉野といえば、関西はもちろん日本有数の桜の名所で知られているが、後醍醐天皇の南朝にまつわる史蹟を訪ねる人も古くから後を絶たない。さらに七世紀に役行者《えんのぎょうじゃ》が創建したと伝えられる修験の本山・金峯山寺《きんぷせんじ》を擁し、霊地としての歴史も長く続いてきた。

それでも鉄道が通じていなかった明治の吉野は気軽に訪れるには遠いところで、大阪から出かけて行くには、明治三一年（一八九八）に高田から南下して橋本まで通じた南和《なんわ》鉄道（現JR和歌山線）の葛《くず》駅（現吉野口）から山道を三里ほども歩いて越えるしかなかった。

明治三二年（一八九九）の時刻表によれば、大阪の湊町駅（現JR難波）を朝の八時に発った大阪鉄道の汽車を王寺で降りて橋本行きの南和鉄道に乗り換えれば、葛駅に着くのが九時五八分。吉野川北岸の北六田《きたむだ》まで峠道を一〇キロほど歩いて吉野河畔にたどり着き、柳の渡しで対岸へ渡ってさらに五キロほど歩いて金峯山寺にたどり着くという行程であった。当時の健脚でも葛駅から四〜五

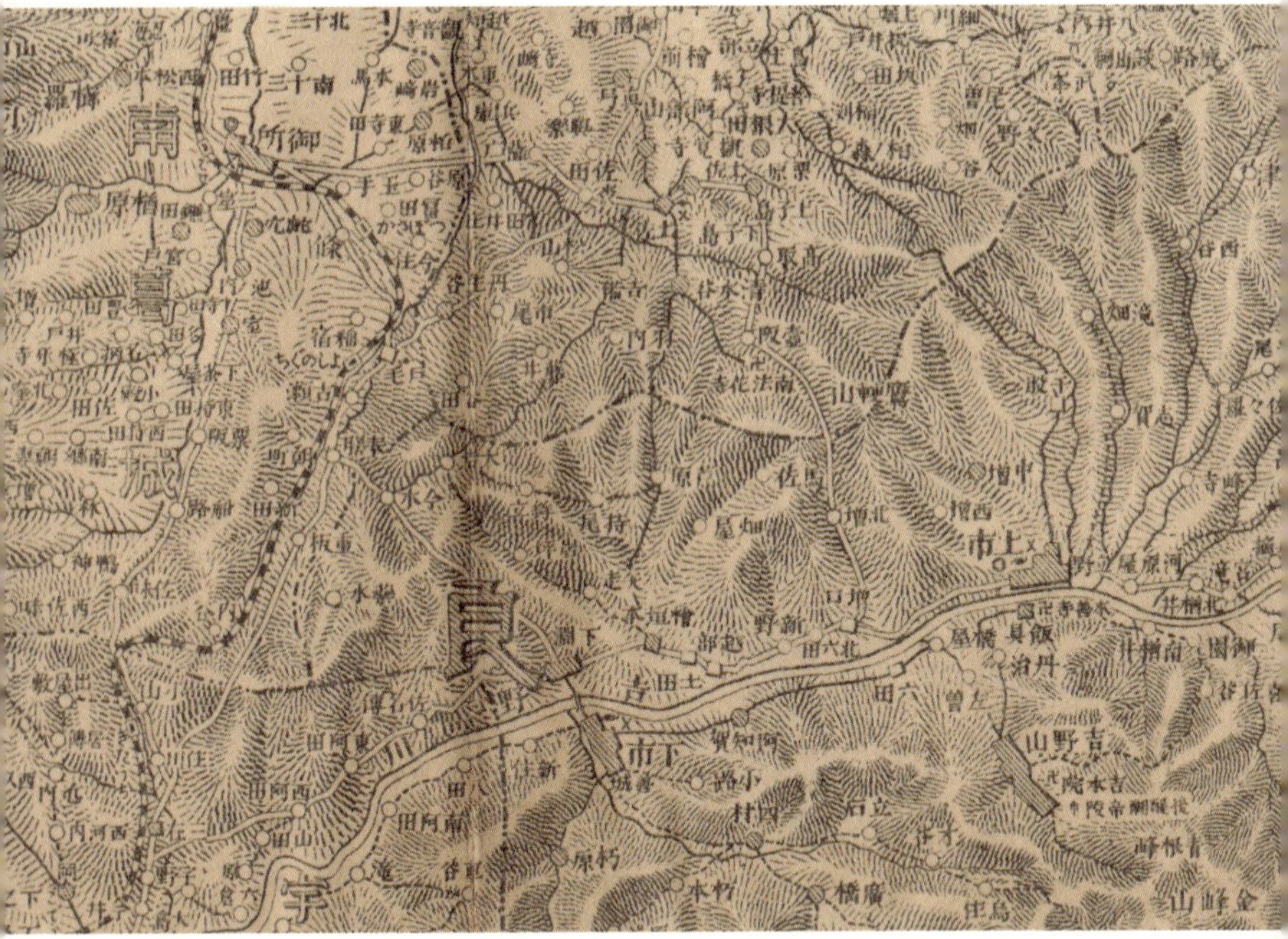

図1　南和鉄道（現JR和歌山線）吉野口駅と吉野との関係。吉野山は図の右下に見える。1:200,000 輯製図「和歌山」大正3年鉄道補入　×1.4

時間あまりを要したのではないだろうか。

　南和鉄道の中では最も吉野に近かった葛駅は明治三六年（一九〇三）に吉野口と改められるが、多くの人が訪れる吉野へ鉄道・軌道を敷設する計画はその頃いくつか存在した。明治二九年（一八九六）に林業家の土倉《どくら》庄三郎などが設立した吉野鉄道（後の同名会社とは異なる）は敷設の認可を得ながら実現することができず、明治四〇年代になって吉野馬車軌道と吉野電気軌道という二つの計画が立てられた。

　吉野馬車軌道株式会社が明治四一年（一九〇八）六月に提出した起業目論見書によれば、本社は奈良県吉

野郡大淀村大字下渕《しもぶち》（現下市口駅付近）に置き、ルートは官線（国鉄和歌山線）吉野口停車場前を起点として南下、今木《いまき》、下渕を経てさらに東進して越部《こしべ》を経て北六田《きたむだ》（現六田駅付近）を結ぶ約七マイル（約一一・三キロメートル）で、軌道は主として道路上に敷設するとした。

方の吉野電気軌道の方もほぼ同ルートに明治四一年（一九〇八）九月に敷設特許の出願と会社設立願を提出している。奈良県庁では競願となった両者を比較考量の結果、次のように馬車鉄道に特許を与えるよう内務省に具申した。この頃はすでに阪神電気鉄道など、便利な電車の実力も広く知られていたはずなのに、なぜここで「馬鉄」を推したのか理解に苦しむところだが、以下の文書には県知事名によって理由が記されている。文書が「秘」なのは、信用調査の内容を含んでいるため当時は非公開の報告だったのだろう。

秘土第二六三七号

県下南葛城《みなみかつらぎ》郡葛《くず》村地内官設鉄道吉野口停車場前ヨリ吉野郡大淀《おおよど》村大字北六田《きたむだ》ニ至ル約七哩《マイル》間ニ対シ、吉野郡大淀村大字新野《にの》森栄蔵外八名ハ吉野馬車軌道株式会社ヲ組織シ、馬車軌道敷設ノ特許ヲ出願シ、又同一区間ニ対シ奈良市登大路町《のぼりおおじちょう》玉置格外七名ハ吉野電気軌道株式会社ヲ組織シ、電気軌道敷設特許ヲ出願致来候ニ付、両者対照調査候処、電気軌道ニ在リテハ其計画中原動力トシテ電力ノ供給ヲ受ケントスル大阪水力電気株式会社ナルモノハ未タ設立シ居ラス、随《したがい》テ

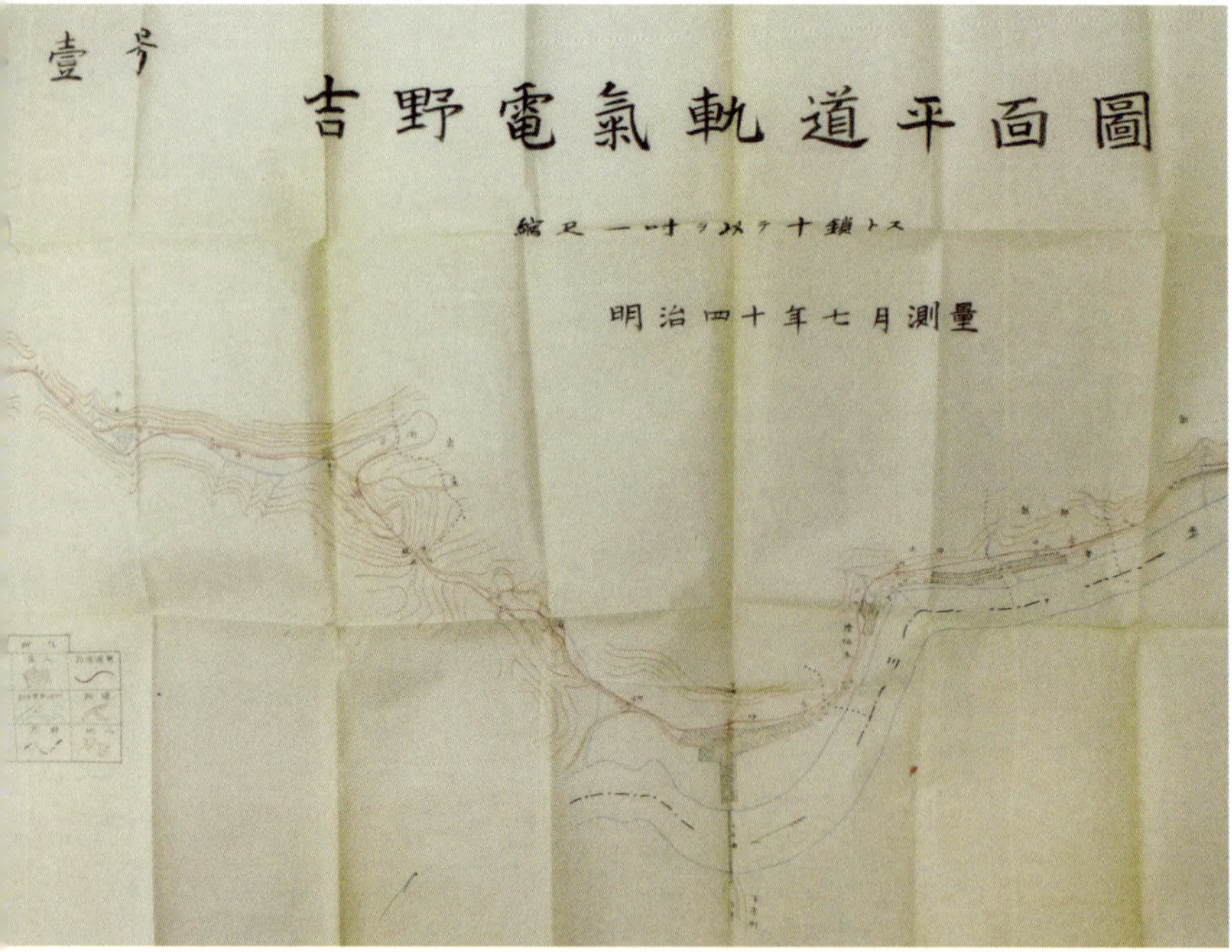

図2　幻となった吉野電気軌道の線路図。現在線より全体的に東側の現国道309号に沿うルートであった。鉄道省文書「吉野鉄道」巻一（明治43～44年）国立公文書館蔵

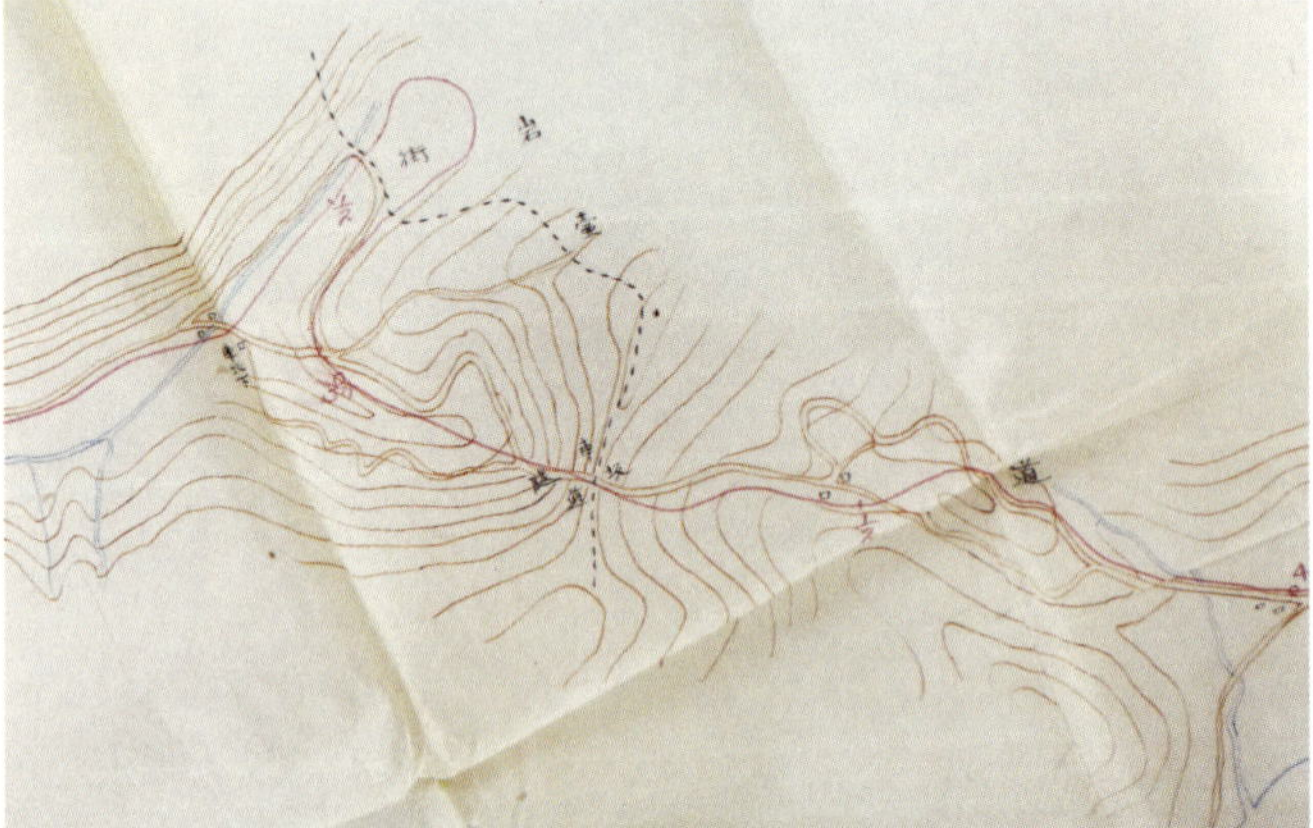

図3　大和川と紀ノ川の分水界・車坂は隧道で抜ける予定だったらしい。出典は同前。

軌道運転ノ時期ヲ予知シ難ク、又其工費並《ならび》ニ収支予算ニ於テモ厖大ニ失スルノ感アリ。之ニ反シ馬車軌道ニ在リテハ敢テ他ノ動力ヲ用ヒス直ニ馬車ヲ往来スルモノナレハ運転上ニ顧慮ヲ要セス。其工法モ相当ニシテ収支予算モ適実ト相認メ候。且ツ双方ノ資力信用ニ於テモ玉置外七名ハ森栄蔵外八名ニ比シ遙ニ劣レル者ト被存《ぞんぜられ》候。

随テ電気軌道ハ其成功ヲ確認シ難キニ反シ、馬車軌道ハ計画相当ニシテ成功ノ見込有之《これあり》候様相認メ候ニ付、馬車軌道敷設ニ関シ県参事会ノ意見ヲ徴シ候処、異議無之《これなく》候ニ付、森栄蔵外八名出願馬車軌道敷設事業ハ特許相成候様致度、又玉置格外七名出願電気軌道敷設事業ハ特許不相成《あいならぬ》様御詮議相成度、別紙関係図書相添此段上申候也。

明治四十二年十一月八日

奈良県知事　青木良雄

内務大臣法学博士男爵平田東助殿

吉野軽便鉄道の開業

かくして吉野馬車軌道に事実上の「内定」が出たのだが、さすがに時代の流れに従ってか、後に馬車から蒸気機関車の牽引する軽便鉄道に改めて申請をし直している。発起人の筆頭は県知事の調査報告にもある通り大淀村大字新野の実業家・森栄蔵であった。動力は明治四三年（一九一〇）三月に馬から「四輪聯動単式タンク機関車」に変更、これに伴って社名も吉野軽便軌道（後に吉野軽便鉄道）株式会社と改め、軌間も馬車軌道として申請した際の四フィート六インチ（一三七二ミリ・

東京馬車鉄道と同じ軌間）から官線と同じ三フィート六インチ（一〇六七ミリ）に狭めている。さらに線路の最小半径も八〇尺（二四・二メートル）から一〇チェーン（二〇一・二メートル）に広げるとしたが、実際には八チェーン（約一六〇・九メートル）となった。なるほど現在でもこの山越え区間を走る電車に乗っていると急なカーブが目立つ。機関車を走らせるためには必然的に施設も充実の必要があり、資本金も一三万五千円から二〇万円に増額している。

工事施行認可は明治四四年（一九一一）六月一二日で、翌七月一九日に起工した。開業は元号が大正に変わってまだ三か月も経たない大正元年（一九一二）一〇月二五日のことである。終点の大字北六田に設けられた駅は「吉野」と命名されたが、現在の吉野駅はその後に延伸されたもので、その時に旧吉野駅は六田駅に改められた。次は竣功に際して開業の四日前の日付で鉄道院監理部長宛に提出された監査の復命書。

復命書

吉野軽便鉄道線路竣功監査ノ命ヲ奉シ視察ヲ遂ケ候状況左ノ通リ復命仕候也

大正元年十月二十一日　技手　仁藤仙之助

技師　村田重義

監理部長　山之内一次《かずじ》殿

本線路ハ奈良県南葛城《みなみかつらぎ》郡葛《くず》村官線吉野口停車場ヨリ同県吉野郡大淀村字北六田ニ至ル全長七哩十九鎖《チェーン》四十三節《リンク》四分（約一一・六六キロメートル）ニシテ其ノ軌間三呎六吋（一〇六七ミリメートル）、線路最急勾配五十分ノ一（二〇パーミル）、最小曲線半径八鎖（一六〇・九メートル）ナリトス。

土工

施工基面幅員ハ切取十四呎（約四・二七メートル）（左右側溝ヲ除キ）築堤ハ其ノ高サニ応シ十四呎乃至十八呎（五・四九メートル）トス。而シテ切取中最深ノモノ約六十五呎（一九・八一メートル）ニシテ総坪数約三万坪（約一八万立方メートル）、築堤ハ最高個所約四十八呎（約一四・六三メートル）ニシテ此総坪数約四万坪（二四万立方メートル）ナリ。

＊施工基面幅＝線路敷の幅。　坪が立坪《りゅうつぼ》を意味したらしく、その前提で立方メートルに換算した。

橋梁及溝渠

橋梁ハ合計十個所（二個所ハ拱橋《きょうきょう》（アーチ橋））ニシテ其総径間二百六十三呎六吋（約八〇・三メートル）ナリ。就中《なかんづく》奉膳《ぶんぜ》川橋梁径間二十九呎二吋（約八・八九メートル）三連ナルヲ最長ノモノトス。各橋台及橋脚ハ基礎ニ「コンクリート」ヲ施シ、石又ハ煉瓦ヲ以テ躯体ヲ構成シ、拱橋ヲ除クノ外孰《いず》レモ鋼転圧工形桁ヲ架ス。此ノ外《ほか》巾六呎（約一・八三メートル）長《ながさ》四十七呎（約一四・三三メートル）ナル木造跨線人道橋一個所アリ。亦溝渠ハ合計七個所ヲ有シ、其ノ構造ハ橋梁ニ倣ヒ拱橋二個所ノ外ハ鋼転圧工形桁若シクハ木桁ヲ架セリ。

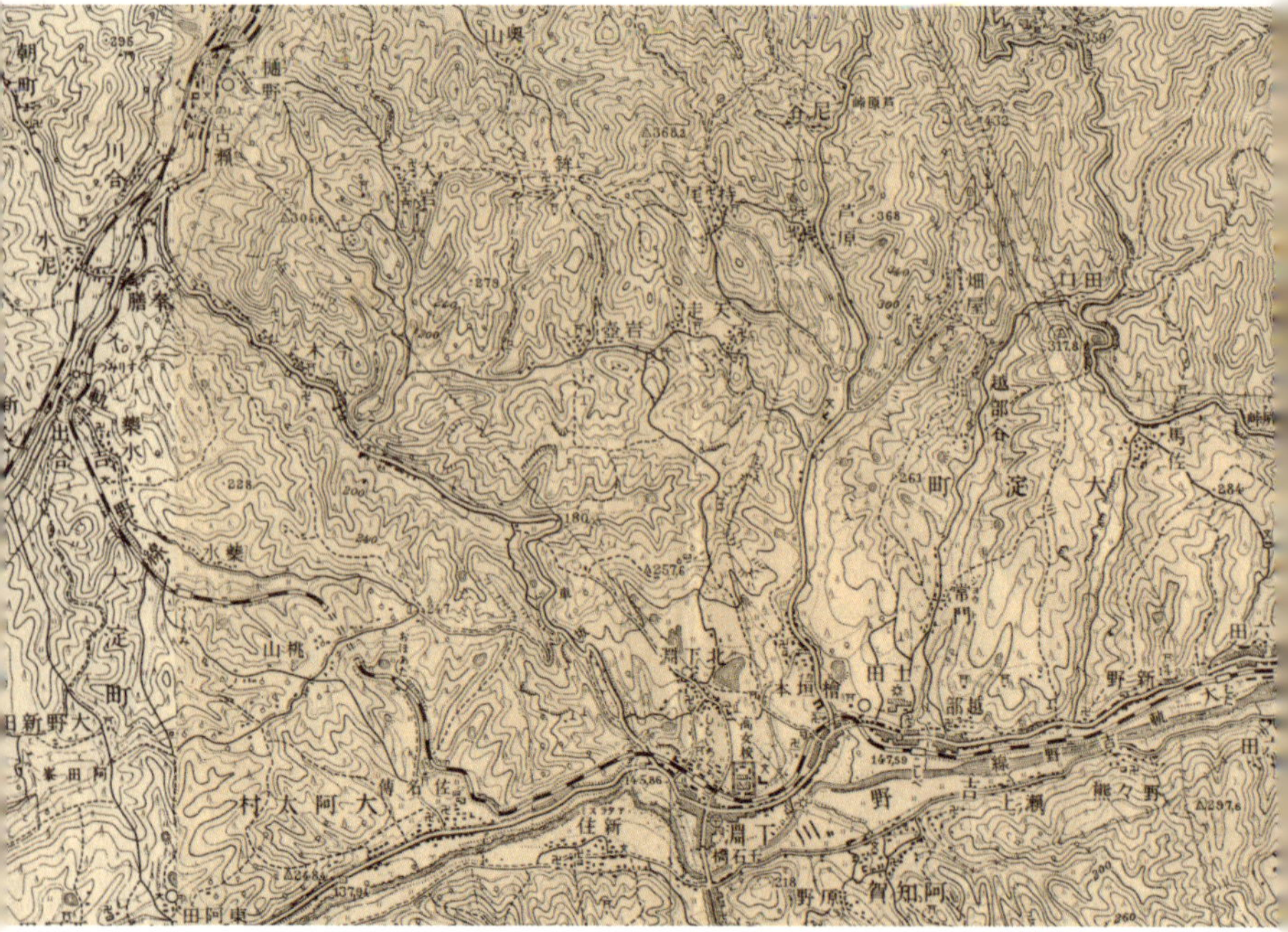

図4　吉野口〜吉野（現六田）の線路は大和川水系から紀ノ川水系への峠を越えるためカーブと勾配が目立った。1:50,000「五條」昭和6・7年修正＋「吉野山」昭和7年部分修正　×0.75

隧道

隧道ハ延長千三百十三呎〔約四〇〇・二メートル〕ナル薬水《くすりみず》隧道一個所ニシテ穹拱〔上部〕及側壁ハ煉瓦、坑門壁ハ粗石ヲ以テ甃畳《しゅうじょう》〔敷き詰める意〕シ、待避所排水渠〔溝〕ノ如キモ完備セリ。

軌道

軌条ハ米国カー子《ネ》ギー会社製一碼《ヤード》四十封度《ポンド》〔約二〇キロレール〕及五十封度〔約二五キロレール〕ノモノヲ混用シ、枕木ハ栗、檜〔檜ハ橋梁用〕ノ二種ニシテ三十呎〔約九・一四メートル〕軌条ニ対シ十三挺ノ割合ニ敷設シ、両軌道中心間隔ヲ十二呎〔約三・六六メートル〕トシ、転轍機〔分岐器〕轍叉ハ八番及十番ヲ使用ス。而シテ道床砂利亦相当ニ撒布シ、撞固《つきかた》メモ大体ニ於テ完成セリ。

停車場

停車場ハ吉野口、下市口、吉野ノ三個所ニシテ、吉野停車場ニ機関車庫及客車庫ヲ設置ス。亦吉野口停車場ニ於テハ其ノ駅務ヲ鉄道院ニ委託セルモノナルヲ以テ、別ニ本屋ノ設置ヲナサヾルモノトス。各停車場間ノ距離及所在地等ハ右ノ如シ。

停車場名	吉野口起点ヨリノ中心哩程	所在地
吉野口《ヨシノグチ》	○哩○○鎖○○節〔○・○○キロメートル〕	奈良県南葛城郡葛村大字古瀬
下市口《シモイチグチ》	四哩五九鎖○○節〔七・六二キロメートル〕	同県　同郡　大淀村大字下渕
吉野《ヨシノ》	七哩一九鎖四三節〔一一・六六キロメートル〕	同県　同郡　同村　大字北六田

＊掲載にあたって「両停車場間ノ距離」は省略した。

吉野口から大和盆地の畝傍《うねび》へ進出

これ以下の文書の内容を要所のみ記せば、車両はドイツのアルトゥール・コッペル製蒸気機関車が三両、客車一二両（うち二等車二両、三等緩急車〔乗務員室付〕四両、三等手荷物緩急車二両、三等車四両）、有蓋貨車一〇両、無蓋貨車二〇両、材木車四両といった陣容で、客車はいずれも梅鉢《うめばち》工場（後の帝國車輌工業）製で南海鉄道（現南海電気鉄道）より購入したものという。中古ではあるが内外装を塗り替え、座席は全部「張り替え」を行ない、修理も行き届いているとコメントがある。なお、ここに記されている通り吉野口駅は国鉄に業務を委託したため駅員の駐在や独自の駅舎（本屋）はなかった。現在でも同駅はＪＲ西日本の管理である。

開業翌年の大正二年（一九一三）五月三一日には社名から軽便の文字を外して吉野鉄道株式会社となった。同四年の時刻表によれば全区間の所要時間は三三分、一日八往復が運転されていたことがわかる。大阪方面からの接続を見れば、湊町駅（現ＪＲ難波）を朝の七時三二分発の関西本線・和歌山線経由和歌山市行きに乗れば、王寺を経由して吉野口駅には九時二八分に到着する。ここで一五分待てば九時四三分発の吉野行き吉野鉄道の列車に接続、これが吉野駅（現六田駅）に一〇時一六分に到着するダイヤである。大阪からの所要時間は三時間を切り、利便性は格段に向上した。大正一〇年（一九二一）の時刻表では列車も一〇往復に増えており、地元と観光客の交通機関として定着していった様子が窺える。

『近畿日本鉄道一〇〇年のあゆみ』の記事（一二五ページ）によれば、大正七年の運輸収入のうち貨物収入が四割を占めていた。これは古くから林業や製材業が盛んだった吉野ならではの特徴であろう。さらなる貨物需要の取り込みを図るため（同書）、吉野鉄道は吉野口から北へ延伸し、橿原《かしはら》神宮前（旧駅）を経て国鉄桜井線の畝傍《うねび》停車場へ接続する計画を立てた。敷設免許を受けたのは大正九年（一九二〇）のことである。

途中の橿原神宮前駅では大和西大寺から南下してきた大阪電気軌道（現近鉄橿原線）との接続が図られた。同電気軌道が大正一二年（一九二三）三月二一日に現在地より北西に位置する橿原神宮前駅まで開業、吉野鉄道は同年の一二月五日にここまで開業している。あとひと駅だけ残った畝傍駅までの区間は、同駅付近の用地買収の遅れなどが理由で翌一三年一一月の開業となった。以下は橿原神宮前~吉野口間が開業する二日前に提出された竣功監査報告（一二月三日付）による停車場表である。数値は畝傍起点の距離で、（）内はキロメートル換算。

橿原神宮前停留場	奈良県高市郡白橿《しらかし》村	一哩七〇鎖三二・八節（三・〇二キロメートル）
岡寺《おかでら》停車場	同県　同郡　同村	二哩六七鎖三二・八節（四・五七キロメートル）
壺阪山《つぼさかやま》停車場	同県　同郡　高取町	四哩四六鎖四五・四節（七・三七キロメートル）
市尾《いちお》停車場	同県　同郡　船倉村	五哩七一鎖四五・四節（九・四八キロメートル）
葛停車場	同県　南葛城郡葛村	七哩〇七鎖四五・四節（一一・四二キロメートル）
吉野口停車場	同県　同郡　同村	八哩〇六鎖六〇・四節（一三・〇一キロメートル）

この頃になると電車の性能向上で活躍範囲が広がり、従来の蒸気鉄道が電化する事例が相次いだ。吉野鉄道でも併せて電化工事が進められている。大正一二年（一九二三）一二月三日には橿原神宮前延伸の竣功監査報告と同日に吉野口~吉野間の電化工事竣功監査報告も提出され、新造の電動客車（電車）が全区間を走り始めた。貨物列車にも従来の蒸気機関車に代わって電気機関車が投入されている。電化により、従来の蒸気機関車牽引の旅客列車が三一分かけた吉野口~吉野間は二三分と大幅に短縮された。同一三年一一月一日には国鉄畝傍駅までの全線が開業、電車化に伴って

列車増発と地元の利便性向上のため薬水《くすりみず》（同一三年二月七日）、福神《ふくがみ》（同年五月一一日）の二駅も畝傍延伸前に開業した。

「一目千本」への延伸計画

現在の吉野駅への延伸が実現するのは少し先の話であるが、延伸の経緯は複雑だ。まずは旧吉野駅から北岸（右岸）を上市《かみいち》まで延伸する線路（一哩六〇鎖＝約二・八キロメートル）を大正一一年（一九二二）四月二〇日に免許取得し、それとは別に旧吉野駅からすぐ南岸に渡って吉野村丹治《たんじ》（現在の吉野神宮駅付近）の貯木場に至る貨物線（一哩四〇鎖＝約二・四キロメートル）の敷設免許を大正一二年（一九二三）二月一七日に取得していた。

さらにこれとは別に、吉野登山電気軌道という会社が六田（現六田駅の対岸）から吉

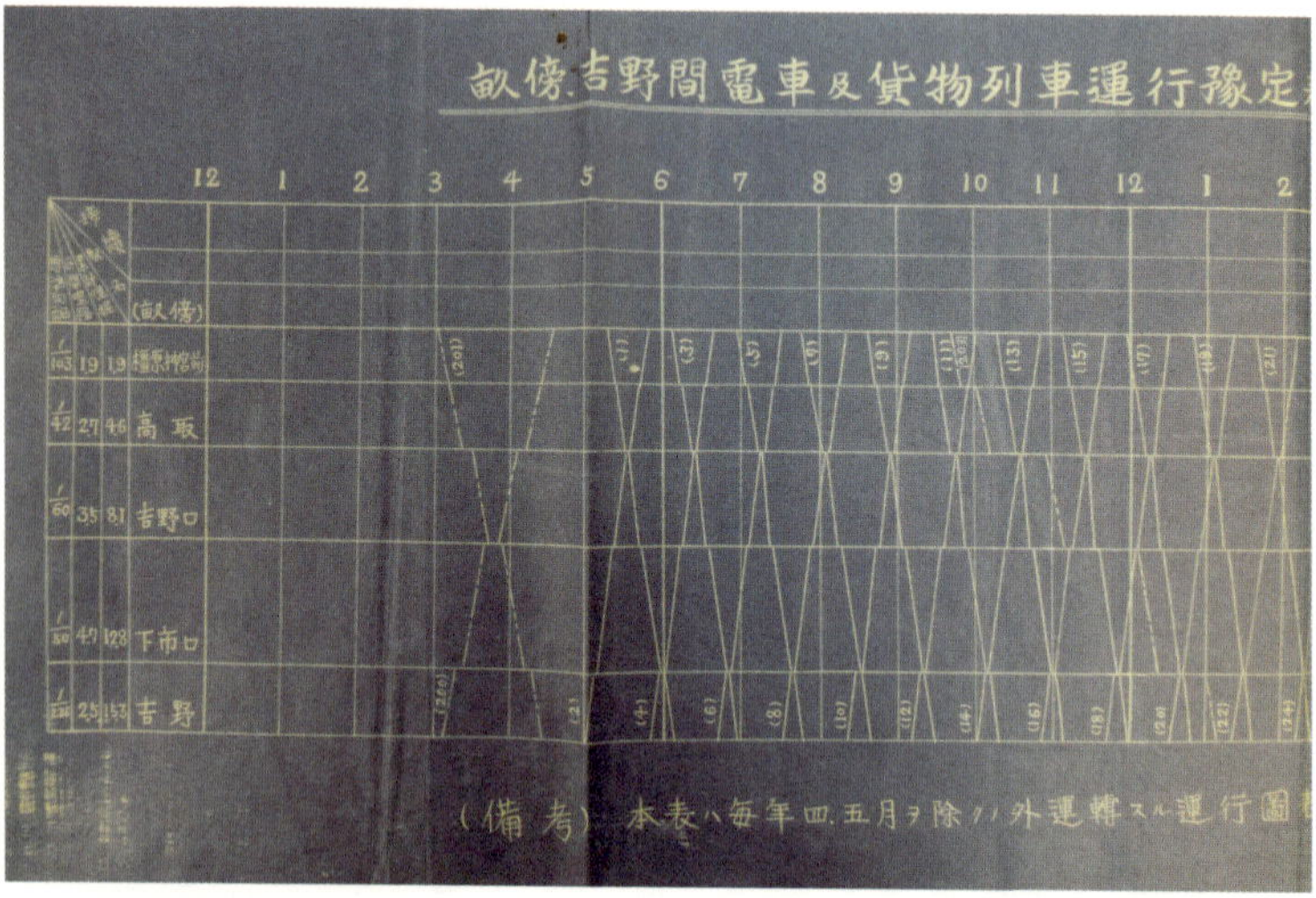

図5　畝傍～吉野口間が開業する前の大正11年（1922）の鉄道省文書に綴じられた予定ダイヤ「畝傍、吉野間電車及貨物列車運行予定表ノ一」。実線が旅客列車（電車）、二点鎖線が貨物列車を示す。鉄道省文書「吉野鉄道」巻四（大正10年～12年）国立公文書館蔵

野神山を経て吉野山までの軌道敷設特許を取得していたが、実現の見込みが立たなかったことから吉野鉄道が大正一三年（一九二四）に買収、軌間四呎八吋半（一四三五ミリ）の規格を吉野鉄道に合わせ三呎六吋に変更している。結論から言えばこれら未成の三路線をひとまとめにしたのが現在の六田～吉野間なのだが、これには地元の一部から強硬な反対意見が出た。なお、現在の吉野駅は古くから人口に膾炙していた絶景「一目《ひとめ》千本《せんぼん》」という駅名を予定していた。次は奈良県吉野山区長・近藤育蔵名による陳情書である。

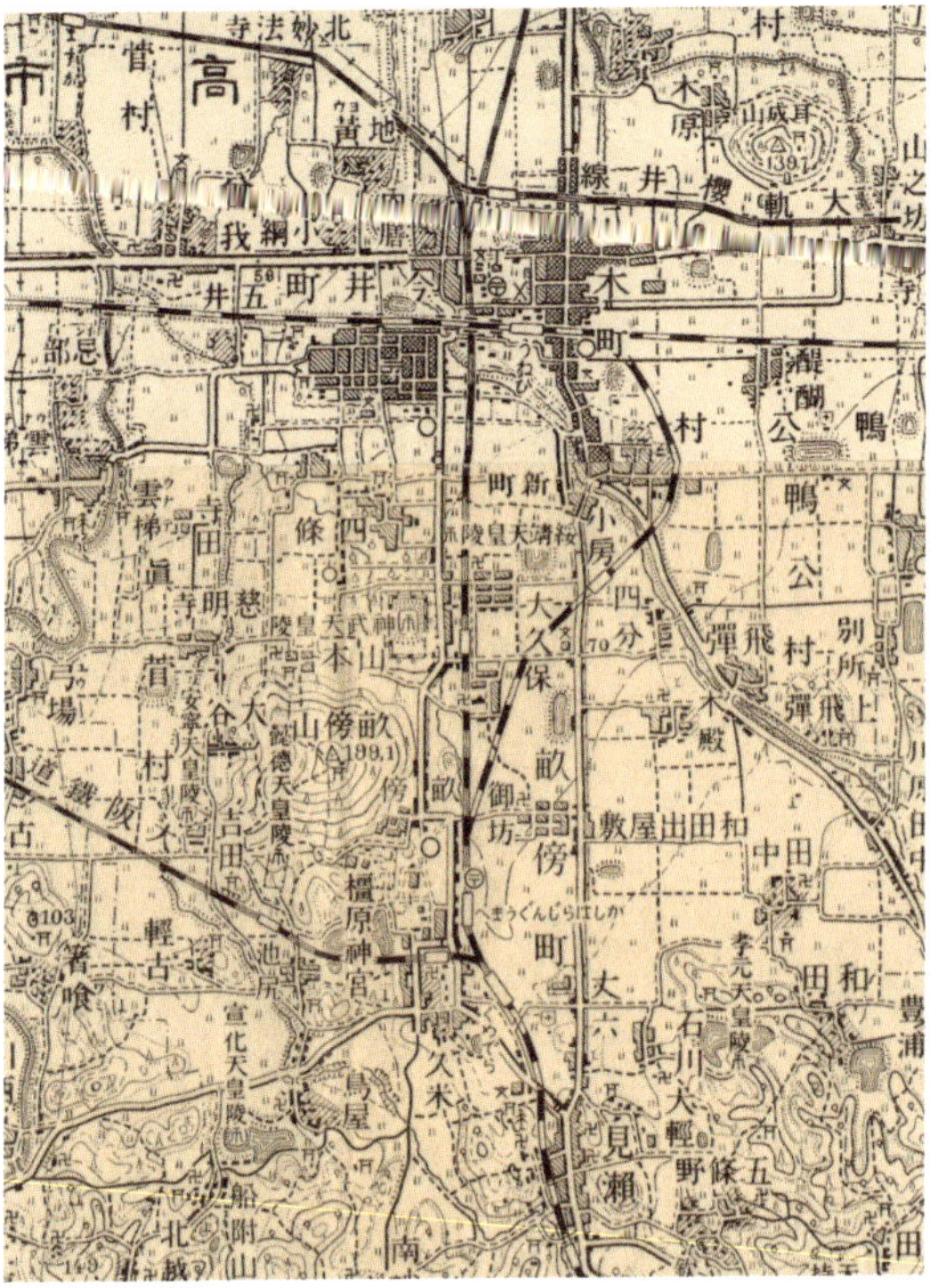

図6　畝傍駅まで全通した段階（畝傍～橿原神宮前間は昭和27年に廃止）。昭和4年（1929）には久米寺駅を新設、古市から延びてきた大阪鉄道と接続を果たし、大阪阿部野橋駅から吉野鉄道への直通運転が行なわれるようになった。この時期の吉野鉄道はすでに大阪電気軌道吉野線となっている。1:50,000「桜井」昭和7年修正＋「吉野山」昭和7年部分修正　×0.8

陳情書

書ヲ御繁累ノ閣下ニ寄セテ奈良県吉野鉄道ガ今回延長セントスル其終点ヲ従来ノ許可線ヲ変更シ、吉野山通称幣掛《しでかけ》ト称スル附近ニ設置セントスル計画ニ対シ之ガ反対ノ事情ヲ述、許可線通リ御指示ノ義、只管《しかん》〔＝ひたすら〕切望スル次第ニ御座候。

大正十三年十二月

奈良県吉野山区長　近藤育蔵

第一理由

後醍醐天皇ノ英霊及其当時ノ忠臣義士ノ英魂ヲ奉祝スルノ歴史的資格ヲ有セル地ハ、日本広シト雖《いえど》モ吾吉野山ヲ捨テ、他ニ求ムル事能ハズ。サレバ国家ハ嚮《さ》キニ巨資ヲ抛《なげう》ツテ官幣大社吉野神宮ノ建営ヲ吾芳山《ほうざん》〔吉野山の意〕ニ定メ、今亦《また》莫大ノ費ヲ投シテ之ガ大拡張ヲ計画セラル、ノ真意ハ、一人デモヨリ多ク此神域ヲ踏マシメ只管尊霊ヲ慰メ奉ルト共ニ、国民ヲ薫育セシメントノ国家ノ精神タル事、今更贅スル迄モ無之《これなく》候。

然ルニ仄聞《そくぶん》スル処ニヨレバ、吉野鉄道ハ之ガ延長線終点ヲ吉野山麓字《あざ》幣掛附近ト内定候趣キ、斯クテハ終点ハ即チ終点ハ即チ終点ナレバ〔繰り返しは原文のまま〕、此方へ総テガ集中シ、仮リニ吉野神宮前ヨリ約拾丁余ノ急阪下方ニ一停留所アリトスルモ、登山者ノ多数ハ只窓内指呼談笑ノ裡《うち》ニ吉野神宮ハ通過黙認サル、事必然ニ御座候。

斯クテハ折角《せっかく》ノ交通機関モ其終点ノ位置ヨロシキヲ得ザル為、国家ガ多大ノ犠牲ヲ払ヒ有意義タラシメントシテ努力セラレツ、アル施設ノ吉野神宮拡張ノ効果ハ逆行背馳シ、国家ノ精神ハ特ニ没却シ終ラントシテ憂慮ニ耐ヘス候、之一ツ。

吉野登山電気軌道の計画線によれば、この登山電車の起点は吉野鉄道旧吉野駅から吉野川を橋で渡った六田を起点としており、そこからおそらくアプト式などの手段を用いて急勾配を吉野神宮まで一気によじ登り、そこから尾根線伝いに現在のロープウェイの吉野山駅付近に至るものであった。最も険しそうな区間を図上でざっと計算してみれば勾配は九〇～一〇〇パーミルに達し、通常の「粘着式」の限界をはるかに超えている。とにかく吉野鉄道が三線統一で打ち出した新ルートがもし実現してしまえば、せっかく大金をかけて造営した吉野神宮が素通りされてしまうではないか、という懸念だ。

　現在の吉野神宮駅の前に大きな石鳥居はあるのだが、ここから神宮までの

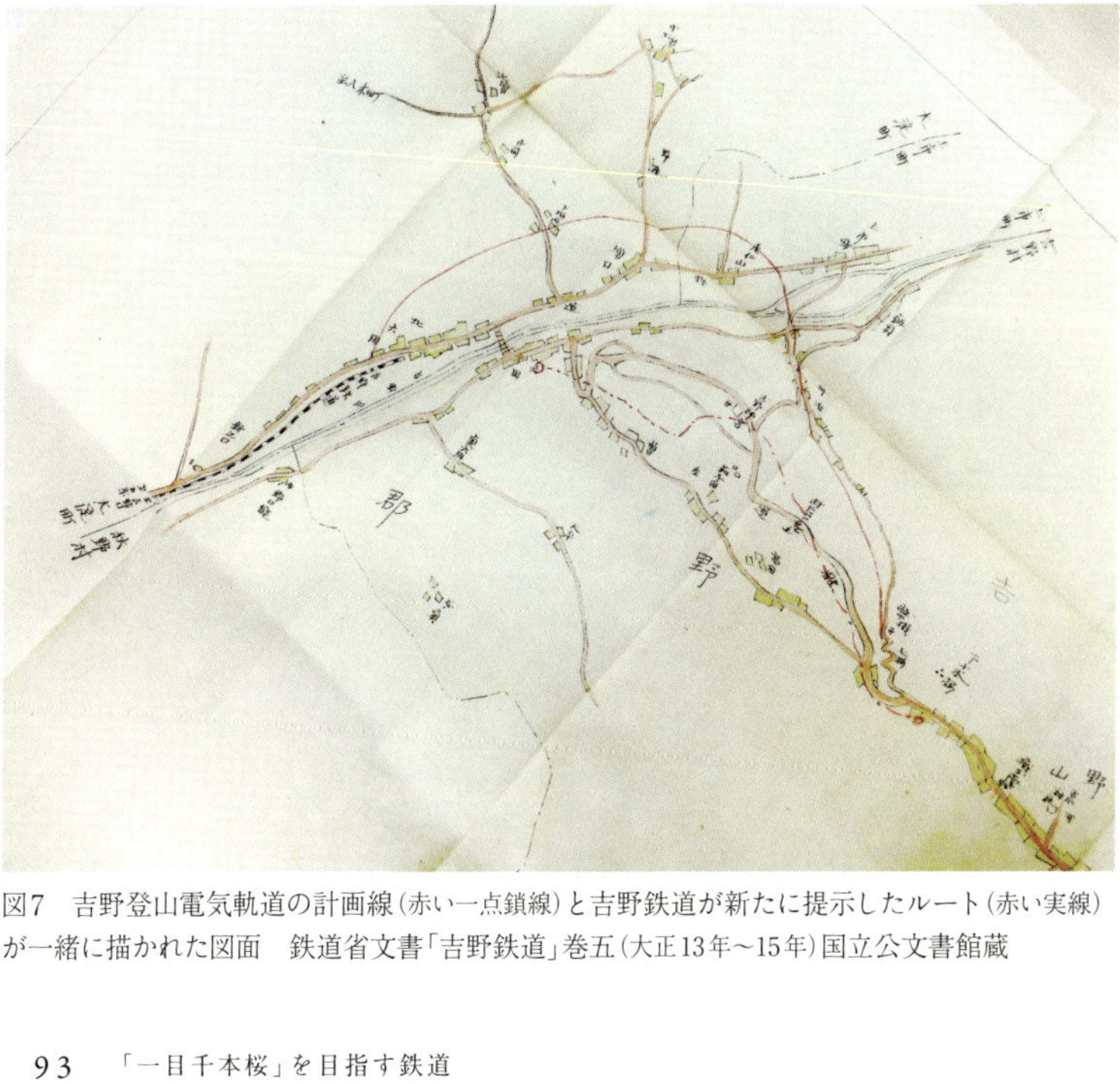

図7　吉野登山電気軌道の計画線（赤い一点鎖線）と吉野鉄道が新たに提示したルート（赤い実線）が一緒に描かれた図面　鉄道省文書「吉野鉄道」巻五（大正13年～15年）国立公文書館蔵

標高差は一一〇メートルに及ぶから、吉野へ詣でる人がわざわざ途中下車して歩いてこれを登るとは考えにくい。

〔承前〕

第二理由

当山ハ千古炳《へい》トシテ輝ク南朝其他ノ史蹟地ニ有之、毎ニ高貴ノ方々ノ御来山遊サル事其例多ク、以後斯様ノ場合険道タル通称七曲リ坂ヲ御徒歩相願ハザル可カラズト云フハ誠ニ恐懼《きょうく》ニ堪ヘサルノミナラズ、一般ノ婦女老幼殊ニ雨中ナドノ交通甚ダ至難ナレバ、遂ニハ吉野ナルモノニ慊《けん》焉《えん》ノ心ヲ生セシムル無形ノ大損亡タル事、之一ツ。

第三理由

日常吉野山民ガ生活上必要ノ諸物貨ニ対シ、現在ニ於テスラ尚他ニ比シテ二割以上ノ高価ヲ呼バレ居リ候。之ハ運搬不便ノ為、運賃ナルモノヲ加算スルノ止ムナキニ依リテ生スル処。然《しかる》ニ幣掛ヲ終点トセバ、彼ノ七曲リ坂ヲ日々幾回トナク肩ニシテ之ヲ運搬セサル可《べか》ラサルガ如キハ其不利不便、果シテ幾許《いくばく》ニ候哉《や》。之ニ対スル労銀ノ向上ト共ニ物価ハ益々高値ト相成ル為ニ生活ヲ脅威セラル、訳ニテ高価ノ物品ヲ旅客ニ提供セハ勢ヒ亦旅客ニ高価ノ感ヲ与ヘサル可ラス。斯クテ吉野ノ「剥ギ取リ」ナル忌ハシキ語ハ頓テ吉野ヲ衰微セシムルモノニシテ、其恐ルベキ遠因ハ此交通不便ナル点ニアリト存ジ常ニ慨嘆致シ居リ候折柄、ヨリ多く不便ヲ来スガ如《ごとき》ハ即チ吉野ノ生命ニ関スルモノト存候、之一ツ。

険しい七曲がりの坂を荷を背負って登る手間賃は馬鹿にならず、特に女性や老人、子供にとっての負担がただでさえ重いのに加えて、諸物価が高いことを評して「吉野の剥ぎ取り」などという悪口も言われてはたまらない。これも理解できる話である。

〔承前〕

要スルニ右ノ通リニ有之候条、終点ノ希望ト致シ候テハ、吉野県道ニ沿ヘル下千本《しもせんぼん》附近ニ終点ヲ定メ、先以テ吉野神宮ニ賽シテ皇思ヲ拝謝シ、村上義先公ノ墓ニ詣テ、其忠勇ニ感奮シ下千本万朶《ばんだ》ノ桜ニ浩然ノ気ヲ養ヒ、吉野朝ノ宮址ニ泣キ、蔵王堂ノ広壮ニ驚キト云フ具合ニ順序ヲ定メ、遺憾ナク史蹟ヲ巡覧シ得ル様ノ計画ニ願ヒ度キ義ニ有之。決シテ吉野一区ノ希望ニ無之《これなく》、吉野登山者ノ希望又之レニ外ナラスト被存《ぞんぜられ》候。仍《よっ》テ別紙略図ヲ添付シ、右奉願候。

言辞簾朴《れんぼく》欠礼御宥免被度《されたし》。

吉野鉄道としては大きな人口を抱える上市の市街地への交通、対岸の貯木場に関連する貨物輸送、それに吉野山上への参詣輸送といった三線の機能を併せて満たすために統合したので、さすがに吉野神宮へ超急勾配でよじ登る登山電鉄は規格外で除外せざるを得ず、地元住民のこのような切々たる訴えを前にしても予定線を曲げることはできなかった。

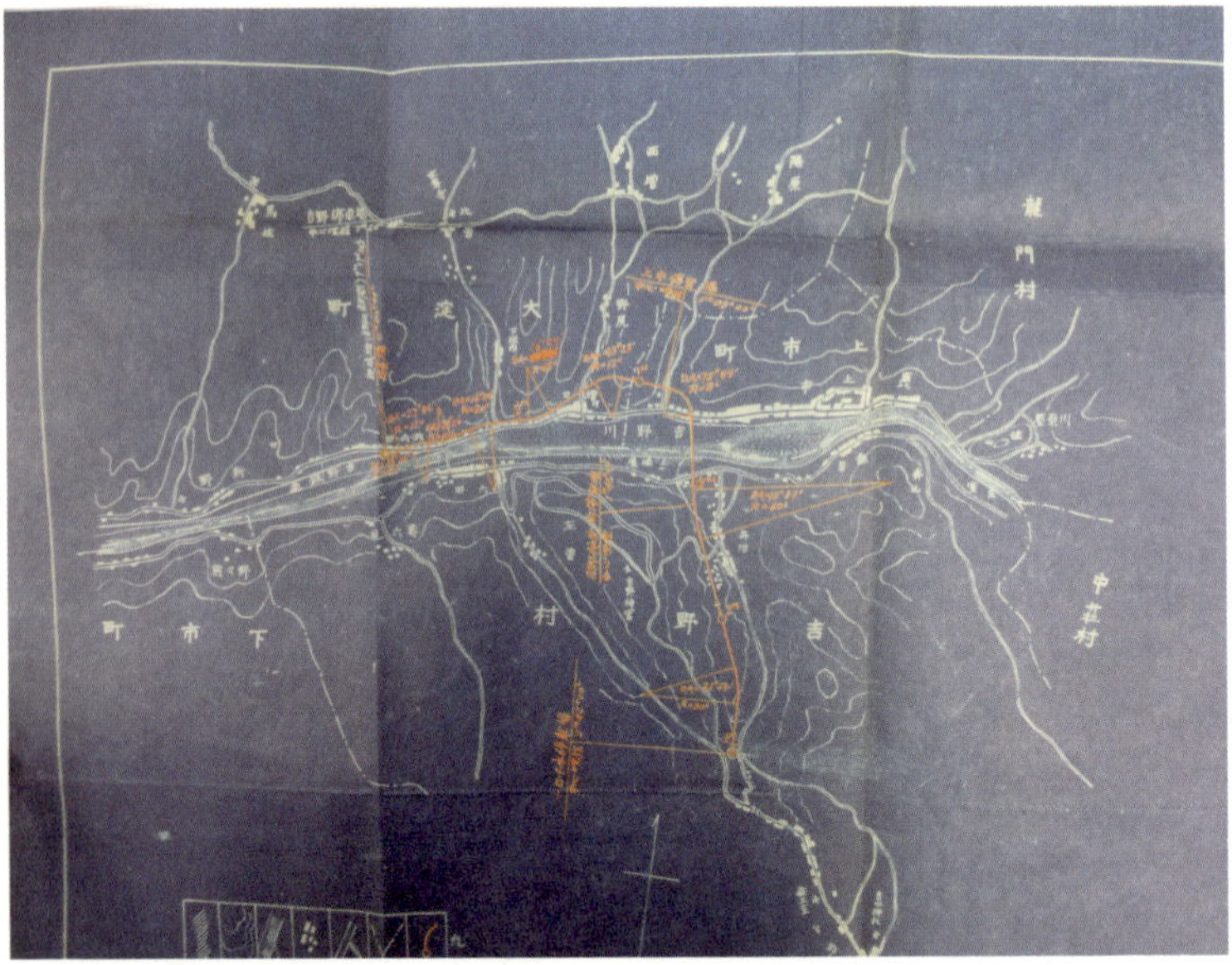

図8　吉野鉄道が最終的に決定した統合新ルート（赤線）が描かれた地図。鉄道省文書「吉野鉄道」巻五（大正13年〜15年）国立公文書館蔵

吉野（現六田）～吉野間二マイル六二チェーン（約四・四七キロメートル）が開業するのは昭和三年（一九二八）の桜の季節を目の前にした三月二五日であった。それまで「一目千本」と称した終点は吉野と改め、旧来の終点であった吉野駅は地名をとって六田駅（厳密には駅の所在地は北六田）と改称された。線路は上市の市街に少しでも近づけながら直角に吉野川を高く渡り、そのまま高い築堤で吉野神宮駅に入って、その後は終点の吉野駅まで高低差がかなり大きいため、三〇分の一勾配（三三・三パーミル）も採用された。六田～大和上市間には二つのトンネルも穿たれている。

　吉野川橋梁はこの区間では最大の構造物で、本流上には上路プラットトラスの一五〇フィート構桁《トラス》が三連、その両側に約五〇

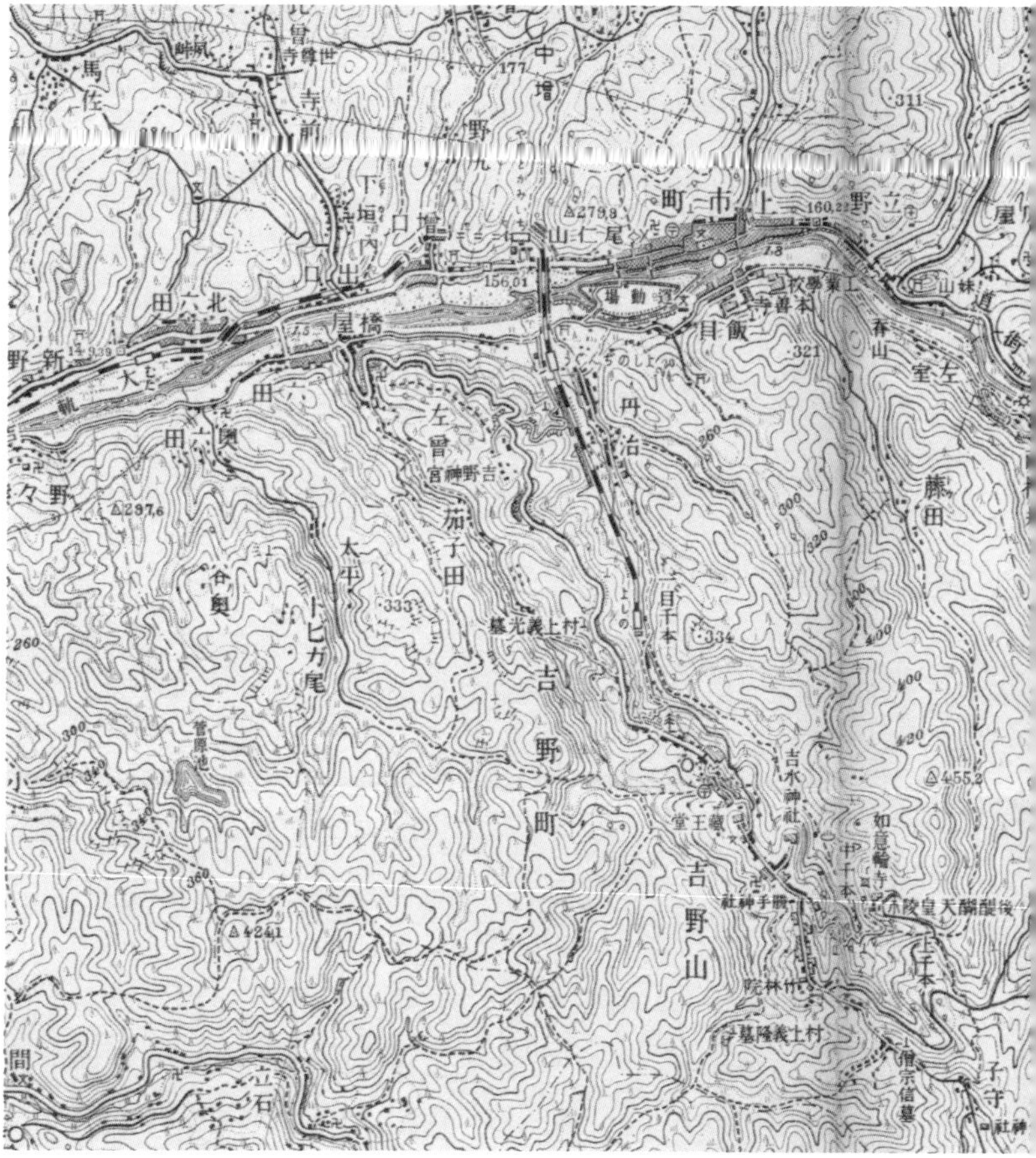

図9　現吉野駅まで開業した時点の吉野周辺の地形図。駅開業の翌年の昭和4年(1929)3月には駅近くの千本口から吉野山へ上るロープウェイが開業しているが、図にはまだ記されていない。1:50,000「吉野山」昭和7年部分修正　×0.9

フィートのプレートガーダー（鋼桁）計六連を加えた全長二四二・四メートルの堂々たるものとなった。ついでながらトンネルは六田側から増口《ましぐち》隧道が三九六フィート（一二〇・七メートル）、尾仁山《おにやま》隧道が八四四フィート（二五七・三メートル）である。竣功監査報告に掲載された停車場表は次の通りで、距離は最初が旧吉野駅起点、カッコ内が畝傍起点の数値。〔　〕内にキロメートル換算数値を追加した。

六田停車場	奈良県吉野郡大淀町	二〇鎖〇〇節（一五哩〇六鎖〇三・八節）〔二四・二六キロメートル〕
大和上市停車場	同県　同郡　上市町	一哩二八鎖〇〇節（一六哩三四鎖〇三・八節）〔二六・四三キロメートル〕
吉野神宮停車場	同県　同郡　吉野村	一哩六五鎖〇〇節（一六哩七一鎖〇三・八節）〔二七・一八キロメートル〕
吉野停車場	同県　同郡　同村	二哩六二鎖〇〇節（一七哩六八鎖〇三・八節）〔二八・七三キロメートル〕

新たに吉野駅が「一目千本」の坂下に設けられた翌年にはロープウェイも開業し、現在に続く観光ルートが確立された。しかしその一方で、大正元年から一六年間にわたって終点の座にあった旧吉野駅周辺の人通りはぱったり途絶えてしまう。『角川日本地名大辞典』によれば、吉野村大字六田には大正中期に雑商三六、荷積車夫二七、大工六、古物商四、新聞取次四、煙草小売三、人力車夫三、旅人宿・料理屋・牛馬車夫各二という賑わいぶりを記しているが、それが昭和三年の吉野鉄道の延伸で「急速にさびれた」としている。人口も大正中期の七一一人が昭和七年（一九三二）には五四〇にまで急減した。交通路の変遷が旅人相手の集落に及ぼす影響の大きさを実感する。

信徒輸送鉄道の変貌

天理教信徒のための鉄道

近鉄天理線は同橿原《かしはら》線の平端《ひらはた》駅から東へ進んで天理駅までの四・五キロメートルを結ぶ短い支線である。終点の天理駅はJR桜井線との接続駅で、人口約六万五千を擁する天理市の中心だ。全国的にも珍しい宗教法人の名を掲げる市で、岡山県の金光《こんこう》町（金光教に由来）が平成の大合併で浅口《あさくち》市となってからは日本唯一の存在となった。

天理教は幕末期に始まった新興宗教であるが、「立教五〇年」となる明治二一年（一八八八）に本拠地を奈良県山辺《やまべ》郡丹波市《たんばいち》町に置いている。この町は上《かみ》街道に沿う宿場町・市場町として発達したもので、この街道に沿って敷設された奈良鉄道（現JR桜井線）がここに達したのは明治三一年（一八九八）のことであった。

鉄道が通じてから、大阪方面の信者たちは関西本線（当初は大阪鉄道→関西鉄道）で奈良へ出て、そこで奈良鉄道に乗り換えて南下するルートで丹波市（現天理）駅へ向かったが、かなりの遠回り

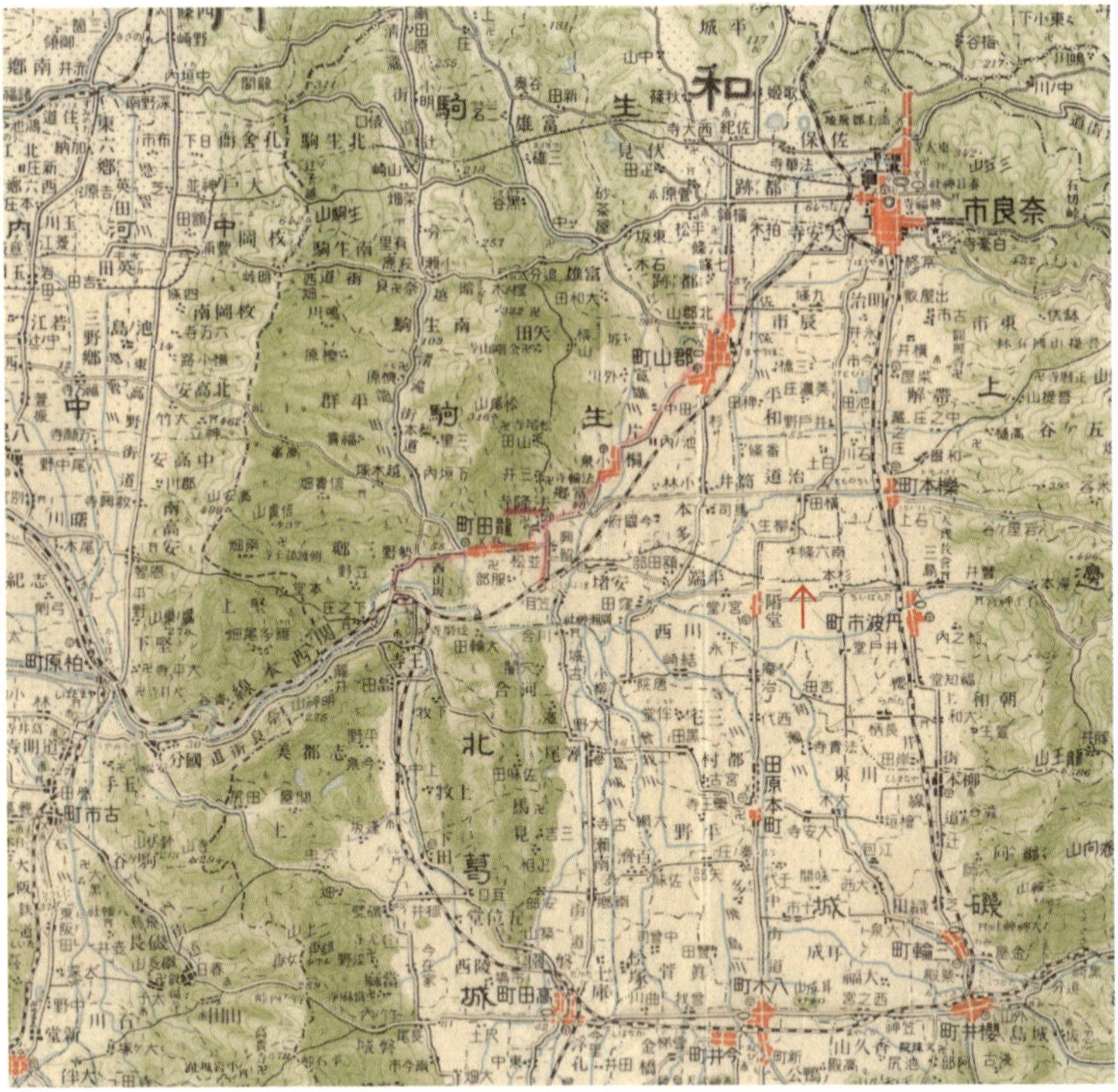

図1　大阪方面から奈良を迂回する不便を解消すべく天理教信徒のために建設された天理軽便鉄道（矢印・新法隆寺〜天理間）。1:200,000帝国図「京都及大阪」大正８年製版＋「和歌山」大正９年製版　×0.8　＊赤鉛筆による記入は前所持者のもの

であったため、関西本線の途中駅である法隆寺駅から東へ向かい、丹波市へ直行する五マイル四〇チェーン（約八・八五キロメートル）の軽便鉄道が立ち上げられた。杉本久三郎ほか九人を発起人とする天理軽便鉄道株式会社である。

明治四五年（一九一二）一月四日に軽便鉄道敷設免許状の下付を受けた同鉄道の軌間は国鉄と同じ三フィート六インチ（一〇六七ミリメートル）とされたが、実際に敷設されたのは経費節減のためか二フィート六インチ（七六二ミリ）であった。同年一月九日付の官報に掲載された起終点は法隆寺と丹波市であるが、大正四年（一九一五）二月七日に開業した際にはそれぞれ新法隆寺と天理に変更されている。後者の駅名は、少し離れてはいたが桜井線の丹波市駅とはまったく別のものとした。当時の自治体名ではなく、あえて宗教団体名を称したのである。

ついでながら丹波市町は戦後の昭和二九年（一九五四）に周辺の二階堂村、朝和《あさわ》村、福住《ふくすみ》村、柳《やなぎ》本《もと》村、櫟本《いちのもと》町と合併して天理市になった。国鉄桜井線の駅名も昭和三八年（一九六三）に丹波市《たんばいち》から天理市《てんりし》駅へ、さらに同四〇年には高架化に伴って線路を付け替えたのを機に近鉄の天理駅との総合駅となり、「天理」と改称して現在に至っている。

信徒輸送という日本では珍しい敷設目的の私鉄が誕生したわけであるが、考えてみれば関東最初の電車である大師電気鉄道（京急の前身）が川崎大師の、また豊川鉄道（現JR飯田線）が豊川稲荷への参詣客といった具合に、明治大正期に誕生した鉄道・軌道の中で神社仏閣へ向かう乗客を見込んだ路線は少なくない。ただし信徒だけでは経営は成り立たないので、もちろん沿線人口や産業の分布などがモノを言うのは当然であった。

この天理軽便鉄道もやはり天理教信徒の輸送だけでは乗客数が足りなかったようで、結果的には開業からわずか六年足らずで大阪電気軌道（現近鉄）に合併されることとなった。それを議決する大正九年（一九二〇）一〇月二九日に開かれた臨時株主総会の議事録が大軌の簿冊に綴じられているので、その一部を抜粋しよう。

阪本碩松氏　現状ノ侭《まま》ニテ営業経続〔継続〕スル様ニ出来マセンカ。
会長　当社ハ従来ノ営業成績モ御承知通リ株主ニ対シ年弐朱ノ配当ヲナシツ、アルモ、一方政府ヨリ補助ヲ受ケツ、アリ、補助期限モ明年六月三十日迄ニシテ、尚経続ノ申請セザルヲ得ズ。且ツ営業ヲ経続センカ、機関車ノ大修理、枕木ノ取換等、多大ノ経費ヲ要シマス故、大阪電気軌道ガ当社線ヲ横断シ延長スル機会ニ売却シテ交通ノ発達ヲ期スルガ得策ト思ヒマシタノデアリマス。

畝傍線（現橿原線）が天理軽便線を「分断」

ここで「当社線ヲ横断」する予定として言及されている大阪電気軌道の路線とは、現在の近鉄橿《かし》原《はら》線のことである。大軌は奈良線の西大寺（現大和西大寺）から南下し、郡山を経て八木《やぎ》に至る路線の特許申請を大正五年（一九一六）三月二〇日に行なった。その後に一旦取り下げているが、後に目的地を畝傍《うねび》町の橿原神宮前に変更して再提出している。ところが前述の天理軽便鉄道が現在の平端《ひらはた》駅（当時は駅なし）付近で横切っており、また田原本《たわらもと》では関西本線の王寺駅から南東へ進んで桜井への敷設を予定していた大和鉄道にも大きな影響を与えることから、鉄道省は大軌に対して「天理軽便と大和鉄道の両社を合併する」ことを条件として特許することとした。なお大和鉄道はこの時に合併しておらず、戦後の昭和三六年（一九六一）に信貴《しぎ》生駒電鉄となるまで継続している（同三九年に同社は近鉄に合併）。

先ほどの臨時株主総会の議事録に出てくる政府からの補助の話は、天理軽便鉄道が当時の地方鉄

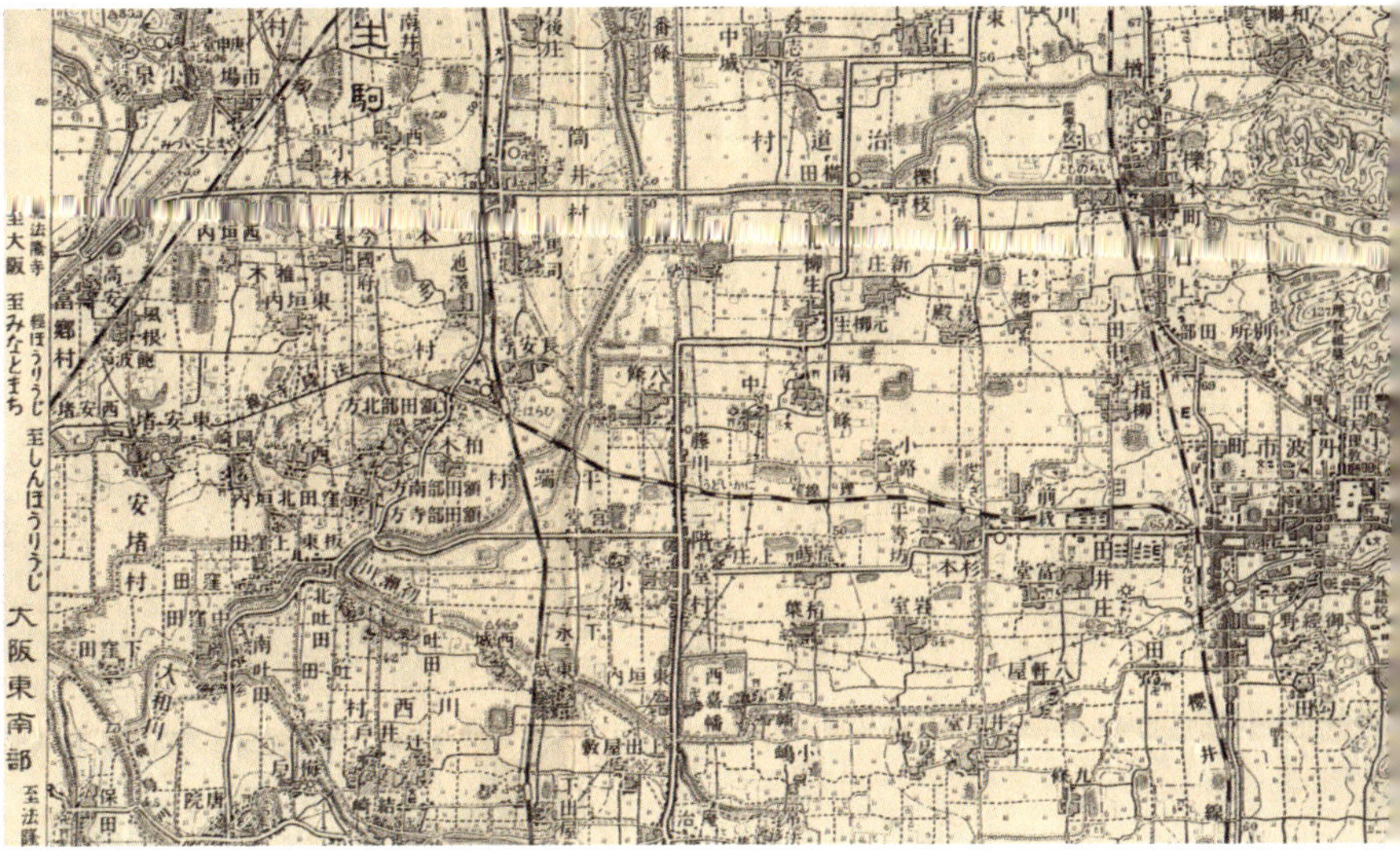

図2　東西方向に伸びる天理軽便鉄道の線路を断ち切るように南北に走る大阪電気軌道畝傍線（現近鉄橿原線）。交差地点には平端駅が設置され、これを境に西側は蒸気鉄道（後に気動車を導入）の法隆寺線、東側は改軌して天理線に生まれ変わった。1:50,000「桜井」昭和7年修正　×0.7

道補助法（大正八年までは軽便鉄道補助法）による補助金を得ていたことを指している。同法は地方鉄道の敷設を奨励するため、開業後五年間の補償を政府が約束するものであった。補助期間は大正三年（一九一四）に一〇年に延長されているが、議事録の文面から察するに五年を経過して引き続き補助を受けるためには継続の手続が必要だったのだろう。

もし補助の継続が得られたとしても、そもそも当初の主目的であった「大阪から天理への速達」が開業当初から失われていた問題が背景にあった。これは天理軽便が開業する約九か月前に大阪電気軌道が大阪の上本町から奈良までの間に開業してしまっていたからである。天王寺〜奈良間を八〇分ほどかけていた関西本線の汽車より大軌ははるかに速い五〇分で上本町〜奈良間を結んでしまい、このため奈良での乗り換えが多少離れていたとしても、法隆寺から天理軽便を使うより大軌・奈良経由で桜井線の丹波市へ出た方がむしろ早いという危機的状況があった。将来性を考えれば、今このタイミングで大軌に売却した方が得策という判断をしたのであろう。西大寺〜橿原神宮前(旧駅)間の敷設は大正六年(一九一七)一一月に再出願が行なわれ、同七年一一月に特許された。

大和平野をまっすぐ南下する路線は、地形はごく平坦で目立った架橋もなかったため、工事は順調に進んだ。第一期工事は西大寺〜郡山間で大正九年(一九二〇)五月に起工して翌一〇年四月一日に開業、引き続いて同一一年四月一日には天理軽便鉄道に接続駅を設けた平端《ひらはた》まで、同一二年三月二一日には橿原神宮前までを開業した。

翌一三年三月には旧天理軽便線の平端〜天理間を軌間七六二ミリから大軌の一四三五ミリに改築、さらに複線電化して大阪の上本町から直通電車が運転されることとなった。残る新法隆寺〜平端間は蒸気機関車運転のまま存置されたが、合理化のため気動車(ガソリン動車)を導入して法隆寺線として独立させ、天理線とは別系統の路線となった。後に同線は太平洋戦争中の昭和二〇年(一九四五)一月に「不要不急線」とされて休止、後に廃止されている。新法隆寺の駅名もその後は大軌法隆寺と改称された後に会社の合併等により関急法隆寺を経て休止時は近畿日本法隆寺と変遷した。

例によって軌道は鉄道のような開業直前の「竣功監査」が簿冊に綴じられていないが、大阪電気軌道畝傍線の大正一二年(一九二三)三月二一日全通時の停留場を掲げておこう(所在地はすべて奈良県)。

停留場名	所在地	キロ程
西大寺	生駒郡伏見村大字西大寺	〇・〇
尼ヶ辻	生駒郡都跡《みあと》村大字尼ヶ辻	一・四
西ノ京	生駒郡都跡村大字西ノ京	二・六
九条	生駒郡郡山町大字九条	三・八
郡山	生駒郡郡山町大字南郡山	五・四
筒井	生駒郡筒井村大字筒井	八・二
平端《ひらはた》	生駒郡平端村大字額田部北方《きたほう》	九・七
結崎《ゆうざき》	磯城《しき》郡川西村大字結崎	一二・二
石見《いわみ》	磯城郡三宅村大字石見	一三・七
田原本《たわらもと》	磯城郡田原本町	一五・八
笠縫《かさぬい》	磯城郡多《おお》村大字秦庄《はたのしょう》	一七・一
新ノ口《にのくち》	磯城郡多村大字新口《にのくち》	一八・九
八木《やぎ》	高市《たかいち》郡八木町大字八木	二〇・七
畝火山《うねびやま》	高市郡白橿《しらかし》村大字大久保	二二・二
橿原神宮前	高市郡白橿村大字久米《くめ》	二三・三

＊西大寺は現大和西大寺、郡山は現近鉄郡山、八木は現八木西口駅（現大和八木駅は桜井線〔現大阪線の一部〕開業時に新設、大軌八木を経て現駅名に改称）。八木以南は現在線より西側の旧線で、畝火山は大正13年（1924）11月に畝傍山と表記を改め、さらに昭和12年（1937）3月に神武御陵前と改称、昭和14年（1939）7月28日に現在線にルート変更のため廃止。橿原神宮前は現在地の北西側の旧線上にあり、同日に現在地に移設している。キロ程は著者が旧版を含む地形図を参照しながら「地理院地図」により計測したもので、当時の営業キロとは異なる場合もあるが、西大寺〜橿原神宮前間の距離は公文書に記された全線距離と一致している。

桜井線の建設

現在の近鉄大阪線は大阪上本町を起点に布施、近鉄八尾《やお》、大和高田、大和八木、桜井、名張《なばり》などを経てはるばる三重県の伊勢中川に至る一〇八・九キロメートル（営業キロ）を指すが、全線の三分の二弱にあたる奈良県の桜井駅以東の区間は後述する参宮急行電鉄が建設したもので、当初は布施～桜井間の約三六キロメートルが桜井線と呼ばれていた。現在では奈良県の大和盆地南部から伊勢志摩方面へ直通する路

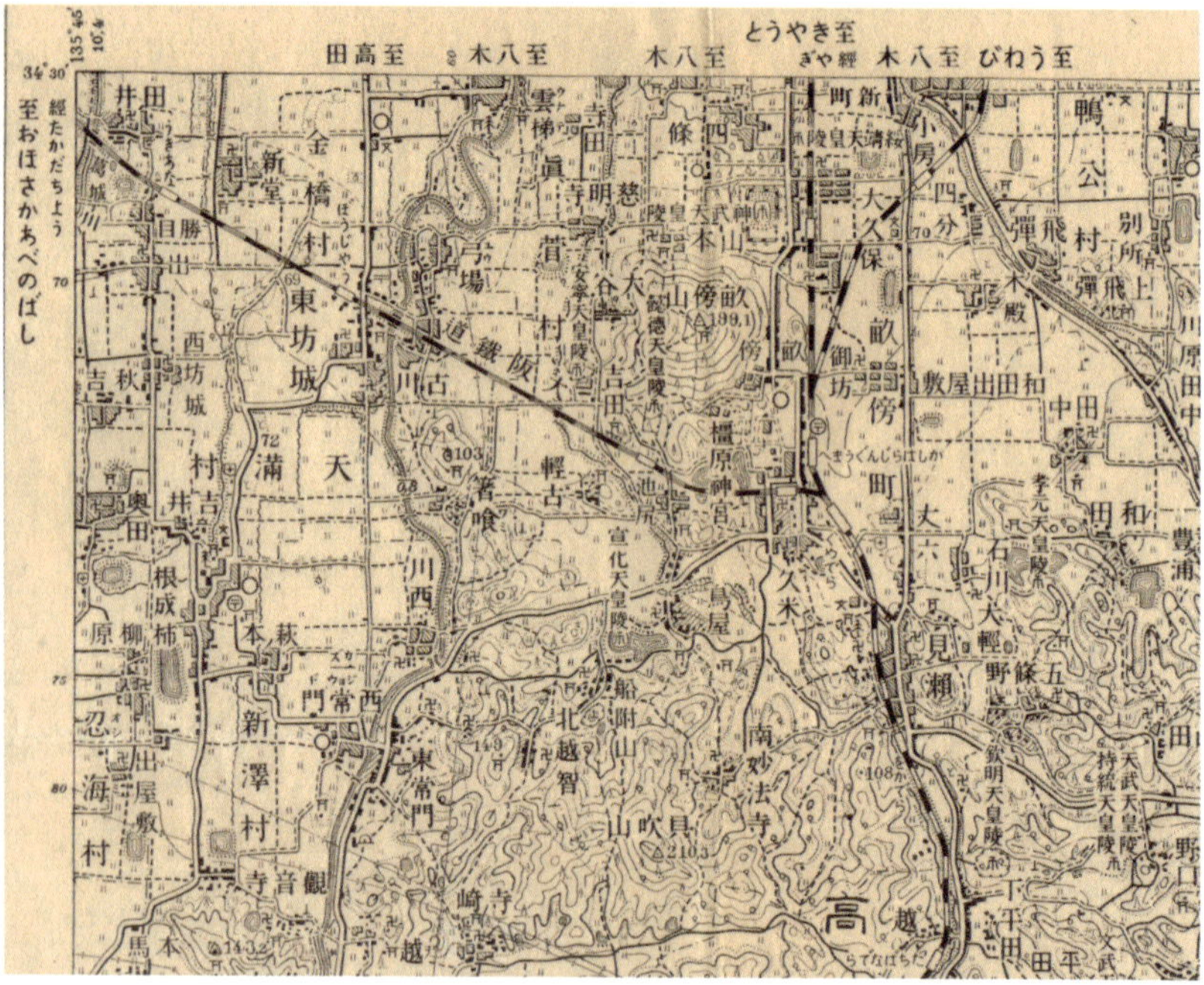

図3　西大寺から南下した大阪電気軌道畝傍線の終点・橿原神宮前とその周辺。畝傍駅から斜めに南下して合流するのは吉野鉄道（図の当時は大軌吉野線）、左上から橿原神宮方面へ斜めに近づいてくるのは大阪阿部野橋駅をターミナルに持つ大阪鉄道（現近鉄南大阪線）。当時の橿原神宮前駅は現在より北西に位置し、大鉄と吉野鉄道の連絡駅は久米寺駅であった。1:50,000「吉野山」昭和7年修正　×0.9

線であるが、当初の敷設目的はそれとはだいぶ異なるものであった。『大阪電気軌道株式会社三十年史』（二二四ページ）の記述でたどってみよう。

桜井線は布施市〔現東大阪市〕東足代《あじろ》、奈良線布施駅より奈良県磯城《しき》郡桜井町、桜井駅に至る延長三十五粁八であつてこの中、布施国分《こくぶ》〔現河内国分〕間は国分線、国分八木〔現大和八木〕間は八木線と称して居つたのであるが、八木桜井間

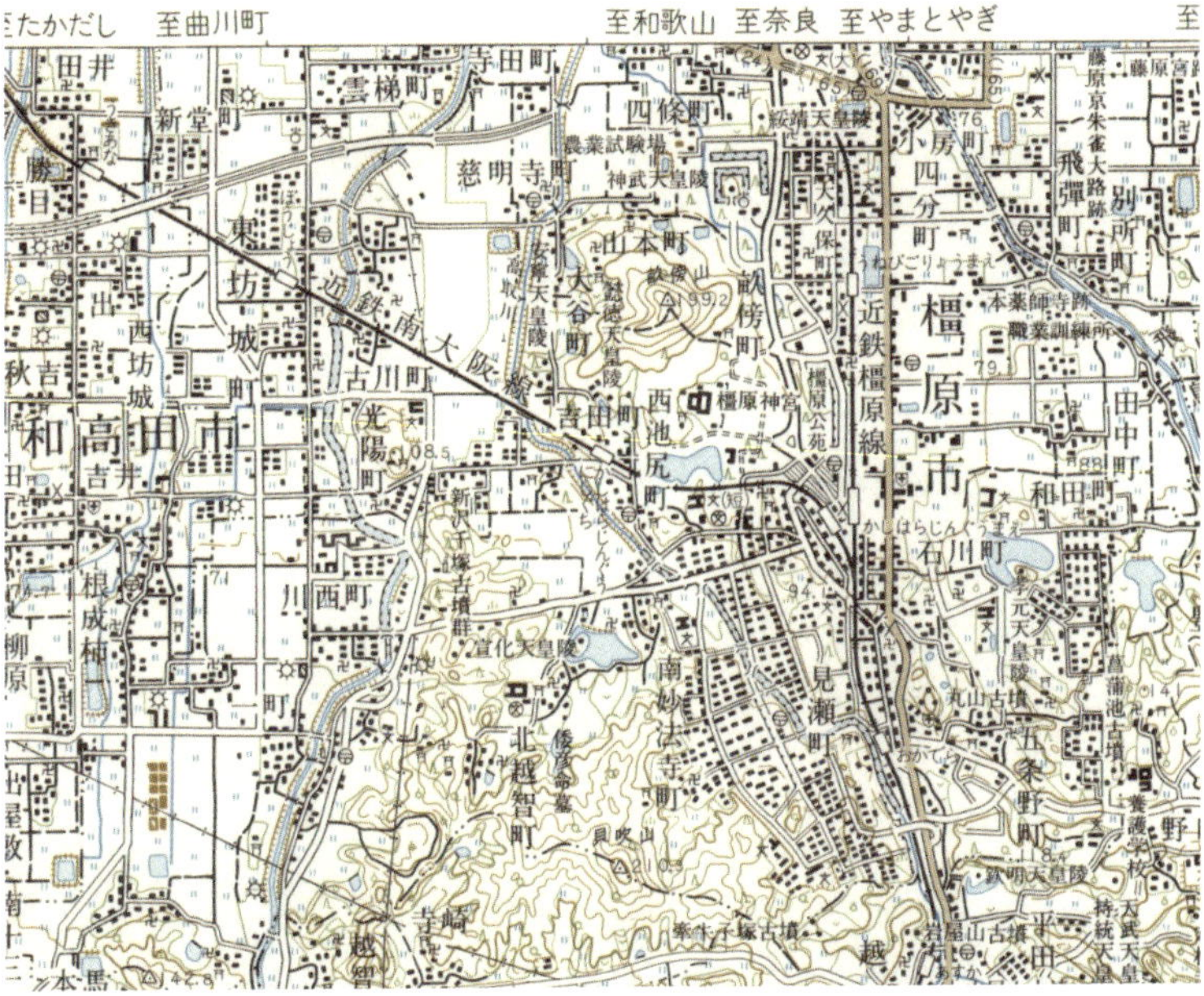

図4　比較のため現在の状況を掲げる。現在の橿原線は昭和14年(1939)に東側へ移設されており、この年に旧橿原神宮前駅と久米寺駅が統合して現橿原神宮前駅となった。畝傍御陵前駅も同年の新設。1:50,000「吉野山」平成2年修正　×0.9

図5　布施からの大軌線が大正14年(1925)に八木(現八木西口)まで伸びた頃の八木停留場とその周辺。1:50,000「桜井」昭和2年鉄道補入　×0.9

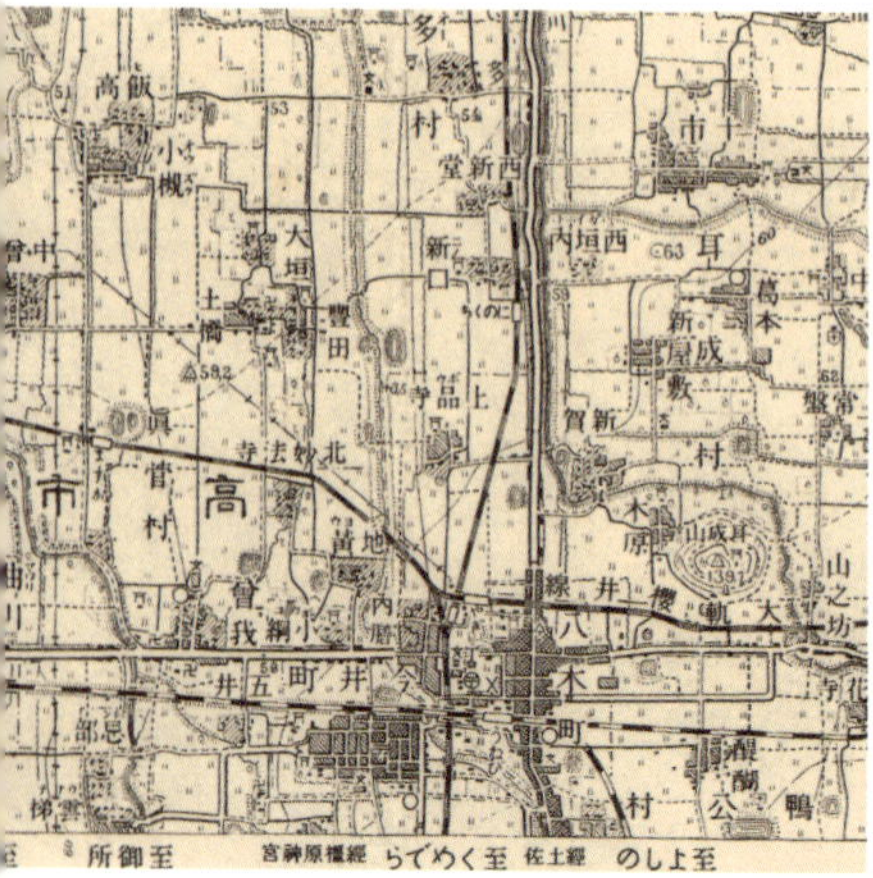

図6　八木〜桜井間の延伸が完成、桜井線となった頃の八木付近。1:50,000「桜井」昭和7年修正　×0.7

開通後は此等を桜井線と総称すること、なつたのである。

　国分線はもと信貴《しぎ》線と称し、大正八年五月三十一日奈良線布施駅より分岐し、恩地《おんぢ》を経て信貴山麓に至る軌道の敷設特許を出願したが、その後種々調査の結果、恩智より南進し、大和川の南岸大阪府南河内郡国分村に出で、それより大和川沿ひに奈良県王寺町に至り、信貴生駒電鉄線と連絡して信貴山への交通路を開き、更に竜田川、法隆寺等の名勝旧蹟を経て畝傍線郡山駅に達する路線に変更して、大正十年八月二日再出願をなし、又八木線は大正九年四月十日前記恩智より奈良県下田村高田町を経て、同県高市郡八木町、畝傍線八木駅に至る軌道敷設を出願したが大正十年八月十一日恩智を国分に改め、再出願をした。

　信貴山は日本最古の絵巻とされる「信貴山縁起

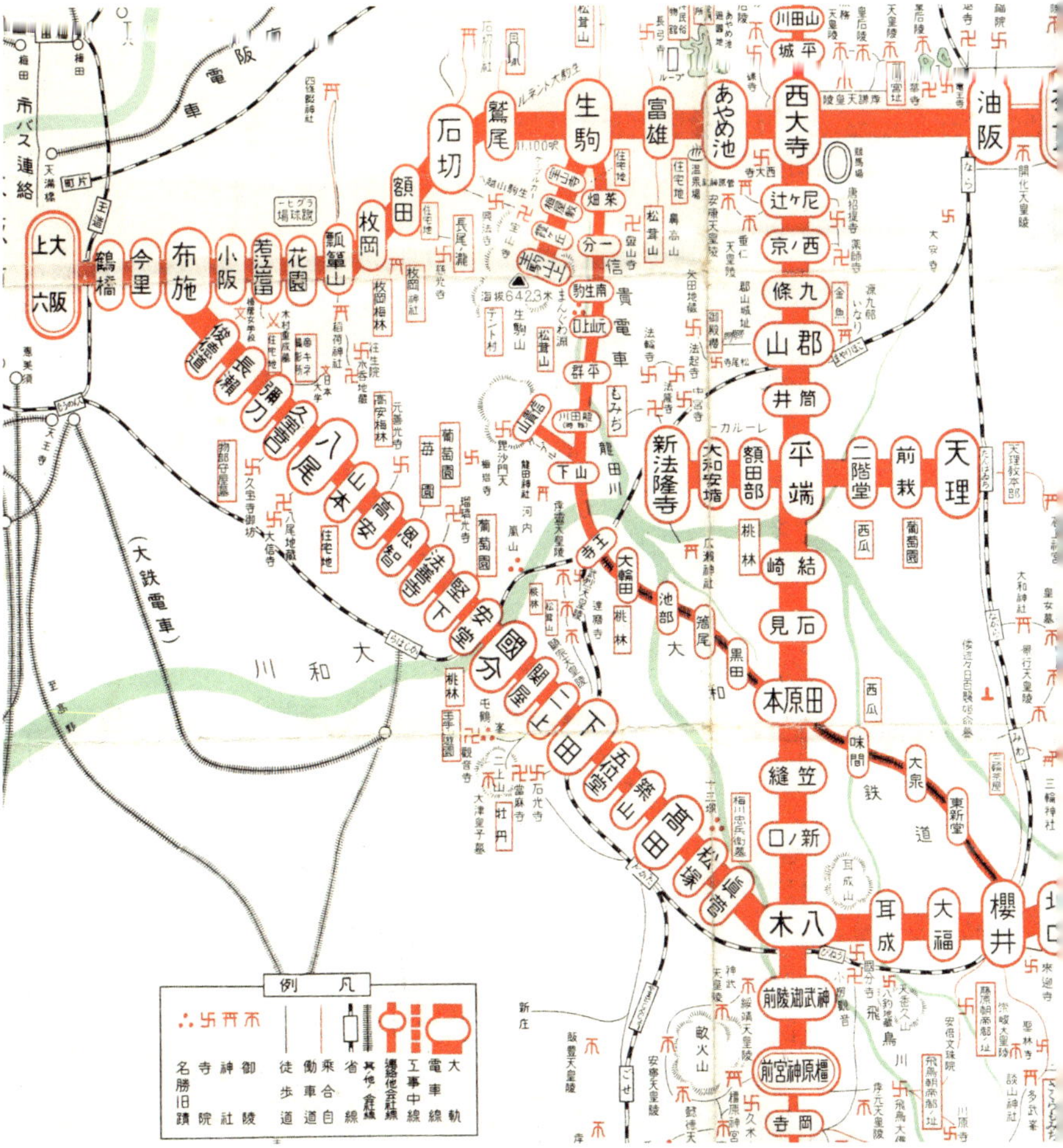

図7　桜井線が開通したばかりの昭和4年3月に発行された「大軌電車沿線案内図」より。桜井駅の右手に見える北口、鳥見の両駅は参宮電気鉄道（現大阪線）のものではなく、長谷鉄道を前年に買収した大軌長谷線（昭和13年に廃止）。法隆寺線に「レールカー」とあるのは気動車。信貴生駒電鉄（生駒〜王寺）と大和鉄道（王寺〜田原本〜桜井）は大軌傘下となったため赤い細線で描かれている。

絵巻」でも知られ、聖徳太子の開基とも伝えられる朝護孫子寺《ちょうごそんしじ》のある霊地として古くから参詣者が多かった。ここに至る支線が大阪線の河内山本駅で分岐する信貴線（昭和五年開業）で、さらに接続するケーブルカーの西信貴鋼索線（同年開業）として結実している。

この記述はその前段階であり、王寺からはその後大正一一年（一九二二）から昭和二年（一九二七）にかけてこの文にあるように信貴生駒電鉄（現近鉄生駒線）が敷設されるが、王寺からひと駅北上した信貴山口駅からは、信貴山で最初のケーブルである同電鉄鋼索線（後に近鉄東信貴鋼索線）が大正一一年に開業した（昭和五八年廃止）。大軌では当初そこからさらに法隆寺を経て郡山へのルートを計画していたが、まさに関西本線と重なっている。全体の径路としては実に「遊覧鉄道」的で、あまりに並行線であり過ぎたためか、現在の大阪線ルートに変更した。高田や八木などの町の人にとっては、王寺を迂回していた従来の国鉄線経由よりはるかに便利になる。

開業は布施〜八尾（現近鉄八尾）間が大正一三年（一九二四）一〇月三一日、恩智までが同一四年九月三〇日、八木（現八木西口）方面からは高田（現大和高田）までが大正一四年（一九二五）三月二一日、そして恩智〜高田間が昭和二年（一九二七）七月一日、八木〜桜井間が昭和四年（一九二九）一月五日に開業している。この際に旧来の八木駅の約三五〇メートルほど北方の畝傍線との交差地点に新ホームを設けて現在の立体交差駅が登場した。従来の八木は「八木西口」と呼ばれるようになったが、正式には八木停留場構内の別ホームという扱いだ（現在もその扱いは継続）。もちろんこの頃には伊勢神宮へ向かう高速電鉄——参宮急行電鉄の建設が決まっている。

急速に乗客数を伸ばしていた大軌

この間、大軌の旅客輸送は路線の延伸もあって急激な伸びを記録していた。『大阪電気軌道株式会社三十年史』（四二二ページ）によれば、ちょうど第一次世界大戦が始まった開業年の大正三年（一九一四）の上半期（以下同様）に一日平均一万八四五人だったのが終戦の同七年には二万四三〇五人と倍増、どの支線も開業していない大正九年（一九二〇）には三万六二八三人、畝傍線が全線開業した同一二年には六万二二五五人、桜井線が全線開業した昭和四年（一九二九）には一一万一八九八人という具合の「超」のつく右肩上がりであった。

乗客数の急増を受けて大軌は早くも大正五年（一九一六）三月二〇日には二両連結運転の許可を求める「特許命令書事項一部変更許可申請書」を内閣総理大臣・大隈重信と内務大臣一木《いちき》喜徳郎宛に申請した。当時の軌道条例では車両は原則として一両のみと定められていたからであるが、二両連結を必要とするにあたっての「理由書」が、次の通り逼迫する輸送状況を記している。

理由書

当会社営業線路ハ、平時ハ乗客常ニ平均セルヲ以テ、現在ノ車両ヲ各自単独運転セシムレハ、充分輸送能力ヲ発揮致居《いたしおり》候《そうら》得共《えども》、春秋ノ如キ市人遊楽ノ好季ヲ始メ、毎月生駒山賽日等ニ在リテハ乗客倏《たちま》チ輻輳《ふくそう》シテ平素ノ数倍乃至《ないし》十数倍ニ上リ、輸送ノ困難ヲ感スルコト尠《すくな》カラス。

連結運転不可能ノ為メニ蒙《こうむ》ル当社並《ならびに》一般乗客ノ不利不便頗《すこぶ》ル大ナルモノ有之《これあり》候。又団体乗客アル場合ノ如キ、若《も》シ連結運転ノ方法ニ拠ルトキハ、運転回数ヲ変セスシテ優ニ乗客輸送ノ目的ヲ達シ得ル等、多大ノ便益有之候ニ付、現在車両以外附随車《ふずいしゃ》ヲ新造シ、電車ヲシテ之ヲ牽引セシメ、若クハ電車相互連結運転致度茲《いたしたくここ》ニ本申請書ヲ提出シタル次第ニ御座候。

尤《もっと》モ御許可ノ上ハ附随車ト雖《いえど》モ勿論相当乗務員ヲ搭乗セシメ、両車間ノ信号其ノ他各種ノ保安設備ヲ完備セシメ候ノミナラス、運転回数ノ如キモ現行ノモノヲ減少スルコト決シテ無之《これなく》、且《かつ》停留場プラツトフヲームモ必要ノ箇所ハ凡《すべ》テ改造若クハ拡築シテ連結運転上万支障ナカラシメムコトヲ期スへク候。

生駒ケーブル宝山寺線と山上線

乗客数がとりわけ多くなるという生駒山の賽日とは縁日のことで、今では毎月一日と一六日が宝山寺の「ご縁日」となっている。特に一六日は秘仏である聖天（歓喜天）の安置された聖天堂に上がることができることから多くの人で賑わうという。申請書の提出段階では生駒駅に近い鳥居前駅から宝山寺駅に至るケーブルカーはまだ開通していないが、この路線は大正七年（一九一八）八月二九日に生駒鋼索鉄道によって開業している。日本最古のケーブルカーとして有名だが、大正三年（一九一四）に同社が設立された段階では大軌関係者は含まれていなかった。その後は社長不在時の同五年末に大軌の取締役であった鍵田忠次郎が専務に就任して社長業務を代行、大軌系列の会社となって開業日を迎えている。

ケーブルカーの開通で大阪からの利便性が大幅に向上した生駒山へ訪れる人は激増し、一本のケーブルでは早くも間に合わなくなった。そこで国内では当時も今も唯一の「複線ケーブルカー」

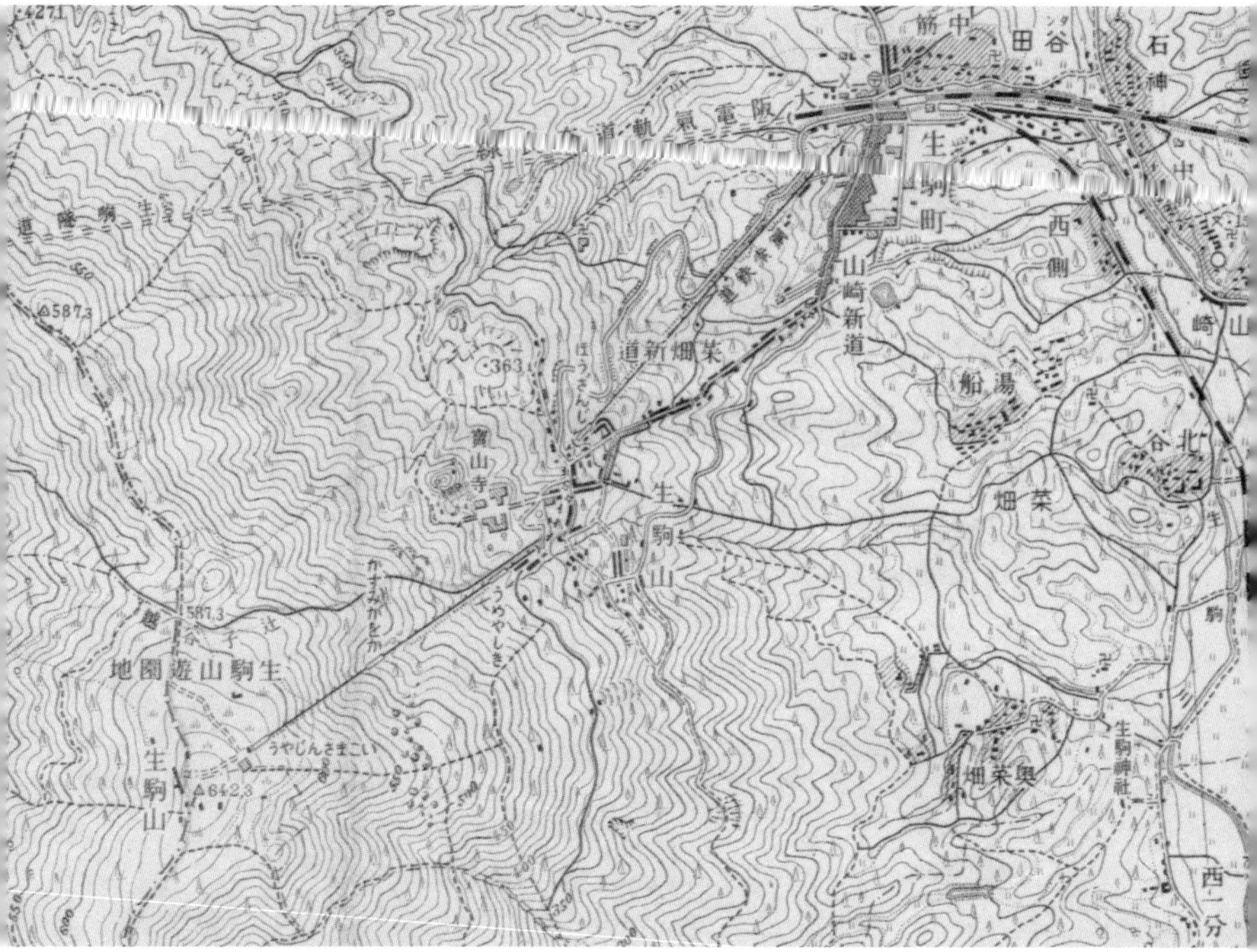

図8　宝山寺から生駒山上までの山上線が開業した年の地形図。生駒山上遊園地（生駒山遊園地）も描かれている。宝山寺線の鋼索鉄道が単線の記号になっているのは誤り。日本唯一の存在なのに残念だ（現在の地形図では複線表記）。1:25,000「生駒山」昭和4年修正

を形成する二号線を建設することとなったのである。開業は大正から改元して五日後の昭和元年（一九二六）一二月三〇日。これで繁忙期の強力な態勢が整った。今では一号線と二号線を交互に運転しているが、行き違い箇所は線路が四本並んでなかなか壮観である。

次に鉄道省による竣功監査報告書に掲載された現二号線の項目を掲げよう。報告書の日付は一二月二四日で、大正天皇崩御の前日にあたる。報告書はおおむね開業日前日に作成されることが多いのだが、さすがにその二五日に開業するわけにもいかず延期したのではないだろうか。

鳥居前宝山寺間工事方法概要

鉄道種類　単線電気鋼索鉄道（但シ既設線ト並行ス）
軌　間　三呎六吋（一〇六七ミリメートル）（軌条中心間隔三呎八吋十六分ノ七）
軌道中心間隔　十呎（約三・〇五メートル）
最小曲線半径　九百九十呎（約三〇一・八メートル）
最急勾配　四・四分ノ一（約二二七・三パーミル）
施工基面幅　二線区間　二十三呎（約七・〇一メートル）（但シ既設線施工基面幅ヲ含ム）
四線区間　三十三呎（約一〇・〇六メートル）（但シ既設線施工基面幅ヲ含ム）

（以下略）

鳥居前宝山寺間停車場表

名称	所在地	位置	設備
鳥居前	奈良県生駒郡生駒町	〇哩〇一鎖〇七節（〇・〇二キロメートル）	既設
宝山寺	同上	〇哩五一鎖三七節（一・〇五キロメートル）	同上

さらに昭和四年（一九二九）三月二七日には宝山寺から山頂に至る山上線を開業、同日に生駒山上遊園地を開園した。前掲の大軌案内図は三月付の発行となっているので、この開業を期して刊行

したと思われる。山上線には梅屋敷、霞ヶ丘の二か所の途中駅が設けられた。この上下合わせて三本のケーブルカーによって生駒駅に近い標高約一五三メートルの鳥居前駅から生駒山上駅の六二四メートルまで、誰もが大阪平野と大和平野を俯瞰する府県境の大展望の地に気軽に登って来られるようになったのである。

高速山越え線——参宮急行

伊勢神宮への延伸

現在の近鉄奈良線ルートで始まった大阪電気軌道は大正一一年（一九二二）に畝傍《うねび》線（現橿原線）の西大寺（現大和西大寺）～橿原神宮前（旧駅）間を開業、次いで昭和四年（一九二九）に桜井線（現大阪線の一部）の布施～桜井間を全通させている。路線も乗客数も順調に伸ばしていたが、大正中期からは伊勢神宮への路線を模索し始めた。

ところがそのルートと重なる免許をすでに受けていたのが大和鉄道である。関西本線

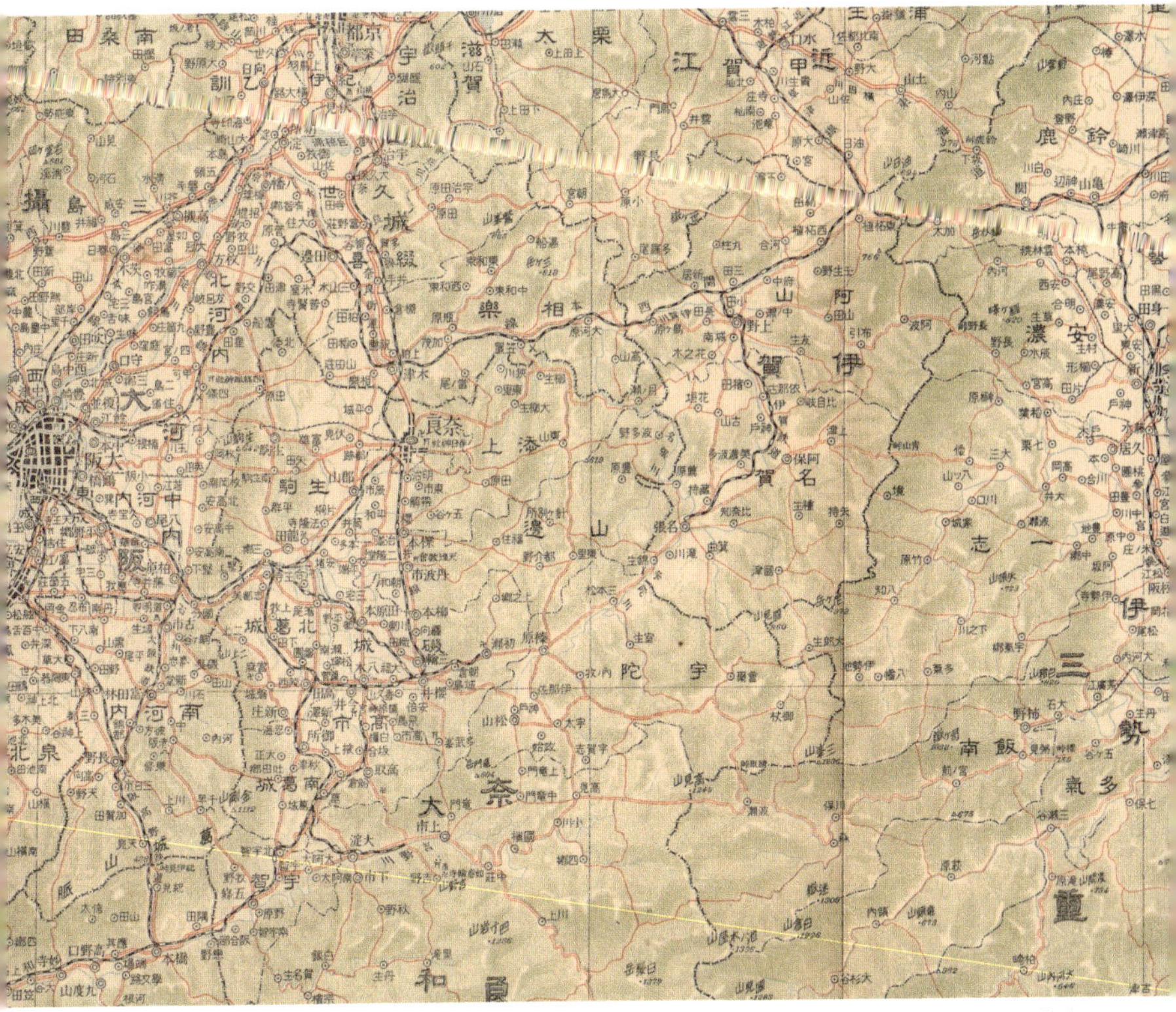

図1　参宮急行電鉄が開通する以前の大阪と宇治山田市（現伊勢市）の関係。国鉄ルートは奈良、亀山、津を大きく迂回していた。1:500,000輿地図「大阪」昭和2年（1927）製版　×0.6

の王寺駅を起点として南東へ向かう現在の近鉄田原本《たわらもと》線であるが、大正一二年五月二日にはその田原本（現西田原本）から桜井町《まち》駅（現桜井駅西方）への延伸区間を開業、さらに東へ進む形で名張《なばり》を経て伊勢神宮まで、それに加えて途中の榛原《はいばら》から松山（宇陀市大宇陀町）へ向かう支線の免許を取得していた。

当時、大阪から伊勢神宮へ行くためには湊町（現JR難波）駅から関西本線で三重県の亀山を経由し、参宮線で山田（現伊勢市）駅というルートであったが、大正一二年七月の時刻表『汽車汽船旅行案内』によれば、おおむね五時間半ほどかかっている。朝一番の湊町発五時五〇分の鳥羽行きが伊勢神宮最寄りの山田駅（現伊勢市）に到着するのは一一時二五分、最速の八時四〇分発の急行（とは明記していないが主要駅のみ停車）の鳥羽行きは山田着が一三時三八分と、ギリギリ五時間を切る程度であった。

奈良、亀山、津を迂回する鉄道省ルートに大軌が対抗するためには、必然的に大和盆地東南隅の桜井から東進し、ちょうど初瀬《はせ》街道に沿って近道する径路が最も現実的で、これが完成すれば大幅な近道となる。

大和鉄道の免許取得後に大軌が割って入るのはさすがに難しかったが、大軌畝傍線の開通で田原本から大阪方面への客を奪われるなどして乗客数が落ち込んでいた大和鉄道の株をその機に取得して大正一四年（一九二五）四月には傘下に編入してしまった。それしか方法がなかったのだろう。この時に大和鉄道の経営陣はすべて大軌関係者に入れ替わっている。

もちろん免許的には桜井から東の区間を「大軌系大和鉄道」として新線建設するのが筋だが、山越えの険しい道に加えて人口稀薄の地を通過するため、大阪電気軌道は新たに「参宮急行電鉄」を設立し、大和鉄道から敷設権を譲り受ける形とした。これを公告した昭和二年（一九二七）六月一六日付の官報掲載文は次の通り。

◎鉄道譲渡　大和《やまと》鉄道株式会社ニ対シ、大正十一年六月七日免許シタル奈良県磯城《しき》郡桜井町ヨリ三重県名賀《なが》郡名張《なばり》町ニ至ル鉄道、大正十五年二月十八日免許シタル奈良県宇《う》陀《だ》郡榛原《はいばら》町ヨリ同郡神戸《かんべ》村ニ至ル鉄道及昭和二年四月十九日免許シタル三重県名賀郡名張町ヨリ同県宇治山田市ニ至ル鉄道ヲ参宮急行電鉄株式会社発起人金森又一郎外九名ニ譲渡ノ件、一昨十四日許可セリ。（鉄道省）

参宮急行電鉄の簿冊にはこの官報掲載文の原稿の後に、その譲渡を許可する理由を次のように記している（文書の立案日は昭和二年六月八日）。

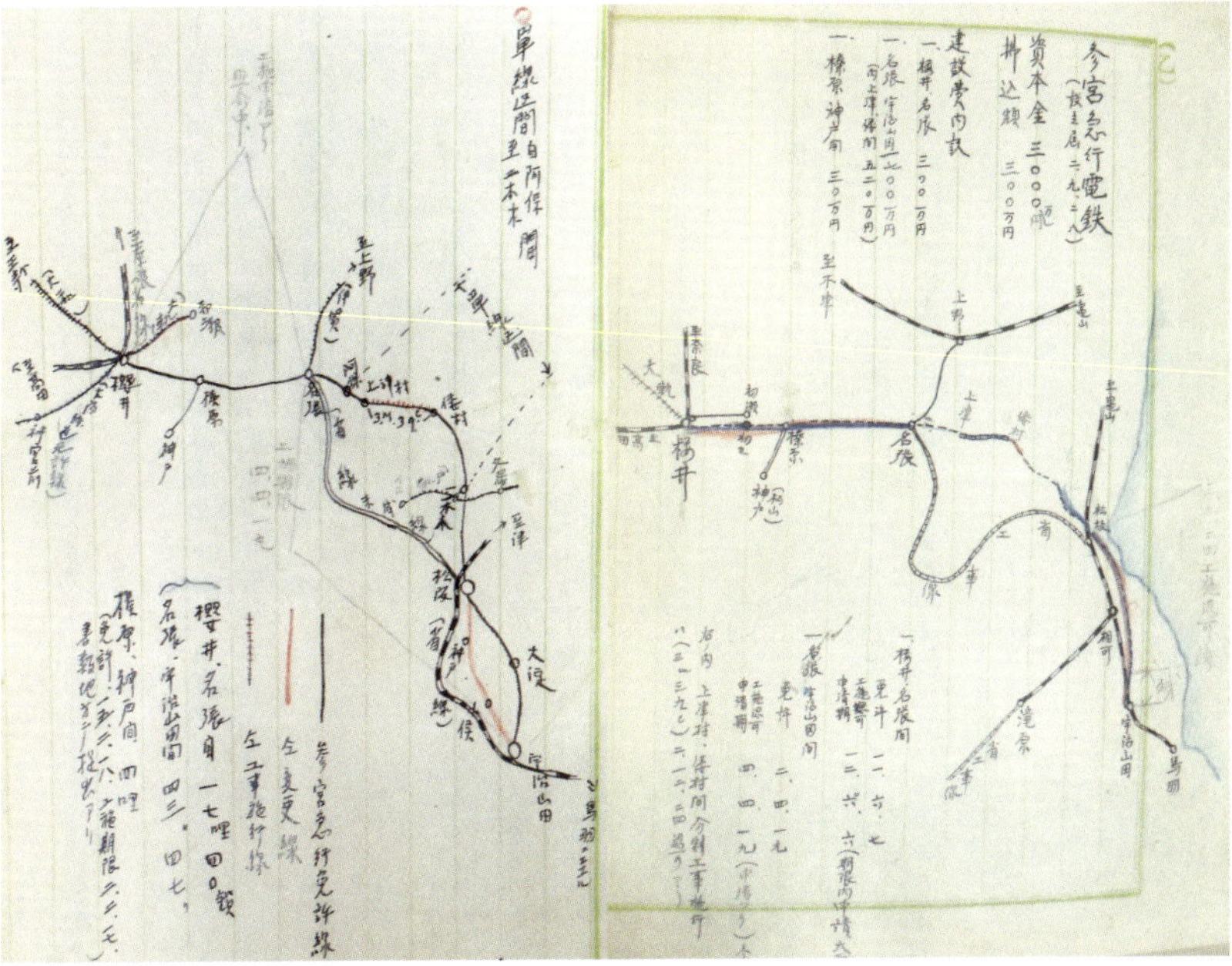

図2　参宮急行電鉄の申請路線は何度か変更されているが、それに関する文書に添えられた略図。阿保（あお・現青山町）〜二本木（現大三付近）が「単線区間」と記されている。鉄道省の名松線はとんでもなく迂回していることも図示された（右図）。鉄道省文書「参宮急行電鉄」巻一（昭和2年）国立公文書館蔵より。

なお文中に「同（宇陀）郡神戸村」とあるのは松山城のあった旧大宇陀町（現宇陀市）の方で、現在伊賀神戸《かんべ》駅のある三重県名賀郡神戸村（現伊賀市）とは異なる。

本件ハ大和鉄道未成線三ツヲ一括シ、別会社ヲ創立シテ事業ヲ遂行セントスルモノナリ。大和鉄道ニ於テ増資ヲ断行シ、事業ヲ遂行セハ可ナランモ、未開業中配当ノ途《みち》ナク（増資ニハ利息配当不能、既成線ハ欠損率一割六厘）、経済上実行困難ナルヲ以テ、寧《むし》ロ未成線ヲ一括シテ新会社ヲ設立シ、未開業中ハ建設利息ヲ配当シテ資金吸収ニ便シ、以テ事業遂行ヲ容易ナラシメントスルモノニシテ、事情已《や》ムヲ得サルモノト認ム。

ここで言う「建設利息」とは、鉄道や電力のように莫大な初期設備投資を要する事業を営もうとする会社が、設備の完成まで株主に配当ができず会社設立そのものが困難になるのを救済すべく、裁判所の認可を得て年あたり発行価額の二〇分の一を限度として株主に配当することを定款に定められるという、旧商法（第二九一条）に規定されていた制度である。

「祖宗尊崇心」を涵養するため必須の電鉄

大阪方面から伊勢神宮へ直行する鉄道を地元・三重県は熱望していたようで、『大阪電気軌道株式会社三十年史』によれば三重県会議員、宇治山田市長、三重県志摩、飯南《いいなん》、多気《たき》、北牟婁《むろ》の四郡に及ぶ各町村長がこの鉄道がいかに必要不可欠であるかを鉄道大臣宛に縷々陳情している。今から見ればずいぶん時代がかっているが、当時の雰囲気を伝えてくれるので、同書に引用された県会議長の意見書を掲げよう。

意見書

建国肇業《ちょうぎょう》ノ由来ニ鑑ミ、皇祖皇宗《こうそこうそう》ヲ尊崇《そんすう》シ奉ルハ我国国民思想ノ核心タリ、之ニ因リテ能《よ》ク万世一如ノ国体ヲ形成シ、炳《へい》トシテ〔光輝くように〕国威ヲ海外ニ宣揚セリ。是ヲ以テ古来我国民挙テ、伊勢神宮ヲ虔仰シ、遠近ヲ問ハス生涯必ス参拝センコトヲ祈願トセサルナシ。時ニ動《やや》モスレハ外来思想ノ之ヲ侵セラレントスルコトアリト雖《いえど》モ、厳トシテ之カ核心ニ触ルル能ハス。只彼ニ長所アレハ即チ之ヲ採リ、短所アレハ即チ之ヲ捨テ、能ク我国民思想と同化セシメ、以テ国家ノ発展ニ資スルノミ。

方今《ほうこん》〔＝近頃〕我国思想界ノ動揺憂フヘキモノナキニアラスト雖モ、之カ反動ハ又益々祖宗尊崇ノ観念ヲ高潮シ、伊勢神宮参拝者ハ年ヲ逐フテ激増シ、今ヤ年内伊勢地方ヲ除クモ尚二百万人ヲ算《かぞ》フルニ至レリ。是レ洵《まこと》ニ慶《よろこ》フヘキ現象ニシテ、且ツ之ヲ誘導シ更ニ一層多数国民ヲシテ、皇祖皇宗ノ威霊ニ感孚《かんぷ》セシムルハ、愈々《いよいよ》外来ノ悪思想ヲ防遏《ぼうあつ》スヘク最モ有力ナル方途タルヤ絮説《じょせつ》ヲ俟《ま》タサルナリ。

皇室の先祖を神と仰ぎ、正式名称をまさに「神宮」とする伊勢神宮を語る時に、少なくとも要路に立つ人物は、本音はともかくこのような主張をなすのは当時の一般的傾向だったようである。当

図3　参宮急行電鉄が開通した頃の宇治山田市（現伊勢市）とその周辺。今はなきライバル路線・伊勢電気鉄道の路線（図の時点では参急伊勢線）も南西側に描かれており、この地域で国鉄参宮線と合わせて「三つ巴」の戦いが繰り広げられていたことがわかる。伊勢電鉄はこれらの過剰投資が祟って経営が悪化、参急に合併されて消滅した。1:50,000「松阪」昭和12年修正＋「宇治山田」昭和12年修正　×0.7

時は「大正デモクラシー」で労働運動や女性の人権などが語られ始めており、支配階級に属する人士はそれを苦々しくまた脅威に感じていたであろうし、またこの意見書の九年前に起きたロシア革命の影響による「悪思想」には危機感を強めてもいたはずだ。

〔前略〕然リ而シテ之ヲ誘導スヘク必須ノ要求ハ、即チ交通機関ノ完備ニアリ。然ルニ現今伊勢神宮参拝ノ交通ニ充ツヘキ設備ハ、未タ以テ完《まった》シトセス。彼ノ国有鉄道参宮線ハ季節ニ由リ乗客ノ満載シテ尚客車ノ不足ヲ告クルコト往々ニシテ之アリ、而《しか》モ之ヲ関西地方ニ就テ視ルニ、大阪市駅奈良方面ノ参宮客ハ前記二百万人中ノ一割ヲ占ムルニ過キス、以テ其地方人口ニ対シ比率ノ如何ニ僅少ナルヤヲ想像スルニ難カラス。是レ関西地方人士カ祖宗尊崇心ノ欠如セルカ為ニ非スシテ、全ク交通機関不備ノ結果ニ外ナラス。

〔後略〕

大正十五年十二月

三重県会議長　西田周吉

三重県知事　遠藤柳作殿

大阪方面から伊勢神宮へ向かう人の割合が少ないのは、大阪人の「祖宗尊崇心」が足りないためではなく交通機関が不便なせいだと弁護しているのは、鉄道がほしい三重県側の主張としては自然なものであろう。

これは大軌・参急とは関係ないが、さらに時代が下った「エロ・グロ・ナンセンス」時代の昭和五年（一九三〇）秋、京王電気軌道（現京王電鉄）の沿線案内に鳥瞰図画家・吉田初三郎が記した「絵に添へて一筆」には、「新宿を起点とする本電車が近く明治神宮を拝し、直ちに多摩御陵に至る最捷の交通路としての役目は、国難的思想悪化を放逐する無二の良薬であり」と率直な危機感が吐露されている。まったく近頃の風潮ときたら……というわけだ。

鉄道敷設法別表と名松《めいしょう》線

『大阪電気軌道三十年史』の巻末にある「参宮急行電鉄編」には、同電鉄の創立総会において語られた会社設立の経緯について記されているので抜粋しよう（引用者により適宜改行した）。

（前略）元来この参宮線の計画は、大軌におきましても既に七年前より出願中でありましたが、一方、大和鉄道では桜井から名張に至る延長線を出願して、大正十一年に、その免許を得ましたけれども、その後大軌に於て大和鉄道の株式の大部分を取得いたしまして、これを経営することになりましたから、参宮線の選定に就ては、大軌出願線に拠るべきか、或ひはまた、大和鉄道の名張より延長して宇治山田市に達する線を採るべきかにつきまして、比較研究をいたしました結果、大和鉄道を延長する方が、有利であることを認めました。

それで、その免許を得ることに努力いたしましたところ、政府でも松阪町より名張町に至る鉄道予定線（所謂名松《めいしょう》線）がありまして、既にその一部分は工事に着手してゐるといふので、本社出願線の許可如何は、関係するところが非常に大きいのでありますから、これが免許に当つて種々詮議を重ねられたため、私どもの希望は容易に達することが出来ず、漸くにして本年（昭和二十）四月十九日に免許を得ました。

名松線の話が出てくるが、これは大正一一年（一九二二）四月一一日制定の改正鉄道敷設法の別表で「奈良県桜井ヨリ榛原、三重県名張ヲ経テ松阪ニ至ル鉄道及名張ヨリ分岐シテ伊賀上野付近ニ至ル鉄道並ニ榛原ヨリ分岐シ松山ヲ経テ吉野ニ至ル鉄道」と明記された路線の一部である。「名松」というのは起終点ー名張と松阪の頭文字を繋いだものだ。

ここに掲げられた三線区のうち「名張ヨリ分岐シテ伊賀上野付近ニ至ル鉄道」は、改正鉄道敷設法制定の三か月後に開通した伊賀鉄道（後の近鉄伊賀線、現伊賀鉄道）の上野町《まち》（現上野市）〜名張（後の西名張）間と同じルートだが、それ以外の径路も先に引用した官報の区間にぴったり重なっている。大和鉄道から参宮急行電鉄に譲渡された区間だ。

この改正鉄道敷設法は実に「クセモノ」の法律であった。国家が責任を持って敷設すべきものとして合計一四九路線一万二一八キロメートルにも及ぶ鉄道路線として、起終点と主な経由地を明記してしまったからである。地方交通線の充実を優先し、幹線の改良は後回しというわゆる「建主改従」政策を掲げた原敬内閣が主導した典型的なバラマキ政策だ。

これが後に「我田引鉄」と揶揄される代議士の地元への利益誘導という伝統を生み、それは戦後の国鉄改革に至るまで延々と続いた。いや、整備新幹線の着工時期や順位、そのルートをめぐって

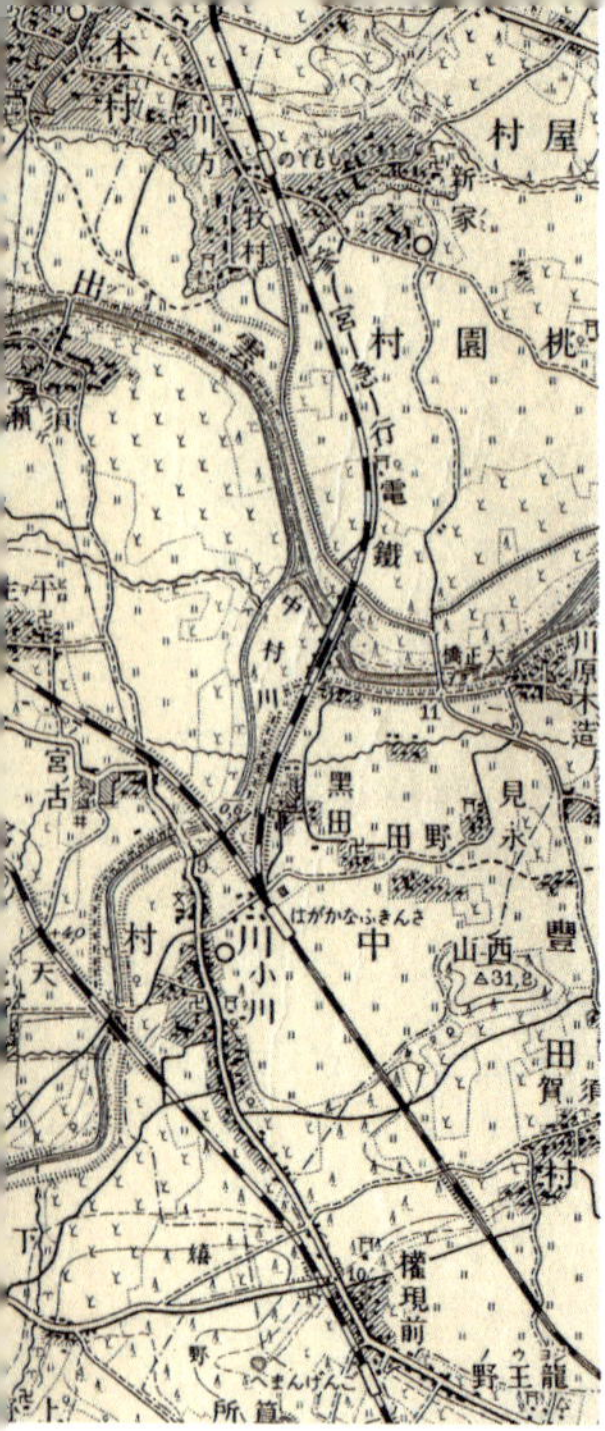

漏れ聞こえてくる水面下の戦いなどを思えば、今もこれが継続していると言えるかもしれない。一方で当時の私鉄の立場からすれば、国の掲げた予定路線にぴったり沿う計画を掲げれば、多少経営が傾いても後で国が買ってくれる安心感があったようで、これが投資家にも好印象を与えたことは想像に難くない。

脱線になるが、昭和五年（一九三〇）に発行された『私鉄物語』〔清水啓次郎著・春秋社〕には昭和二年（一九二七）から四年にかけて鉄道大臣をつとめた小川平吉が私鉄を前向きに買収する旨の発言をして私鉄が色めき立った時期の興味深いエピソードが記されているので、少々長いが引用する。

かくて全国の私鉄業績〔業界か〕は一斉に私鉄の売込活動を始めた、財界不況の為めに私鉄は大概業績不振で困つて居たので、買収して貰つて苦境を脱しやうと焦つた、買収されゝば最低建設費だけはとれるしうまく行けば建設費の二倍位に売れる、それに株価は騰《あが》るし人気は好くなるからそれだけでも大変な利益になる、で買収の請願が始まつた、選出代議士が直接その衝《しょう》に当ることもあれば、側面裡面《りめん》から運動する場合もある、そして先づ政府要路の大官や貴衆両院〔貴族院・衆議院〕の主なる人々を沿線の視

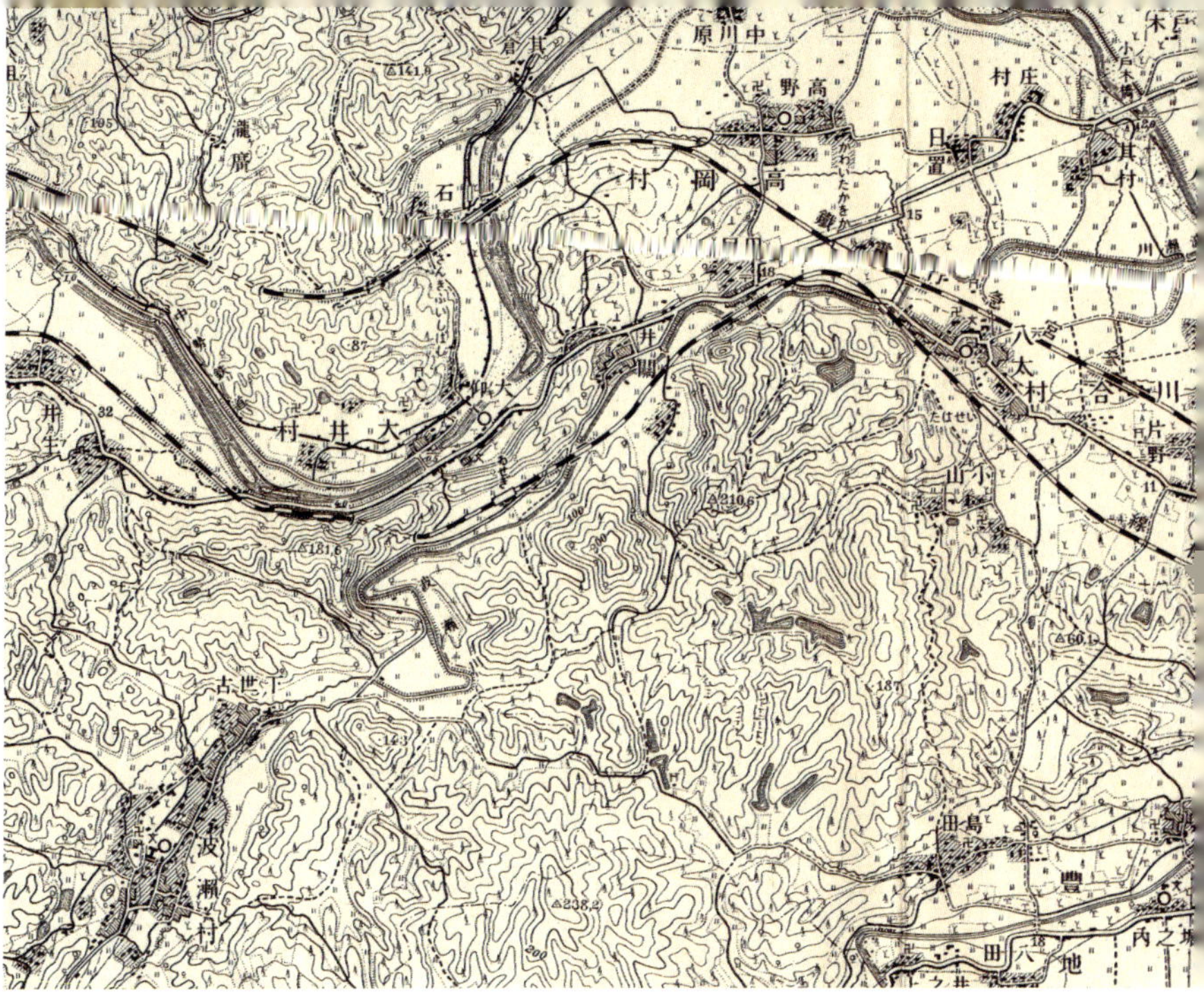

図4　見事に並行線となった参宮急行電鉄(北側)と国鉄名松線。さらにもう一線、この地域初の鉄道であった中勢《ちゅうせい》鉄道も細い軌道の記号で描かれている。同鉄道は参急開通の2年前にあたる昭和3年(1928)に参急傘下となり、これだけ並行しているのに昭和18年(1943)の廃止まで意外に長く生き延びた。1:50,000「二本木」昭和7年鉄道補入　×0.8

察に案内する、その目的は盛大なる接待宴だ、宴席には土地選りぬきの美形連を侍らして、その可愛い口から出る流行《はやり》唄には、チヤンと鉄道買収の唄が織り込まれて居るといふ越向〔趣向〕で人々をアツと言はせる、これが又馬鹿に効いて昨日までは「なんだあんな鉄道」と軽蔑して居た政府のお役人が今日は堂々と買収の必要を説くといふ早変り、買収の理由なんてものは買収の妥協が成立してからくつつけるものだ。

政府も買収を種にいろんな権謀術数を弄する、党の功労者にはその功労に報ゆる意味で関係鉄道を買収してやる、予《か》ねて眼をつけて居た地盤はこの買収問題をもち出して手もなく落城させる、更らに積極的に反対党の地盤切り崩しに買収問題を利用する、即ち「お前のとこの私鉄を買収してやるから俺の方に入党しろ」と誘惑するのだ、すると理想よりは現実をとる人間のことだから、少々体面が悪くてもその通りになる、つまり寝がへりを打つのだ、こんなことは何時の時代にもあつたけれど、小川鉄相の政友会と民政党の勢力が頗るデリケートだつたので一層酷《ひど》かつた、請願線は全部で四十線許《ばか》りに達した。

いずれにせよ名松線は参宮急行電鉄の開業時期とほぼ重なる昭和四年（一九二九）の松阪～権現前《ごんげんまえ》間を始めに同一〇年に伊勢奥津《おきつ》駅まで四三・五キロメートルの現区間を開業しているが、その先の名張までの区間はついに建設されず、未成のまましばしば廃止が取り沙汰されるほどの非電化ローカル線として今日に至っている。

奥津の町は大阪方面から伊勢神宮への最短距離にあたる伊勢本街道の宿駅として繁栄したところだが、松阪から名張を結ぶにしては、ここを通るのはあまりに遠回りで、参宮急行がその区間を最短距離で走り抜けるようになった時から建設の意義は完全に失われていた。それでも建設がここまで進捗してしまった背景には、何らかの政治的な強い力があったと考えざるを得ない。

参急の会社設立経緯に戻ろう。

布引山地の青山峠を抜ける長大隧道

〔中略〕また本線は山岳重畳《ちょうじょう》の間に敷設いたしますので難工事であらうと考へ、大軌が生駒隧

図5　布引山地の分水嶺を穿つ青山隧道とその周辺。重畳たる山並みの中にトンネルの多い急勾配線が建設された。日本第3位の長大トンネルであった青山隧道は東へ向けて33.3パーミルの下り急勾配が連続している。昭和50年（1975）には複線化とともに現在の新青山トンネル（5652メートル）が北寄りに掘られた。1:50,000「津西部」昭和12年修正　×0.6

道開鑿《かいさく》当時と同様の苦難に遭ふかも知れないと憂慮せられる方もあるやうですが、本線の山岳部は奈良県と三重県の一部であつて難工事と申す部分は尠《すくな》いのであります。

〔中略〕あの大軌の創立当時は財界の状況よりしまして、多額の資本金となすことが出来ないところへ、隧道工事費だけでも二百五十万円を要しました。資本金は三百万円で創立せられたのでありますから、隧道工事は予定よりも僅か半箇年を遅れて完成したのでありましたけれども、結局資金難に陥つて苦難を嘗《な》めた次第であります。

然るに当社は大軌の姉妹会社であつて、資本金を三千万円にしましたから、資金難の点に何等の懸念なきやう組織いたしましたのみならず、隧道工事は、技術上に於て十五年前のそれと較べて著しく進歩してゐますことは申すまでもありません。〔後略〕

まだ一マイルも走っていなかった新興電鉄会社が複線の

長大なトンネルを掘ったことは驚異的であり（リスクは平地に線路を敷いた阪神や京阪の比ではない）、今ではそれだけの度量と見通しをもって新規事業を立ち上げられる経営者が存在するかどうかわからないが、その頃に較べればこの青山隧道を掘鑿しようという時期の大阪電気軌道は、路線距離と乗客数の急増もあってはるかに余裕を持っていた。

線路の選定にあたっては高速電気鉄道の威力を十分に発揮できるよう配慮された。『大阪電気軌道株式会社三十年史』の巻末「参宮急行電鉄編」には桜井〜宇治山田間九七・五キロメートル（当時）の線路について次のように記している。

尚ほ本線は名張、参急中川《さんきゅう》（現伊勢中川）間は単線に、桜井名張間と、参急中川宇治山田間は複線に定め、その軌間は大和鉄道に於て免許を得たとき三呎六吋（一〇六七ミリメートル）であったが、当社が開業の暁には、大阪宇治山田間に直通の高速度運転をなす必要上、昭和三年五月二十五日に至りこれを四呎八吋半（一四三五ミリメートル）に変更するの認可を受け、又「ラピッドトランシツト」としての理想的線路を建設せんが為め、出来得る限り無用の曲線軌道を避けることにした。

伊勢湾へ注ぐ雲出川《くもず》水系と、遠く大阪湾へ向かう淀川水系との分水界たる布引《ぬのびき》山地の青山峠。その下を穿つ青山隧道（旧）は三四三二メートルである。生駒隧道（旧線・三三八八メートル）より四四メートルほど長いものの、こちらは単線トンネルであった。参急では生駒隧道の時と同じ大林組を全面的に信頼し、測量をはじめ施工のことごとくを任せて最善を尽くさせたというが、これは「官営民営を問はず従来の大工事には未曾有のことで、まさしく我が鉄道技術界に一新例を作ったものである」と同書では絶讃している。

この区間を含む佐田《さだ》（現榊原温泉口）〜阿保《あお》（現青山町）間は昭和五年（一九三〇）も押し詰まった一一月二〇日に開業した。明けて翌六年三月一七日には壮麗な宇治山田駅舎に至る最後の〇・六キロメートル区間を完成、これにより大阪の上本町から宇治山田まで一三七・三キロメートルが繋がり、直通の特急電車が走り始めることとなったのである。このうち大阪電気軌道が上本町〜桜井間三九・八キロメートル、参宮急行電鉄が桜井〜宇治山田間九七・五キロメートルで、距離は前者が三割、後者が七割であった。青山隧道の西側坑口上には、当時の参宮急行電鉄社長・金森又一郎の揮毫による「徳無彊」の扁額が掲げられている。ちなみに昭和五年（一九三〇）一二月にこの区間が開業した時点では全国でも笹子隧道（中央本線・四六五六メートル）、猪鼻《いのはな》隧道（予讃本線〔現土讃線〕・三八四五メートル）に次ぐ第三位であった。

伊勢ルートの全通により、上本町〜宇治山田間の運転速度は最高時速一一〇キロメートルという前代未聞のレベルに達した。この時に導入した二二〇〇系電車は全長二〇メートルの大型ボギー車三両を一編成とし、多客期には六両編成としている。三三・三パーミルの急勾配が連続する路線の特性に配慮して強力なモーターを搭載、安全を図るため抑速発電ブレーキを供えた画期的な車両であった。所要時間は開業当初の昭和六年（一九三一）三月に二時間三一分、翌七年には二時間一分にまで劇的に短縮している。車内設備もクロスシートで省線（国鉄）の二等車――現在で言えばグリーン車並みとされ、これで大阪〜伊勢神宮の移動はもっぱら参宮急行電鉄が担うこととなった。

少しずつ部分開業を重ねた参急

参宮急行電鉄の桜井〜宇治山田間は、昭和四年（一九二九）一〇月二七日の桜井〜長谷寺間を皮切りに同六年三月一七日まで実に九回に分けて細かく部分開業を繰り返している。ところがその期間の大半を占める昭和五年の簿冊が残念ながら国立公文書館に備えられていない。「巻三」（昭和六〜一〇年）の簿冊の表紙にはその期間の簿冊が「所在不明」と赤字で記されており、いつ頃の書き込みか不明だが、鉄道省内で戦前から行方不明になっていたのかもしれない。

これを補うため官報に記載された参急に関する開業関係の記述を拾ってみた。それぞれの日付は開業日で、官報掲載はそのおおむね一週間程度後である。その性格上正確を期すべき文書であろうに、意外に誤記が多いのには驚かされる。＊はその誤記に加えて現在の駅名などを引用者が記し、既設駅の読みはカッコ内で補った（歴史的仮名遣い）。

◎昭和四年（一九二九）一〇月二七日

駅名	所在地	哩程
井《さくらゐ》＊	（国有鉄道既設駅）	○・○
長谷寺《はせてら》	奈良県磯城《しき》郡初瀬町大字初瀬	三・七＊

＊官報では「桜」の字が欠落。三・七哩《マイル》＝約六・〇粁《キロメートル》　長谷寺の読みは現在「はせでら」。

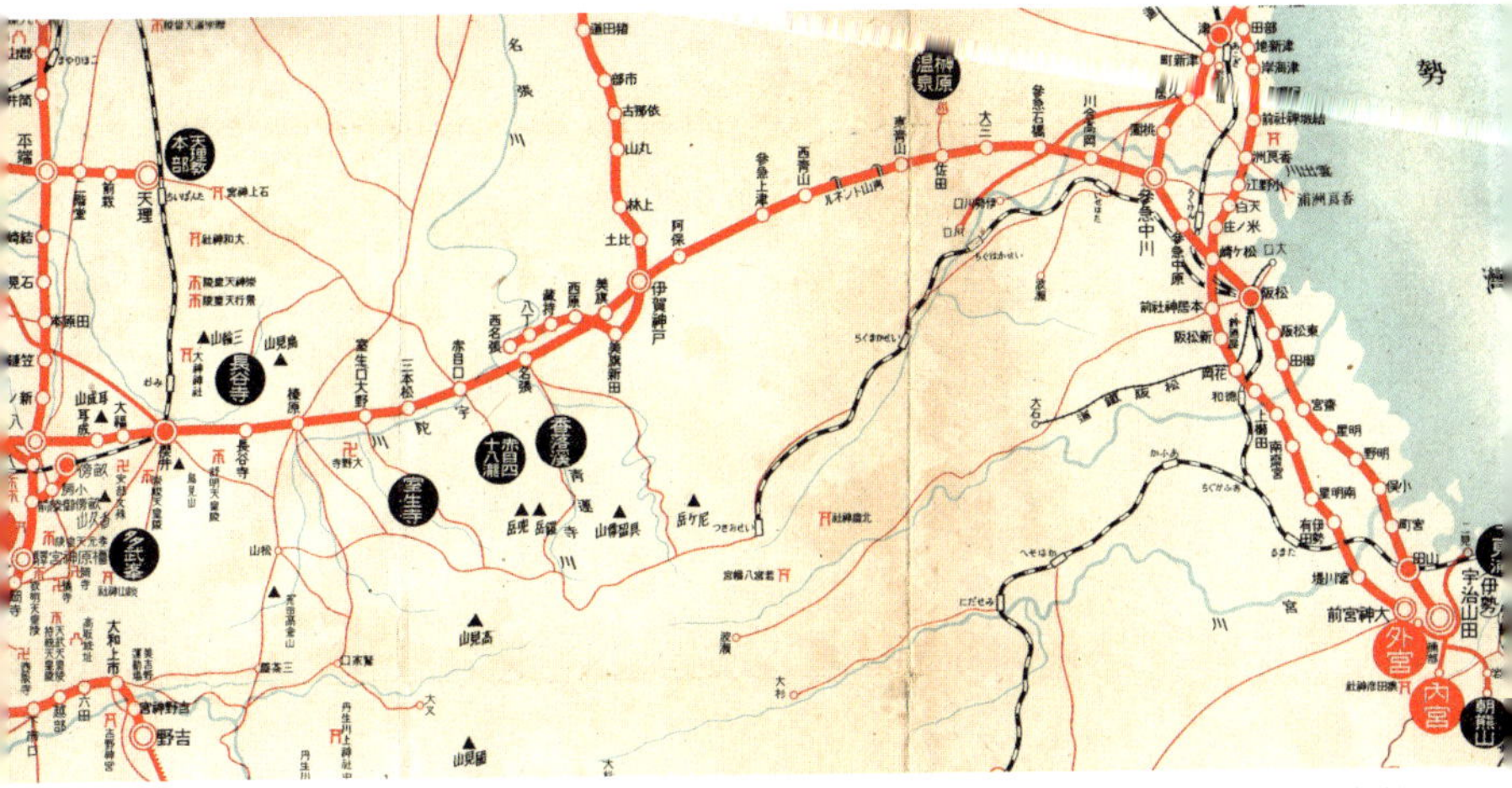

図6 「大軌・参急電鉄沿線図」（昭和15年発行）に描かれた路線。この頃には伊勢電気鉄道も合併して名古屋までの長大路線を完成させている。

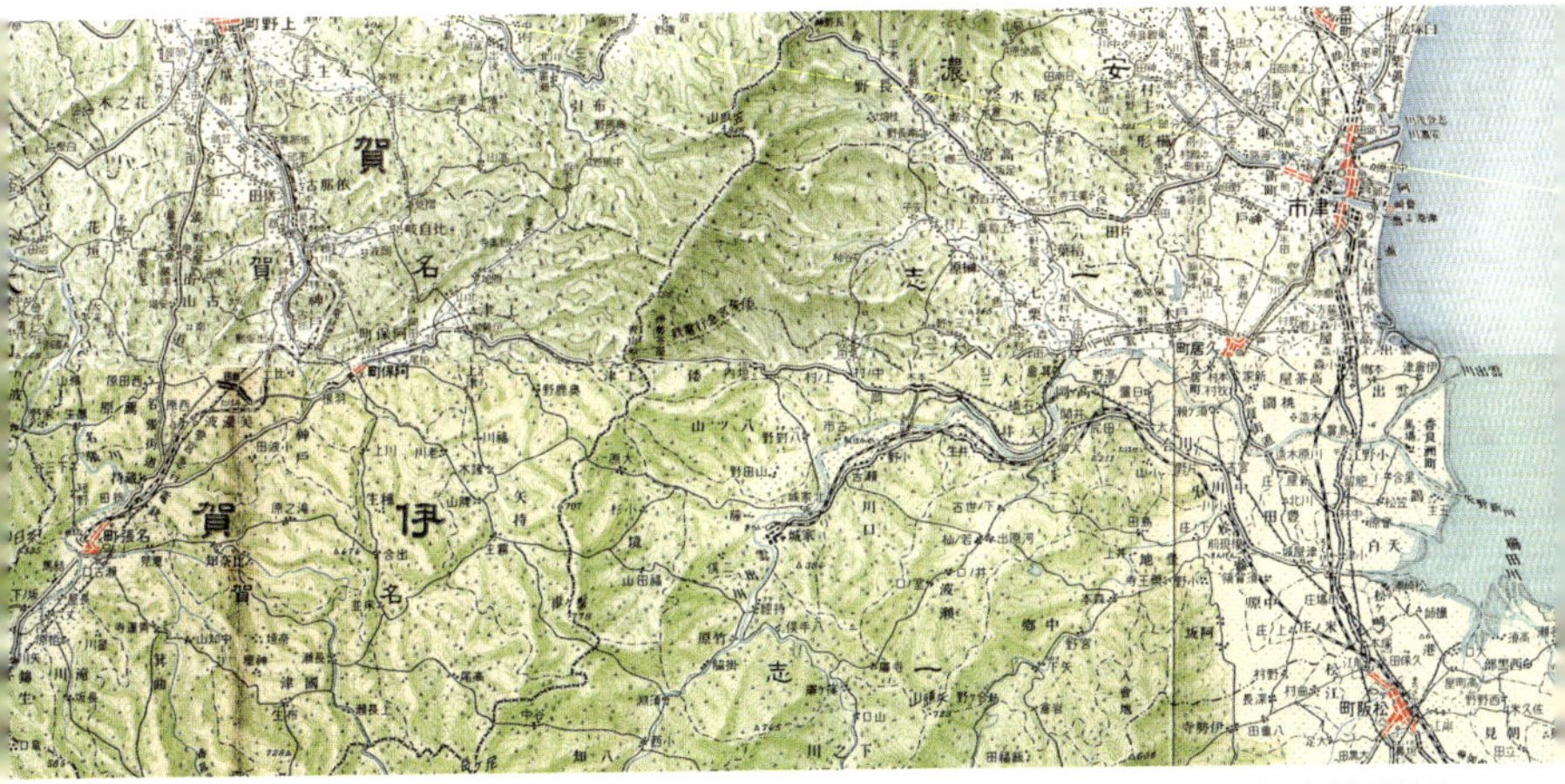

図7 全線開通当時の名張〜松阪とその周辺。1:200,000帝国図「名古屋」昭和7年鉄道補入＋「宇治山田」昭和7年鉄道補入 ×0.5

◎昭和五年（一九三〇）二月二一日

長谷寺《はせでら》	（既設駅）	〇・〇
榛原《はいばら》	奈良県宇陀郡榛原町大字萩原《はぎはら》	二・九*

＊二・九哩＝四・五粁　鉄道省では同年四月一日から鉄道の距離単位をマイルからキロメートルに改めた。端境期にはマイル／キロメートルの併記が見られる。

◎昭和五年（一九三〇）三月二七日

駅名	所在地	粁程
松阪《まつさか》	（国有鉄道既設駅）	〇・〇
東松阪《ひがしまつさか》	三重県飯南《いいなん》郡神戸《かんべ》村大字大津	一・六
櫛田《くしだ》	同県同郡櫛田《くしだ》村大字櫛田	五・四
斎宮《さいぐう》*	同県多気《たき》郡斎宮《さいくう》村大字斎宮	八・七
明星《みやうじやう》	同県同郡明星村大字下有爾《しもうに》	一一・三
明野《あけの》	同県度会《わたらい》郡小俣《おばた》町	一四・〇
外宮前《げぐうまへ》*	同県同郡御園村大字高向《たかぶく》	一七・九

＊現在の読みは、さいぐう→さいくう、げぐうまへ→げくうまへ。「御園村」は御薗村が正しい。この時からキロメートル単位で記されている（哩程→粁程に変更）。

◎昭和五年（一九三〇）五月一八日

駅名	所在地	粁程
松《ま》阪《さか》	（国有鉄道既設駅）	〇・〇
参急松江《さんきふまつえ》	三重県飯南《いいなん》郡松江村大字塚本	二・三
参急中原《さんきふなかはら》	同県同郡中原村大字馬渡＊	五・五
参急中川《さんきふなかがは》	同県一志《いちし》郡中川村大字小川	八・四
桃《もも》園《ぞの》	同県同郡桃園村大字牧《まき》	一一・七
久《ひさ》居《ゐ》	（中勢鉄道既設駅）	一三・二

＊大字「馬渡」は津屋城《つやじょう》が正しい。参急松江は現松ヶ崎より〇・四キロメートル松阪寄り。参急中原は現伊勢中原、参急中川は現伊勢中川。

◎昭和五年（一九三〇）九月二一日

駅名	所在地	粁程
外宮前《げくうまへ》	（既設駅）	〇・〇
山《やま》田《だ》	（国有鉄道既設駅）	一・三

◎昭和五年（一九三〇）一〇月一〇日

榛《はい》原《ばら》　（既設駅）　○・○
室生口大野《むろふぐちおほの》　奈良県宇陀郡三本松村大字大野　七・一
三本松《さんぼんまつ》　同県同郡同村大字三本松　九・五
赤目口《あかめぐち》　三重県名賀郡滝川村大字丈六《じょうろく》　一三・八
名《な》張《ばり》　同県同郡名張町　一七・一
美《み》旗《はた》　同県同郡美濃波多《みのはた》村大字新田《しんでん》　二二・九
伊賀神戸《いがかんべ》　（既設駅）　二五・三

＊この区間のみ「国立国会図書館デジタルコレクション」に掲載された官報に見当たらないので、他の資料により作成した。

◎昭和五年（一九三〇）一一月一九日
参急中川《さんきふなかがは》　（既設駅）　○・○
川合高岡《かわいたかおか》　三重県一志《いちし》郡川合村大字八田＊　四・五
参急石橋《さんきゆういしばし》＊　同県同郡大井村大字大仰《おおのき》　七・四
大《おう》三《みつ》＊　同県同郡大三村大字二本木　一一・四
佐《さ》田《た》　同県同郡倭《やまと》村大字佐田　一三・六

＊大字「八田」は八太《はた》が正しい。かわいたかおか→かはひたかをか、さんきゆういしばし→さんきふいしばし、おうみつ→おほみつ。参急石橋は現伊勢石橋駅、佐田は現榊原温泉口駅。

伊《い》賀《が》神戸《かんべ》　（既設駅）　〇・〇
阿《あ》保《ほ》　三重県名賀《なが》郡阿保町大字阿保　二・四
＊読みは現代仮名遣いでは「あお」。現青山町駅。

◎昭和五年（一九三〇）一二月二〇日
佐《さ》田《だ》　（既設駅）　〇・〇
東青山《ひがしあをやま》　三重県一志郡倭《やまと》村大字垣内《かいと》　六・四
西青山《にしあをやま》　同県名賀郡上津《こうづ》村大字伊勢地　一〇・一
参急上津《さんきゆうこうづ》＊　同県同郡同村大字下川原《しもがわら》　一四・八
阿《あ》保《ほ》　（既設駅）　一七・五
＊さんきゆう→さんきふ。参急上津は現伊賀上津駅。

◎昭和六年（一九三一）三月一七日
山《やま》田《だ》　（国有鉄道既設駅）　〇・〇
宇治山田《うぢやまだ》　宇治山田市大字岩淵《いわぶち》町　〇・六
＊山田は現伊勢市駅

津〜四日市間を結ぶ伊勢鉄道

三重県で最も人口が多い都市は、今から半世紀以上も前からずっと四日市市である。平成の大合併で県都の津市は隣接する久居《ひさい》市および八町村と合併して市域を劇的に広げたものの、平成三〇年（二〇一八）五月現在でも四日市市三一・二万、津市二八・〇万と順位は変わっていない。そもそも三重県の名も、かつて四日市町に県庁があった当時の所属郡―三重郡の名を採用したものだ（津市は旧安濃《あの》郡）。四日市市は工業地帯として知られているが、江戸期までは東海道の宿場町でかつ港町として賑わった。

一方明治六年（一八七三）に四日市に代わって県都の地位を得た津は古代から安濃津《あのつ》として知られ、後に郡名である安濃が外れて単に「津」と呼ばれるようになった。江戸期は藤堂《とうどう》家の城下町としての歴史が長く、その蓄積が地方行政府の庁舎などの建設において有利であったために県都となったようである。

この伊勢の二大都市は三〇キロメートルほどしか離れていないが、両者をまっすぐ結ぶ鉄道は意外にも建設が遅れた。明治二三年（一八九〇）に四日市にまず駅を設けたのは関西本線の前身、関《かん》西鉄《せい》道であるが、そのメインルートは名古屋からこの四日市を経て亀山に至り、そこから山を越えて奈良、大阪方面へ続くものであった。

津駅は亀山で分岐する関西鉄道の支線の終点として開業した。四日市駅開業の翌年の同二四年のことである。津から南へは参宮鉄道が伊勢神宮を目指し、鉄道では一番乗りとなった。まさに「伊勢は津でもつ、津は伊勢でもつ」であるが、その当時は伊勢神宮を目的地とする鉄道が将来は三本も敷設されて過当競争に巻き込まれるなど思いもよらなかったに違いない。

『近畿日本鉄道一〇〇年のあゆみ』（六七ページ）によれば、関西鉄道の当初計画では津支線は図1のように現在ちょうど伊勢鉄道が起点とする河原田《かわらだ》駅で分岐、ほぼ同鉄道ルートでそのまま津へ向かうつもりだった。ところが後に大阪への近道を意識して分岐点を亀山に変更している。そのことは同駅から東へ分岐した線路の向きが物語っている。このため四日市から津へ行くには三角形の二辺を通る形となってしまった。

伊勢の主要な二つの都市を直結するルートはこの関西鉄道が敷設免許を獲得してはいたものの、着工しないうちに失効してしまう。それでも他社が参入しないように再度このルートで明治四〇年（一九〇七）九月二八日に免許を獲得したが、三日後の一〇月一日に関西鉄道は鉄道国有法によって全国の幹線鉄道とともに国有化され、宙に浮いた免許区間は政府の建設予定区間に引き継がれた。これがはるか後年に実現した国鉄伊勢線（昭和四八年開業・現伊勢鉄道）である。

地元ではそれとは別に明治四二年（一九〇九）に両都市を結ぶ伊勢軌道の計画が立ち上げられた。

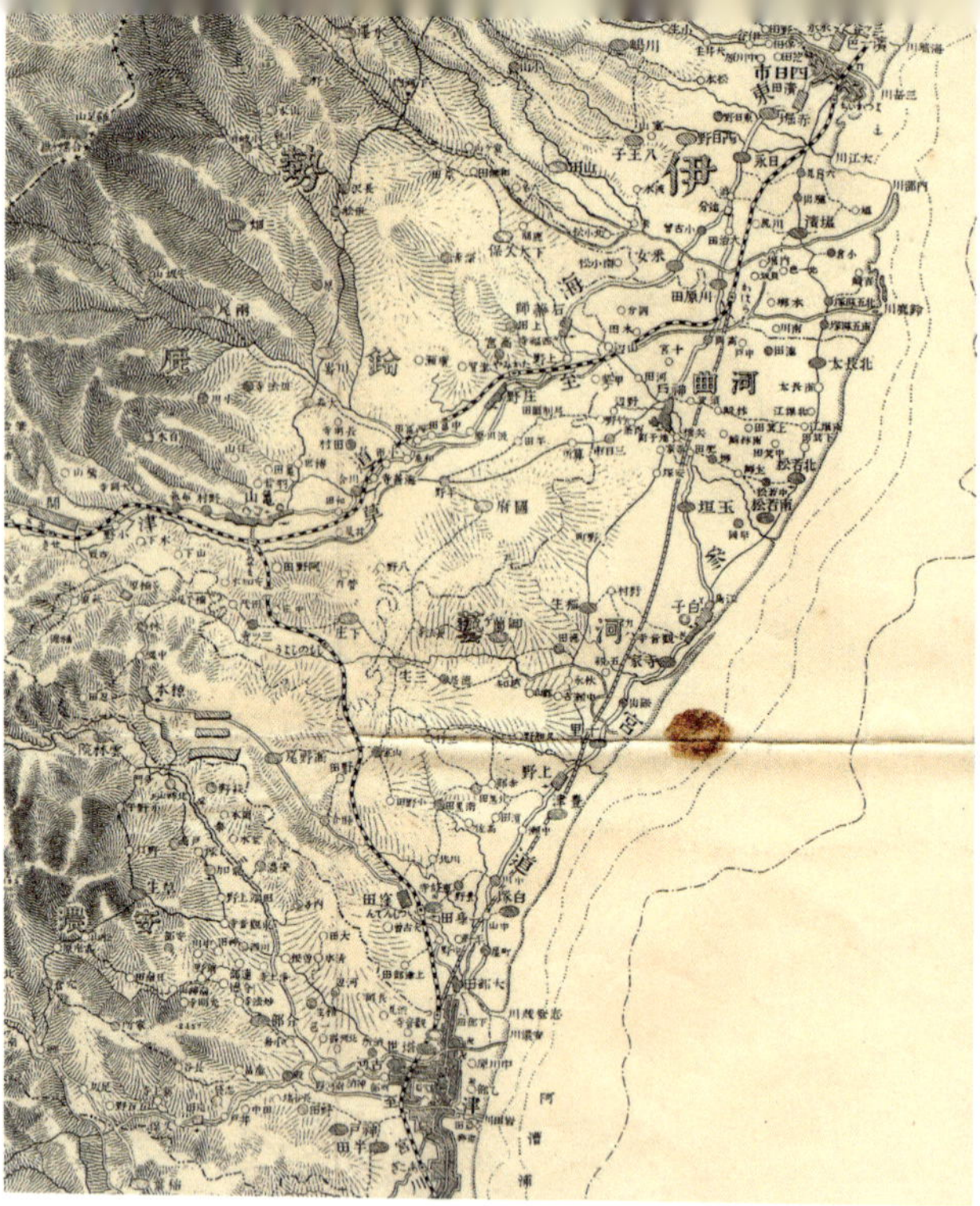

図1　関西鉄道の免許線（予定線）が描かれた地図。
1:200,000輯製図「名古屋」明治31年三修　×0.6

「フル規格の鉄道」ではなく小さな機関車が客車や貨車を牽くもので、軌間は二フィート六インチ（七六二ミリメートル）と狭く、「軽便汽動車ヲ以テ」（特許申請書）貨客運輸を行なおうとするものである。走る場所は道路と専用軌道の双方で、当時としては典型的な「ローカル蒸気軌道」であった。

　軌道の布設（敷設）特許願には線路の経過地が「道路区間」と「専用軌道区間」に分けて地番入りで詳細に記されているのだが、専用軌道を走る項目の箇所に理由書が付いているのは、軌道というものが原則として「道路を走る交通機関」と規定されていたためだ。何はともあれその冒頭区間を引用しよう。

　なお、起点に定めた乙部《おとべ》字《あざ》北浦は安濃川と岩田川のちょうど中間付近、津城下町の東端にあたる位置で国鉄の津駅とはかなり離れていた。これが「鉄道」であれば当局も線路の接続を要請すべきところだが、地元の小輸送のみを担う狭軌の「軌道」ゆえにそのあたりは随意だったのかもしれない。そもそも津駅は旧市街の北端に位置していたため、津の人が四日市へ向かうための利便性を考えれば、町中にターミナルを置くのは理にかなっている。

国県道及専用線路経過地調書　附専用線採択ノ理由書

自津市大字乙部字北浦二百三十四番地　至津市大字塔世《とうせ》字清原八百三十八番地　専用線路　四百弐拾間〔約七六四メートル〕

理由　起点ヨリ右塔世字清原間ハ市街狭隘ニシテ屈曲多ク、到底軌道ヲ布設スルコトヲ得サルモノト認ム。仮ニ道幅ヲ拡メ屈曲ヲ矯正セントセハ多大ノ家屋及地所ヲ潰シ、而シテ良好ナル線路トナスコト能ハサルニヨリ、寧ロ新設軌道トスルノ得策ナルニヨル。

一　自同上地　至同市同大字字清原九百五十番地　里道拡築使用百弐拾間〔約二一八メートル〕

（以下略）

理由書によれば、人家が櫛比している市街地では道を拡幅しなければレールを敷けず、そのためやむを得ず専用軌道を通るという建前である。次の図は伊勢軌道として敷設特許を出願した際に添付されたと思われる路線概略図で、四日市と津を短絡する意義はよく理解できるが、それにしては無理に神戸《かんべ》町を迂回しているのが印象的だ。海沿いの各町村に加えてこの神戸町〔現鈴鹿市の中心部〕を経由することの重要性を表明したような線形である。

図2　伊勢軌道（赤線）が特許出願した際に添付したと思われる路線概略図。神戸（かんべ・現鈴鹿市）を迂回する線形が目立つ。鉄道省文書「伊勢電気鉄道（参宮急行電鉄）巻一　明治43年～大正3年」より　国立公文書館蔵

ちょうどその頃、地方における鉄道建設を促進するための軽便鉄道法が明治四三年（一九一〇）八月三日に施行された。これを受けて五日後の八月八日、さっそく伊勢軌道は同法に規定する「軽便鉄道」に規格を変更して申請をやり直し、社名も軌道から鉄道に変更した。これが近鉄の前身会社のひとつとなる伊勢鉄道（後の伊勢電気鉄道）で、発起人七人のうち筆頭の岡半右衛門をはじめ五

人が津市在住、他は四日市市と久居町（現津市）が各一人という構成であった。岡は米の仲買人の「岡半」の名で全国に知られた実業家である。同社の起業目論見書は以下の通り。

伊勢鉄道株式会社起業目論見書

一　三重県津市四日市市間ニ介在スル沿海一帯ノ地ハ人口稠密《ちゅうみつ》産物豊饒ニシテ古来富有ヲ以テ称セラレタル所ナルモ、今尚ホ交通機関ノ施設ナク、殖産興業上障碍《しょうがい》少カラス。依テ此地区ノ発展ニ資スル為メ、左ノ各項ニヨリテ軽便鉄道ヲ敷設セント欲ス。

第一目的　軽便蒸気鉄道ニ依リ旅客及貨物運輸ノ業ヲ営ムヲ以テ目的トス。

第二　鉄道ノ称号及本社ノ位置　本鉄道ハ伊勢鉄道株式会社ト称シ、本社ヲ三重県津市ニ置ク。

第三　事業資金ノ総額及其出資ノ方法　資本金ヲ五拾万円トシ、株式ノ総数ヲ壱万株ニ分チ、壱株金五拾円トシ、以テ建設ノ資ニ充ツ。

第四　本鉄道ノ起終点並《ならびに》経過地　本鉄道ノ起点ハ三重県津市大字塔世《とうせ》馬場ニシテ、河芸《かわげ》郡一身《いしん》田《でん》村、栗真《くりま》村、白塚《しらつか》村、上野《うえの》村、豊津村、栄村、白子《しろこ》町、玉垣村、神戸《かんべ》町、若松村、箕田《みだ》村、一ノ宮村、及三重郡楠《くす》村、塩浜村ヲ経テ四日市市大字浜田ニ達スル弐拾壱哩三拾鎖（二一マイル三〇チェーン＝三四・四〇キロメートル）トス。

第五　鉄道ノ種類及軌間　本鉄道ハ軽便蒸気鉄道ニシテ軌間ハ三呎六吋（三フィート六インチ＝一〇六七ミリメートル）トス。

第六　橋梁　橋梁ノ重ナルモノハ安濃《あのう》川二百四拾呎（約七三・二一メートル）、志登茂《しとも》川百三拾呎（約三九・六メートル〕、磯山川百二拾呎〔約三六・六メートル〕、市場川百二拾呎、鈴鹿川四百二拾呎〔約一二八・〇メートル〕、内部《うつべ》川四百呎〔約一二一・九メートル〕ニシテ、其他六十呎〔約一八・三メートル〕以下六呎ニ至ル小架橋四十二ヶ所アリ。右ハ何レモ附近橋梁ノ径間ニ準シ、橋台ハ石又ハ煉瓦ヲ以テ畳築シ、橋脚及桁廻リ構造ハ木造トス。桁ハ松又ハ檜ヲ用ユルモノトス。

第七　営業ノ期間　会社成立ノ日ヨリ満五拾ヶ年間トス。

起点が「塔世馬場」に変更されているが、ここは安濃川を渡る塔世橋の南詰東側、開業時に「津市駅」となった場所だ（後に部田《へた》と改称）。軽便鉄道の敷設申請が行なわれた際、軌道から鉄道に変わったため国鉄免許線（河原田〜津間）と並行線であることが改めて問題となったようだが、監督官庁である鉄道院内ではこれを却下しないよう検討が行なわれたようで、伊勢鉄道の簿冊（巻一・明治四三年〜大正三年）には次のような部内の文書が綴じ込まれていた。軽便鉄道として申請される五か月前の「明治四三年（一九一〇）三月一八日立案」である。

伊勢鉄道敷設ノ件

伊勢鉄道株式会社発起人ヨリ別紙ノ通三重県下《けんか》津市、四日市間ニ軌道敷設及運輸営業許可ノ申請有之《これあり》。審査スルニ同区間ハ明治四十年九月二十八日関西《かんせい》鉄道へ本免許状下付、同年十月一日同鉄道国有ニ帰属セシ為メ其儘《まま》ニ相成居候ニ付キ、将来政府ニ於テ敷設スル線路ニ属スルモノトシ、早晩之《これ》カ《が》線路調査ニ着手スヘキ予定ナルモ、敷設着手ノ期日等ハ目下之ヲ予定致シ難キニ付、

郵便はがき

おそれいりますが切手をおはりください。

101-0052

東京都千代田区神田小川町3-24

白水社 行

購読申込書

■ご注文の書籍はご指定の書店にお届けします。なお，直送をご希望の場合は冊数に関係なく送料300円をご負担願います。

書名	本体価格	部数

★価格は税抜きです

(ふりがな)

お名前 (Tel.)

ご住所 (〒)

ご指定書店名 (必ずご記入ください)	取次	(この欄は小社で記入いたします)
Tel.		

『地図と鉄道省文書で読む私鉄の歩み 関西(2)近鉄・南海』について (9687)

■その他小社出版物についてのご意見・ご感想もお書きください。

■あなたのコメントを広告やホームページ等で紹介してもよろしいですか？
1. はい (お名前は掲載しません。紹介させていただいた方には粗品を進呈します) 2. いいえ

ご住所	〒 電話 ( )		
(ふりがな) お名前	(歳) 1. 男 2. 女		
ご職業または学校名		お求めの書店名	

■この本を何でお知りになりましたか？
1. 新聞広告 (朝日・毎日・読売・日経・他〈 〉)
2. 雑誌広告 (雑誌名)
3. 書評 (新聞または雑誌名) 4.《白水社の本棚》を見て
5. 店頭で見て 6. 白水社のホームページを見て 7. その他 ( )

■お買い求めの動機は？
1. 著者・翻訳者に関心があるので 2. タイトルに引かれて 3. 帯の文章を読んで
4. 広告を見て 5. 装丁が良かったので 6. その他 ( )

■出版案内ご入用の方はご希望のものに印をおつけください。
1. 白水社ブックカタログ 2. 新書カタログ 3. 辞典・語学書カタログ
4. パブリッシャーズ・レビュー《白水社の本棚》(新刊案内／1・4・7・10月刊)

※ご記入いただいた個人情報は、ご希望のあった目録などの送付、また今後の本作りの参考にさせていただく以外の目的で使用することはありません。なお書店を指定して書籍を注文された場合は、お名前・ご住所・お電話番号をご指定書店に連絡させていただきます。

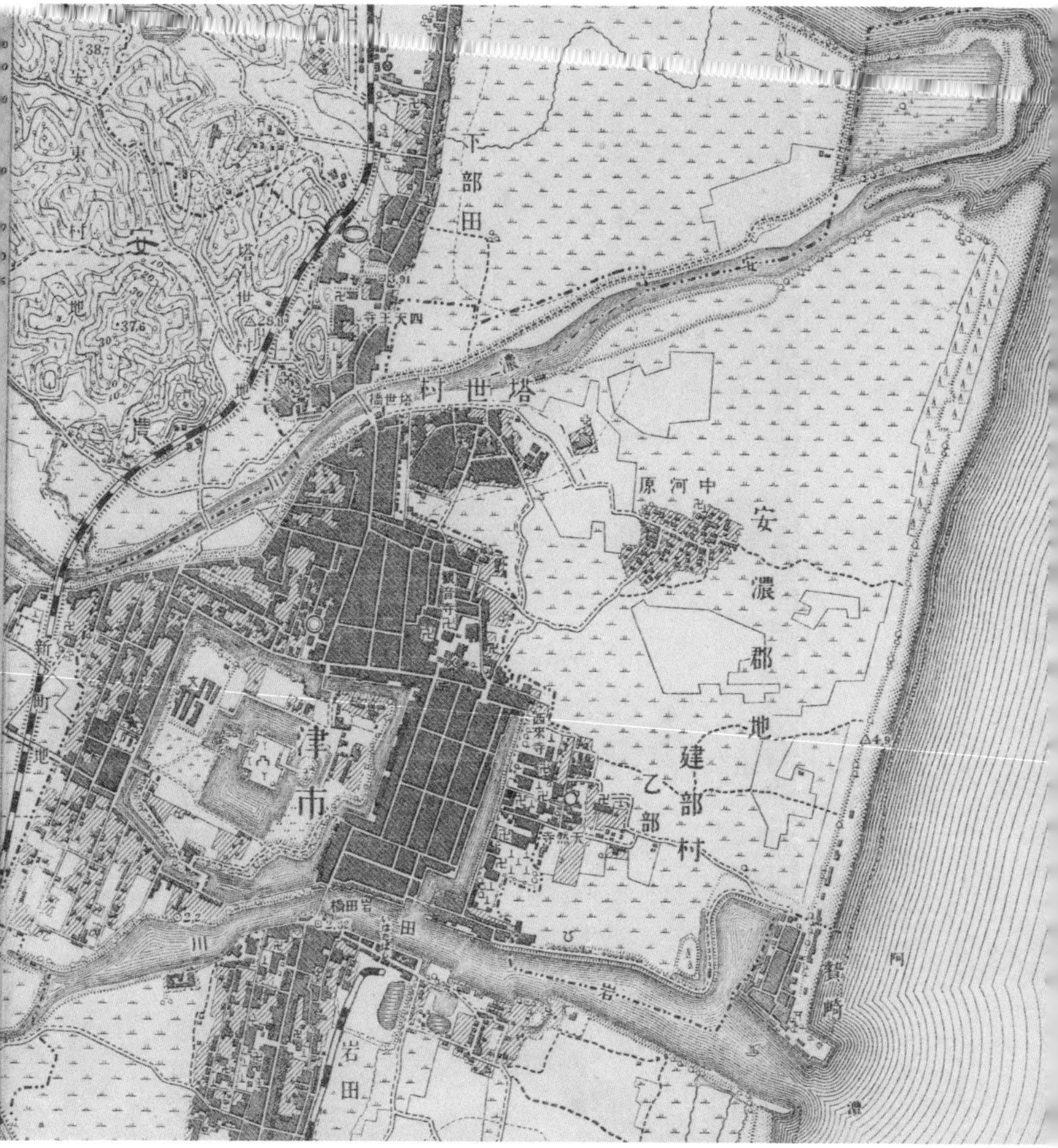

図3　明治31年（1898）の津市街。軌道申請時の乙部起点は城下町東側、軽便鉄道変更後は安濃川を渡る塔世橋南詰東側であった。関西鉄道津駅は図の北端の停車場記号（⊗に旗）の位置。1:20,000「津」明治42年鉄道補入　×0.85

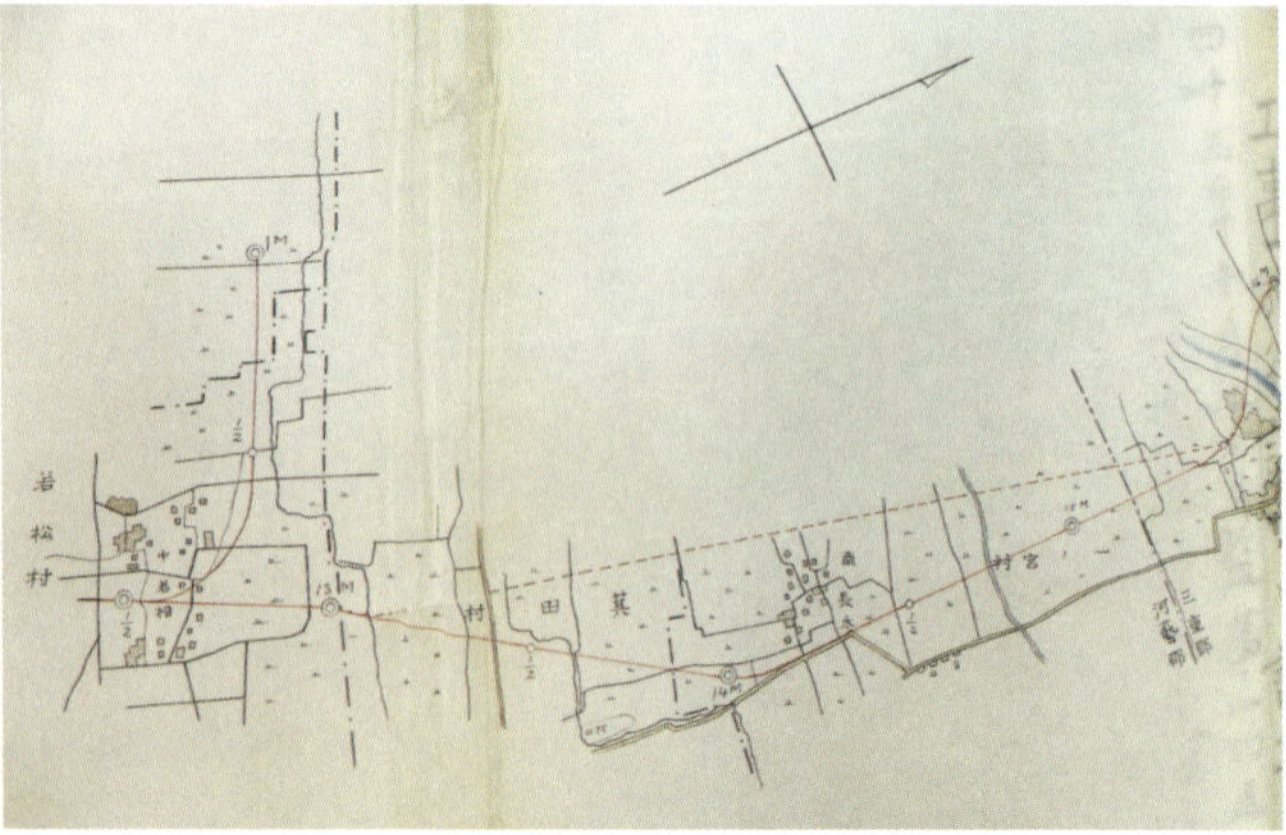

図4　楠～伊勢若松間の線路変更申請に伴って添えられた図面。赤い破線が変更線（現在線）。伊勢若松停車場から神戸への支線予定線が東向きに分岐している（左上）。鉄道省文書「伊勢電気鉄道（参宮急行電鉄）巻一　明治43年～大正3年」より。国立公文書館蔵

単ニ政府ニ於テ他日敷設スルコトアルヘシトノ理由ニ依リ本願ヲ却下スルハ、却テ地方ノ交通機関発達ヲ阻止スルニ至リ、穏当ナラサル儀ト存候間、発起人ニ於テ起業目論見ヲ改メ、軽便鉄道法ニ依リ出願スルコト、シ、関西本線トノ連絡上必要ナル設計ヲ期シ、且ツ之カ免許条件中ニ改築並買収ニ関スル事項ヲ規定スルニ於テハ、本線敷設ヲ免許スルモ支障無之《これなし》ト認ムルニ依リ此段仰高裁《こうさいをあおぐ》。
　追テ御決裁ノ上ハ発起人ニ対シ本案ノ趣旨ヲ該示シ、改メテ申請ノ手続ヲ為サシメ可然乎《しかるべきや》。

民間企業による鉄道敷設を奨励する軽便鉄道法をせっかく成立させたからには、旧免許の存在によって地方の鉄道建設気運が摘み取られることのないようにとの監督官庁の意思が感じられる。

　しかし先ほどの図に見られたような無理に神戸を迂回する線形については伊勢鉄道でも再考したようで、申請の翌年にあたる明治四四年（一九一一）には線路変更を出願した。「白子町ヨリ玉垣村、神戸町ヲ経テ若松村ニ至ル迂回ヲ避ケ、白子、若松間ヲ一直線トシ、別ニ若松村ヨリ神戸町ニ至ル

枝線ヲ敷設スルコトニ線路ヲ変更」（鉄道院の「命令書改正案」）と素直なルートに変更している。

なお次の図は箕田村・一ノ宮村内で多くの耕地を斜めに横断するため、路線短絡効果も考えて赤破線のように径路変更を申請した際のものだが、図の左端に描かれた〔伊勢〕若松停車場が載っており、神戸への支線が現在とは逆の四日市側に分岐するものであったことを示している。

他にもいくつか細部の変更を経てルートは確定し、大正二年（一九一三）三月三一日には着工に漕ぎ着けている。国鉄津駅付近は市街地の用地買収が難航したため、進捗状況の良かった一身田町《いしんでんまち》〜白子間を最初の開業区間とした。次は開業直前の鉄道院による竣功監査報告である。

大正四年九月六日

雇　栗野惣吉

技手　久保田順一

技師　池上重吉

伊勢鉄道株式会社軽便鉄道

一身田町白子間線路敷設工事竣功監査報告

竣功線路ハ免許区間ノ内、津四日市間ノ一部ニシテ、三重県河芸郡一身田町津市起点二哩五十鎖〔約四・一二一キロメートル〕ニ於ケル一身田町停車場ヨリ同県同郡白子町九哩五十四鎖〔約一五・

図5　一身田町～千代崎間が開通した時点の地図。一身田は真宗高田派本山・専修寺《せんじゅじ》の門前町であり、なるべく寺の近くに駅を作るために内陸側へ寄せたようだ。現在の高田本山駅だが、戦後に海寄りに移転している。1:50,000「津市」大正5年鉄道補入　×0.9

五七ヤロメートル〕ニ於ケル白子停車場ニ至ル延長七哩四鎖〔約一一・三五キロメートル〕ナリ。地勢平坦工事モ亦《また》容易ナリ。本区間線路ハ大体竣功ヲ告ゲ、車両其ノ他ノ運輸設備モ概ネ完成セリ。右線路及工事ノ概要ハ別紙工事方法概要書及諸表并《ならび》ニ図面〔別途届出ノ線路建造物異動届附属〕ノ如シ。

〔後略〕

一身田町白子間工事方法概要

鉄道ノ種類　単線蒸気鉄道
軌　　間　参呎六吋〔一〇六七ミリメートル＝国鉄と同様〕
軌道ノ間隔　十二呎〔約三・六六メートル〕
最小曲線　半径二十鎖〔約四〇二・三メートル〕
最急勾配　百分ノ一〔一〇パーミル〕
施工基面ノ幅　築堤切取共十二呎、但シ築堤最□（一字不詳）九呎
軌条ノ重量　一碼ニ付四十封度〔一ヤード四〇ポンド＝約二〇キロレール〕
枕木ノ配置　軌条長三十呎ニ対シ十三挺〔約七〇センチ間隔〕
道床ノ厚　枕木下厚四呎以上、撒布量平均一哩ニ付百二十六立坪
〔一マイルあたり約七五七立方メートル＝一キロあたり約四七〇立方メートル〕
轍叉番号　八番及六番

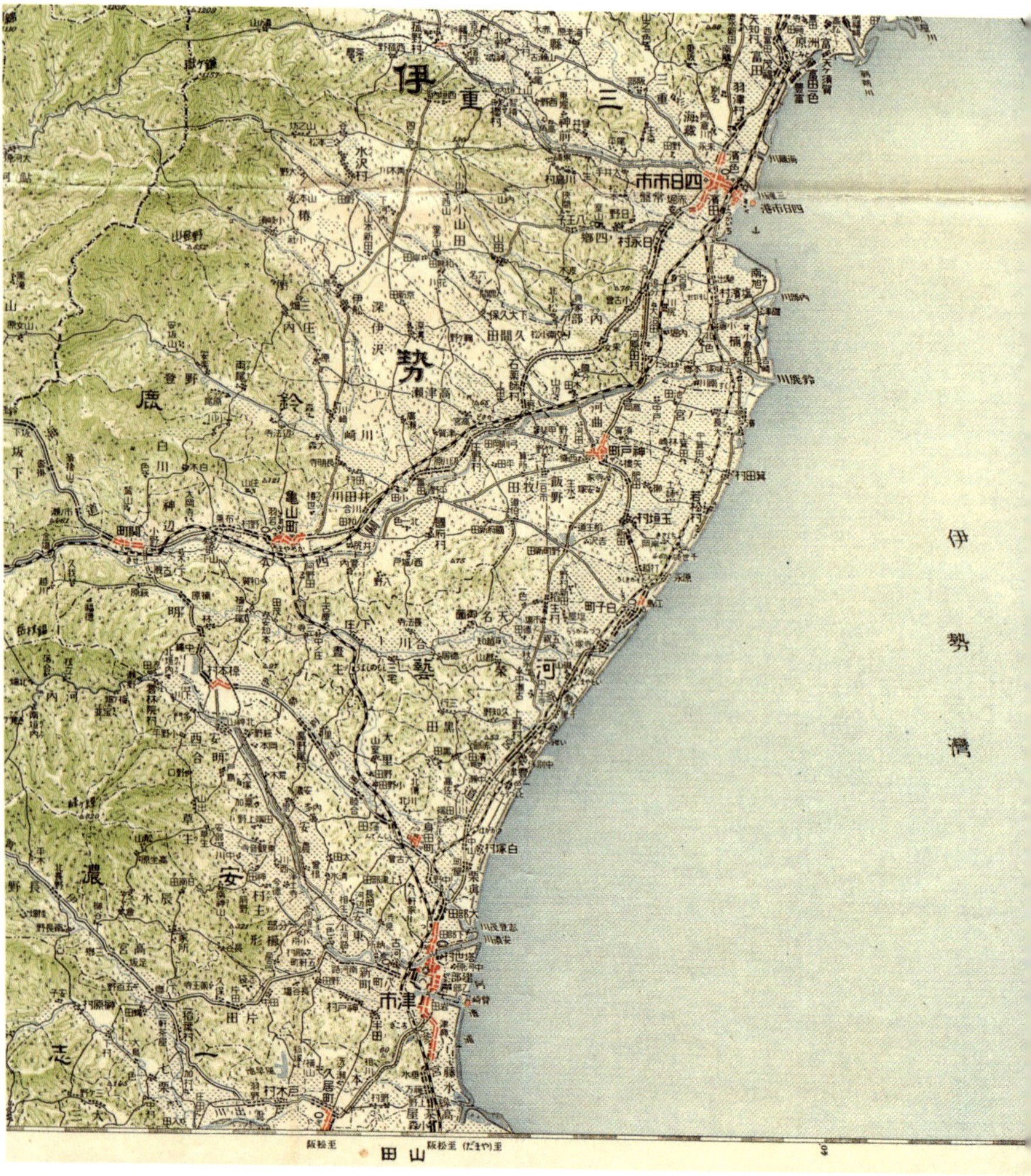

図6　津市～新四日市間が開通した翌年の地図。1:200,000帝国図「名古屋」大正12年鉄道補入×0.7

〔八番ポイントとは、分岐した内側の線路が一ヤード開くのに長さ八ヤードを要するもの（メートル法でも同様）〕

線路標識及防備　整備

一身田町白子間停車場表〔設備欄は省略　○は停留場〕

一身田町《いしんでんまち》	三重県河芸郡一身田町	二哩五〇鎖〇節〔四・二二キロメートル〕
○逆川《さーがわ》	同県同郡栗真《くりま》村	三哩三三鎖〇節〔五・四九キロメートル〕
○豊津浦《とつうら》	同県同郡豊津村	四哩六九鎖〇節〔七・八三キロメートル〕
伊勢上野《いうへの》	同県同郡上野村	五哩六九鎖〇節〔九・四三キロメートル〕
○磯山《そやま》	同県同郡栄村	七哩五九鎖〇節〔一二・四五キロメートル〕
○子安観音《やすかんおん》	同県同郡白子町	八哩五六鎖〇節〔一四・〇〇キロメートル〕
白子《しろこ》	同県同郡同町	九哩五四鎖〇節〔一五・五七キロメートル〕

＊読みは官報掲載のもの（「かんおん」の歴史的仮名遣いは本来「くわんおん」）

「車両表」によれば蒸気機関車は一九一二年（明治四五年または大正元年）製の独アルトゥール・コッペル製タンク機関車（八トン）が二両、客車は四〇人乗り四輪客車が四両（名古屋電車製作所製）、二枚側の無蓋貨車（五トン・六トン）が計六両（鉄道院製）という小所帯であった。

伊勢鉄道はその後五回に分けて少しずつ延伸を繰り返して津〜四日市間を結ぶのだが、まずは第

図7　海山道（みやまど）仮停車場まで延伸した状態。四日市まであと少しの距離に迫りながら、路線の選定は難航した。1:50,000「四日市」大正9年修正

一期開業からわずか五か月後の大正五年（一九一六）一月九日に白子から東へひと駅の千代崎までを延伸、翌六年の元日にはいよいよ津市駅に達する。路線は市街を横断する当初予定のルートが用地買収困難のため断念、駅は国鉄駅のすぐ東側の近くに設けられた。そのためか以南へ向かうのに後年たいぶ急なカーブを用いている。北側では同年一二月二二日には三重郡に入って楠まで延伸した。その後は海山道《みやまど》（仮駅）まで大正八年（一九一九）一〇月二五日に延伸したのだが、四日市を目と鼻の先に望みながら、その先が意外に難航した。

これは四日市の市街南側に広がる天白川《てんぱく》、鹿化川《かばけ》の合流地点付近の沖積地に築堤を建設した場合、それが洪水の際にダムとなって浸水エリアを広げてしまうことを危惧したためだ。このような「築堤ダム」は官営東海道鉄道（現ＪＲ東海道本線）の吹田《すいた》駅（大阪府）南方で明治二九年（一八九六）に鉄道築堤のために浸水が長引いた被害があり、最終的には路線変更を余儀なくされたほどで、この教訓が地元と鉄道会社に共有されていたのは間違いなさそうだ。このような事情で関西本線を跨いだ四日市駅西口近くに設置した新四日市駅まで達したのは大正一一年（一九二二）三月一日とだいぶ遅くなった。

同年九月の時刻表『ポケット汽車汽船旅行案内』（旅行案内社）によれば新四日市〜津市間には一〇往復の列車が運転され、このうち六往復はかなりの駅を通過する急行的なもの（同書に「急行」などの種別表示はなし）であった。そちらの最速列車は一時間一一分、各駅停車タイプはおよそ一時間四五分程度で両都市を結んでいる。

三つ巴となった松阪～伊勢神宮

三重県都の津市から伊勢神宮のある伊勢市まで、現在はＪＲ（紀勢本線・参宮線）と近鉄（名古屋線・山田線）が競合している。かつては近鉄特急の独擅場《どくせんじょう》だったが、近年になってＪＲ東海の快速「みえ」が近鉄と比べてもそれほど遜色ないスピードで走るようになった。伊勢市の人口が一二・七万人（平成三〇年五月末）であることを考えればさすが伊勢神宮の集客力であるが、戦前はこれに加えて私鉄がもう一本走っていた。伊勢電気鉄道である。さすがに過当競争でこの路線は廃止されて久しいが、そもそも並行線の認可をなかなか出さなかったことで知られる鉄道省が、なぜそんな状態を許容したのだろうか。それは後述するとして、まずは競って建設された順番に記してみよう。

このルートのＪＲ線の前身である参宮鉄道が山田（現伊勢市）駅まで通じたのは明治二六年（一八九三）と早いが、あとの二線は昭和五年（一九三〇）から翌六年までのわずかな間に相次いで開業した。まず近鉄名古屋線（一部）・山田線の前身である参宮急行電鉄が昭和五年三月二七日に松阪《まつさか》～

図1　国鉄参宮線、参宮急行電鉄、伊勢電気鉄道の三線が競合していた戦前の松阪〜宇治山田市（現伊勢市）間。1:200,000帝国図「宇治山田」昭和7年鉄道補入　×0.9

外宮前《げくうまえ》（現宮町）間、そのわずか五日後の四月一日には伊勢電気鉄道が津市〜新松阪間を開業している。翌月の五月一八日には参急が久居《ひさい》〜松阪間、七月四日にはさらに津新町〜久居間が開業、九月二一日には外宮前から山田まで延伸した。津から山田までは参急が先行したが、その三か月後の一二月二五日には伊勢電が新松阪〜大神宮前間（外宮の至近）を開業している。そして締めくくりが昭和六年（一九三一）三月一七日、参急が豪華なターミナルで乗客を瞠目させた宇治山田駅までの全線開業であった。

大正一五年（一九二六）の鉄道省の簿冊には、伊勢鉄道の津市から宇治山田市（現伊勢市）への延長敷設願を却下する六月二日付決裁済の文案が綴じられているが、実はこれが三度目の申請の結果だ。

伊勢鉄道延長敷設願却下ノ件
伊勢鉄道株式会社
大正十四年一月十六日付伊勢鉄工第九号申請鉄道敷設ノ件聴届《ききとど》ケ難シ。
〔空欄〕年六月二日
大臣
（理由）
本出願線ハ殆《ほとんど》ト〔鉄道〕省参宮線ト併行シ、会社ノ現状ニ鑑ミ成業覚束《おぼつか》ナキモノト認ムルニ付、伺案ノ通処理可然《しかるべき》ト認ム。
備考
一、省線旅客列車回数　一日片道十三回
一、座席利用率　五割七分余
本出願線ハ大正十年九月十九日付出願、大正十一年九月一日却下セシ線路ト同一ナリ。

要するに省線と並行しているので敷設しても鉄道会社として経営が成り立たないとの判断だ。当時は私鉄とはいえ勝手に敷設できるものではなく、鉄道を公共の交通インフラとして強く位置づけていたため、公益に照らして不要と判断したのである。しかしすぐ近くに綴じられた大正一四年（一九二五）三月二六日付の三重県知事から鉄道大臣への意見を記した文書には次のようにある。

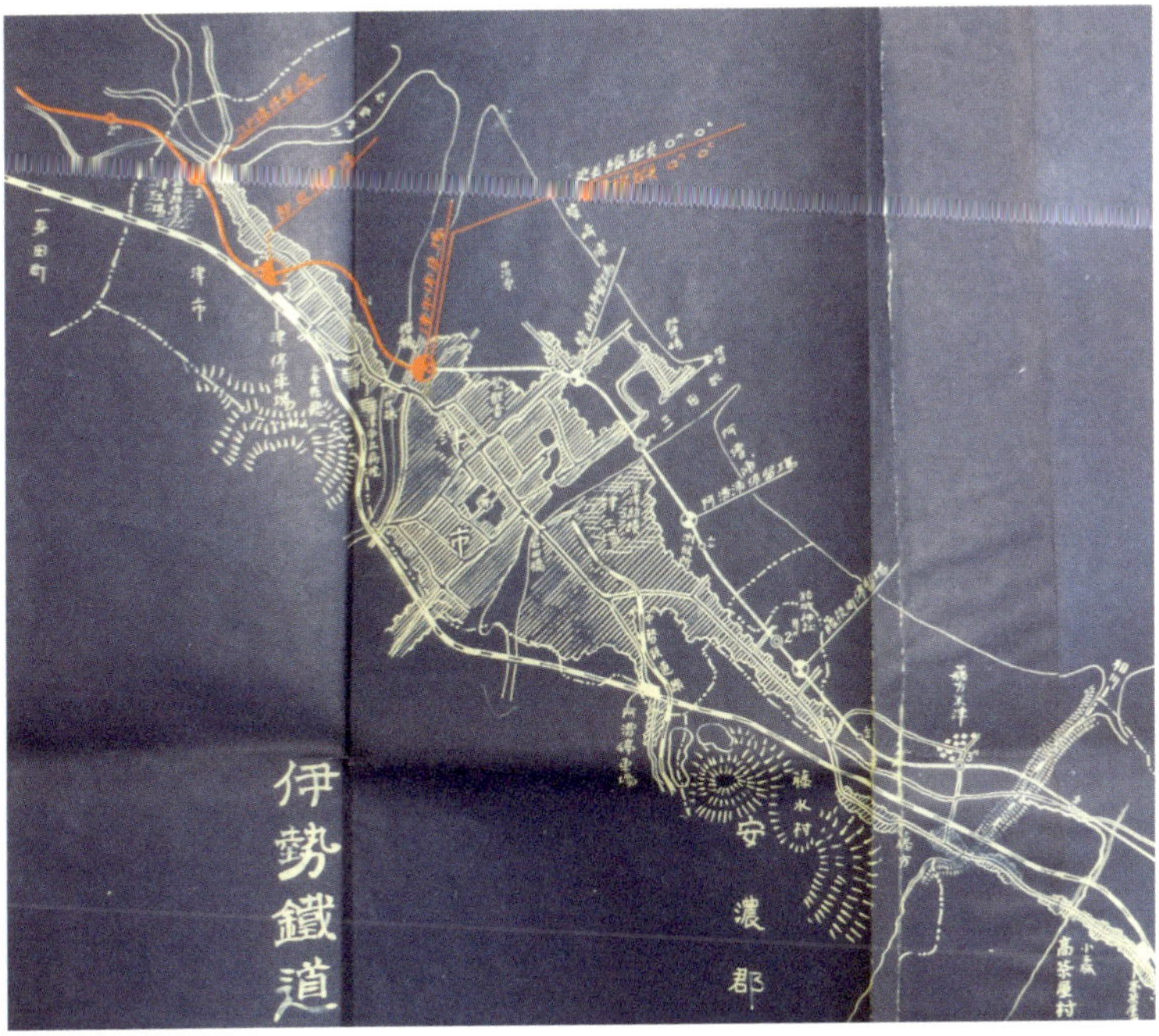

図2　伊勢鉄道山田延長線の計画線が描かれた地図のうち津市付近。赤線が既設線。鉄道省文書「伊勢電気鉄道（参宮急行電鉄）巻八　大正15年～昭和元年」より　国立公文書館蔵

大正十四年三月二十六日

三重県知事　山岡国利

鉄道大臣　仙石貢　殿

地方鉄道延長敷設免許申請ノ件

管下伊勢鉄道株式会社ヨリ標記ニ関シ出願候ニ付調査候処、左記ノ通ニ有之《これあり》候条、御許可相成《あいなり》候様致度《いたしたく》、申請書進達此段添申《もうしそえ》候也

記

一、事業ノ成否

事業遂行スルモノト認ム

一、事業ノ効用

参宮線ト稍《やや》並行ノ嫌《きらい》アルモ、主トシテ海岸ヲ通過シ、海産物ノ集散ニ便ナラシムルト共ニ、参宮旅客ノ一部ヲ収容シ、地方民衆ノ利便尠《すく》ナカラサルモノト認ム。〔以下略〕。

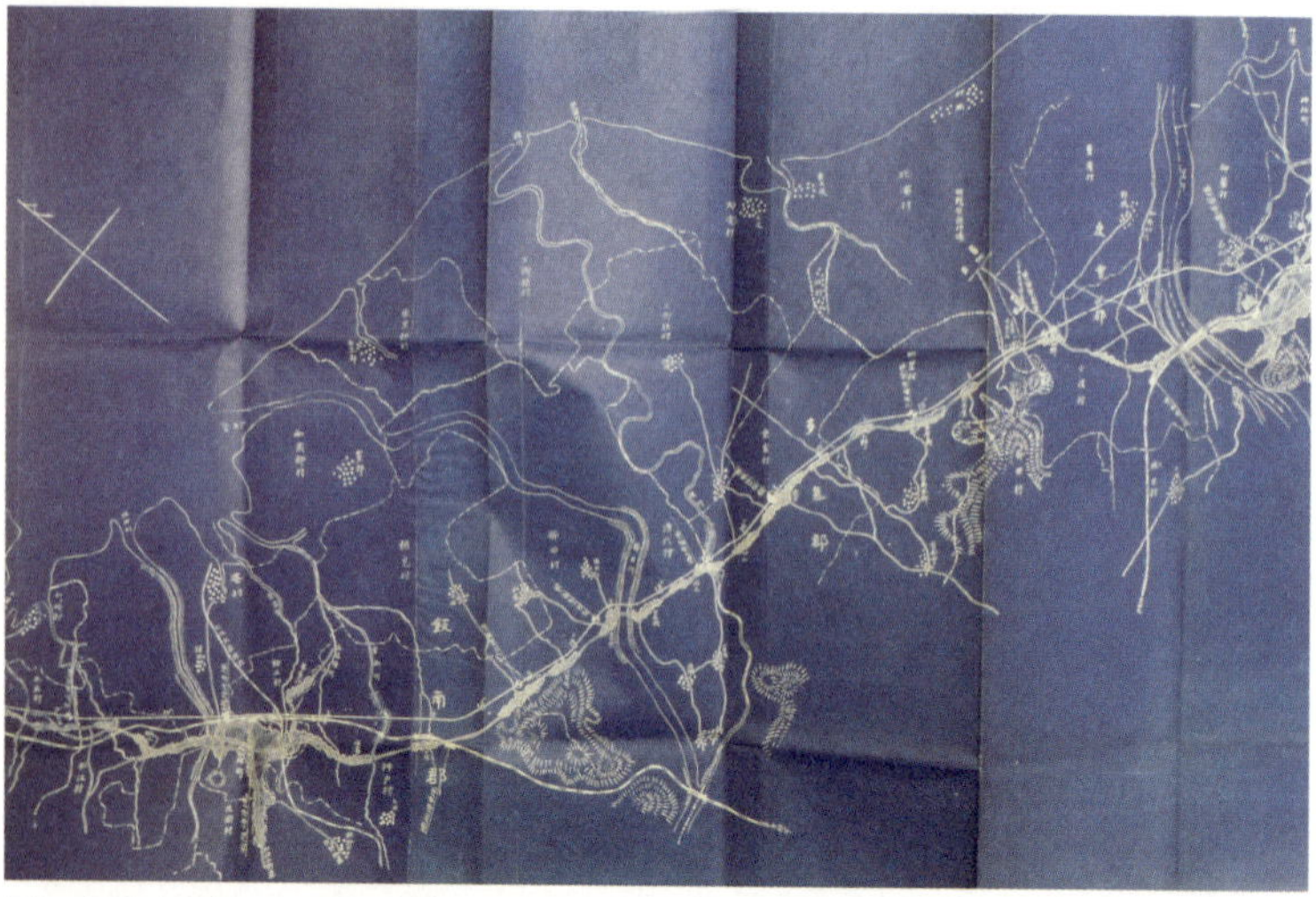

図3　同じく松阪〜山田間の区間。計画線は伊勢街道の海側にぴったり沿っており、現在の近鉄山田線とほとんど同じ径路をとっている。出典は同前。

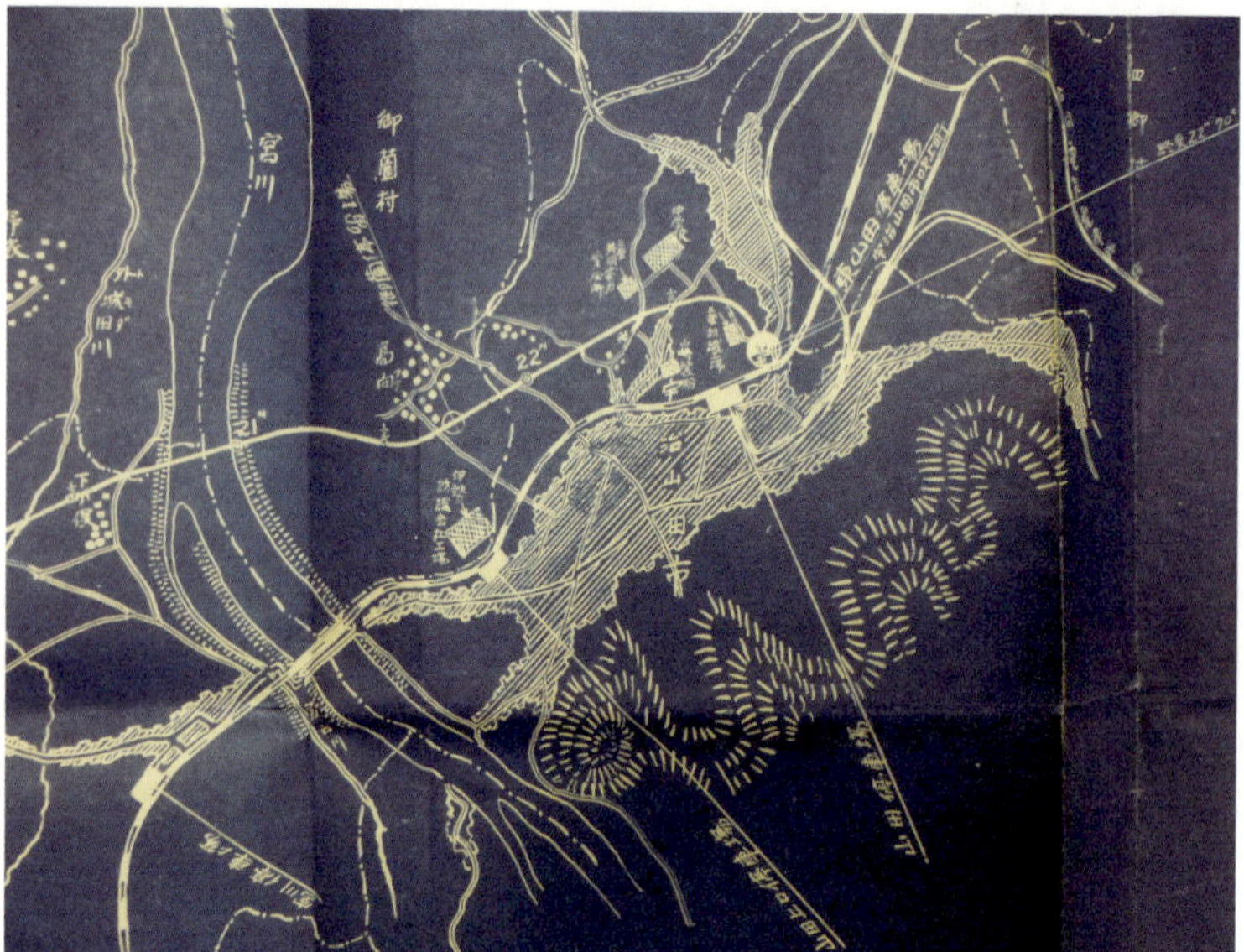

図4　同じく予定線の宇治山田市ターミナル「東山田停車場」付近の拡大。出典は同前。

伊勢鉄道が同年一月に延長線の敷設申請を行なった際の起業目論見書には「現在開業線終端津市駅ヨリ省線山田駅〔現伊勢市駅〕ノ南端迄線路ヲ延長シ、現在開業線四日市津市間ノ線路及工事中ノ伊勢若松神戸《かんべ》間ノ線路ト共ニ高速電車トシ、一般運輸ノ業ヲ営ムヲ以テ目的トス」とある。既成線に匹敵する距離の延伸区間（当初予定二二マイル九分＝約三六・九キロメートル）の建設費は五〇〇万円と想定、現資本金三〇〇万円を八〇〇万円に増資して対応するとした。

線路の経由地として挙げたのは津市・安濃《あの》郡藤水《ふじみ》村・一志《いちし》郡高茶屋《たかちゃや》村・雲出《くもず》村・小野江村・鵲《かささぎ》村・天白《あまじろ》村・松ヶ崎村・米ノ庄《よねのしょう》村・飯南《いいなん》郡松江村・松阪町・港村・鈴止《すずとめ》村・神戸《かんべ》村・櫛田《くしだ》村・漕代《こいしろ》村・多気《たき》郡斎宮《さいくう》村・明星《みょうじょう》村・度会《わたらい》郡北浜村・小俣《おばた》村・豊浜村・御薗《みその》村・宇治山田市である。現在の市町村とは異なるのでルートを思い描くのは難しいかもしれないが、松阪までは参宮線の海側を南下、以遠は現在の近鉄山田線のルートにほぼ一致していた。

以上は「伊勢鉄道山田延長線預測《ママ》平面図」の一部である。「縮尺一吋三十鎖」は一インチが三〇チェーン」で表されていることを意味しているので二万三七六〇分の一である。図に描かれている駅（停車場・停留場）は、津市（既設）・贄崎《にえざき》・阿漕浦《あこぎうら》・藤枝町《ふじえだちょう》・本郷・小野江・月本・松ヶ崎・米ノ庄・東松阪・上川《うえがわ》・豊原・稲木《いなぎ》・斎宮・下有爾《しもうに》・明野・御薗・東山田の一八か所であるが、このうち伊勢電気鉄道として後に同名で実現したのは阿漕浦、小野江、米ノ庄、松ヶ崎のみで、特に松阪以南はまったく異なる南寄りの径路をとることとなった。その理由は後に記す。

日本の工業国化、近代化の流れに呼応して国内の貨客の動きが急増した大正期は、まさに「電車の時代」と呼ぶにふさわしく、新たな電気鉄道が各地に出現した。それだけでなく既存の蒸気鉄道でも新たに架線を張って電車の運転を始める例が増えている。伊勢鉄道もこの流れに乗って電化計画を立て、大正一五年（一九二六）九月一二日にまずは社名を伊勢電気鉄道と改称した。

日付はないが、同年の簿冊末尾に綴じられている「地方鉄道電化竣功監査」では電化前と電化後の対照表が掲げられている。電化が行なわれたのは昭和二年（一九二七）なので「竣功監査」のタイトルではあるが予測データかもしれない。これによれば運転回数は電化前の旅客一〇往復が二六往復と倍増以上（貨物は二往復で変わらず）、四日市〜津（おそらく部田）間の所要時間は一時間二七〜三二分が一時間一〇〜一一分と短縮されている。当然ながら運転速度（表定速度？）も一八マイル九分（時速約三〇キロメートル）が二四マイル（同三九キロメートル）にアップした。

伊勢電気鉄道と改称した日に社長も伊坂秀五郎から熊沢一衛《いちえ》に交代した。背景には大正一〇年（一九二一）頃から盛んになった大阪・名古屋方面から伊勢神宮を目指す各社の「免許申請合戦」がある。参宮電気鉄道（立川勇次郎代表・参宮急行とは別）や東邦電力がいずれも名古屋市〜宇治山田市間の敷設を出願していたが、この中で伊勢鉄道は既設線の経営不振を理由に却下され、参宮電気鉄道に軍配が上がっている。

伊勢電の社長に就任した熊沢は四日市製紙で社長秘書となった際に「製紙王」大川平三郎（JR鶴見線大川駅は彼にちなむ）に認められた人物で、明治四五年（一九一二）には三五歳の若さで同社の取締役に就任している。大正一四年（一九二五）からは四日市銀行の頭取をつとめていたが、翌一五年に伊勢鉄道の社長に就任するや、他社による並行線敷設を防ぐための大胆な投資を実行した。

大正一五年（一九二六）九月一三日にはとりあえず伊勢への途中にある松阪までの敷設免許申請を行なっている。翌一四日には三重県知事が意見書で「既設伊勢鉄道株式会社ハ近く蒸気動力ヲ電化スルト共ニ近時株主異動シ、県下有数ノ富豪熊沢一衛氏社長トナリ長足ノ進歩ヲナサントスルノ趨向ニシテ事業達成ノ見込確定ナリト認ム」と援護射撃を行なった。

図5　津付近の国鉄と伊勢電気鉄道（海側）の関係。参急が津駅に達するのは昭和7年（1932）のことである。
1:25,000「津」昭和5年鉄道補入　×0.6

ところが元号が替わって翌昭和二年（一九二七）四月一九日決裁の文書によれば、その先の区間である松阪〜宇治山田間の敷設願が却下されている。理由は「本件ハ別途免許ニ係ル大和鉄道宇治山田市延長線ト其ノ目的ヲ同一ニセルヲ以テ、伺案ノ通リ処理可然《しかるべし》」としている。このルートは以前に出願した時よりずっと海岸寄りに計画され、次の起業目論見書に見るように、海岸地方の振興を目玉にして「参宮色」を薄め、他鉄道との差異を際立たせたのだが……。

起業目論見書

三重県飯南《いいなん》郡松阪町ヨリ海岸大淀《おおよど》ニ出《い》デ、宇治山田市ニ達スル路線ニ沿フ各部落ハ人家稠密《ちゅうみつ》ニシテ交通頻繁、地味豊沃ニシテ農産物ニ富ミ、海産物モ亦《また》豊富ニシテ随《したがい》テ年間移出入スル物資ハ相当数量ノ見ルベキモノアルモ、現在参宮線ハ甚敷《はなはだしく》国道ノ西方ニ辺スルヲ以テ、飯南、多《た》気《き》、度会《わたらい》三郡ノ海岸寄《より》地帯ハ殆ド交通機関ノ恩恵ニ浴セズ、僅ニ海路大淀港ヨリ南、神社港ヲ経テ山田駅ト北、大口港ヨリ松阪鉄道〔三重交通松阪線＝廃止〕ニ依リ松阪駅ト連絡スルニ過ズ。移出入貨物ハ舟運ニ依ルノ外途《ほかみち》ナク、極メテ不便不利ノ地帯ニシテ、同地ト来往スル者亦等シク此不便ヲ忍ビツ、アリ。沿道一帯日日交通機関ノ完備ヲ熱望スルコト既ニ久シ。殊ニ本出願線ハ明野ヶ原陸軍飛行場ヲ経テ〔宇治〕山田市ニ至ルヲ以テ、軍事上亦必要ニシテ、同地方ニ電気鉄道ヲ敷設シ、地方ノ開発ヲ計ルコトハ最モ緊急有意義ノ事ナリト思惟《しい》ス。

〔以下略〕

計画路線が競合した大和鉄道は新王寺〜西田原本《たわらもと》〜桜井間を結ぶ小私鉄であったが、以前に述べた通り、はるばる山越えして伊勢神宮を目指す計画を持っていた。その名張〜松阪〜山田間の敷設免許を、伊勢電が却下されたまさに四月一九日に得ていたのである。しかし却下された伊勢電との競願であったため、大和鉄道への免許は「伊勢電気鉄道が乗り入れ要請を行った場合は拒むことができない」という条件付きのものであった。そうでもなければ伊勢電が納得できない。

しかし、いつ完成するか不透明な大和鉄道の線路を指をくわえて待っていろというのか。「桑名宇治山田間ノ連絡運転ハ、一ツニ大和鉄道株式会社ノ事業ノ成否如何ニ繋リ、当社ハ全ク同社ノ為メニ死命ヲ制セラレ営業上蒙《こうむ》ル損害ハ蓋《けだ》シ尠少《せんしょう》ナラスト存候」と憤懣やるかたない。

しかもこの免許を参宮急行電鉄が同年九月二八日に譲り受けるや、事情はまったく変わってしまった。線路の幅の違いである。大和鉄道は国鉄と同じ一〇六七ミリメートルであったが、参宮急行電鉄は大阪電気軌道との直通を前提に一四三五ミリメートルの標準軌（当時は広軌と呼んだ）を採用したため、当然ながら参急は標準軌で建設する。そうなれば伊勢電気鉄道は乗り入れができない。事態を重くみた鉄道省は、やむを得ず伊勢電気鉄道にも免許を下付することとなった。昭和二年（一九二七）一二月の「免許理由」には次のようにある。

免許理由

本山願ハ既免許線津、松阪間ヲ宇治山田迄延長セムトスルモノナリ。参宮急行電鉄株式会社ノ免許線トハ並行ノ嫌アルモ、両社ハ各其ノ運輸系統ヲ異ニスルノミナラス、参宮急行電鉄株式会社免許線工事完成後ノ乗入運転ハ軌間ヲ異ニシ事実困難ト認メラレ、尚一線増設ノ必要被認《みとめら》ル、ニ依リ、伺案ノ通リ免許可然《しかるべし》。

鉄道省としても「こんなはずではなかった」と困惑したに違いない。何しろ松阪〜山田間の狭い範囲に国鉄・参急・伊勢電の三線が並走するのだから。

ただしこの時点では伊勢電の路線が海側に外れていたので、まだ並行線を避けるという免許の原則はかろうじて保たれていたと言えるのだが、その海岸線沿いルートに「物言い」を付けたのが陸軍である。伊勢電気鉄道の起業目論見書にも「経由するメリット」に挙げていた明野ヶ原の飛行場の運用に支障を来すとの意見である。

これを受けて昭和三年（一九二八）に伊勢電気鉄道は急遽南側に路線を変更するのだが、その変更の理由書には、陸軍次官より鉄道次官への通牒を引用して「陸軍省ヨリ当社予定線ハ明野ヶ原飛行場付近ヲ通過スルヲ以テ、為メニ飛行機ノ行動ニ支障ヲ感スルコト甚シキニ付」とある。これにより参宮急行と伊勢電気鉄道はきわめて近接したルートをたどることとなった。鉄道省関係者には、「将来への嫌な予感」がわき上がってきただろうか。いずれにせよ、海岸を通らずに大神宮前まで最短距離で直行することが決まり、伊勢電は参宮急行に近接した直線的、あるいは挑戦的な線路を一気に敷設した。

ここで先に記した昭和五年（一九三〇）〜六年の開業ラッシュに至るのだが、その終点・大神宮前駅の建設に対しては反対請願が衆議院に提出されている。内務省の罫紙に記されたこれに対する「別紙意見」は次の通り。

伊勢電鉄宇治山田市乗入反対請願ノ件

右ハ伊勢電気鉄道株式会社ノ宇治山田市へ線路延長ニ当リ終端駅ヲ外宮《げくう》々域付近ニ設置セラルヽ為、其雑音ハ宮域ヲ冒シ、神宮ノ尊厳ヲ瀆《けが》スト云フニアリ。然レ共、終端駅ノ設置セントス

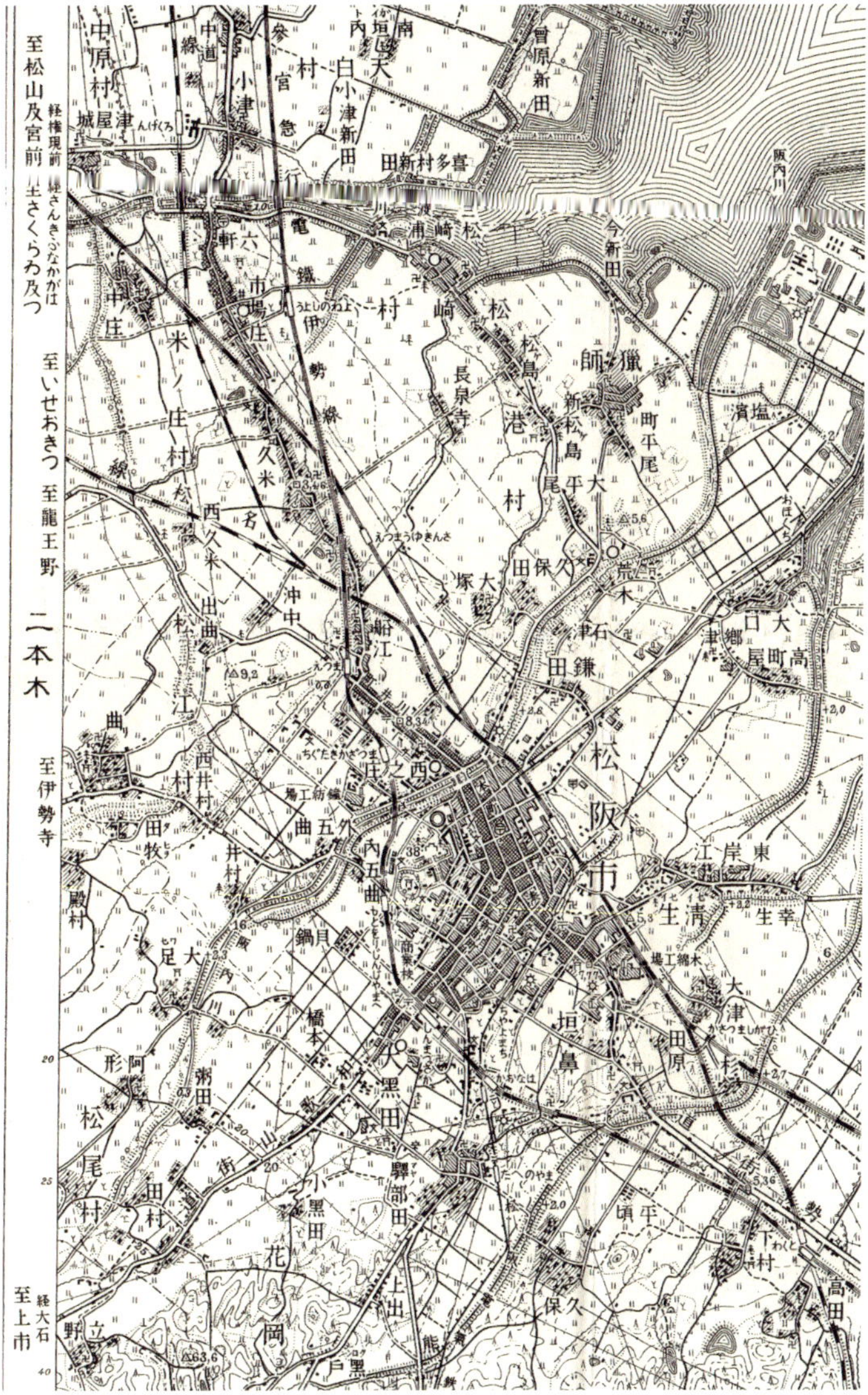

図6　松阪付近の複雑に交錯した線路。松阪駅には工事が進んでいた参宮急行と国鉄名松線が集まっていたので伊勢電気鉄道は西側へ一歩下がって新松阪駅を経由することとした。図は伊勢電が参宮急行電鉄に合併した翌年なので「参宮急行電鉄伊勢線」の表記になっている。1:50,000「松阪」昭和12年修正　×0.9

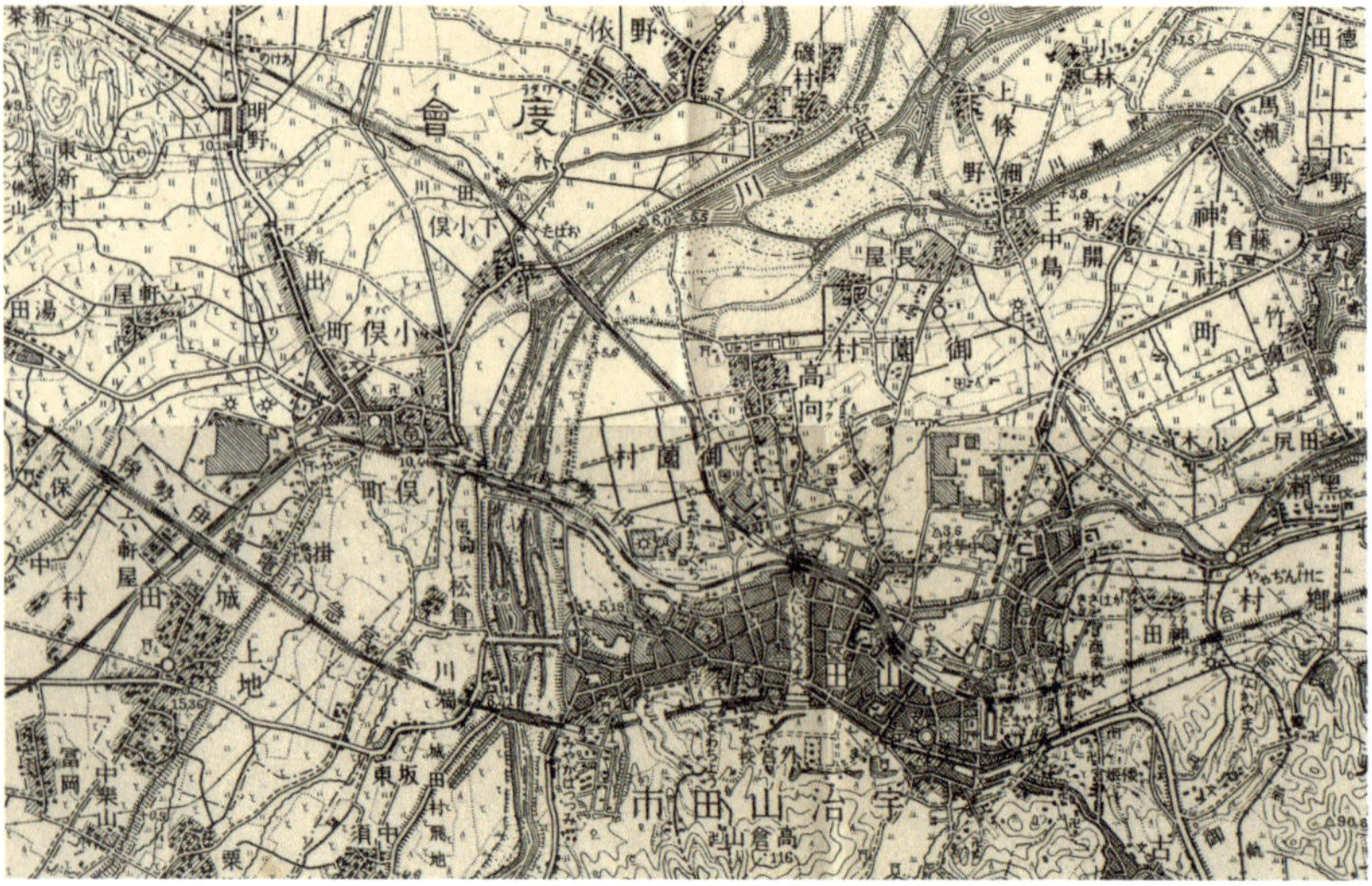

図7　伊勢電気鉄道の終点・大神宮前駅（昭和17年廃止）と参宮急行電鉄の宇治山田駅、国鉄参宮線山田駅とその周辺。1:50,000「松阪」昭和12年修正＋「宇治山田」昭和12年修正　×0.8

ル地点ハ外宮々域ノ北東方ニ当ル民有地ニシテ、宮域ヘノ距離モ相当アルヲ以テ、施設上ニツキ昭和三年十月十九日付神宮大宮司宛回答ニ挙ゲタル事項ヲ考慮スルニ於テハ、同地点ニ終端駅ヲ設クルモ大体ニ於テ差支ナキモノト認ム。

反対請願は伊勢神宮の尊厳を潰してケシカランといった空気を誰かが盛り上げたものかもしれないが、内務省はこの通り冷静である。ちなみに「神宮」は伊勢神宮の正式名称で、その神宮が提示した条件は次の通り。

一、神宮々域側ニ出入口ヲ設ケシメサルコト。
二、神宮々域側ニ接近セル方ハ常緑樹ニヨル密林ヲ以テ停車場建物ヲ包マシムルコト。
三、建物ノ形状ハ平屋建トシ、簡素ニシテテツトメテ目立サルモノトスルコト。

図8　桑名〜大神宮前間が開通した後の伊勢電気鉄道「沿線御案内」昭和11年（1936）頃

四、貨物倉庫、車庫、変圧所、変電所及社宅等ヲ停車場地域内ニ建設セシメス、単ニ終点停車場トシテ必要ナル建物ノミヲ建テシムルコト。
五、停車場地域内ヨリ生スル汚水下水等ハ、神宮々域内ニ流入セサル様、相当施設ヲナサシムルコト。
六、前項ノ地域内ニ於テハ、特ニ音響ヲ発スルカ如キ装置ヲ設ケシメサルコト。
七、広告看板等ハ成ルベク建テシメサルコト、シ、止ムヲ得サル場合ハ努メテ低クセシムルコト。

神宮の尊厳と静謐を守るためであれば現代から見ても穏当な要求だと思われるが、実際には外宮の正面付近に予定していた駅の場所をだいぶ西側へ移すこととなった。この大神宮前延伸に先立って伊勢電気鉄道は四日市〜桑名間を昭和四年（一九二九）一月三〇日に延伸しているが、この経緯については後述する。いずれにせよ昭和五年（一九三〇）の暮れも押し詰まった一二月二五日、桑名から伊勢神宮の外宮に近い大神宮前までの八二・七キロメートル（東京でいえばちょうど小田急の新宿〜小田原間にほぼ等しい）が完成し、直通運転が始まった。

昭和九年（一九三四）一二月の時刻表によれば、桑名〜大神宮前間には特急・急行・準急の優等列車が運転され、このうち特急が所要一時間四三分、普通はおおむね二時間一七分で結んでいた。カーブの多い線形もあって当時としてもそれほど速いわけではない。現在の桑名〜伊勢市間は近鉄特急で一時間二分程度である。

名古屋への道

半径一〇〇メートルの「善光寺カーブ」が誕生

伊勢神宮の外宮《げくう》門前にある大神宮前駅への新線開業の前年、昭和四年（一九二九）一月三〇日、伊勢電気鉄道は四日市から北側、桑名までの区間を延伸している。この四日市駅は現在の近鉄四日市ではなく、関西本線の四日市駅前にあった。

津方面から四日市駅（当初は新四日市）までは大正一一年（一九二二）に開通済みであったが、そこから桑名方面へ延伸する際に障害となったのが、駅前から西へ向けて線路を伸ばしていた四日市鉄道（近鉄湯の山線の前身）と三重鉄道（後の内部《うつべ》・八王子線－現四日市あすなろう鉄道の前身）の二本の軽便鉄道（軌間七六二ミリメートル）であった。

そこで両線の四日市～諏訪（諏訪前）間の一・三キロメートルほどの区間を伊勢電気鉄道が買収、ここに線路を敷いて既設線と接続して西へ向かい、諏訪からさらに右（北）へカーブして桑名方面へ向かう線形を選んだのである。四日市駅の先に出現した半径約一〇〇メートルの直角カーブは、その内側に位置する寺の名をとって「善光寺カーブ」と呼ばれた。以下は規程を超えるこの急カーブを特別に認めてほしい旨、鉄道省に申請した文書である。

規程外曲線半径使用特別許可申請書

曩《さき》ニ十一月十日付ヲ以テ工事施行変更認可申請仕候《つかまつりそうろう》四日市駅ヨリ桑名駅ニ至ル弊社延長線路工事設計中、四日市起点付近ニ於テ止ムヲ得サル事情ニ依リ地方鉄道建設規程外ノ曲線半径ヲ使用スルコトニ相成候ニ付テハ、何卒《なにとぞ》特別ノ御詮議ヲ以テ御許可被成下度《なしくだされたく》、別紙理由書及関係図面相添へ此段及御願候也。

昭和弐年十二月十□〔不詳＝三と五が重ね打ち〕日

三重県四日市《よっかいち》市々浜田参千六百九十八番地

伊勢電気鉄道株式会社

取締役社長　熊沢一衛

鉄道大臣　小川平吉殿

理由書

現在弊社四日市駅終端ヨリ桑名駅ニ向ヒ線路ヲ延長スルニハ、関西本線ニ沿ヒテ四日市々ヲ横断スルカ、今回出願書設計ノ通リ四日市、三重両鉄道線路敷ヲ利用シテ市ノ西端ニ出テ、郊外ヲ迂廻《うかい》スルノ二途アルノミニシテ、当初右ノ両予定線ニ付《つき》詳細比較調査ヲ遂ケタルトコロ、前者ニ依リ現在関西本線ニ併行シテ更ニ当社複線ヲ敷設シテ市ノ中心部ヲ横断スルトキニハ、此間延長実ニ四百数十間〔八〇〇メートル前後〕人家最モ稠密《ちゅうみつ》ニシテ県道及市内枢要道路ヲ数ケ所ニ於テ横断シ、之ニ依リ四日市市ハ両分セラレ、築港トノ頻繁ナル交通ニ対シ更ニ一大障害トナリ、市将来ノ発展上由々敷《ゆゆしき》問題ニシテ、然モ此間ノミノ工費八十万円ヲ下ラス、経営上ヨリ慮《おもんぱか》ルモ多額ノ犠牲ニ対シ其収支相伴ハス、線路開通ノ遅延スルコト亦《また》論ヲ俟《ま》タス。

於之弊社ハ本延長線路計画ハ一ニ後者ニ依ルノ他ナキヲ以テ、四日市、三重両鉄道会社ニ交渉ノ結果円満ニ解決ヲ告ケ、今後両者共姉妹会社トシテ経営スルコトト成リタルヲ以テ、先ツ両社ノ四日市、諏訪両駅間ノ営業線路一部廃止ヲナシ、其線路敷ヲ利用シテ弊社線路ヲ延長シ、諏訪駅ヲ三社ノ共同連絡停車場トナシ、一層旅客及貨物輸送ノ利便ヲ計ルコトトナセリ。

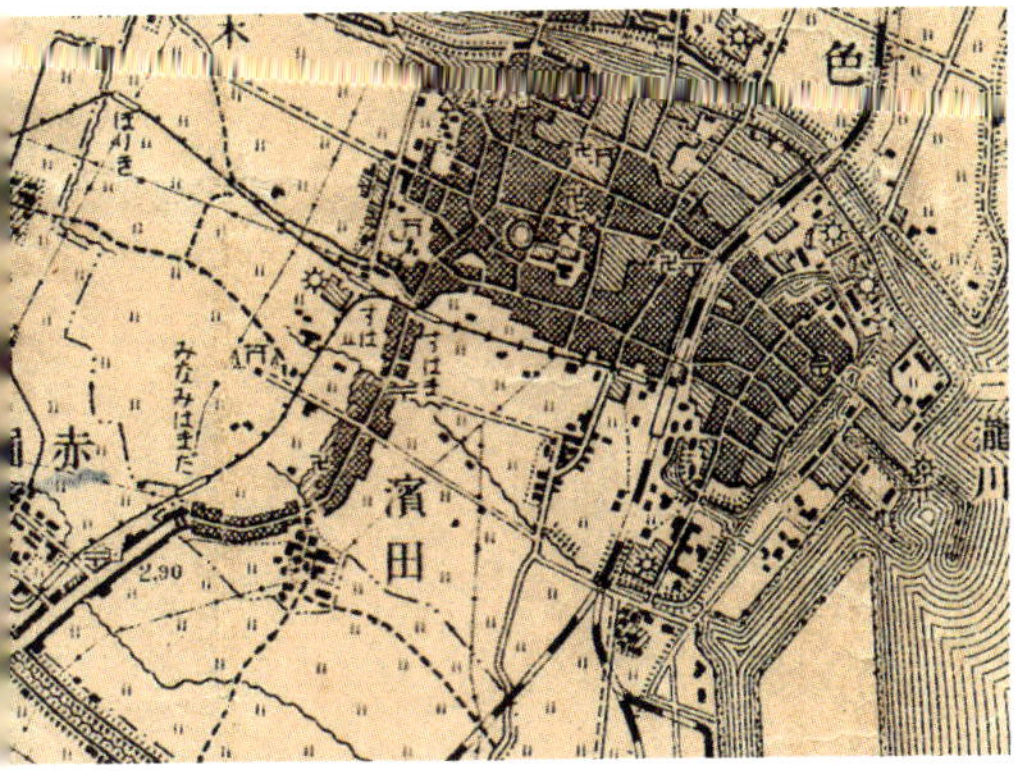

図1　伊勢電気鉄道が四日市駅に到達する2年前、大正9年（1920）の駅付近の状況。駅前からは三重鉄道と四日市鉄道が単線並列で西へ向かっていた。1:50,000「四日市」大正9年修正　×1.2

すでに人家が密集したエリアを横断するような新線を建設すれば市街を分断することになり、交通の妨げにもなる。伊勢電としても莫大な工費と長い年月をかけてそんな迷惑な線路を敷くつもりはない。そこで四日市、三重の両鉄道と交渉したところ、どちらも四日市〜諏訪（三重鉄道は諏訪前）間の線路敷

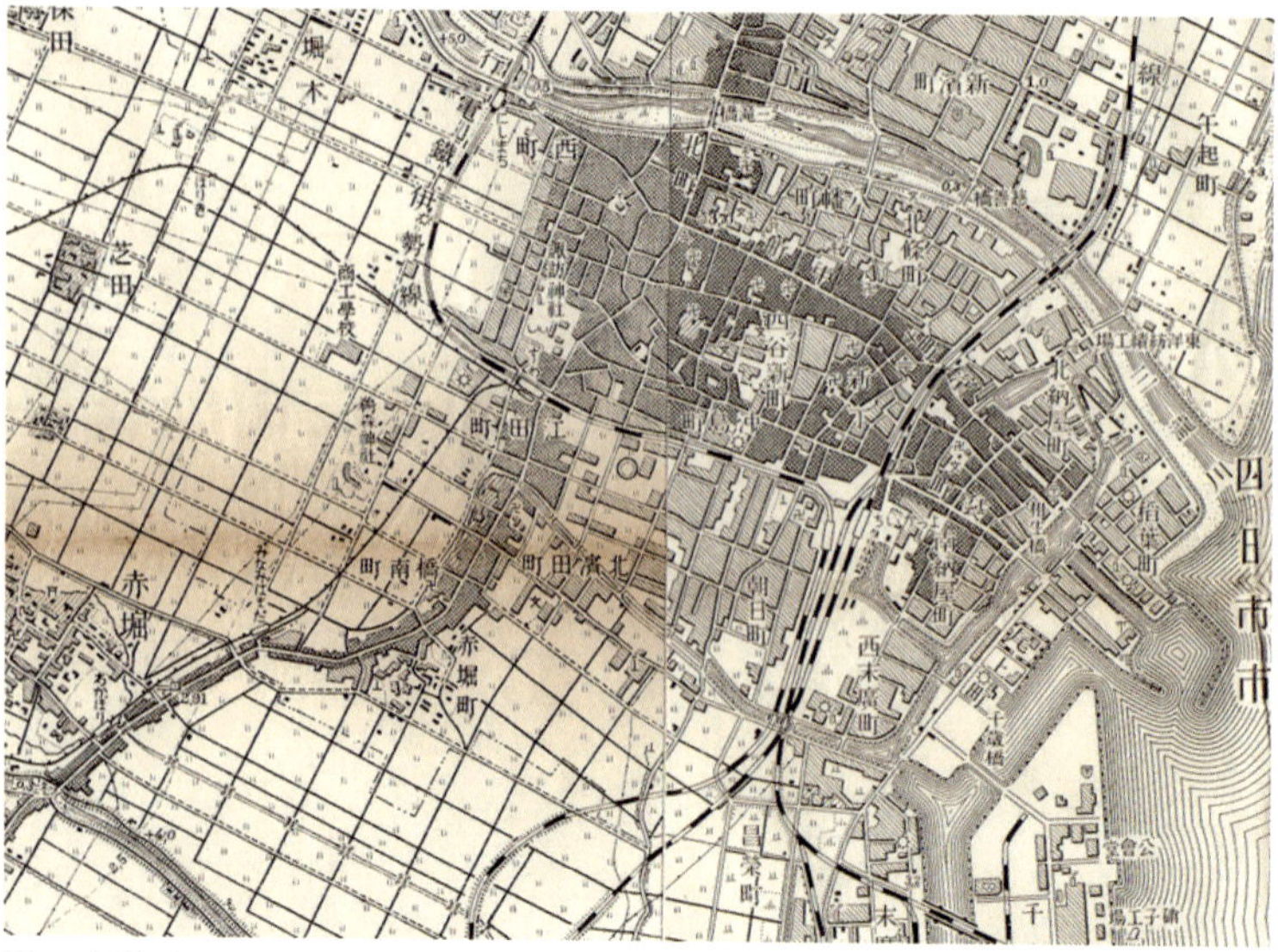

図2　伊勢電は2つの軽便鉄道の一部ルートを利用、「善光寺カーブ」を設けて市街地横断を避けることに成功した。1:25,000「四日市西部」「四日市東部」昭和12年修正　×0.8

の提供を快諾し、両者は今後「姉妹会社」として遇することになったという話だが、当然ながら軌間が異なり、四日市へ直通できなくなる両社のデメリットを熊沢社長はどのような補償措置をもって説得したのだろうか。

〔承前〕然ルトコロ現在弊社四日市終点付近ノ線路ト右両社ノ路線トハ別紙添付図面ノ通リ殆ント直角ナルヲ以テ、其延長取付《とりつけ》頗《すこぶ》ル困難ニシテ、建設規程最小限度ノ半径八鎖〔八チェーン＝約一六〇・九メートル〕ノ曲線ヲ以テスルトキニハ、其間二個ノ寺院及墓地ヲ横断スルコトトナリ、一ハ全ク境内ヲ二分シ、宏壮ナル山門鐘楼及本堂ノ移転トナリ、随《したがい》テ寺院関係者トノ交渉ハ到底短日月ノ間ニ其協定困難ナルヲ以テ、不已得《やむをえず》過日出願ノ通リ規定外ノ曲線半径五鎖〔約一〇〇・六メートル〕ヲ使用スルコトトナシ、境内一部ノ割譲ヲ受ケ、線路延長ノ目的ヲ一日モ早ク達成セ

図3　伊勢電時代に建設された「善光寺カーブ」付近は昭和31年(1956)に大規模に路線変更、旧諏訪駅付近に現近鉄四日市駅を設置した。1:25,000「四日市西部」「四日市東部」平成19年更新 ×0.8

ントスルモノナリ。
　素ヨリ該個所ハ四日市駅構内ニ属スルヲ以テ、列車運行ノ速度モ遅ク、事実上工事施行並《ならびに》将来補修上注意ヲ要スルノミニシテ、別段危険ヲ伴フモコトナキヲ信シ、尚《なお》且《か》ツ営業開始ニ際シテハ特別ノ注意ヲ怠ラサル覚悟ヲ有シ、茲《ここ》ニ特別許可申請ヲナスモノナリ。

　四日市駅前に位置する善光寺の移転をこれから交渉するのはいかにも骨が折れそうだし、直角カーブとはいっても当時の想定では全列車が停まる四日市駅構内のことであり、必ず徐行するから列車運行に影響はない。安全には十分に配慮するから……。かくしてこの特別許可申請は認められ、名物「善光寺カーブ」が誕生した。言葉で説明するより、図でその変遷をたどれば一目瞭然であろう。もっともスピードを競う時代となれば早晩このような急カーブを伴う継ぎ足し線路が足枷

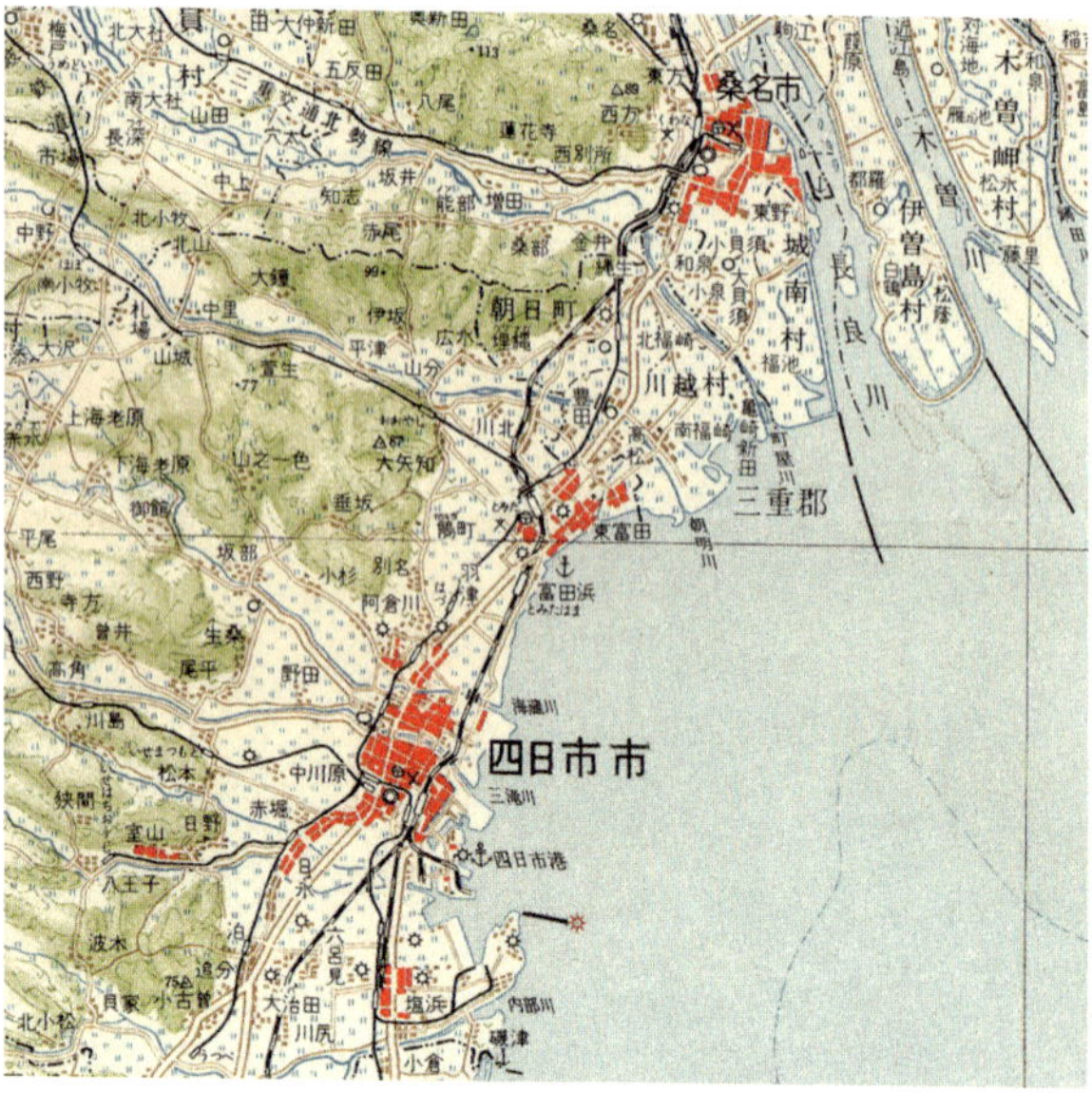

図4　1:200,000「名古屋」昭和29年編集　×0.9

となるのは明らかで、戦後の昭和三一年（一九五六）に現在のように路線変更されている。

「五私鉄疑獄事件」に連座

熊沢一衛《いちえ》率いる積極経営で疾走していた伊勢電気鉄道の次なる目的地は名古屋であった。同じ桑名～名古屋間には名古屋への進出を目論む参宮急行電鉄も免許を申請して競願となっていたが、これを制したのは伊勢電で、昭和三年（一九二八）一一月一日に免許を獲得している。これについては当時の鉄道大臣・小川平吉が私鉄事業者の免許に便宜を図ったとして起訴された「五私鉄疑獄事件」の容疑のひとつとしてこの免許が挙げられている。事件は政友会の田中内閣から民政党の浜口内閣に政権交代した直後の昭和四年（一九二九）八月頃から世間を騒がせた。

具体的には社長の熊沢が小川鉄相側近の春日俊文代議士に認可をめぐって一二万円を渡したとする贈賄疑惑で、結果的に後年の大審院判決で小川元鉄相は懲役二年（追徴金一九万二二二〇円）、春日には懲役二年（追徴金九万七五〇〇円）のそれぞれ実刑判決が下されている。贈賄側の熊沢も懲役六月、執行猶予三年であった。判決が出た昭和一一年（一九三六）九月一九日といえば、あたかも伊勢電が参宮急行に合併され、消滅した四日後である。

判決が下るのはだいぶ後の話だが、小川大臣の在任中は鉄道敷設免許の審査がずいぶん緩かったらしい、「国民新聞」の連載をまとめて疑獄の翌年に刊行された清水啓次郎著『私鉄物語』（春秋社昭和五年発行　一八一ページ）ではその甘い認可の例を挙げつつ、伊勢電についても言及している。当時の政府と私鉄界の空気が伝わってくるので、少し長いが引用しよう。特に「並行線の認可」はその是非の判断が時に微妙で、さじ加減は政権や大臣によって変化するのが常であった。当然ながらそこには贈収賄の余地も生じてくる。

　小川鉄相は「幹線には地方的のものと大局からのものと二つある」と先づ幹線の分せきを試みる、そしてその上に「要するに必要な線は誰がなんと言つたつて必要なのサ、これを免許するのは政府の義務だ」と猛烈な積極主義を押ッかぶせて、小川式地方幹線の並行線をドシ〳〵免許するという訳、その目星いものに伊勢電鉄がある、これは三重県松阪から宇治山田に至る四十哩《ママ》許《ばかり》の線だが、名張から松阪迄来て居る参宮急行電車の延長線とも見られ、省線の参宮線及名張松阪間及紀勢東線なんかに何れも堂々と並行する線である。

　もつとも幹線の並行線の《ママ》許可したのはこの小川鉄相が濫《らん》しやう〔濫觴〕といふ訳ではないので、少し前の元田、大木両鉄相時代にはさかんに免許されたものだ、若しくはそれ以前でも私鉄がこんなに発達しなかつた頃、当局はよく漠然とした理由から免許することがあつた〔以下略〕

桑名〜名古屋間の延伸については木曽川、長良川、揖斐川に長大な橋梁が必要であることから建設費は巨額となり、また国鉄名古屋駅の改良・移転計画が持ち上がっていたため、それとの調整も図らなければならないなど、難問はいくつもあった。ところが幸いなことに木曽三川に架ける長橋については、昭和三年（一九二八）の関西本線の橋梁架け替えに伴う旧トラス橋の払い下げを活用することで、経費を大幅に節減できる幸運もあった。

一方で急激な都市化の波を受けて名古屋市がちょうど市域西側の整備を進めていたため、計画道路と多数交差することとなって高架化を迫られ、路線の変更を行なうこととした。このため昭和八年（一九三三）八月に竣功期限の延期を申請している。

伊勢建名酉第二一号

昭和八年八月十八日

三重県四日市市浜田参千六百九拾八番地

伊勢電気鉄道株式会社

専務取締役　半田　貢

鉄道大臣　三土忠造《みつちちゅうぞう》殿

工事竣功期限延期願

昭和六年九月三日付監第二三五六号ヲ以テ工事施行御認可相受《あいうけ》候、当会社地方鉄道名古屋線（桑名、名古屋間）ノ内、第二回分割区間タル名古屋市中区（当時は南区・昭和一二年から中川区）中須《なかす》町同（現中川区）北《きた》一色《いっしき》町間ハ、昭和六年十月二十日付伊勢建名土第一二三号ヲ以テ工事着手届提出 仕《つかまつり》 其後進捗《しんちょく》ニ努力致居《いたしおり》候モ、当区間ハ名古屋市都市計画路線ト十数ケ所ニ於テ交叉スル関係上、全区間略《ほとんど》ント高架式トナリ莫大ノ建設費ヲ要スルタメ止ムナク線路一部変更シ、昭和七年九月二日付伊勢建名土第一五五号ノ一ヲ以テ海部《あま》郡富田《とみだ》村

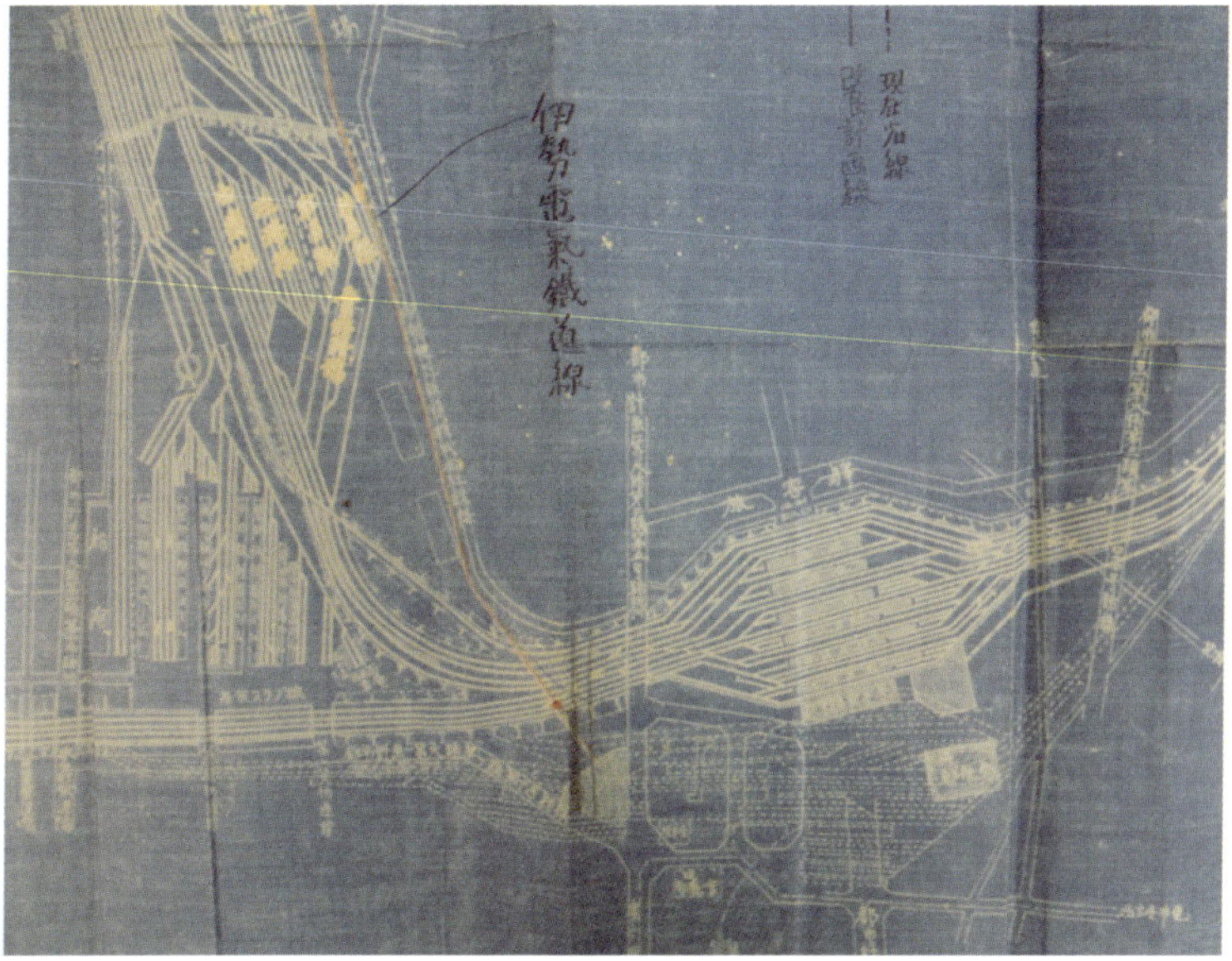

図5　移転改良を計画中だった国鉄名古屋駅の計画図と、その鉄道敷地を横断する伊勢電気鉄道の計画線（赤線）。実線が国鉄名古屋新駅の配線で、その下側（東側）に見える破線が当時の名古屋駅。現在は名駅通などとなっている。「名古屋駅改良計画略図」鉄道省文書「伊勢電気鉄道」巻一四（昭和7～8年）国立公文書館蔵

〔現名古屋市中川区富田町〕ヨリ名古屋市中区北一色町間ノ線路及工事方法一部変更認可申請書ヲ愛知県経由提出仕候次第ニ付、御指定ノ期日迄ニハ竣功致兼《いたしかね》候。誠ニ恐縮ニ御座候得《そうらえ》共《ども》、昭和十年九月二日迄工事竣功期限延期ノ件、特別ノ御詮議ヲ以テ御聴許被成下度奉懇願《ちょうきょなしくだされたくこんがんたてまつり》候也。

伊勢電に要求された竣功期限はもともと昭和八年（一九三三）九月二日だったのを、都市計画の影響でやむなく路線変更するため期限延期を願い出たものとしているが、簿冊に綴じられた鉄道省監督局用紙には、その理由として「資金ノ調達思ハシカラズ、尚単線ニ変更申請中ノ為（申請アリ目下□（一字不詳）調中）」とある。

積極経営の伊勢電気鉄道に暗雲

これまでの状況をまとめると、伊勢電気鉄道は熊沢一衛が社長に就任以来、名古屋〜伊勢神宮間の直通を目指して事業を積極的に展開していたが、この間に昭和四年（一九二九）一月三〇日に桑名〜四日市間一四・二八キロメートルを例の「善光寺カーブ」を経て開業、同五年四月一日には津《つ》〜新地《しんち》〜新松阪間の一八・一〇キロメートル、さらに同年一二月二五日には伊勢神宮外宮《げくう》近傍の大神宮前駅まで一八・七五キロメートル、合計五一・一三キロメートルもの新線を一気に開通させている。

しかしあまりの積極投資が過ぎて経営は傾いてしまった。その大神宮前開業から一年少々しか経たない昭和七年（一九三二）二月にはついに熊沢社長が辞任に追い込まれ、翌三月には熊沢が頭取をつとめていたメインバンクの四日市銀行も営業休止となってしまったのである。これが先の「資金ノ調達思ハシカラズ」の具体的な内容だ。伊勢電の建て直しにあたってはむしろ桑名〜名古屋間の早急な開業が必要とされ、そのためには新線の建設を新会社「関西急行電鉄」が引き受けることとし、同社は昭和一一年（一九三六）一月二四日に設立された。三二〇万円の資本金のうち三一六万円は伊勢電の現物出資とし、増資分五〇〇万円の株式はすべて参宮急行電鉄が引き受けることとなったのである。そして同年九月一五日には参急と伊勢電との合併が行なわれ、志半ばにして伊勢電は消え、これまでの路線は参宮急行伊勢線などとなった。

桑名〜名古屋間の新線建設は、経営が傾いた伊勢電から関西急行電鉄に施主が変わり、遅まきながら昭和一三年（一九三八）に開通することになるのだが、鉄道建設のために設立された関急が桑名〜関急名古屋間を開通した後は、参急が昭和一五年（一九四〇）一月一日付で関急を合併している。その合併が決まった前年一〇月二四日開催の関急の臨時株主総会の議事録が経緯をわかりやすく説明しているので、議長の発言を以下に抜粋しよう。

当社ハ参宮急行電鉄ガ合併シマシタ伊勢電鉄ノ整理遂行ノ必要上、同社カラ分離シテ別個ノ会社トシテ創立シマシタモノデ、参宮急行電鉄トノ合併ハ、当社線ガ参急、大軌（大阪電気軌道）両社線ト連絡シマシテ名古屋、宇治山田及名古屋、大阪間ノ運輸交通ヲ主タル使命ト致シマス関係上、建設当時カラ予想サレマシタ事デ、開業後ハ参宮急行電鉄ニ経営管理ヲ願ツテ居ツタ様ナ訳デ、適当ノ時期ヲ見テ統一シタ経営ヲスル為メ両社ハ合併シ度イモノト考ヘテ居ツタノデアリマスガ、幸ニモ案外早ク其ノ時期ガ到来シマシテ、今合併シテ経営ノ合理化ヲ図リ将来ノ発展ニ具ヘ度イトイフ目的ノ下ニ本案ヲ提出シタ次第デアリマス。

話が前後するが、昭和一二年（一九三七）七月七日、北京郊外の盧溝橋で始まった日中戦争がこの工事に影響を与えることになった。この頃に行なわれた竣功期限延期の申請書にはそれが生々しく記されている。次は同年九月二九日に本社で開かれた関西急行電鉄の第三回定時株主総会の議事録から抜粋したものである。まずは議長が今期の建設工事の概要を説明しているのだが、名古屋市内の用地買収についてはおおむね終了したという報告に始まって、橋梁建設の話が続く。

〔前略〕土工、橋梁共ニ引続キ順調ニ進捗《しんちょく》致シテ居リマシテ、殊ニ揖斐《いび》、長良及木曽川ノ三大橋梁ハ既ニ其工程ノ大半ヲ済マセマシタ、此状態テ進ミマシタナラハ、途中大シタ突発事故ノ起ラナイ限リ、予定通リ来年四月ニハ完了出来ル見込テアリマス。

唯茲《ここ》ニ懸念致シマスノハ御承知ノ如キ事変関係〔日中戦争。当時は宣戦布告なしに戦闘が始まったため「日支事変」と称していた〕ニ因リマシテ、諸物品ノ納入カ思フ様ニ捗《はかど》ラナイコトテアリマスカ、之レモ大部分ハ整ヒ得ル見込テアリマスケレトモ、「レール」ニ付キマシテハ之カ契約先ナル三井物産、三菱商事ノ両者ニ対シ極力納入方ヲ交渉中テアリマスカ、何分両社ニ於キマシテモ八幡製鉄所ノ方カ目下軍需関係ノ製造ニ追ハレ、全力ヲ以テ之レニ向ケラレテ居リマス為、此方面ニハ手カ廻ラス困ツテ居ル始末テアリマスカ、然シ何トカシテ納入セシメ度イト三井、三菱及製鉄所ニ向ツ

テ色々ノ方法ヲ尽シテ折衝ヲ重ネテハ居リマスモノノ、トウモ思フ様ニ運ハス困ツテ居ル次第テアリマス〔後略〕

関西急行電鉄の開通

「少しで片付く」と誰もが高をくくっていた日中の紛争はなかなか終わらず、昭和一三年（一九三八）五月二四日には関急も工事竣功期限延期の許可申請を出すやむなきに至った。その理由書には「時局ノ影響漸《ようや》ク深刻ヲ加へ、従業労働者ノ出役《しゅつやく》意ノ如クナラス、到底期限内ニ竣功致シ難ク不已《やむを》得《ず》本申請ニ及フ次第ナリ」と、人手不足も加わった厳しい状況が述べられている。八幡製鉄所が軍需品の製造に追われてレールの納入が厳しいとの背景も生々しく記されているが、その後は周知の通り戦況はさらに泥沼化を呈し、同一六年末に太平洋戦争に突入してからは当時よりさらに厳しい環境となっていく。これを思えば、延期された竣功期限の寸前である昭和一三年六月二六日に桑名〜関急名古屋間を開通させることができたのは、後から思えば幸運であった。次は開業直前に鉄道当局が行なった竣功監査報告である。

昭和十三年六月十八日
技師　水谷泰永
〃　近藤信一

〃　近藤義弘
技手　伊達重雄
〃　鈴木　孝
〃　遠藤　清
〃　鎌田広志
属　宮本正義

関西急行電鉄株式会社
桑名—関急名古屋間線路敷設工事竣功監査報告

図6　名古屋～桑名間の関西本線と近鉄の関係。木曽川橋梁付近に注目。1:200,000「名古屋」昭和29年編集　×0.6

竣功線路ハ既設参宮急行電鉄所属桑名停車場中心起点〇粁二六〇米ヨリ愛知県名古屋市西区笹島町二三粁七二〇米〇関急名古屋停車場ニ至ル延長二三粁五二八米〇ニシテ、地勢平坦ナルモ揖斐、長良川、木曽川、庄内川等、大小ノ橋梁甚ダ多ク且ツ鉄道省関西本線ト立体交叉スルコト四回、尚

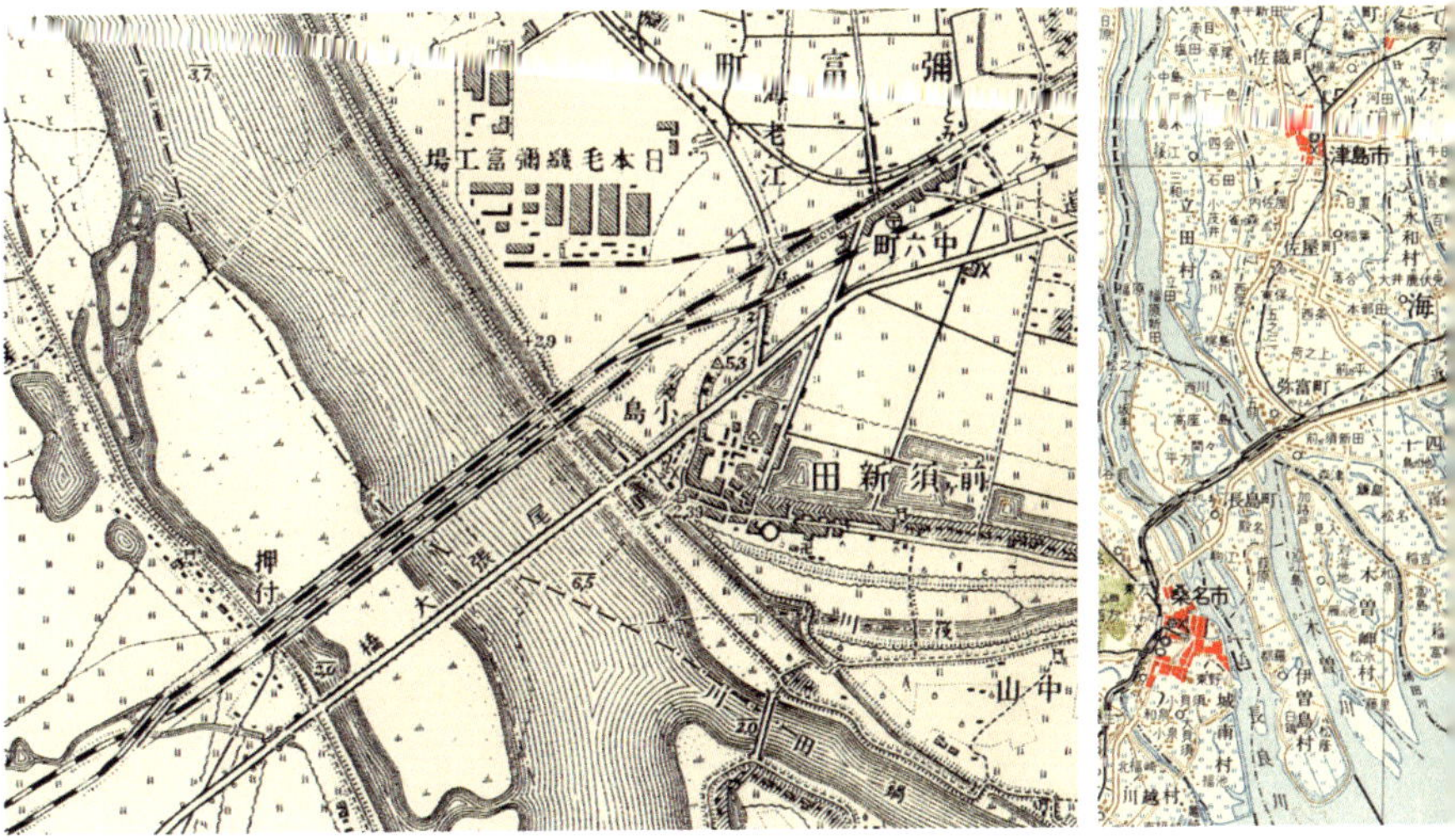

図7　関西本線の旧橋梁を利用したため、橋の前後で同線を2回乗り越えていた個所。この状態は昭和34年(1959)まで続いた。
1:25,000「弥富」昭和29年資料修正　×0.8

省名古屋駅前広場ニ至ル為メ、二二三粁二六〇米ヨリ終点迄ハ地下線トナシ、工事モ困難ヲ極メタリ、本区間線路ハ竣功ヲ告ゲ、車両電気其他ノ運転設備モ完成セリ。

右線路工事ノ概要ハ別紙工事方法概要書及諸表ノ如シ。尚広瀬川橋梁径間二三米七四四用下路鋼鈑桁《こうばんげた》ハ建築定規ニ抵触スルヲ以テ、運転開始前必要ナル手続ヲナシ、□〔一字不詳〕ヲ結了セシムルヲ要ス。

電動客車ヲ重連、所定荷重ヲ満載シ、所定速度ヲ以テ本区間ヲ走行セシメタルニ線路、車両、電気設備共異状ナク運転安全ナリ。

依テ前記ノ事項結了ノ上ハ使用開始ノ件支障ナシト認ム。

〔中略〕

揖斐長良川橋梁（二つの川をまとめて一橋）、それに木曽川橋梁は前述の通り関西本線で用済みとなった旧橋梁を払い下げてもらったが、本来必要な複線分を用意するのは困難なため、さしあたって単線で開通させることは伊勢電気鉄道の時代に決まっていた。

監査報告の中で関西本線と四回も立体交差することが記されているが、現在では近鉄八田～伏屋《ふしや》間と桑名駅の北側の合計二回しか交差しない。あとの二回分は払い下げられた木曽川橋梁が関西本線の新橋梁の北側にあったため、橋梁の前後でそちら側へ移るため関西本線の線路を乗り越えていた二か所が該当する。

揖斐長良川橋梁　二〇〇フィート×一五連＝スパン合計三〇〇〇フィート（九一四・四〇メートル）
木曽川橋梁　二〇〇フィート×一三連＝スパン合計二六〇〇フィート（七九二・四八メートル）

監査報告の中に綴じられた橋梁表の中から二大橋梁のデータを抜き出せばこの通りで、桁の種類は二〇〇フィートの「鋼構桁」つまりトラス桁（下路）である。当時すでに明治二八年（一八九五）の架橋から三三年を経過した橋桁ではあったが、主に電車だけが走り、重量級の蒸気機関車が牽く貨物列車が通らないのであれば耐荷重的に問題なかったのだろう。そういえば同時期に東海道本線での現役を引退した天竜川橋梁のトラス一連が、一三〇年ほども経った今なお箱根登山鉄道の早川橋梁として現役なのを考えれば納得できる。

その二橋梁に挟まれた広瀬川橋梁は現在の桑名市長島、現近鉄長島駅東方にある小橋梁であるが、監査報告書にある通り建築定規－車両が通る空間として最小限確保すべき「建築限界」にこのガーダー橋のどこかが抵触していたらしい。それを改めたうえで開業しなさいとのことである。次は竣功監査報告には必ず添えられる工事方法の概要、つまり線路のプロフィルだ。

桑名－関急名古屋間工事方法概要
鉄道ノ種類　自〇粁二六〇米　至六粁四四〇米〇　単線
　　　　　　自六粁四四〇米　至二三粁七八八米〇　複線
　　　　　　電気鉄道
軌　間　一米〇六七
軌道間隔　三米三五五以上
最小曲線　二四〇米〇〇
最急勾配　千分ノ三三
施工基面幅　単線区間　築堤切取　四米二七以上　複線区間　築堤切取　七米六二以上
軌条重量　三〇　瓩《キログラム》　三五瓩　三七瓩　五〇瓩
枕木敷設間隔　最大　本線　六六〇　粍《ミリメートル》　側線　八三〇粍
道床砂利撒布量　単線区間一粁約八九〇立米　複線区間一粁約一九二〇立米
轍叉《さ》番号　八番、十番、十二番

線路標識及防備　整備

「鉄道ノ種類」で六・四四キロメートル地点まで単線というのは、桑名から名古屋行きの列車に乗ってちょうど揖斐・長良と木曽の三本の大河を渡り終えた地点までである。この区間は当然ながら戦後になって輸送量不足を引き起こし、昭和三四年（一九五九）には新橋梁による複線化を行なった。完成はちょうど伊勢湾台風が和歌山県の潮岬《しおのみさき》に上陸するわずか一週間前の九月一九日であった。

近鉄ではこの大型台風の被害を受けて近畿日本名古屋（現近鉄名古屋）〜伊勢中川間が不通となっている。このうち大半の区間は九月中に復旧しているが、特に浸水が長引いた標高〇メートル以下のデルタ地帯、すなわち蟹江〜長島間については難しく、結局は従前の狭軌での復旧ではなく、以前から計画していた通り標準軌に改めて一一月二七日に復旧を果たしている。巷間には「伊勢湾台風の被害復旧の際に改軌した」という話が流布されているが、これは厳密に言えば正確ではなく、従前から予定していた改軌工事を台風を機に少し前倒ししたということである。

全線の改軌を完了した名古屋線では、昭和三四年一二月から上本町（現大阪上本町）〜近畿日本名古屋間を結ぶ「名阪特急」の運転が開始された。当初は伊勢中川駅で方向転換していたのだが、同駅の北側にデルタ線（中川短絡線）を建設して通過が可能になった。これが同三六年三月二九日のことである。これ以来、東海道新幹線が開通する同三九年一〇月までの三年半にわたって名阪間は東海道本線の電車特急「こだま」などが二時間一四分（下り）、近鉄名阪特急が二時間一六分（近畿日本名古屋〜鶴橋間）とほぼ互角の戦いを繰り広げることとなった（所要時間は昭和三八年の時刻表による)。

桑名～関急名古屋間の各駅

開業時の話に戻るが、以下は竣功監査報告書に綴じられた「停車場表」である。このうち現存しない揖斐川駅は橋梁のすぐ西側にあり、昭和二三年（一九四八）に休止、同四四年に廃止された。おそらく同じ施設を指したであろう「揖斐川分岐信号所」も複線化の際に廃止されている。木曽川信号所も複線の木曽川橋梁の完成直後に廃止された。

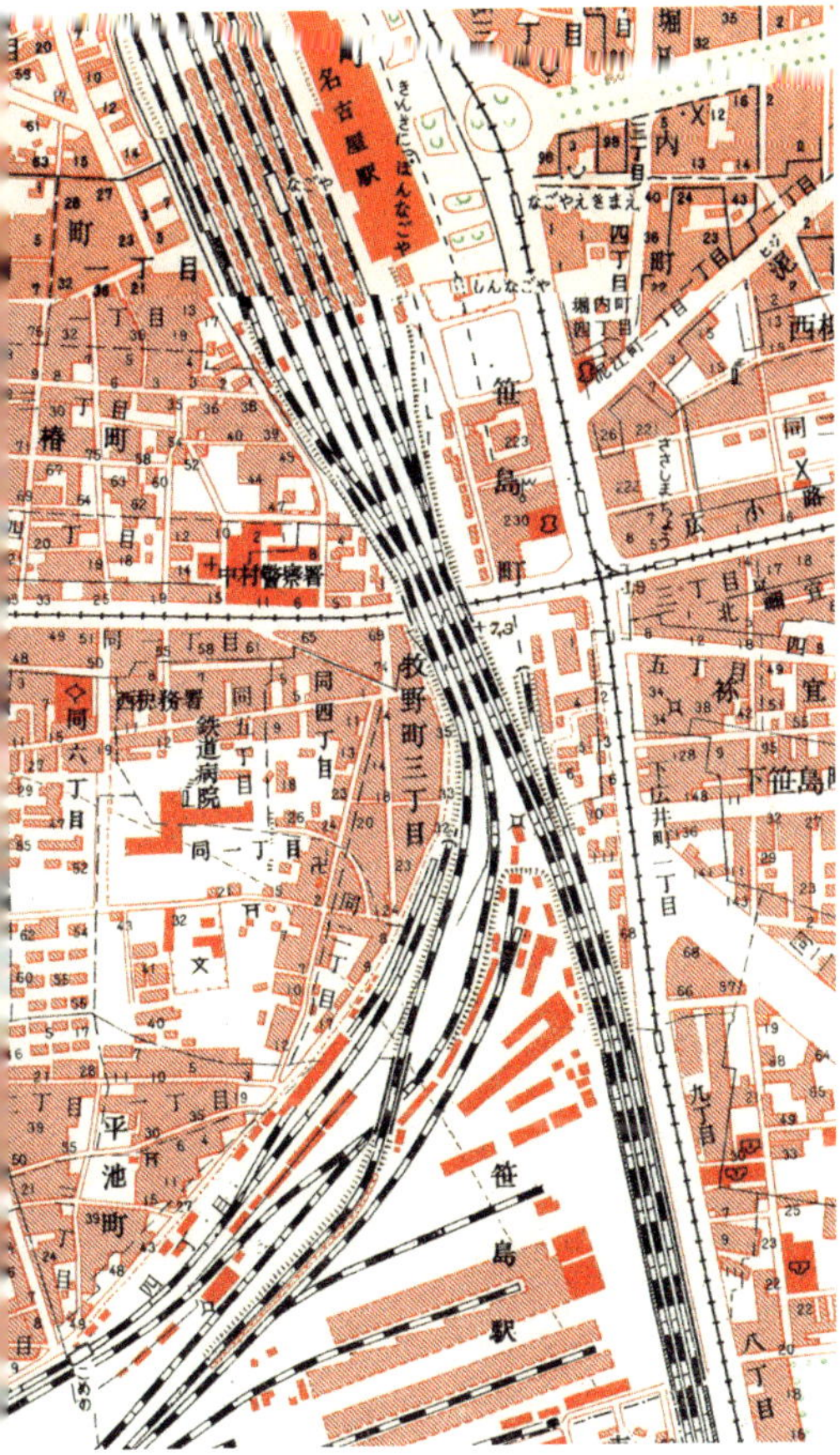

図8　戦後の近畿日本名古屋（現近鉄名古屋）駅とその周辺。当時は関西急行電鉄以来の狭軌で、地図では離れているが名鉄と線路はつながっていた。国鉄笹島貨物駅も現役の時代で、新幹線はまだ開通していない。1:10,000「名古屋西北部」「名古屋西南部」昭和28年修正　×0.9

桑名—関急名古屋間停車場表

名称	所在地	換算中心粁程
桑名停車場	三重県桑名市	○粁○米○○○
揖斐川停車場	三重県桑名市	二粁二六○米○○○
関急長島停車場	三重県桑名郡長島村	四粁二九○米○○○
木曽川信号所	愛知県海部《あま》郡弥富町	六粁五一○米○○○
関急弥富停車場	愛知県海部郡弥富町	七粁六一○米二二八
佐古木《さこぎ》停車場	愛知県海部郡市江《いちえ》村	九粁九九○米○三一
関急蟹江停車場	愛知県海部郡蟹江《かにえ》町	一三粁九四七米○九八
戸田停留場	愛知県海部郡富田《とみだ》村	一五粁二四七米○九八
伏屋《ふしや》停車場	愛知県海部郡富田村	一七粁二七三米九一五
関急八田停車場	名古屋市中川区岩塚《いわつか》町	一九粁五三三米九一五
烏森《かすもり》停留場	名古屋市中川区烏森町	二○粁八七三米九一五
黄金《こがね》停留場	名古屋市中村区長良《ながら》町	二一粁六三三米九一五
米野《こめの》停車場	名古屋市中村区米野町	二二粁六一○米六八○
関急名古屋停車場	名古屋市西区笹島《ささしま》町	二三粁六五○米六八○

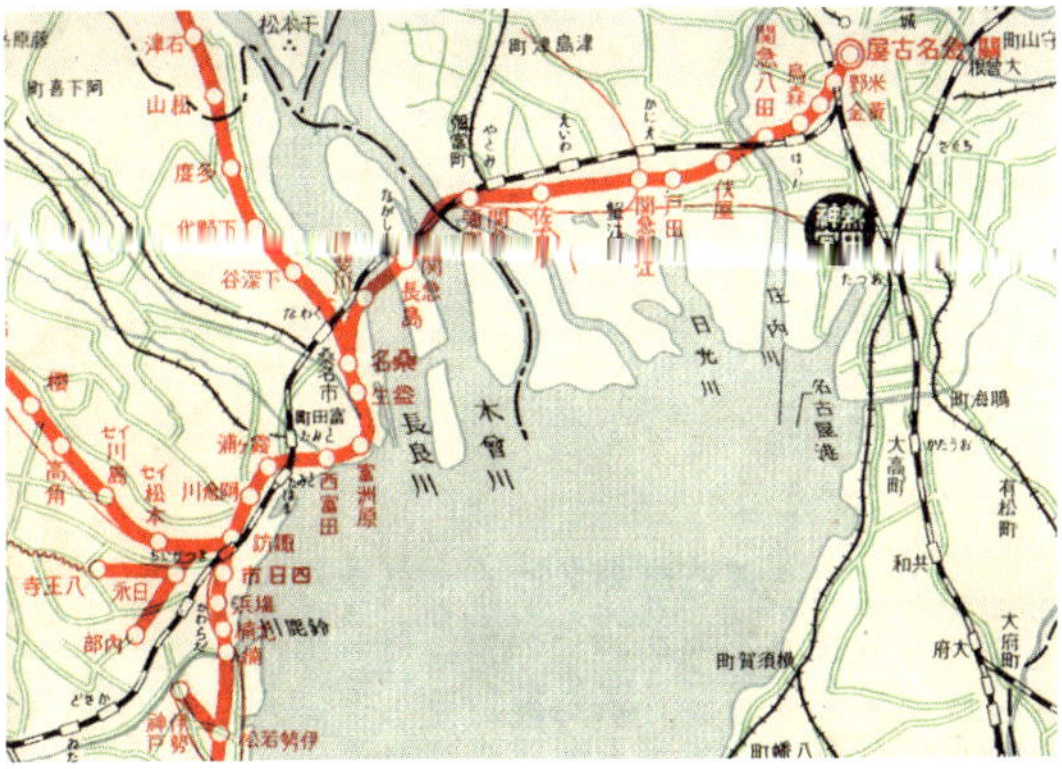

図9　関西急行電鉄として開通した頃に発行された「大軌・参急・関急電鉄沿線図」。発行年が記されていないが、駅の状況から昭和13年〜14年の間と思われる。

「関急」の冠されたこの区間の名古屋、八田、蟹江、弥富、長島の各駅は、参急に合併された昭和一五年（一九四〇）一月一日から「参急」、さらに同一六年三月一五日には大軌と参急が合併した新会社・関西急行鉄道（電鉄ではない）となって再び「関急」へ、さらに戦時統合で南海鉄道などと合同して近畿日本鉄道が誕生したことにより同一九年六月一日には「近畿日本《にっぽん》」が冠されることになった。つまり関急名古屋→参急名古屋→関急名古屋→近畿日本名古屋と数年間で目まぐるしく変化したのであるが、最後の改称としては昭和四五年（一九七〇）三月一日から全路線の「近畿日本」を「近鉄」に改め、近鉄名古屋となって現在に至っている。

開通前年の昭和一二年（一九三七）の簿冊に一〇月二七日決裁の「関西急行電鉄名古屋付近線路及工事方法変更並特別設計ノ件」が綴じられているが、その「備考」には次のように当時の状況が記されている。

本件ハ省名古屋駅改良工事（高架）ニ伴ヒ伊勢電当時ニ於テ省改良工事ニ先立チ開業セン為一先《ひとまず》名古屋仮駅ヲ設置認可ヲ得タル処、其後資金難等ニヨリ工事行ナヤミタル結果、省ハ高架改良工事ヲ完成シタリ。

省ト伊勢電トノ交叉区間ハ省ノ委托工事ナリシ為、コレモ完成サレ残部未完成ナリシ処、其後ニ至リ関西急行ガ伊勢電譲渡許可サレタルニヨリ旧申請ヲ承継シ、名古屋駅頭ニ出デン為ノ工事方法変更トス。

一、信号、保安、及電気ニ関スル設備ハ別途手続中。

一、名古屋鉄道ト名古屋駅ニ於テ相互乗入運転ヲナス計画アリ。

一、延長一粁《キロ》一五二（複線）

伊勢電とは軌間が同じで、隣接した地下駅を設けた名古屋鉄道新名古屋（現名鉄名古屋）駅との間には線路がつながっていた。ここに「相互乗入運転ヲナス計画アリ」とあるように、実際に昭和二五年（一九五〇）～二七年の間には団体列車に限ってではあるが、名鉄・近鉄間で列車の直通が行なわれることもあったという。しかしその後は列車本数の増加などで余裕がなくなり、同三四年一一月の改軌を経て直通は不可能となった。

ここからは与太話かもしれないが、異なる軌間にまたがって走れる「フリーゲージトレイン」が実現した暁には昔の線路をつなぎ、中部国際空港から京都・奈良方面へ直通する特急などが実現したら……などと、近鉄名古屋駅で昔から流れる「ドナウ川のさざなみ」を聴きながら空想してみた。

南海電気鉄道

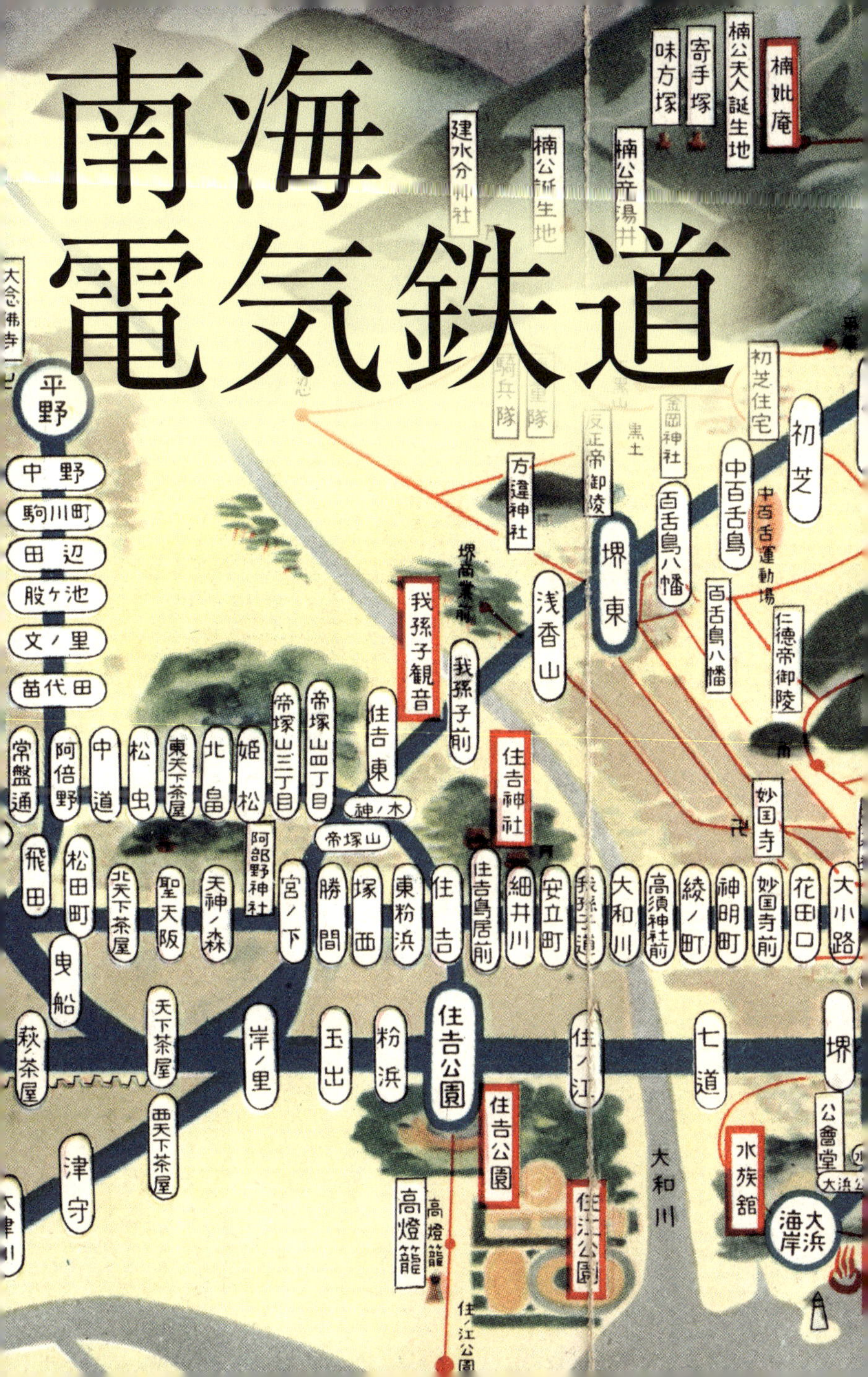

楠妣庵
寄手塚
味方塚
楠公夫人誕生地
建水分神社
楠公誕生地
楠公産湯井
大念佛寺
平野
中野
駒川町
田辺
股ケ池
文ノ里
苗代田
初芝住宅
初芝
金岡神社
中百舌鳥
中百舌鳥運動場
反正帝御陵
方違神社
百舌鳥八幡
堺東
堺商業前
我孫子観音
浅香山
仁徳帝御陵
我孫子前
帝塚山三丁目
帝塚山四丁目
住吉東
住吉神社
妙国寺
常盤通
阿倍野
中道
松虫
東天下茶屋
北畠
姫松
神ノ木
帝塚山
阿部野神社
飛田
松田町
北天下茶屋
聖天阪
天神ノ森
宮ノ下
勝間
塚西
東粉浜
住吉
住吉鳥居前
細井川
安立町
我孫子道
大和川
高須神社前
綾ノ町
神明町
妙国寺前
花田口
大小路
曳船
萩ノ茶屋
天下茶屋
岸ノ里
玉出
粉浜
住吉公園
住ノ江
七道
堺
公會堂
西天下茶屋
津守
大和川
水族館
大浜海岸
高燈籠
住江公園
住ノ江公園

大阪～堺間を結ぶ「最古」の私鉄

「自治都市」堺への鉄道計画

仁徳天皇陵といっても今の中高生にはあまり通じないらしい。葬られているのが本人かどうか確証がとれないため、教科書に大山《だいせん》古墳として載っているからだ。ちなみに世界最大級のこの古墳の最寄り駅は南海高野線とＪＲ阪和線の接続駅である三国ヶ丘（ＪＲは三国ケ丘）で、その地名の由来は摂津・河内・和泉の三つの国（摂河泉と総称する）がこの地で接しているためである。

摂津・和泉両国の境界といえば大阪・堺両市の境界をなす大和川《やまとがわ》であるが、下流部が宝永元年（一七〇四）に現在のように付け替えられる以前のこの川は、柏原《かしわら》付近から現在の東大阪市域を北上し、寝屋川を経て大川（淀川の旧河道）というルートであった。付け替えまでは摂津国がだいぶ南側まで伸びていたのである。堺という地名の由来もその国境にちなむとされ、中世には堺北荘《さかいきたのしょう》が摂津国住吉郡、堺南荘が和泉国大鳥郡と所属が異なった。

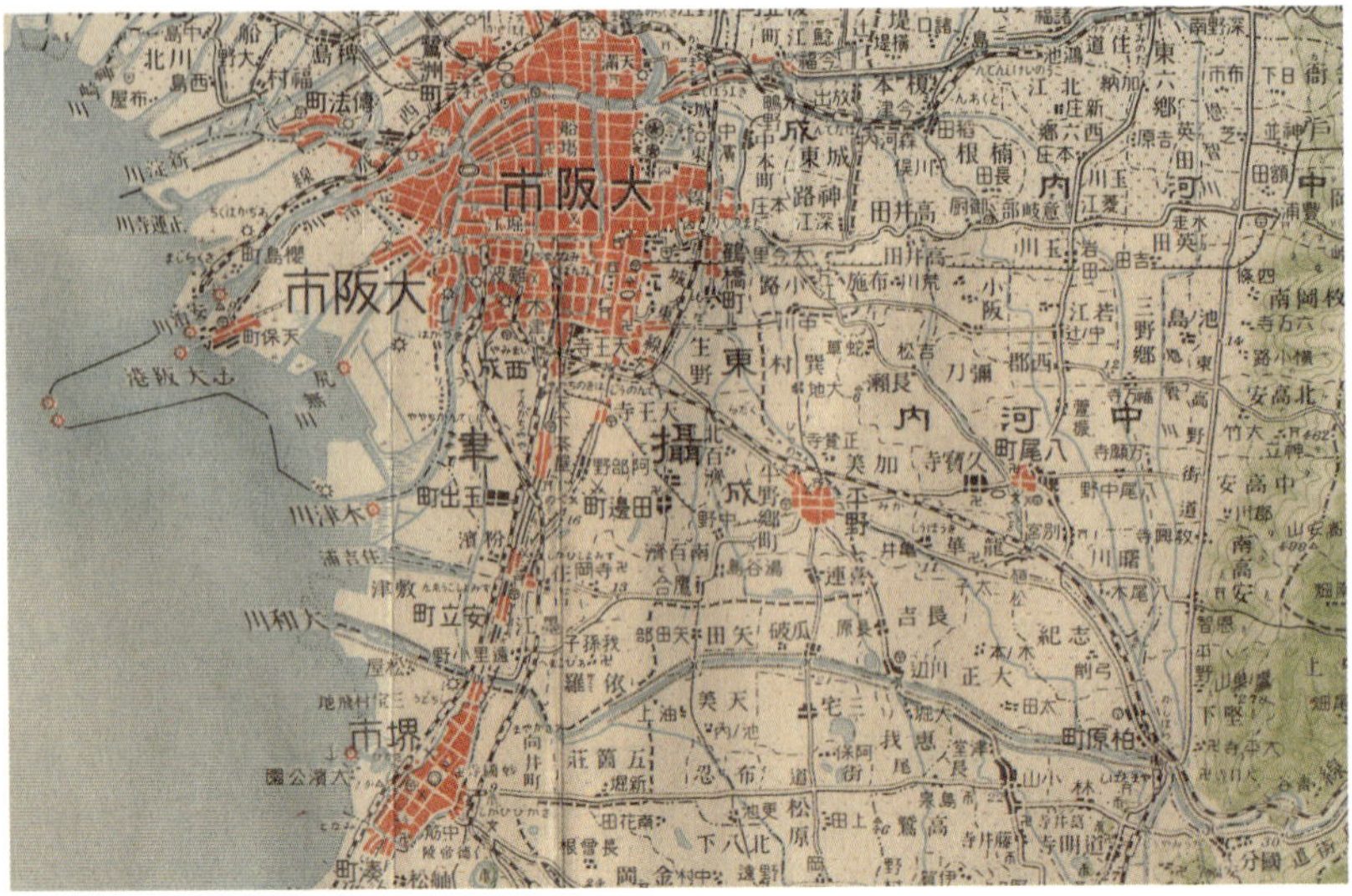

図1　大阪と堺、摂津・河内・和泉三国の関係。図では大和川が国境となっており、堺の南東方に見える仁徳天皇陵の東に河内が位置していることがわかる。1:200,000帝国図「京都及大阪」大正9年製版＋「和歌山」大正9年製版　×0.9

堺は「自治都市」として知られ、中世から室町にかけて明との貿易で巨利を得た豪商たちが活躍し、鉄砲や刃物に代表される金属加工業も大いに発展した。その自治都市の象徴的存在であった市街を取り巻く環濠を、後に豊臣秀吉が躍起になって埋めさせたことからも、この都市の経済力の大きさが窺える（現在も一部が残る環濠は江戸期のもの）。その後は前述の大和川付け替えが行なわれ、大和盆地から運ばれてくる多量の土砂が河口を塞いだため港町としては衰微していくが、近代に入っても産業都市・商業都市としての存在感は依然として大きく、明治二二年（一八八九）に行なわれた市制施行（香川県は翌二三年）における全国四〇市のひとつに入っている。

　その堺から一〇キロほど北に離れた大阪との間を結ぶ鉄道が、南海電気鉄道の前身である阪堺《はんかい》鉄道である。文字通り大阪と堺を結ぶことに由来するが、有力な大都市どうしを結ぶという鉄道事業は当然ながら魅力的で、当初からいくつもの計画が生まれては消えていたという。なかには外国人投資家によるものも混じっていたそうだ。

現存する日本最古の私鉄

さて、日本の鉄道の嚆矢は明治五年（一八七二）に官営鉄道として敷設された新橋〜横浜間である。同七年には大阪〜神戸間、引き続いて京都、大津までが延伸されたものの、「金欠」に悩む新政府に代わって鉄道事業を大きく展開したのは私鉄であった。まずは明治一六年（一八八三）に上野〜熊谷間を開業した日本鉄道がその後の東北・高崎・常磐などの各線となる路線を敷設していく。しかしこの鉄道会社は、本来なら政府が行なうべき仕事をたまたま民間が担当しているという立場で、国から一定の利益を保証された好条件の「国策会社」であり、本来の民間資本による鉄道会社とは言えない。

その点で南海電気鉄道のルーツ・阪堺鉄道は民間資本による完全な私鉄であり、しかも現在まで存続していることから、現存する日本最古の私鉄である。もちろん厳密に言えば戦争中の昭和一九年（一九四四）に近畿日本鉄道に統合され、戦後の同二二年に南海電気鉄道となっている（高野線系統の前身である高野山電気鉄道に譲渡という形）ので、「南海」という社名が少し途切れてはいるけれど。

大阪〜神戸間の開通から八年後の明治一五年（一八八二）五月、関西財界の重鎮であった藤田傳三郎ほか一八名の発起人が資本金二五万円で「大阪堺間鉄道会社」の設立を出願した。難波新地《なんばしんち》から天下茶屋《てんがちゃや》、住吉を経て堺に至る区間である。国立公文書館には阪堺鉄道の初期の簿冊が存在しないので、『南海電気鉄道百年史』から敷設の願書を以下に転載する（引用者が句読点を追加）。これは同一七年に提出された再出願の際のものだ。

大阪堺間鉄道布設願

大阪堺間ハ旅客物貨《ぶっか》之往復頻繁之ケ所《かしょ》ニ付、私共発起ヲ以《もって》会社ヲ組織シ、鉄道布設仕度《つかまつりたく》候間、右布設之義御許可被成下度《なしくだされたく》別紙特許請願条件書、並ニ規則類及略図相添ヘ此段奉懇願《こんがんたてまつり》候也。

明治十七年二月四日

発起人（氏名省略）

大阪府知事　建野郷三殿

ここに列記されている合計一九人の発起人のうち、冒頭一二人が大阪府堺区（後の堺市）の住所であった。その後に記されている東京府日本橋区の久原《くはら》庄三郎は藤田傳三郎の実兄であり、日立製作所の創立者として知られる久原房之助の父、一五番目に見える大阪府東区平野町の松本重太郎《じゅうたろう》は藤田とともに関西財界で名を成した人物で、まだ三〇代の若さで第百三十銀行を設立、後に阪堺鉄道の初代社長もつとめている。発起人の殿に挙《しんがり》がっている名前が藤田傳三郎であった。堺の名士たちが冒頭一二人を占めるのは、地元で利便を得る彼らの要請という形を整えたかったのだろうか。

布設願の提出から三か月後の明治一七年（一八八四）五月二三日、この計画は工部省からめでたく承認を得ることができた。その後は藤田が大活躍するのだが、まずは蒸気機関車。当時はまだ国内で生産できないため舶来の高価な買い物で、これが鉄道会社にとっては大きな負担だったのである。ところが藤田は二年前の明治一五年（一八八二）に廃線になって間もない、岩手県の釜石鉱山で大橋の鉱山から製鉄所を結んでいた鉄道の用品一切を、機関車やレールから何から格安で払い下げを受けることに成功した。

どのくらい格安だったかといえば、『開通五拾年　南海鉄道発達史』（南海鉄道・昭和一一年刊）によれば「時価の三分の一程度の価額にて払下を受けた」そうだ。『南海電気鉄道百年史』の巻末年表には明治一七年（一八八四）一〇月一〇日付で「釜石鉱山局から軌道　車両物品払下げ許可（四万六三〇〇円六四銭六厘）」とある。大阪府豊中市の国有地が学校法人森友学園に格安で売却された問題をどうしても想起してしまうが、政商と呼ばれた藤田が関わったことであるから、そのあたりの阿吽の呼吸による忖度《そんたく》はあったに違いない。

このため阪堺鉄道では旧釜石鉄道の軌間であった二フィート九インチ（八三八ミリメートル）を採用、きわめて珍しい軌間でスタートした。もちろん当時の鉄道といえば新橋〜横浜間に採用された三フィート六インチ（一〇六七ミリメートル・現在のJR在来線の軌間）が常識で、他に旅客営業を行なっていたものでは東京馬車鉄道が四フィート六インチ（一三七二ミリメートル）を採用していた程度であった。その後に大師電気鉄道（現京浜急行電鉄）が初めて採用する標準軌（四フィート八インチ半＝一四三五ミリメートル）はまだ国内に登場していない。官営鉄道よりもさらに狭い軌間であることによるからか、各文書では「小鉄道」として許可を受けている。ついでながら、その後の軽便鉄道の標準的な軌間となる二フィート六インチ（七六二ミリ）を最初に採用したのは、明治二一年（一八八八）に開業した伊予鉄道の松山（現松山市駅）〜三津《みつ》間であった。以下は阪堺鉄道の営業許可に関わる命令書である（『日本鉄道史　上篇』大正一〇年発行より引用）。

大阪堺間鉄道築造並営業許可ニ付命令書

第一条　今般許可スル所ノ小鉄道敷設ハ南区難波新地六番町十二、三、四番地（一二三四の文字は横並び小文字で記載）ヨリ街道ノ西ニ沿ヒ和泉国堺区吾妻橋通二丁目《ママ》一番地ニ至リ、而シテ運輸ノ業ヲ営ムモノトス。

第二条　官有ノ土地ニシテ鉄道線路ニ当ル地所及鉄道ニ必要ナル倉庫停車場建築ノ用ニ供スヘキ地所及同上ノ用ニ供スヘキ官有ノ家屋ハ相当ノ代価ヲ以テ払下ケ又ハ無賃ニテ之ヲ会社ニ貸付ノ詮議ヲ為スコトモアルヘシ。而シテ伐払《きりはらい》ヲ要スヘキ官有ノ樹木等ハ相当代価ヲ以テ払下クヘシ。（以下略）

開業当時の難波

難波から堺までの間は平坦で工事にあたって「難所」となるような場所はなかったが、大和川にはまとまった長さの橋梁を架ける必要があったため、とりあえずその北側に大和川という停車場を設置し、難波からの四マイル六〇チェーン（七・六四キロメートル）を明治一八年（一八八五）の暮れも押し詰まった一二月二九日に開業した。その二日前には盛大な開業式を行なっている。

起点の南区難波新地六番町は現在の中央区難波五丁目の一部であるが、道頓堀の南側に位置する

図2　起点の大阪・難波停車場とその周辺。南側には農村風景がまだ色濃く残っている。明治31〜32年の修正図ではあるが、鉄道以外の集落などは明治18〜19年（測量年）の状況らしい。
1:20,000仮製地形図「大阪」明治32年修正＋「天王寺村」明治31年修正　×0.7

難波新地は、明和元年（一七六四）に大坂城に近い鈴木町の金田屋正助が西成《にしなり》郡難波村のうち三町二八歩（約三ヘクタール）の土地を一万二千両で払い下げを受けて開発に着手した、文字通りの新市街地である。当初は市街化が思うように進まなかったというが、徐々に茶屋や湯屋、芝居小屋などが建ち並び、現在のミナミの繁華街の基礎となった。明治五年（一八七二）には周辺の元堺町、元相生町、元京橋町を合併して一番町から四番町を編成している。停車場が設けられたのはさらに南側で、翌六年に新たに難波村から編入された五番町、六番町となったエリアだ。

　さて、今でこそ大阪ミナミの大ターミナルの感ある難波であるが、開業前夜は場末の花街という位置づけであったという。その頃の一帯の様子が『南海電気鉄道百年史』に引用されているので孫引きしよう。『大阪歴史散歩』（宮本又次編・小原敬史著　昭和三四年刊行）の一節である。

　そのころ、難波界隈は千日の墓地につづく一面のねぎ畑で、その中に流れていた難波新川は、〔中略〕淋しい場所であった。ここに明治一七《ママ》年わが国初の私鉄阪堺鉄道の岡蒸気が、八〇年の歩みを開始し、のちこれが南海電車となり、維新後とりつぶしになったお蔵〔図2の難波停車場の南側に見える「大蔵省米廩《べいりん》」がそれ＝引用者注〕あとに、明治三七年専売局の煙草工場ができて、〔中略〕煙草を作ったのに前後して、難波新川の土橋付近で大阪相撲が花やかな場所開きをするなど、ようやく難波に人が集まるようになった。

堺停車場までの延伸で乗客は五割増し

大和川停車場から堺までは引き続き敷設工事の出願が行なわれ、明治二〇年（一八八七）五月に着工して一二月に竣工している。ところが同年一〇月の洪水のため大和川橋梁の工事は遅れ、さらに英国に発注していた橋梁用鋼材を積んだ船が暴風のため延着するなどしたため、架橋工事は翌二一年三月までずれ込んでいる。悪いことは続くもので、その前月にあたる二月には難波駅舎が火災で焼失、同年九月に煉瓦造りの新駅舎を竣工した。

明治二一年（一八八八）五月一五日、大和川〜堺間が開業、仮の終点であった大和川停車場は休止となった（後に廃止。社史の年表ではこの日に廃止とあり）。予定された全区間が通じたことで乗客数はさらに増加するが、社史に掲載された乗客数の推移を見ると、開業翌年の明治一九年（一八八六）に一一六万一二八八人であったのに対して、同二一年（五月に堺まで延伸）は一七八万九九一三人と五割増し以上で、大幅に伸びたことがわかる。これを受けて明治二五年（一八九二）一二月には難波～住吉間を複線化した。これほど早期の複線化はきわめて異例であろう。

ついでながら、複線化二年後の明治二七年（一八九四）一一

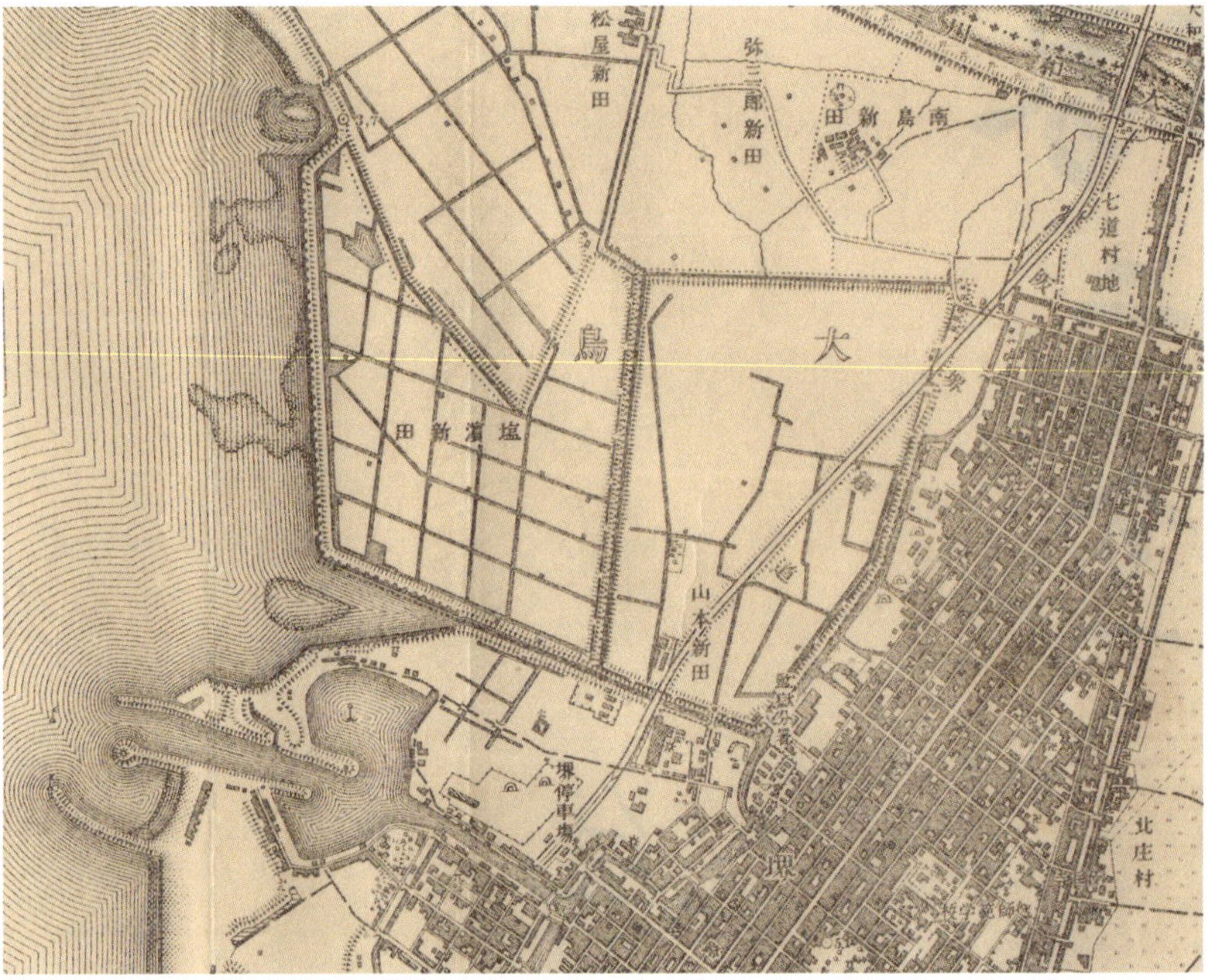

図3　大和川から阪堺鉄道の終着駅・堺停車場に至る区間と堺旧市街。当時は江戸期の環濠がまだ明瞭に残っていた。停車場の西側には煉瓦工場を意味するドーナツが地面に埋まったような記号（磚瓦製造竈）が見える。1:20,000仮製地形図「堺」明治31年修正　×0.7

月に発行された時刻表『汽車汽船旅行案内』によれば、難波〜堺間に朝の六時前後から夜の二一時台まで、ジャスト四〇分間隔で二四往復が運転されている。

前掲の「命令書」によれば、堺停車場の住所は「和泉国堺区吾妻橋通二丁目一番地」となっているが、実際には吾妻橋通二丁一番地だろう。堺市では江戸期から伝統的に「丁目」ではなく「丁」が現在に至るまで用いられているからであるが、公文書を記載する方もそれを書き写す方も、知らなければ間違ってしまう。当初は町名を採って「吾妻橋停車場」「吾妻橋ステーション」などとも呼ばれていた。

いずれにせよこの町名は昭和三四年（一九五九）に旧戎島《えびすじま》とともに戎島町一丁〜五丁ほかに統合され、現在の駅の所在地は戎島町三丁二二となっている。なお、開通当初の堺停車場は現在線より東側の東口駅前広場の位置で、それが後年に南隣の龍神《りゅうじん》駅と統合する形で昭和三〇年（一九五五）に現在地の南西側（コンフォートホテル堺付近）へ移り、それが高架化とともに同六〇年（一九八五）にほぼ旧地に戻った形だ。

各停車場とその距離が再調査値として明治二一年（一八八八）六月二九日付官報に掲載されているが、難波〜天下茶屋《てんがちゃや》間は二マイル一一チェーン三〇節（三・四五キロメートル）、天下茶屋〜住吉間は一マイル二五チェーン二〇節（二・一二キロメートル）、住吉〜堺間二マイル五六チェーン三五節（四・三五キロメートル）、全線は六マイル一二チェーン八五節（九・九一キロメートル）となっている（四捨五入処理のため合計は合わない）。

南海道の紀州和歌山を目指す

模様替——難波〜住吉間を複線化

日本初の純民営鉄道たる阪堺《はんかい》鉄道が明治一八年（一八八五）に難波〜大和川（北岸）間を開業、同二一年（一八八八）には当初の目的地である堺まで延伸した。摂津と和泉の大都市どうしを結び、しかも途中に住吉大社という有力な神社が存在することもあって乗客数は年を逐うごとに伸び、早くも同二五年（一八九二）一二月には複線化を行なっている。

これはすでに記したが、この年にはまだ営業運転する路面電車も国内に存在せず、民営鉄道としては最初期の複線化なので、それを申請する文書を掲げておこう。なおその後国有化した日本鉄道ではひと足先の同年一〇月二〇日に上野〜大宮間の複線化を行なっている。

鉄道線路中模様替之義ニ付御願

弊社鉄道線路中、大阪府下《ふか》大阪市南区難波新地《なんばしんち》六番町難波停車場ヨリ、同府下《ふか》西成《にしなり》郡粉浜《こはま》村住

吉停車場間ハ常ニ乗車ノ旅客多数ニテ、通常列車ノミニテハ不足ヲ感シ候事往々有之《これあり》候ニ付、今般両駅間ニ副線ヲ敷設シ、右等ノ場合ニハ随時列車ノ回数ヲ増加シ、一層乗客ノ利便ニ供《そなえ》候様仕度《つかまつりたく》情願《じょうがん》ニ御座候間、何卒《なにとぞ》御詮議ノ上右副線敷設、難波、天下茶屋、住吉三駅模様替之義、御許可被成下度《なしくだされたく》、別紙図面相添、此段奉願上《ねがいあげたてまつり》候也。

　阪堺鉄道株式会社々長

明治廿五年七月廿日　　松本重太郎　印

内務大臣　河野《こうの》敏鎌《とがま》殿

住吉大社での祭礼などで特に混雑する難波〜住吉間を複線化したいとの申請であるが、当時は「副線」という語が用いられていたようだ。なるほど単線に新たな線路を副えるイメージであろう。鉄道の工事関連の用語がまだ定まっていなかったのだろうが、駅の改築を意味する「模様替」は新鮮に響く。次は工事方法書である。

阪堺鉄道難波住吉間副線敷設工事方法書

本工事ハ副線新設及停車場模様替等僅少ノ事業ニシテ、一ニ在来ノ構造ニ準拠スルモノナルカ故ニ、施工ノ方法等ニ関シ特ニ茲《ここ》ニ記載スルヲ要セスト雖《いえ》トモ、単ニ其梗概《こうがい》ヲ識《しる》スコト左ノ如シ。

一　土工ハ現在線路（フヲーメーション幅拾四尺〔約四・二四メートル〕）ニ並行シ、其東側ニ存在セル剰地ニ添ヒ、幅拾尺〔約三・〇三メートル〕ノ増築ヲナシ之ニ新線ヲ布設シ、新旧両堤幅員合セ

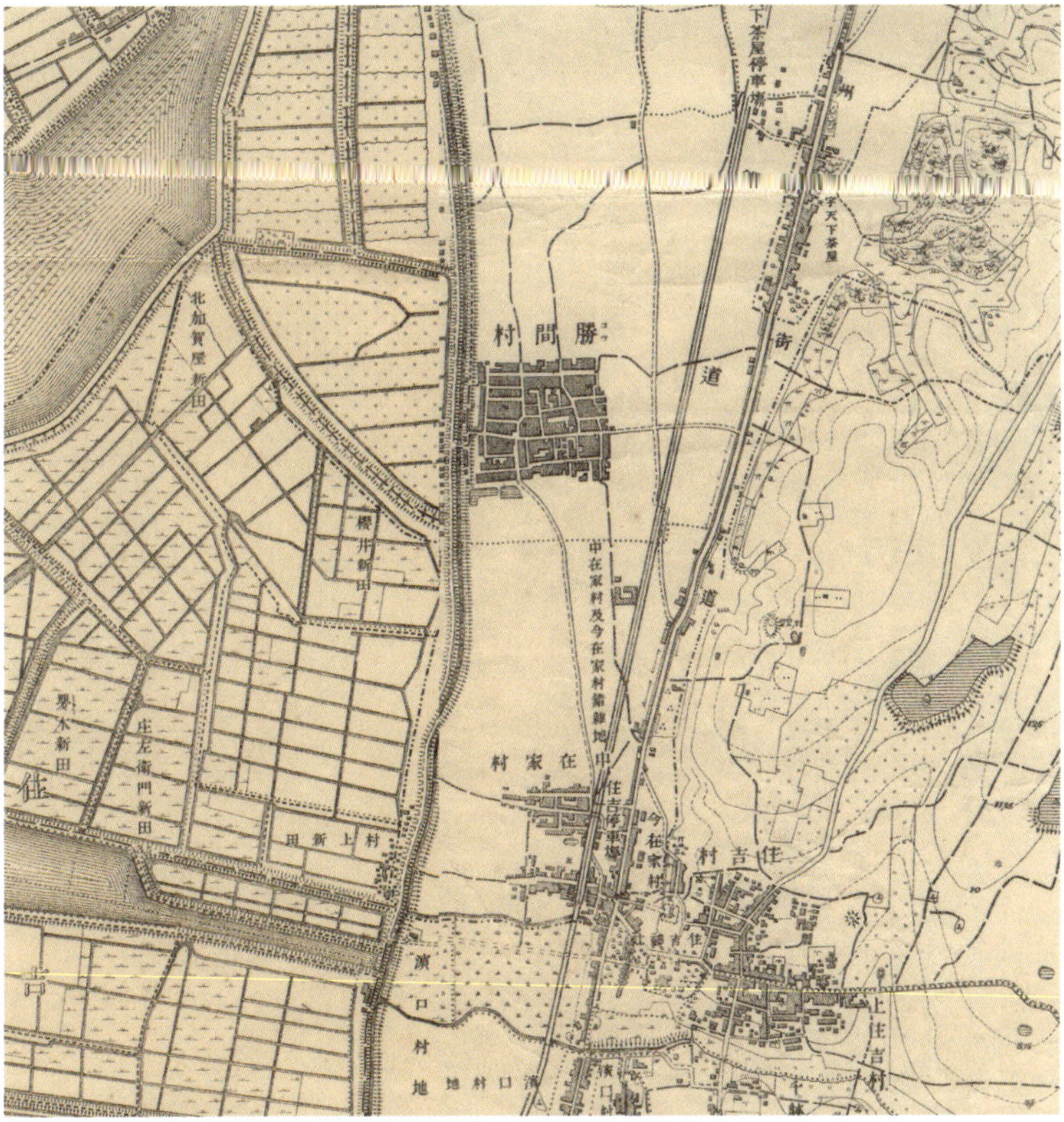

図1　民営鉄道で最初期に複線化された難波〜住吉間。住吉以南は単線の表示になっている。
1:20,000仮製地形図「天保山」明治30年修正＋「天王寺村」明治31年修正　×0.6

テ弐拾四尺〔約七・二七メートル〕トナス。

一「カルゥバート」〔culvert＝伏樋〕ハ現今ノ「アバットメント」〔abutment＝橋台〕ニ倣《なら》ヒ、図面ニ示ス如ク増築ヲナシ、新ニ《あらたに》木桁ヲ架設スヘシ。而シテ石工、瓦工、及木工共大略従来ノ規模ニ拠リ、実際必要ノ部分ハ多少ノ変更ヲ来スコトアルベシ。

一　軌条ハ従来使用シタル諸種ノ内、最モ有利ト認メタル五拾磅《ポンド》鋼鉄ヲ購入ノ見込ニシテ、附属鉄具類及スリーパー〔sleeper＝枕木〕等ノ撰定亦《また》之ニ同シ。

一　砂利敷ハ新堤土中へ沈入、及停車場用予備等ヲ合セ〔一字不明〕哩《マイル》数四哩ニ対シ毎哩三百七拾五坪〔約一二四〇平方メートル〕ヲ使用スベキ予算ナリ。

一　停車場構内線路及築造物変更並ニ増設工事ハ図面ニ示ス如クニシテ、就中《なかんづく》難波駅ハ用地狭《きょう》隘《あい》ニ過キ、計画上種々ノ支障アルカ故ニ、決シテ完全ナル結構〔＝構造〕ヲ得タルモノニアラスト雖《いえ》トモ、著シキ不便ナシト言フモ可ナラン歟《か》、将又《はたまた》「タルンテーブル」〔turntable＝転車台〕ハ直径弐拾尺〔約六・〇六メートル〕トシ、「プラットフヲーム」屋根ハ現在ノ位置ニ接続シ、何レモ従来ノ形状ニ方《あた》リ新設シ、「プラットフヲーム」土留工事及「ラゥパーブリッジ」〔不明〕等ハ官線設置ノ計画ヲ模シ築造スベシ。此他《このほか》石炭台給水器等ハ位置ノ変更ニ止《とどま》ル迄ニシテ、別ニ掲グベキコトナシ。

一　機関車庫及客車庫ハ車輛ノ増加ニ従ヒ拡設ヲ要スルモノニシテ、現在ノ儘《まま》桁行ヲ延長スルコト。機関車庫ハ三間〔約五・四五メートル〕、客車庫ハ八間〔約一四・五五メートル〕ナリ。

一　機関車庫及客車庫ハ当今使用ノモノト概子《おおむね》同趣ノ「スペシッヒケーション」〔specification＝仕様〕ニ拠リ購入或ハ作造スベシ。

以上

右之通リニ候也

明治廿五年六月　　工学士　植木

平之允《へいのじょう》

図2　堺以南も順次複線化された。図ですでに複線表示となっている堺～浜寺（現浜寺公園）間の複線化は明治40年（1907）の竣工。東側には高野登山鉄道（現南海高野線）も見える。1:20,000正式地形図「堺」明治42年測図　×0.6

これを書いた植木平之允は幕末の文久元年（一八六一）に長州萩藩士の家に生まれ、明治一五年（一八八二）に工部大学校（後の東京帝大工学部）を卒業、阪堺鉄道の前には日本鉄道（東北本線）の宇都宮～白河間の建設工事に携わっている。この複線化を担当した年に大阪府の技師に就任しており、その後は大阪築港や三井三池炭鉱の仕事も手がけた。文書に見られる頻度の高い片仮名用語は、おそらく彼が外国人教授に英語で学んだ土木工学用語が、まだ日本語として定着していなかったためであろう。まさに鉄道建設の黎明期を感じさせる文章だ。

かくして難波～住吉間の複線化工事は明治二五年（一八九二）一〇月一〇日に着工、正月を目前に控えた同年一

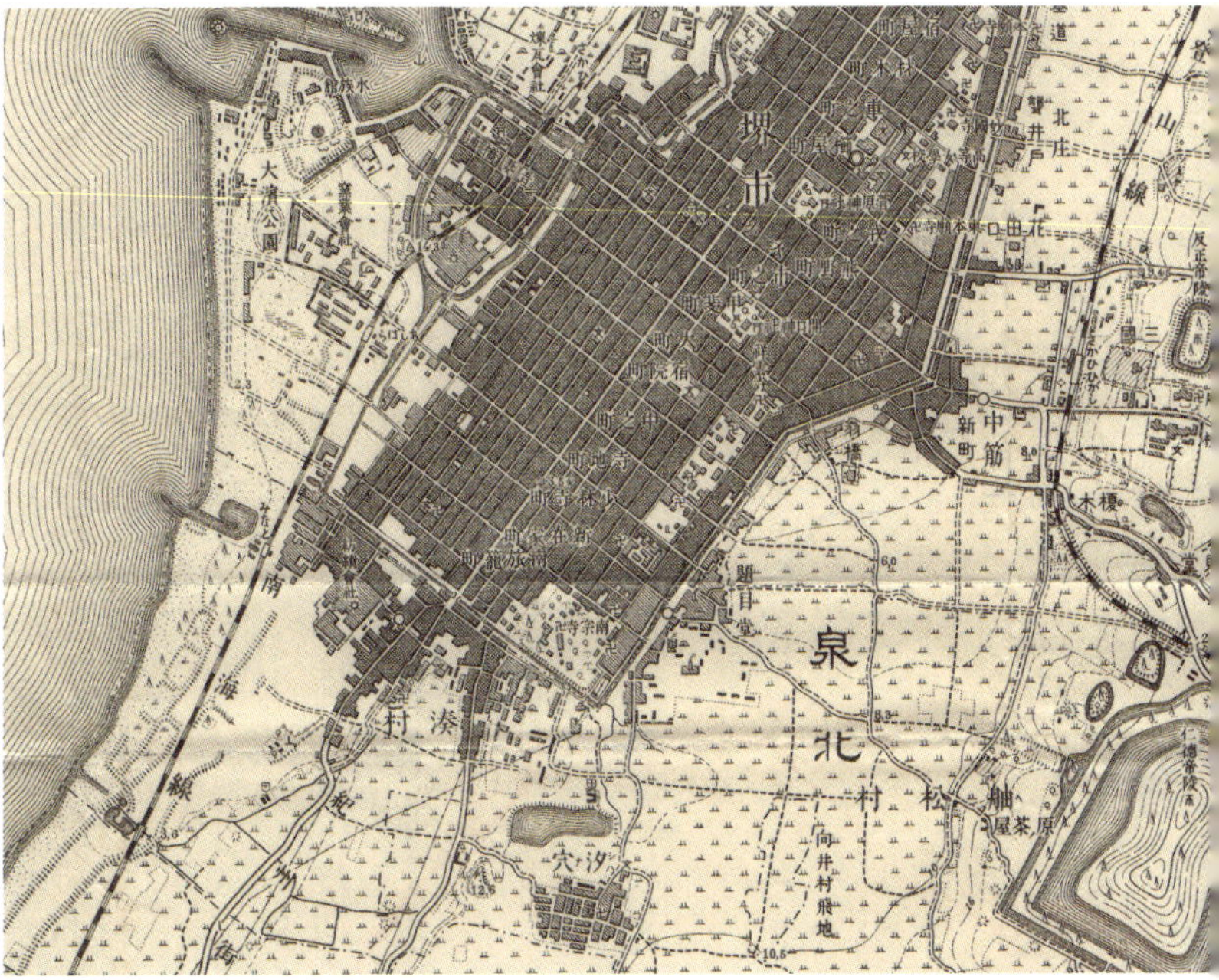

二月二九日には竣工した。えらいスピードだが、当時の阪堺鉄道沿線の多くがいかに農村風景の中にあったかがうかがえる。

堺〜和歌山間を結ぶ紀泉鉄道

複線化の三年前、阪堺鉄道の終点である堺から和歌山を目指す紀泉鉄道会社が創立の請願を提出している。社名はもちろん紀伊国の和歌山と和泉国の堺を結ぶことを指す。和歌山といえば御三家である紀州徳川家の大きな城下町であったが、もちろん当時の和歌山県に鉄道は一マイルも存在していない。以下はその請願書である。

紀泉鉄道会社創立之義ニ付請願

今般私共ニ於テ和歌山県下《けんか》紀伊国名草《なぐさ》郡紀ノ川北岸ヨリ大阪府下《ふか》和泉国堺市ニ達スル里程凡《およ》ソ三拾六英里〔三六マイル＝約五八キロメートル〕許《ばかり》ノ鉄道ヲ布設シ、旅客及物貨《ぶっか》運輸営業ノ目的ヲ以テ紀泉鉄道会社創立ノ義発起仕候ニ付、私設鉄道条例第壱条ニ拠リ起業目論見書捧呈仕候間、何卒特別ノ御詮議ヲ以テ別紙特許請願ノ条件御聞届ノ上、会社創立御免許状御下附被成下度《なしくだされたし》。尤《もっと》モ御許可ヲ被《こうむり》候上ハ、堺市吾妻橋ニ於テ阪堺鉄道会社ノ鉄道線路ト接続仕度《つかまつりたく》、已《すで》ニ該会社トモ協議ヲ遂ケ、別紙写ノ通約定《やくじょう》仕候ニ付、是亦《これまた》御免許ヲ被リ度《こうむりたく》此段奉願上《ねがいあげたてまつり》候也。

明治廿二年五月九日

大阪府下《ふか》東区平野町四丁目

松本重太郎
同府同区高麗橋《こうらいばし》二丁目
佐伯勢一郎
同府西区靱《うつぼ》北通一丁目
田中市兵衛
〔以下四四人住所氏名略〕
内閣総理大臣伯爵黒田清隆殿

発起人の冒頭に記された三人は松本が阪堺鉄道の社長、佐伯と田中は同社の取締役をつとめており、以下にも阪堺の役員の名が散見される。ちなみに田中は明治三九年（一九〇六）から南海鉄道の社長でもあった。住所に「大阪府下東区」などとあるが、前月の四月一日には市制施行により大阪府大阪市東区となっているはずだ。おそらく文書の準備をしている段階で「市」になったのだろう。

創立の翌年にあたる明治二三年（一八九〇）一月一五日には阪堺鉄道と紀泉鉄道は合併を決議するのだが、前年の凶作に由来する貿易赤字が、特に紡績事業の比率が高かった大阪の経済界を直撃、併せて同二三年に起きた和歌山県内の洪水で県内出資者の勢いが削がれてしまう。その上さらに大阪と和歌山を結ぶルートが競合する「紀阪鉄道」も出現した。有力な都市間を結ぶ鉄道には競願がつきものであった当時ではあるが、結局これは松方正義元首相の仲裁を経て明治二六年（一八九三）

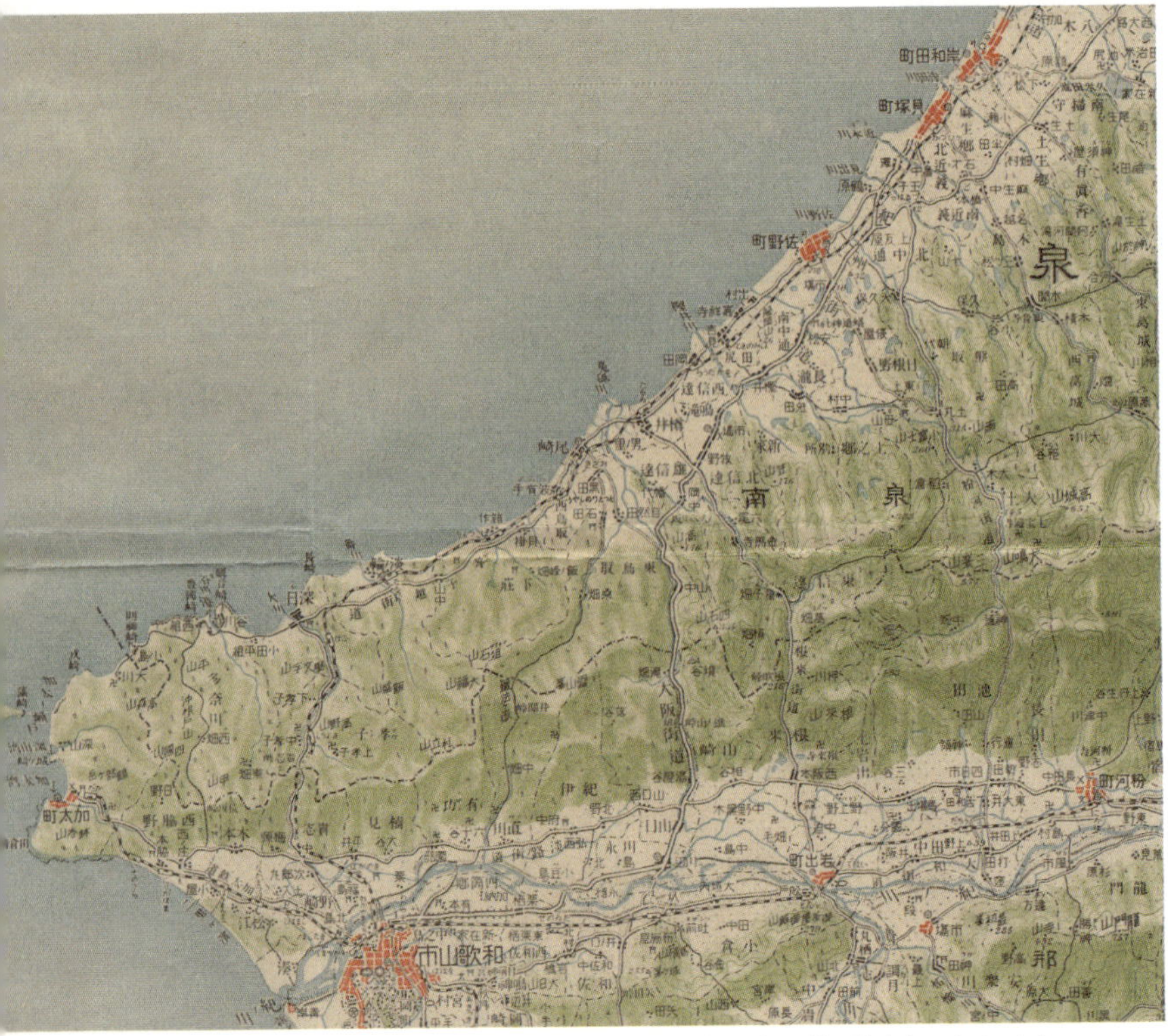

図3　堺から和歌山へ伸びる南海鉄道の路線。図は大正期のものだが、後に強力なライバルとなるJR阪和線の前身・阪和電気鉄道の姿はまだ見えない。1:200,000帝国図「和歌山」大正9年製版×0.7

に紀泉・紀阪の両者は合併することが決まった。

翌二七年に合併新社名を紀摂鉄道（紀伊国・摂津国）として鉄道敷設の仮免許状を得るが、社名は後に南陽鉄道と改め、さらに同二八年の創業総会が開催された時点では南海鉄道と二度目の改称で決着している。南海とは古代の「五畿七道」の南海道にちなむものである。五畿とは都を中心とする五か国、すなわち大和・山城・摂津・河内・和泉で、残りの国々を東海道、東山道、北陸道、山陰道、山陽道、南海道、西海道というルート別に七分類したものだ。

このうち南海道は紀伊の他に

淡路、それに阿波・讃岐・伊予・土佐の四国を加えた計六か国から成っている。起点の大阪・難波はもちろん畿内（摂津国）であるが、そこから南海道である和歌山県へ向かう鉄道という意味では、その後の発展性を秘めた広々とした幸先の良い社名を選んだものと言えるだろう。実際に後年には和歌山港から南海道の阿波国・徳島県へのルート開拓を積極的に推し進めている。

日本で最初期の改軌

阪堺鉄道は釜石鉱山鉄道の資材や車両を転用した経緯があるため、二フィート九インチ（八三八ミリメートル）という珍しい狭軌を採用したが、紀泉鉄道と直通して大阪～和歌山間を結ぶためには同じ軌間としなければならない。もちろん紀泉鉄道を阪堺鉄道に合わせて狭軌で建設すれば話は早いかもしれないが、今後は日本各地に直通すべき鉄道網の一環として考えれば、軌間を官営鉄道に揃えるべきことは論を俟たず、おそらく鉄道当局でも認可にあたっては阪堺の改軌を条件としたのではないだろうか。かくして明治二二年（一八八九）五月九日、まさに紀泉鉄道が出願されたその日じあるが、阪堺鉄道の軌間を官営鉄道と同じ三フィート六インチ（一〇六七ミリメートル）に改軌する申請が行なわれた。

線路改築之儀ニ付御願

弊社鉄道儀ハ嚮《さ》キニ御許可ヲ被《こうむ》リ弐呎九吋（二フィート九インチ＝約八三八ミリメートル）ノ「ゲージ」ヲ用ヒ鉄道ヲ敷設シ営業仕来候処、今般出願中ノ紀泉鉄道会社鉄道線ト弊社鉄道堺停車場ニ於テ接続仕度奉存《ぞんじたてまつり》候ニ付、同鉄道布設之儀御許可相成候上ハ、弊社鉄道モ更ニ「ゲージ」ヲ三呎六吋ニ改メ、汽《ママ》関車其他諸車ノ如キモ右接続ニ差支無之様《さしつかえこれなきよう》改造仕候間、何卒特別ノ御詮議ヲ以テ右改築ノ儀御許可被成下《なしくだされ》、夫《それ》カ為メ新ニ鉄道用地ト相成ヘキ地所ノ儀ハ、総テ私設鉄道条例第十五条ニ拠リ御処分ヲ被リ、尚ホ該地所ニ対スル一切ノ国税ヲ御免除被成下度、則《すなわち》別紙方法書相添ヱ、此段奉願上候也。

坂《ママ》堺鉄道会社社長

明治廿二年五月九日　松本重太郎

内閣総理大臣伯爵黒田清隆殿

この改築にあたっての「坂堺鉄道改築仕様書」が前日の五月八日に提出されている。抜粋して要約してみよう。まず第一項「土工改築ノ事」。盛土については既に普通鉄道の築堤に等しい幅員があるので、特に拡幅の必要のないことを述べている。具体的にレール幅は二三センチメートル広がるのであるが、第三項「軌道ノ幅員ヲ広ケ三呎六吋トナス事」によれば、現状長さ七フィート（二・一三メートル）の枕木は交換の必要なしとあるが、レールは在来の一ヤード四一ポンドまたは五〇ポンド（一メートルあたり約二〇・五〜二五キロレールに相当）であったのを順次六〇ポンド（三〇キロレール）のものに交換する見込みという。なお第四項「大和川橋台ヲ高ムル事」では水害防止のためか、これを機に大和川橋梁の橋台を二フィート（約六一センチメートル）高めるとしている。もち

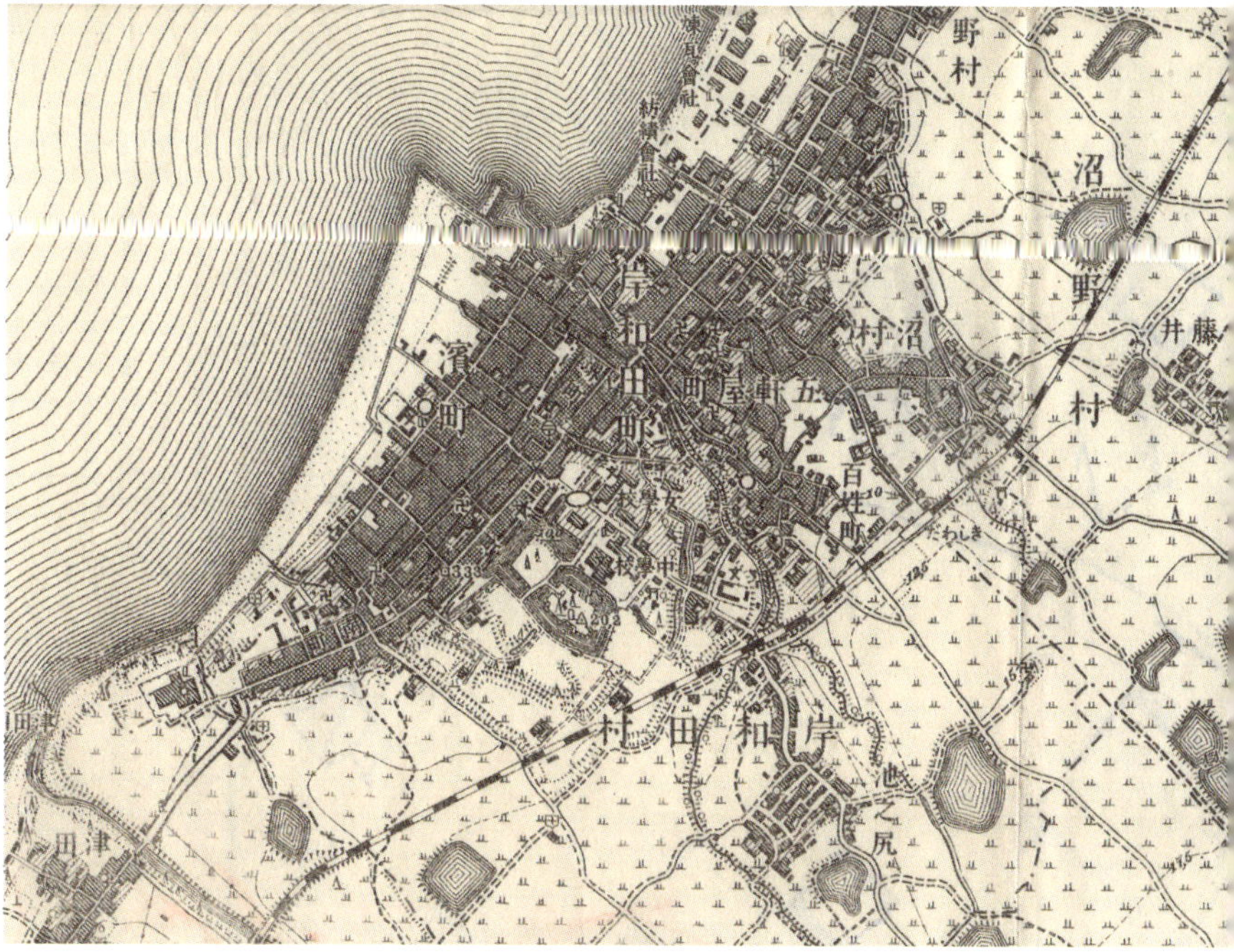

図4　岸和田市街の東側に設置された南海鉄道岸和田停車場とその周辺。現在市街化している東側には水田が広がっている。駅の所在地は「百姓町」を中心とする岸和田村で、岸和田町とは別の自治体であった。1:20,000正式地形図「岸和田」明治42年測図

ろんこれに応じて線路の高さが上がるのは言うまでもない。その他には駅舎や車庫、機関車や客車・貨車の改造について細かく記されている。

いずれにせよ日本では最初期の改軌と思われるが、「此工事ヲ為スニハ一時営業ヲ停止セザルヲ得ザルモ、能ク準備ヲ整ヘ日夜業ヲ操ラバ多分ノ〔多くの〕日子ヲ要セスシテ出来《しゅったい》スベシ」とあり、意外に簡単そうに記されている。『南海電気鉄道百年史』の年表によれば、明治三〇年（一八九七）六月一〇日に改軌に着手しているが、この日は南海鉄道が堺～佐野（現泉佐野）間を開業するまで四か月を切った段階だ。結局改軌工事の完成は、同線がさらに尾崎まで一一月九日に延伸された翌月の一二月一四日で、両者を直通す

る列車はその翌一五日から運転が開始されている。

和歌山への道

さて、後に南海鉄道となる紀摂鉄道が堺から和歌山まで約三四マイル（約五五キロメートル）の鉄道敷設仮免許状を得たのは、日清戦争が勃発する前月にあたる明治二七年（一八九四）七月三日であった。ルートの選定と測量は急いで進められ、同二八年四月二〇日付で提出された測量報告が『南海電気鉄道百年史』に掲載されている。「旧設計」と比較した箇所が見えることから、数少ない難所である和泉山脈越えの孝子《きょうし》付近のルート変更を決めた二度目の測量と考えられる。

これによれば、当初の孝子越えは四〇分の一（二五パーミル）という急勾配であったが、これを五〇分の一（二〇パーミル）に緩めた。このため工費は五万円ほど余分にかかるとしているが、機関車の牽引力と輸送可能な貨車の重量などを考慮すれば、最終的には勾配が緩い方がモトがとれると説明している。和歌山停車場の位置については当初市街の東側（現在のJR和歌山駅付近か）を予定していたのを、北西側の紀ノ川河畔に変更した。これは水運の便を考えたこと、それに市街各所にとってその方が利便性が高いためだとしている。

堺～佐野間は明治三〇年（一八九七）一〇月一日に開業、続いて尾崎までは一一月九日、孝子越えで和歌山県に入り、和歌山北口までは翌三一年一〇月二二日に開業している。この駅は紀ノ川橋梁の北詰、当時の名草郡野崎村大字福島に設置されたが、おそらく和歌山市駅まで開業するまでの仮駅のような扱いであったらしく、和歌山市まで全通したその日に廃止された。しかし書類上は同日に九〇〇メートルほど大阪寄りに移転して「紀ノ川」と改称、という扱いらしい。

その時点で開業していた停車場を、明治三二年（一八九九）四月一日ダイヤ改正時と同三七年（一九〇四）三月改正の時刻表『汽車汽船旅行案内』によって一覧してみよう。Mはマイル（約一・六〇九キロメートル）、Cはチェーン（約二〇・一メートル＝八〇分の一マイル）を示す。カッコ内は現駅名およびキロメートル換算である。

駅名	明治三二年（一八九九）	明治三七年（一九〇四）
難波	〇M〇〇C（〇・〇〇キロメートル）	〇M〇〇C（〇・〇〇キロメートル）
天下茶屋	二M一三C（三・四八キロメートル）	一M七七C（三・一六キロメートル）
住吉*	三M四〇C（五・六三キロメートル）	三M三七C（五・五七キロメートル）
大和川**	五M〇〇C（八・〇五キロメートル）	四M七七C（七・九九キロメートル）
堺	六M一七C（一〇・〇〇キロメートル）	六M一四C（九・九四キロメートル）
湊	七M一一C（一一・四九キロメートル）	七M〇八C（一一・四三キロメートル）
浜寺（浜寺公園）	九M三〇C（一五・〇九キロメートル）	九M二七C（一五・〇三キロメートル）
大津（泉大津）	一二M七〇C（二〇・七二キロメートル）	一二M六七C（二〇・六六キロメートル）
岸和田	一六M二四C（二六・二三キロメートル）	一六M二一C（二六・一七キロメートル）
貝塚	一七M七四C（二八・八五キロメートル）	一七M七一C（二八・七九キロメートル）
佐野（泉佐野）	二一M二六C（三四・三二キロメートル）	二一M二三C（三四・二六キロメートル）

樽井	二五M三四C（四〇・九二キロメートル）	二五M三一C（四〇・八六キロメートル）
尾崎	二六M七七C（四三・三九キロメートル）	二六M七四C（四三・三三キロメートル）
箱作《はこつくり》	二九M一二C（四六・九一キロメートル）	二九M〇九C（四六・八五キロメートル）
深日《ふけ》＊＊＊	三三M一二C（五三・三五キロメートル）	三三M〇九C（五三・二九キロメートル）
紀ノ川	―	三八M三三C（六一・八二キロメートル）
和歌山北口	三八M七六C（六二・六八キロメートル）	―
和歌山市	―	四〇M〇三C（六四・四三キロメートル）

＊住吉駅は大正初期に廃止　＊＊大和川駅は初代とは異なる南岸の駅で大正期に廃止　＊＊＊深日駅は昭和一九年（一九四四）の多奈川線開業に伴って貨物駅となり、後に休止↓廃止

難波起点の距離が各駅でことごとく違うが、全体にほぼ三チェーン（約六〇メートル）短くなっているのは難波駅の改築に伴うものであろうか。なお、それを考慮するとこの間に天下茶屋駅は三八〇メートル、住吉駅は一二〇メートルそれぞれ北へ移転したようだ。

和歌山北口駅から終点の和歌山市駅までは延伸に約四年半かかっていることからも推察できるように、川幅の広い紀ノ川に鉄橋を架けるのは一私鉄にとってまさに大仕事であった。大和川橋梁の全長二一八メートルに比べると三倍近くの六二七メートルに及ぶ堂々たる大橋梁で、南寄りの本流上にアメリカンブリッジ社から輸入した曲弦プラットトラス（ピン結合・径間二〇三フィート九インチ

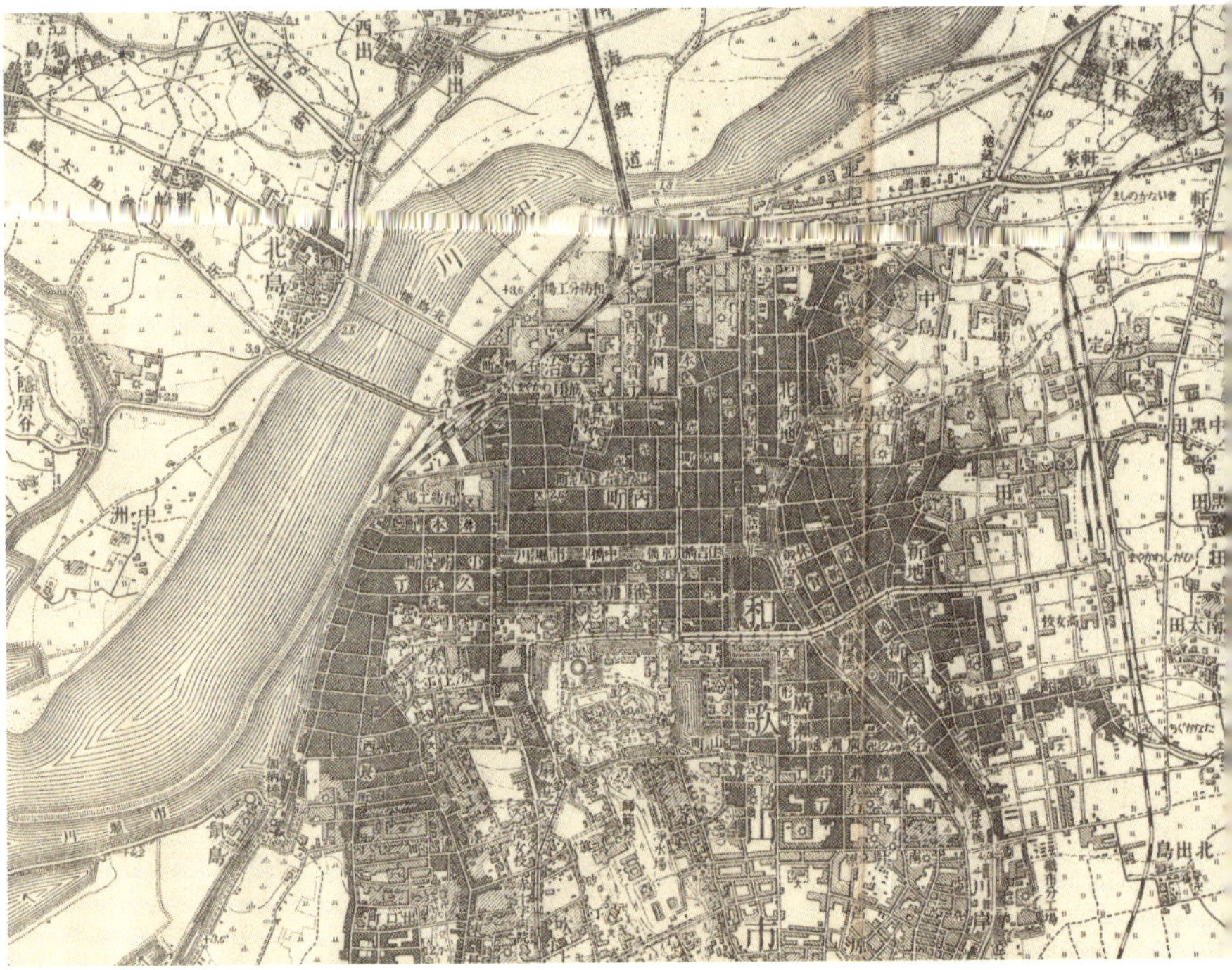

図5　紀ノ川の長い橋梁を完成し、明治36年（1903）3月に念願の和歌山市駅へ到達した。図は昭和9年（1934）の状態（発行は同22年）だが、当時の和歌山駅は現紀和駅、東和歌山駅が現和歌山駅である。1:25,000地形図「和歌山」昭和9年修正　×0.7

＝約六二・一メートル）を三連、その前後を北側一六連、南側三連のプレートガーダー橋が挟む形で、今でも上り線用として現役である。

大橋梁の完成により明治三六年（一九〇三）三月二一日に難波～和歌山市間が全通した。和歌山の街には紀ノ川沿いを走る紀和鉄道が（現和歌山線）ひと足先の明治三一年（一八九八）に和歌山停車場（現紀和駅）を開設していたため、二番目にこの街に到達した南海鉄道としては、ターミナルを別名とする必要があり、「和歌山市駅」としたようだ。翌三七年の時刻表によれば、難波～和歌山市間は一日一〇往復の列車が運転され、そのうち急行列車が二往復。所要時間は普通が二時間三一～三七分、急行が一時間五五～五六分（いずれも下り）であった。なお、南海が開通した同じ日に紀和鉄道は和歌山駅から線路を伸ばして南海鉄道に接続したが（接続地点は和歌山～和歌山市間の「連絡点」）、この線路を用いて後に両者を直通する列車が走ることになる。

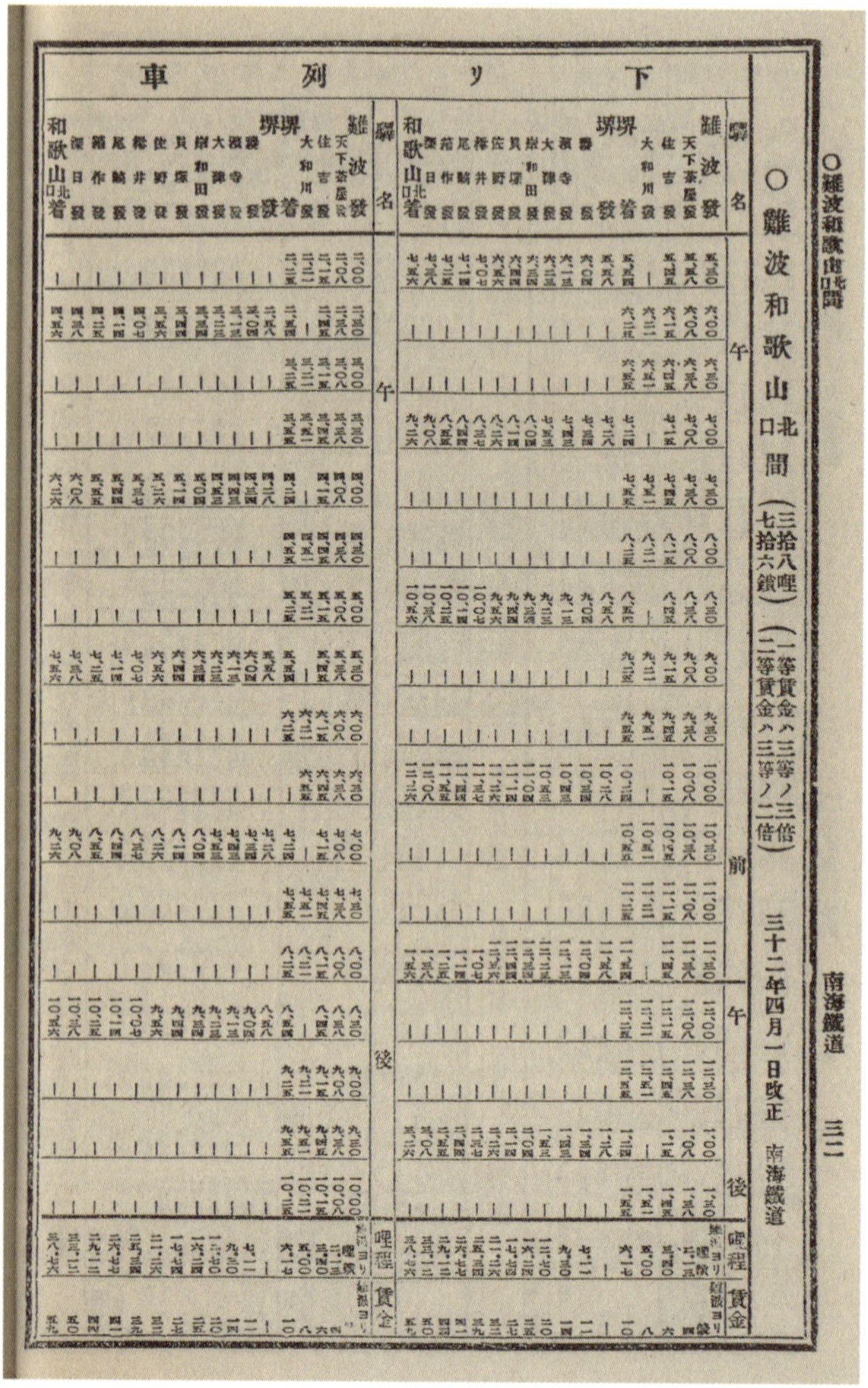

図6　和歌山北口駅が終点だった頃の時刻表。『汽車汽船旅行案内』明治32年（1899）4月号　庚寅新誌社

遥《はる》か高野山を目指して

西高野街道に沿う鉄道計画

明治期の鉄道は、街道沿いに敷設されることが多かった。五街道のような主要なものはもちろん、ある程度の都市どうしを結ぶ脇往還のような道、また有力な寺社へ参る道であっても、人や物の流れが確立した街道筋であれば、これに沿って鉄道を敷設することで、乗客や貨物を手堅く取り込むことが期待できたからである。

さて、真言宗の総本山・高野山へ参る街道といえば、京都方面からの東高野街道と大阪・堺方面から通じる西高野街道が代表的だ。このうち東高野街道は枚方《ひらかた》で京街道から分かれて南下、生駒《いこま》山地の西麓に沿って柏原《かしわら》に至り、さらに大和川を渡って古市（藤井寺市）、富田林《とんだばやし》、長野（河内長野市）に至るものだ。もう一方の西高野街道は堺を起点に南南東へ進む道で、百舌鳥《もず》や狭山《さやま》を経て長野に至る。

南海電気鉄道高野線の前身である高野鉄道は、この西高野街道に沿って敷設された。東西の高野街道は長野で合流して高野街道として南下、紀見《きみ》峠を越えて河内国から紀伊国に入り、橋本の先で紀ノ川を渡った後は山中に分け入って高野山に至る。

明治二六年（一八九三）一〇月七日付で逓信省に鉄道敷設の出願が行なわれた当初は「堺橋鉄道」と称したが、その名の通り堺から和歌山県の橋本（現橋本市）を結ぶことから名付けられたものだ。経由地は日置荘《ひきしょう》（萩原新田・初芝付近）から長野（現河内長野市）、そして紀見峠である。

発起人は大阪府大鳥郡（明治二九年から泉北郡）在住の川端三郎平など総勢七四名。翌二七年には

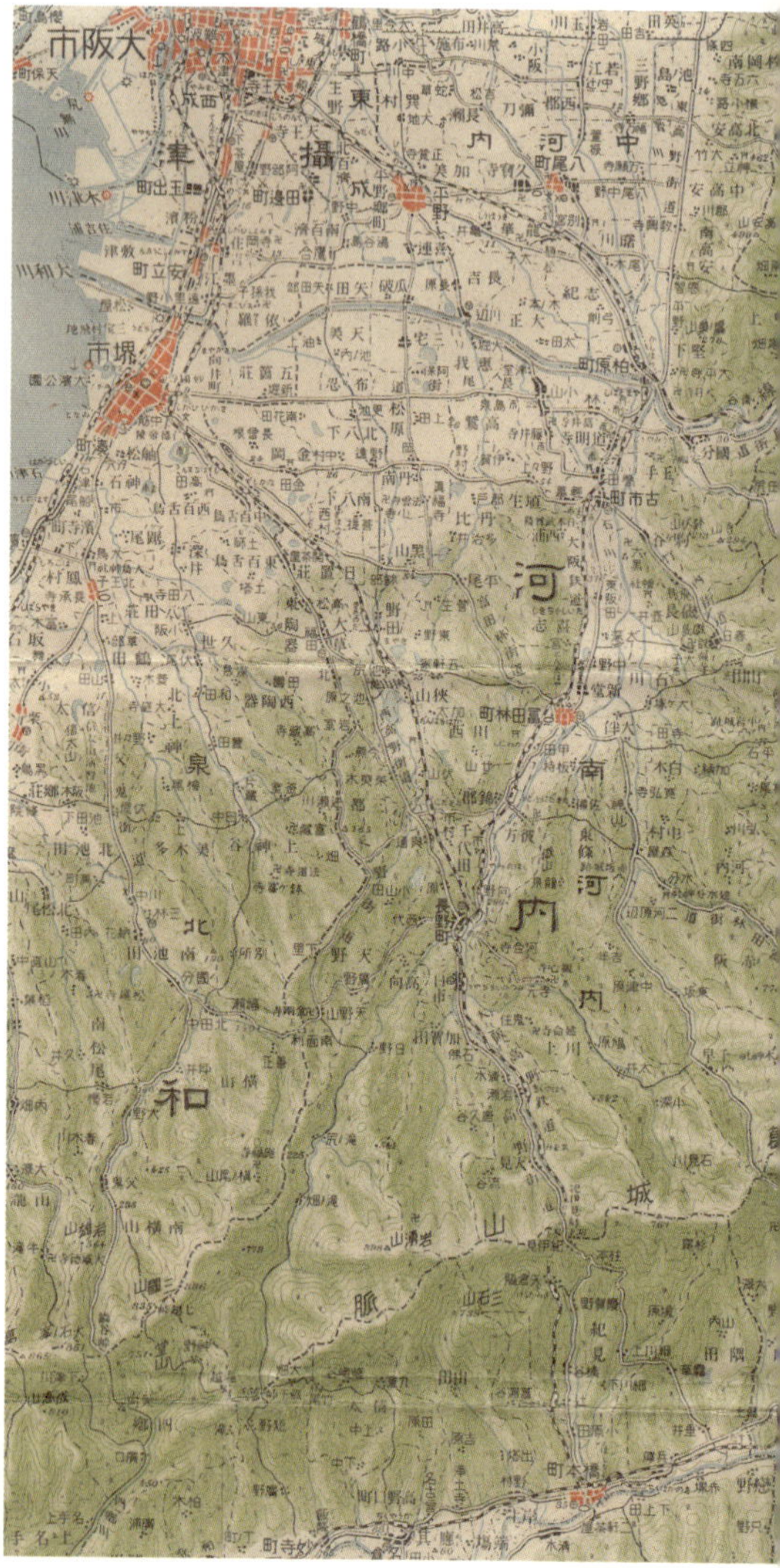

図1　東西の高野街道と高野鉄道の路線。
1:200,000帝国図「和歌山」大正9年製版　×0.7

その名を高野鉄道と改めた。地名の頭文字を繋ぐなどより、街道名であり総本山である高野の名を採った方がいいに決まっている。本免許は明治二九年（一八九六）に下付されたが、当初の起点は南海鉄道の堺駅としていたのを住吉に変更した。これは住吉大社の参拝客の取り込みを意識したものだ。

大小路（堺東）〜長野（河内長野）間の開業

かくして高野鉄道は明治三一年（一八九八）一月三〇日に大小路《おおしょうじ》〜狭山《さやま》間の五マイル五四チェーン（九・一三キロメートル）を開業した。始発駅の大小路は現在の堺東《さかいひがし》駅であるが、大小路といえば古くから商業殷賑な堺の中心地の通り名で、駅はその東に外れた場所に設けられた。その後二か月あまり後の四月二日には長野（現河内長野）駅まで延伸している。

大小路〜長野間を開通させた直後の明治三一年（一八九八）八月の時刻表『汽車汽船旅行案内』（庚寅新誌社）によればこの区間に一日九往復が運転されており、所要時間は三六〜三九分。起点を前述の通り南海鉄道の住吉駅（現住吉大社駅の北側）に置き、しかも大和川への架橋を待たずに大小路以南での見切り発車に踏み切ったためか、堺駅から東へ一・七キロメートルほども離れた街外れのターミナルに接続すべき鉄道はなく、旅客や貨物の双方にとってだいぶ不便な状態でのスタートだったに違いない。

案の定ではあるが営業成績は振るわず、『南海電気鉄道百年史』によれば、開業したばかりの明治三一年（一八九八）下半期にはさっそく一七五二円余の欠損金を出したという。沿線の状況を見

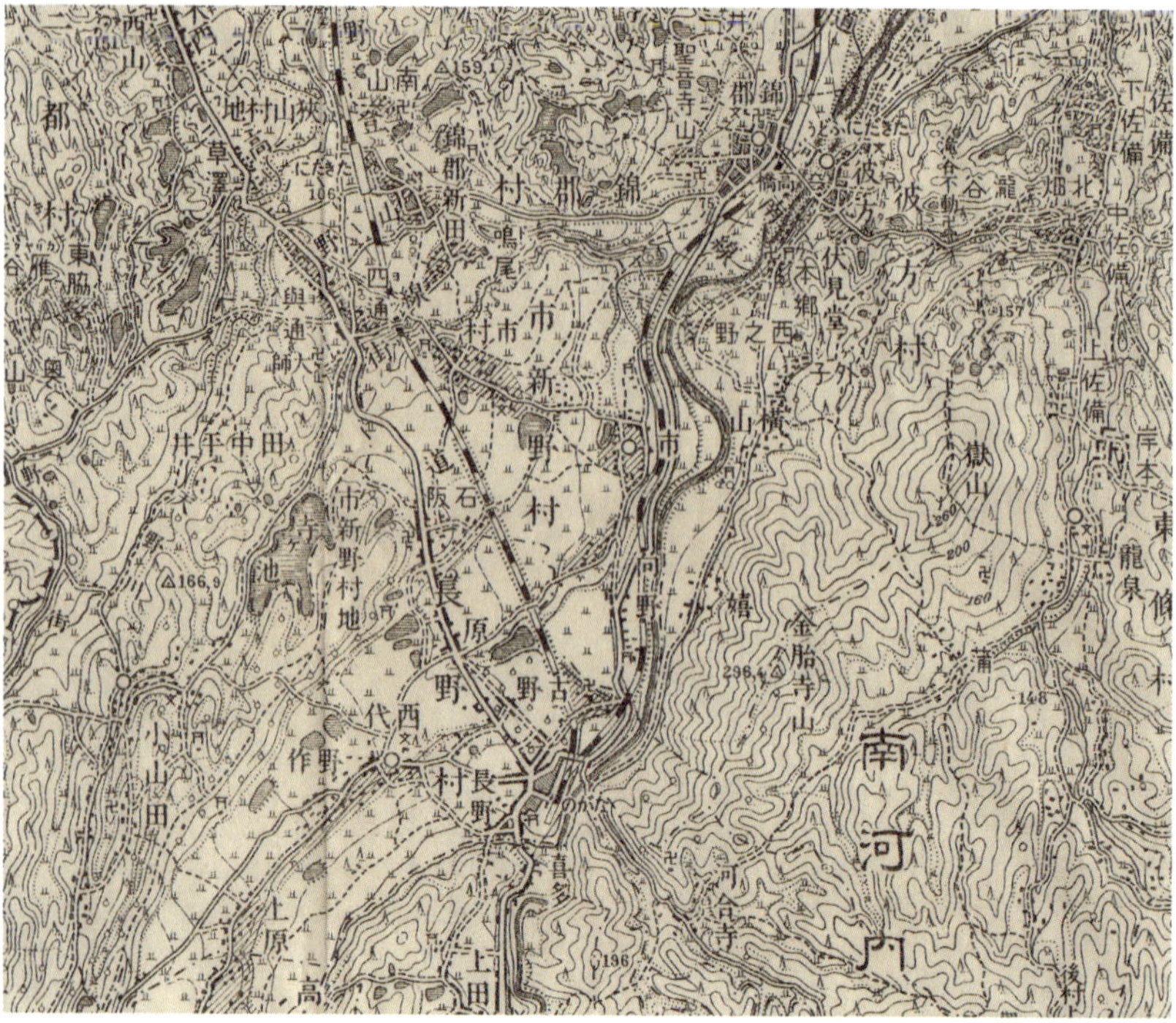

図2　当時の高野鉄道（図では明治40年以降の「高野登山線」の表記）の終点は長野村の長野駅。東側から合流する鉄道は柏原から東高野街道沿いに南下してきた河南鉄道（現近鉄長野線）で、高野鉄道開業4年後の明治35年に長野に達した。このような形の終着駅は珍しい。1:50,000「五条」明治41年測図

ればもっともなことで、河内長野市は今でこそ一〇・五万人を擁する近郊都市であるが、高野鉄道が開業した当時は南河内郡長野村であり、明治二二年（一八八九）の人口は二三四五人、同四二年でも二八九一人という小邑に過ぎなかった。もちろん旧長野村の領域はその後合計七村を合併しているので、面積は大きく異なる。

　最初の区間開業に先立つ明治三〇年（一八九七）九月二日、高野鉄道では住吉からさらに北上して津守《つもり》村までの線路延伸を申請している。具体

的な終端点は木津川《きづがわ》駅で、文字通りこの川に面した場所に駅を設置して水陸の貨物の結節点とする計画であった。当時はもちろん貨物自動車など存在しない時代で、貨物駅を運河や河川に面した所に設けるのは当然であった。次は津守延長線（申請書では「支線」の扱い）の認可申請書である。

高野鉄道株式会社支線敷設認可申請書

一般本会社鉄道起点地タル大阪府西成郡粉浜《こはま》村 即《すなわち》 坂堺《ママ》鉄道（現南海電気鉄道）株式会社停車場（此起点地ハ目下認可申請中）ヨリ、同郡津守村ニ至ル一哩六拾鎖（一マイル六〇チェーン。約四・四三キロメートル）間ニ支線敷設致度《いたしたく》候ニ付、右御認可ノ義申請仕候。而シテ此敷設ヲ申請致候。重《おも》ル理由ハ大略左ノ通ニ有之《これあり》候。

本社線路経過ノ地方ハ半《なかば》ハ平野半ハ山間ニシテ、其物産ノ多キ蓋《けだ》シ全国著名ノ一《ひとつ》タリ。然ルニ運搬ノ法完全ナラザルカ為メ、未タ充分ノ発達ヲ得サルモノ頗《すこぶ》ル多シ。仮令《たとえば》ハ彼ノ紀和地方（＝紀州および泉州）ノ産出ニ係《かかわ》ル有名ナル吉野又ハ高野木材ノ如キ、今日ノ運搬方ハ遠ク産地ヨリ紀ノ川ヲ下リ、和歌山ヲ経テ海路木津川ニ入リ、同所ニ於テ貯蔵スルヲ常トセリ。去レハ《されば》之レカ運搬ニ多数ノ時日ヲ費スノミナラス、時々張水《ちょうすい》激流ノ為メ往々流失毀損スル等、年々被ル所ノ損害実ニ莫大ナリトス。

故ニ此等ノ不便ヲ免レシメント欲シ、本会社ヲ設置スルニ至リタリト雖《いえど》モ、不幸ニシテ本社線路起点地タル粉浜村即チ住吉ハ大坂《ママ》市ヲ去ル尚数哩《マイル》ノ外ニアリ、且ツ此地タル人家ト公園トヲ以テ遮断セラレ、到底多数ノ貨物ヲ蓄積スルノ余地アラサルカ故ニ、再ヒ之ヲ転送スルノ不便ヲ蒙《こうむ》リ、本社線路カ与フル便益モ一簣《いっき》ヲ欠《かく》ノ恨《うらみ》アリ。

吉野・高野の木材資源を大阪へ

大阪府南部から和歌山県にかけての木材資源は良材として古くから知られたが、維新を迎えても運搬方法は江戸時代から変わらず、紀ノ川から海路を経て大阪へという不便な行程を強いられていた。しかもせっかく大阪に到着した木材が洪水などのため流失する不運に見舞われることもしばしば。この前近代的な輸送路を改善するというのが高野鉄道設立の大目的であったが、先に認可された起点の住吉は大阪からなお数マイルの距離があり、せっかくここへ届いた貨物も積み替えをしなければならない。

〔承前〕然ルニ今若《も》シ此地ヨリ支線ヲ設ケ、貨物ノ集散ニ最モ便利ナル木津川々畔ニ於テ舩渠其他ノ適当ノ積卸所ヲ設クルコト恰《あたか》モ日本鉄道〔後の東北本線など〕ノ秋葉原ニ於ケルカ如クセハ、前記ノ木材ヲ初メ其他諸般ノ貨物ハ、産地ヨリ直《じか》ニ市場ニ運搬スルコトヲ得テ、沿道貨物ノ多年被リタル不便一朝ニシテ免カレ、惹《ひ》テ其繁殖ヲ促スヘキナリ。

又大坂《ママ》市ノ西部ハ所謂《いわゆ》ル海陸通交ノ要衝ニシテ、殊ニ近年工業ノ発達著ルシキヲ以テ、本支線敷設後ハ彼ノ高野山ニ参詣スル多数ノ旅客ハ勿論、沿道ノ旅客ハ必ス此ノ捷路〔＝近道〕ニ依ルベク、即チ大坂市ト関係地方トノ交通ヲ一層便ニスルヤ敢テ疑ヲ容レサルナリ。

且ツ夫《そ》レ将来ノ形勢ヲ察スルニ、目下着手セル大坂運河及大坂築港落成ノ上ハ此支線ハ忽《たちま》チ海陸結合ノ聯鎖《れんさ》トナリ、交通上幾多ノ利益ヲ与フルハ地理上明ニ示ス所ニシテ、仮令《たとい》本社之レヲ計画セサルモ必ス之カ施設ヲ要スルニ至ルハ敢テ数年ヲ出サルヘシト信ス。

大要前述ノ如ク、本支線施設ノ目的ハ要スルニ紀和産出木材其他沿道貨物ノ運搬ヲ便ニシテ以テ其繁殖ヲ計リ、併セテ大坂市西部ト関係地方ノ交通ヲ増進スルニアリ。猥《みだり》ニ本社ノ利益ヲノミ冀望《きぼう》スルモノ無之《これなく》候。冀《ねがわ》クハ御詮議ノ上、本願御採用、速《すみやか》ニ認可御指令相成度、別紙略図及起業目論見書相添へ此段株主ノ決議ヲ以テ悃願《こんがん》仕候也。

明治三十年九月二日

高野鉄道株式会社

社長　松方幸次郎

逓信大臣　子爵　野村靖殿

東京の「秋葉原におけるが如く」という表現が見える。上野駅から南下して秋

図3　貨物線時代の東京・秋葉原駅（右端の「秋葉原貨物取扱所」）。神田川と水路で直結されていることが読み取れる。1:10,000地形図「日本橋」大正10年修正　×0.9

葉原貨物駅に至る貨物線は、市街地のまん中を通るため反対運動もあって難航したが、明治二三年（一八九〇）に開業するや、神田川水運と接続する利便性が功を奏して東京の物流の拠点として発展した。戦後も引き続き青果市場がここに稼働し、平成元年（一九八九）まで存在していたことがそれを物語っている。

南海鉄道の住吉駅に接続する当初案

この図は申請書に添付されたものだが、最終的に建設されたルートとは大きく異なっている。当初の予定では高野鉄道は堺市街から阪堺鉄道（現南海）に近づき、ほぼ並走しながら大和川を渡って住吉駅で合流しており、その先は阪堺鉄道と住吉駅構内で平面交差し、その後は西へ分かれて木津川駅までほぼ直線のルートで結んでい

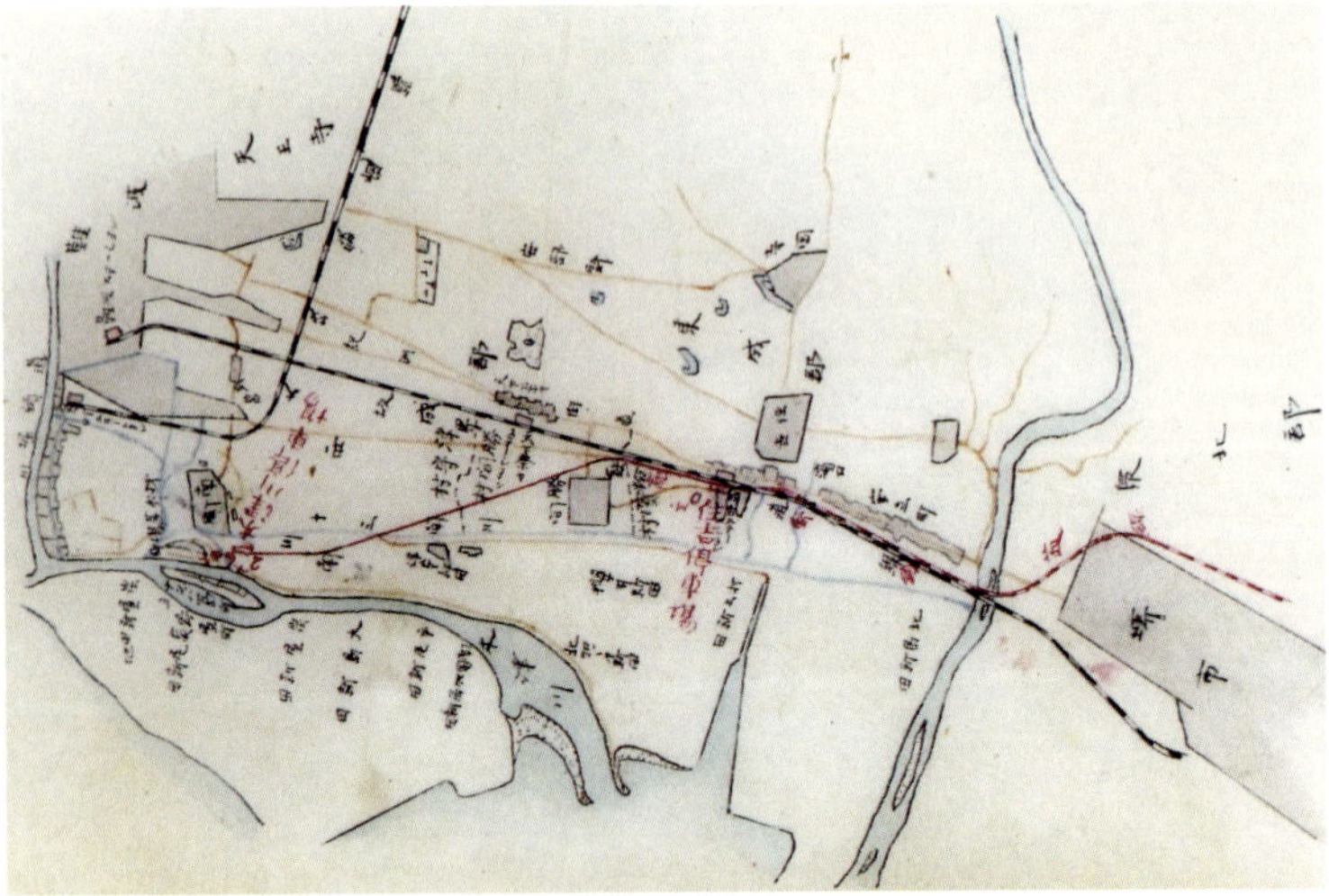

図4　阪堺鉄道（現南海電気鉄道）の住吉駅（現住吉大社駅の少し北方）を起点としていた当時の津守村への「支線」（赤線）敷設の申請書に添付された図面。現在線とは大幅に異なっている（東が上）。鉄道院文書「高野鉄道株式会社」巻二（明治32年）より。国立公文書館蔵

る。高野鉄道ではその後明治三一年（一八九八）一〇月二〇日に木津川から難波（汐見橋）までさらに延伸の申請を行なうのだが、その二週間後の日付で住吉付近のルートに「物言い」がついた。次は同年一一月五日付で大阪府知事から鉄道を所管していた逓信大臣に宛てた意見具申書である。なお阪堺鉄道は前月の一〇月一日付で南海鉄道に譲渡され、その一部となった。

高野鉄道線路変更之義ニ付具申

高野鉄道株式会社線路起点ヲ〔堺駅から〕西成郡粉浜村住吉駅ニ変更シ、且ツ同駅ヨリ同郡津守村へ延長線布設願ニ対シ、明治二十九年九月廿八日ニ第三二四六号副申及進達候処、起点変更ハ本年四月二日付ヲ以テ認可セラレ、延長線布設ハ本年十月五日第百五十五号ヲ以テ仮免状下付セラレ候処、今般津守村ヨリ大阪市南区難波へ延長併《ならび》ニ粉浜津守間本免状下付之義別紙出願候ニ付、右ニ対スル意見左ニ。

一　住吉神社及公園ト鉄道トノ関係

起点変更線ハ南海鉄道ニ沿ヒ、大阪府地方税経済ノ維持ニ係ル住吉公園内ヲ通過スル設計ナルモ、現在園内ニ於テハ南海ノ複線布設アリテ、汽車ノ往復織ルカ如クニ頻繁ナルカ為メ、往々轢死又ハ負傷者アリ。然ニ今、高野線ヲ加設スルトキハ三線トナルノミナラス、将来若シ又之ヲ複線トスルカ如キアラムカ、四線ノ多ニ至リ、益危険ノ度ヲ高ムルハ勿論、現在ノ設計ニ依ルモ線路及停車場用地ノ為メ、別紙甲号図面ノ通リ殆ント五反歩〔約〇・五ヘクタール〕ノ面積ヲ要スル

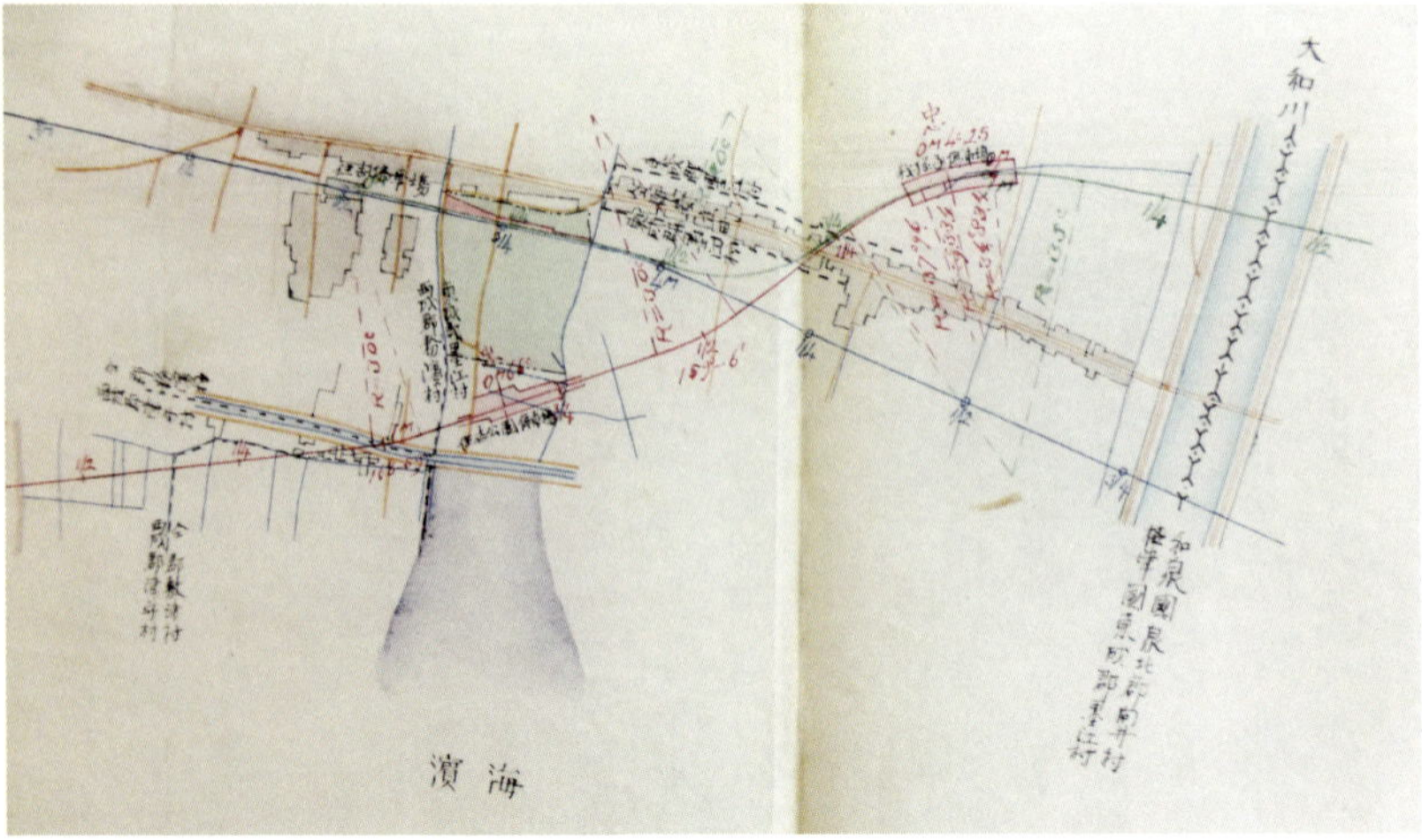

図5　住吉駅を通らずに南海鉄道と立体交差する変更案。この段階では住吉駅の南側で立体交差して海側へ進み、そこに住吉公園駅を設置する予定だった（東が上）。鉄道院文書「高野鉄道株式会社」巻二（明治32年）より。国立公文書館蔵

ニ依リ、公園ノ風致ヲ毀損シ、遊楽ノ園地ヲシテ殆ント其用ヲ廃セシムルニ至レルヲ以テ、巷間往々故障ノ声アレハ、追テ同社ヨリ園地使用ノ件ヲ出願スルニ当リ、之ヲ府会ニ提議スルモ到底通過ノ望ミナシ。加之《しかのみならず》住吉神社ノ正面ニ当ル道路ヲ狭ムテ鉄道用地ト為スモノナルニ依リ、神社ノ風致参拝ニモ影響スルコト蓋《けだ》シ少々ナラサルヘシ。

前述の通り阪堺鉄道は明治二五年（一八九二）という早い時期に難波~住吉間を複線化している。「織るが如く」頻繁に汽車が走っているとするこの文章からは現在のラッシュ時の光景が連想されるが、当時の時刻表によれば一時間に片道二本。現代の感覚では過密ダイヤにはほど遠いが、この文章によればそれでも死傷事故がたまに発生していたらしい。

当初の計画では、高野鉄道の予定線は住吉駅の

前後で南海鉄道と併走する線形を採っていたから、当初は南海と合わせて三線であっても、将来的に高野鉄道も複線化すれば四線になってしまう、とさらに安全が脅かされることを懸念している。さらに「公園の風致を毀損」するおそれがあるため、このままでは府会（府議会）を通らないという。ちなみに住吉公園は明治六年（一八七三）に開設された、大阪で最も歴史の古い公園である。

住吉公園の西側を通る第二案――南海と接続せず

そこで提出された変更線が図5なのだが、住吉公園の西側の海沿いを通る計画である。南海鉄道とは住吉の南側で立体交差して海側へ出て、両者の交差地点に駅は設置しない。しかしこれにも難色を示された。以下は同じ意見具申書の続きである。

一　線路変更ニ関スル意見

変更認可ノ起点ハ前陳ノ如ク公益上重大ノ関係アルニ依リ、今公園ヲ避ケ其西部即チ住吉高灯台ノ付近ニ停車場ヲ設置シ、〔一字不詳〕ヒテ仮免状下付ナリタル津守村ニ至ル延長線ヲ布設セムトスルモ、公園ハ将来西方ノ海浜ニ向ヒ拡張スルノ計画モアレハ、是亦《これまた》異日障碍《しょうがい》アルへク、且ツ連絡上甚タ不便ナルニ依リ、更ニ住吉神社ノ後方ニ一ノ停車場ヲ設置シ、天下茶屋《てんがちゃや》ノ南方ニ抵《あた》リテ南海線ヲ跨叉シテ木津川東岸ノ近附ナル津守村ニ達セシムルヲ可ナリト信ス。

尤モ《もっと》住吉村地蔵院ノ民有境内ヲ通過スルモ、同院ハ殆ント荒廃寺ニ属シ、且ツ本線路ハ堂宇ニ関係無之《これなく》、其他全般ニ於テ公益上ノ妨害ナカルヘシ。然ルトキハ貨物運輸ノ点ニ至テハ些《いささか》ノ変更ナキモ、住吉駅ニ連絡セサルカ為メ、旅客ノ利便ヲ杜絶スルニ依リ、之ニ代フル別紙願書ノ通《とおり》津守村ヨリ大阪市南区難波（汐見小橋南詰付近）ニ延長セシメハ、同市ノ西部及南北ノ幾部ト住吉堺及河内《かわち》地方間ノ交通ヲ発達スルニ至ルヘシ。殊ニ此延長六拾七鎖〔約一・三五キロメートル〕余ノ間ハ市街ニ接近セルモ、家屋工場及公道等ニ関係少ナクシテ、公益上別段障害アルヲ見ズ。

住吉公園の西側を通るルート案も、公園が将来海側に拡張する計画があるから困るということである。その代わり大和川を渡ってもしばらく南海鉄道の東側を北上し、天下茶屋の南方で同線の上を跨いで海側へ移るという現在線の案がようやく示された。三度目の正直である。文中で境内を通過するとした地蔵院は「荒廃寺」などと表現されているが、「ウィキペディア」によれば、高野鉄道が開通した翌年の明治三四年（一九〇一）四月七日に実際に移転したそうで、現在は大阪環状線大正駅の南側にあたる三軒家東に健在だ。さらに意見具申書を続ける。

一　南海高野両線ノ関係

前述ノ如ク高野線ヲ大阪市ニ延長スルトキハ、南海鉄道ノ坂堺《ママ》間ト相併行セルヲ以テ、条例〔私設鉄道条例〕第三条ノ所謂《いわゆる》既設鉄道ニ妨害ヲ与フル云々ニ該当セムカトノ嫌ヒナキニアラサレトモ、各地方ヨリ大都会ニ向フニハ、恰《あたか》モ燈火ノ光線ヲ放ツカ如ク其集中スル所、勢ヒ併行セサルヲ得サルノミナラス、実際公園ヲ避ケムトスルノ結果是ニ至ルモノナレハ、事情ノ不得已《やむをえざる》モノアリ。殊ニ坂堺間ハ毎半時頻々《ひんぴん》発車スルモ乗客常ニ塡咽《てんえつ》〔＝混雑〕シ、老幼婦女ノ如キハ往々昇乗

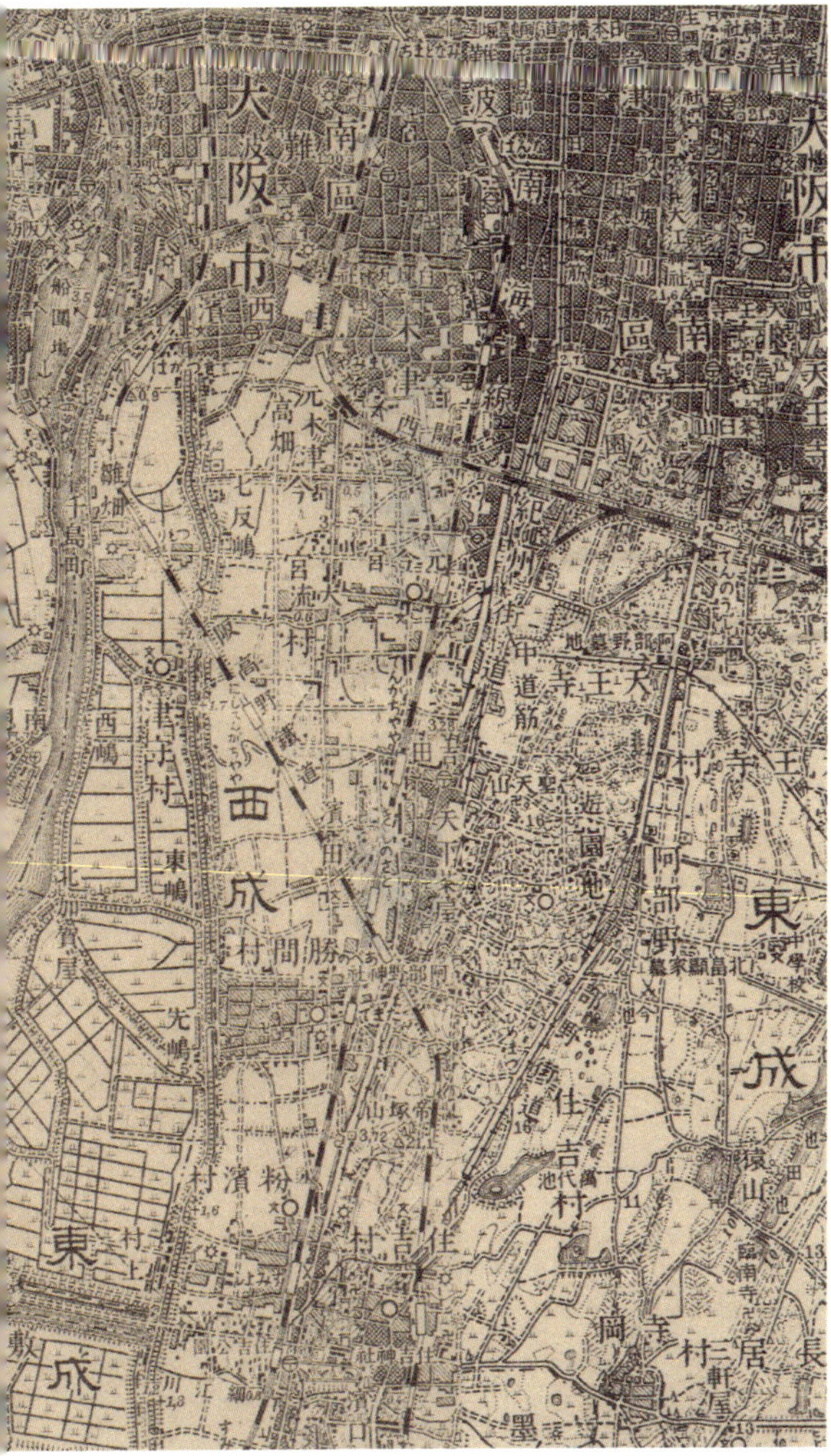

図6　実際に建設された高野鉄道のルート。住吉大社の東側を経由し、天下茶屋の南方で南海鉄道を跨いでいる。現在は交差地点に岸里玉出《きしのさとたまで》駅がある。1:50,000「大阪西南部」大正3年部分修正＋「大阪東南部」大正3年部分修正

スルヲ得サルアリ。且祭事等ノ場合ニハ非常ニ雑〔一字不詳〕ナルヨリ、止ムナク陸路〔徒歩の意か〕ヲ取レルモノアリ。

如斯《かくのごとき》状況ナルヲ以テ、其利益モ亦《また》甚タ巨額ニシテ、旧坂《ママ》堺鉄道ノ利益ハ概子《おおむね》三割余ノ多キニ及ヘリ。今若シ前記ノ如ク高野線ヲ布設セハ幾分ノ影響ナキヲ得サルモ、其利益ヤ尚一般鉄道ノ収益以上ニ在ルハ疑ヲ容レサルナリ。故ニ此間ノ運輸機能ノ不足ヲ忍ヒツ、モ、南海ヲシテ独リ

之カ利益ヲ壟断セシムルノ必要ナク、寧ロ《むしろ》他ニ今一線ヲ増設シ、運輸力ヲ平分シ、以テ公衆一般ノ交通便益ヲ増進セシムルハ公益上緊要ノ業ナリト信ス。

以上陳述セシ理由ナルニ依リ、別紙乙号図調整及添〔一字不詳〕候間、卑見御採用可然《しかるべく》御僉議《せんぎ》相成度、此段副申　旁《かたがた》具申候也

明治三十一年十一月五日

大阪府知事　菊池侃二《かんじ》

逓信大臣　林有造殿

結局は大阪〜堺間の「並行線」が実現

私設鉄道条例の第三条には、後段に「既設ノ鉄道ニ妨害ヲ生スルノ虞《おそれ》アリ又ハ其地方ノ状況鉄道ノ布設ヲ要セスト認ムルトキハ願書ヲ却下スヘシ」とある。しかし大都市圏の場合は、この意見具申書言が及するように都心から放射状に発達する鉄道が近接するのはやむを得ず、また輸送力が逼迫した状況に南海鉄道が置かれているのであれば、並行線的ではあっても高野鉄道の敷設は妥当であろうとしている。

かくして明治三三年（一九〇〇）九月三日、高野鉄道は道頓堀《どうとんぼり》〜堺東《さかいひがし》間を開業した。駅名が道頓堀などと聞けば驚いてしまうが、この大阪側ターミナルは四か月後の同三四年一月一日に汐見橋《しおみばし》と現在の名称に変更している。道頓堀川の南側－つまり数年前の明治三〇年（一八九七）に市内に

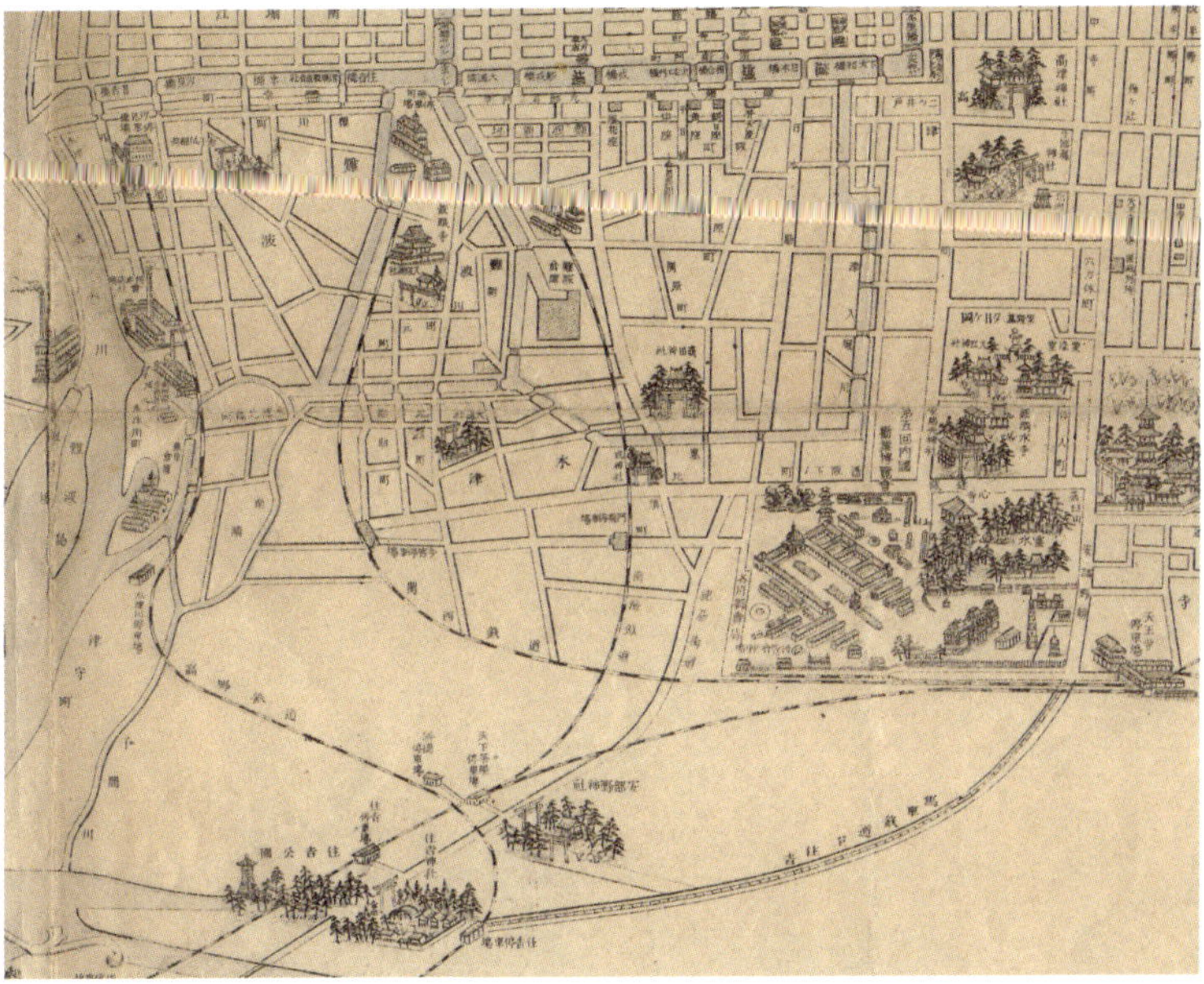

図7　高野鉄道のターミナル・汐見橋駅（左端）が描かれた市街図。縮尺は正確ではないがイラスト入りでわかりやすい。「第五回内国勧業博覧会観覧必携 大阪全図」明治36年発行（著者・清水吉康 印刷兼発行者・田村定助）

編入されたばかりの土地がそれを名乗るのは僭越、ということだろうか。それとも乗客にとって汐見橋の方が地点が特定されて好ましかったのかもしれない。

従前の終点であった大小路も堺と改称したが、南海と同じ駅名であることから直後に堺東に改めている。ついでながら住吉東も当初は南海と同じ「住吉」であったが、住吉大社の東西で同じ駅名があっては紛らわしく、『南海電気鉄道百年史』によれば南海鉄道からクレームが付いたことから、こちらも東を付けて区別した。

明治三五年（一九〇二）七月改正の時刻表『汽車汽船旅行案内』（庚寅新誌社）から新規開業区間の駅を抜き出して示せば次の通りである。なお、勝間駅は古称に倣って「こつま」と称した。所在地は著者が地形図および市街地図、鉄道省『鉄道停車場一覧』（昭和九年版）等を用いて推定したものである。村名の後が空欄のものは大字の設定がないもの。

停車場〔現駅名〕	起点からの距離〔キロメートル換算〕	明治三五年当時の所在地
汐見橋	○哩○○鎖〔○・○○キロメートル〕	大阪市南区難波桜川町三丁目
木津川	一哩○一鎖〔一・六三キロメートル〕	大阪府西成郡津守村
勝間《こつま》〔岸里玉出〕	三哩○○鎖〔四・八三キロメートル〕	大阪府西成郡勝間村
住吉東	四哩一○鎖〔六・六四キロメートル〕	大阪府東成郡住吉村
堺東	六哩七一鎖〔一一・○八キロメートル〕	大阪府泉北郡向井村大字中筋
西村〔初芝〕	一○哩二七鎖〔一六・六四キロメートル〕	大阪府南河内郡日置荘《ひきしょう》村大字西
狭山《さやま》	一二哩四五鎖〔二○・二二キロメートル〕	大阪府南河内郡狭山村大字池尻
滝谷《たきだに》	一五哩二四鎖〔二四・六二キロメートル〕	大阪府南河内郡錦郡《にしごり》村大字須賀
長野〔河内長野〕	一七哩三一鎖〔二七・九八キロメートル〕	大阪府南河内郡長野村大字長野

和泉山脈を越えて橋本へ

業績不振で橋本への延伸を断念

「道頓堀」改め汐見橋というターミナルをまがりなりにも得て、大阪から堺を経て長野（現河内長野市）までの直通を実現させた高野鉄道であるが、とりわけ堺東《さかいひがし》以南の沿線人口の少なさが災いし、日清戦争後の反動不況などもあって営業成績は振るわなかった。このままでは免許路線である紀見峠を越えて和歌山県橋本までの開通はおぼつかず、結局は減資と線路短縮（延伸を断念）を決断する。次は明治三五年（一九〇二）三月二四日に提出された「線路短縮願」である（『南海電気鉄道百年史』一二九ページの引用より孫引き。句読点を適宜加えた）。

線路短縮願

弊会社鉄道線路汐見橋橋本間ノ内、長野橋本間ハ明治三十三年二月二十三日付ヲ以テ明治三十五年四月三十日迄工事延期御認可相受ケ居候所、既成線路工事中諸物価暴騰ノ為メ多額ノ工費ヲ用シ

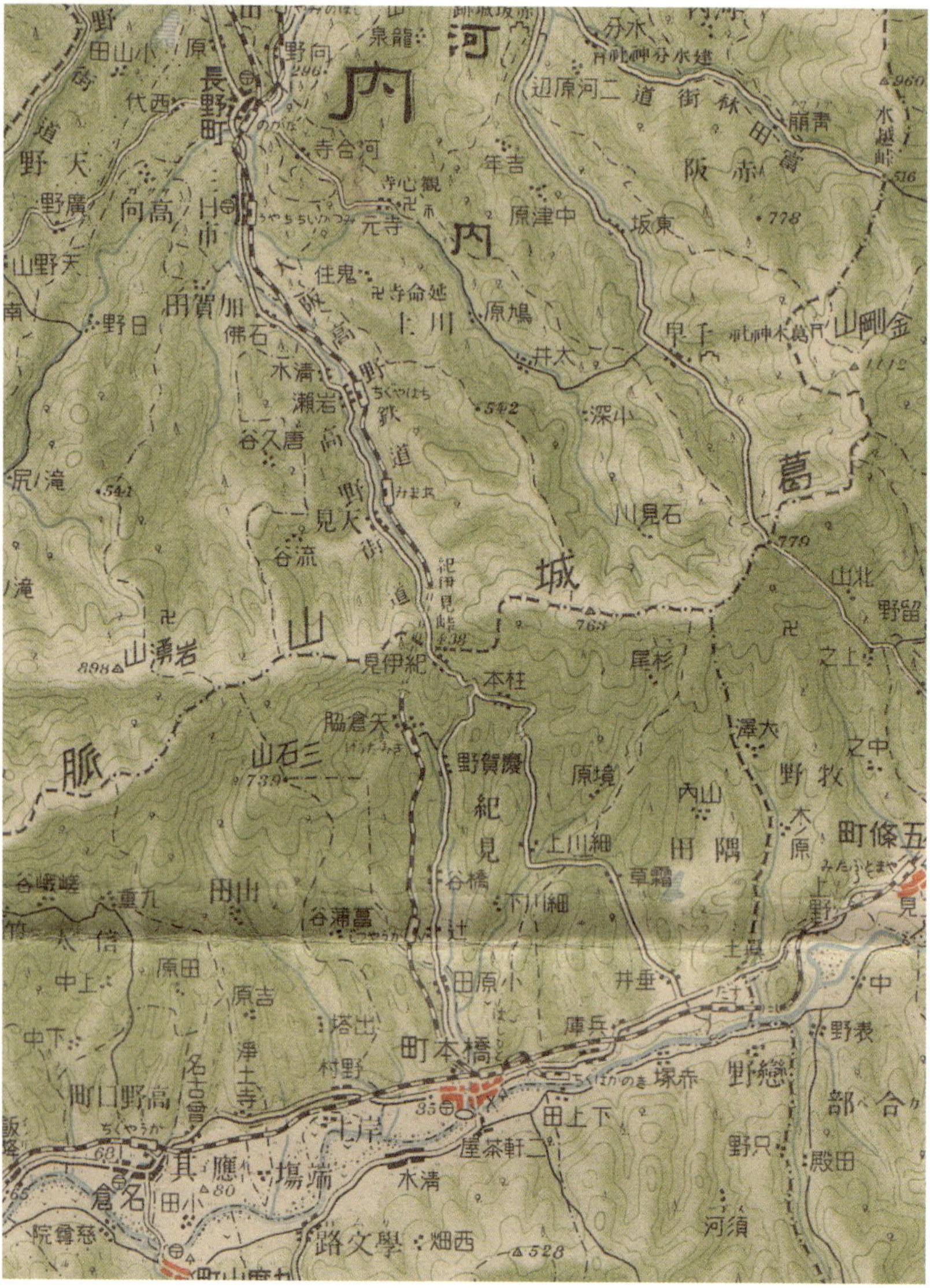

図1　高野鉄道が明治35年(1902)に「線路短縮願」で断念した長野(現河内長野)～橋本間の区間。図は後に高野登山鉄道として開業し、大正4年(1915)に大阪高野鉄道と改称した後。和泉と紀伊の国境に見える「葛城山脈」は現在では通常「和泉山脈」と呼ばれる。1:200,000帝国図「和歌山」大正9年製版　×1.5

資金欠之候ノミナラズ、目下経済界不振ニ際シ到底増資ノ見込ミ相立タズ、随《したがい》テ期限内ニ工事竣工難致ク《いたしがたく》ニ付、長野橋本間工事ヲ廃止シ、既成線路即チ汐見橋長野間ニ短縮致度ニ付、御認可被成下《なしくださ》度《たく》、別紙株主総会決議書其他相添へ此段奉願《ねがいたてまつり》候也。

業績改善を目指し、讃岐で汽船会社を経営していた宇喜多秀穂（秀家の末裔とされる）を支配人に招いて経営改善を図ったが状況は厳しく、結局は明治三九年（一九〇六）一〇月の株主総会において新会社「高野登山鉄道株式会社」を設立して高野鉄道を引き継ぐこととなった。この新会社に参画したのが根津嘉一郎である。明治三八年（一九〇五）から東武鉄道の経営にあたり、利根川の大橋梁建設を断行して足利町（現足利市）までを結び、これにより両毛地方と東京の短絡路を実現させて経営を立て直し、一躍注目されていた人物である。次は高野登山鉄道の仮免許申請書である。

鉄道株式会社発起ニ付仮免許御下附申請書

私共儀高野鉄道株式会社ノ既成鉄道線路、即チ大阪府大阪市南区難波桜川町三丁目ヨリ同府南河内郡長野村ニ至ル拾七哩四拾二鎖（一七マイル四二チェーン＝約二八・二〇キロメートル）ヲ買収シ、旅客貨物運輸ノ業ヲ営ミ度《たく》、尚将来ニ於テ時機ヲ図リ長野以南へ延長セシメ、遂ニ社名ノ如ク高野山頂迄《まで》鉄道ヲ敷設シ、交通機関ノ完備ヲ企図致度《いたした》キ為メ、今般高野登山鉄道株式会社ノ創立ヲ発起致シ候間、仮免許御下附被成下。尤《もっと》モ私設鉄道法第二条第三号以下ノ書類図面ハ、前陳ノ如ク高野鉄道株式会社ノ営業線路ヲ買収ニ付、該会社ヨリ既ニ提出相成居リ候書類ト同様ニ有之《これあり》候間、該書類ノ提出ハ相省キ、別紙目録ノ書類相添へ、発起人一同連署ヲ以テ此段奉申請候也。

明治卅九〔三九〕年十一月九日

高野登山鉄道株式会社創立発起人

大阪府泉南郡岸和田町七拾三番屋敷

寺田甚与茂《じんよも》

〔以下連署一一名略〕

逓信大臣　山縣伊三郎殿

連署した発起人の顔ぶれは、高野鉄道社長の伊藤喜十郎や前述の宇喜多秀穂、役員の松山與兵衛、東尾平太郎、鈴鹿通高などの名がある。逓信大臣宛に提出しているのは、当時の鉄道事業が逓信省の管轄（同省鉄道作業局）であったためだ。ついでながら申請書の宛先である逓信大臣は山縣有朋の甥で、当時私鉄で占められていた全国の幹線鉄道を鉄道国有法によって国有化した時期の担当大臣でもあった。

また在任中に鹿児島本線（線名は明治四二年から。現肥薩線経由）が全通し、矢岳第一トンネルの扁額に自ら揮毫していることから、現在JR肥薩線で運行されている観光列車は、後藤新平にちなむ「しんぺい」とペアで「いさぶろう」と命名されている。

高野登山鉄道の発起人には翌月一二月一四日の「発起人追加之義申請書」に見られる通り、根津嘉一郎が加わった。なお、発起人筆頭の寺田甚与茂（社史では「甚與茂」だが発起人署名には「甚与茂」

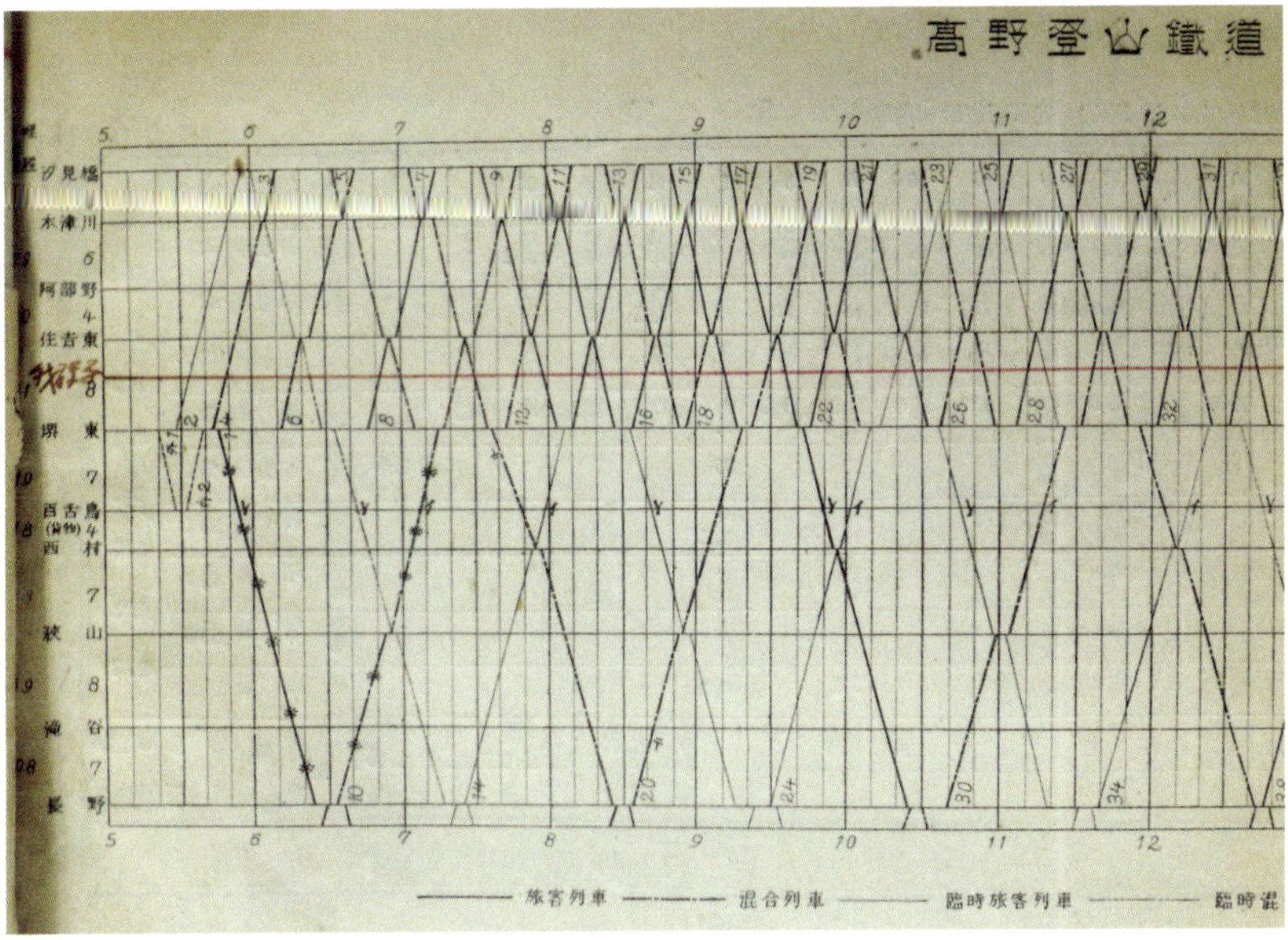

図2　明治42年（1909）1月と推定されるダイヤ。赤字・赤線で示された「我孫子」は臨時停車場（後年の我孫子前駅より0.3キロほど北側）。太線が定期旅客列車、細線は臨時旅客列車、一点鎖線の太線は混合列車（客車と貨車を併結）、同じく細線は臨時混合列車、※印は不定期列車、レ印は通過を示す。鉄道省文書「大阪高野鉄道（南海鉄道ニ合併）巻一」明治41～44年　国立公文書館蔵

と略字を使用）は、後に経営方針をめぐって根津と意見を異にしたため退陣したが、南海鉄道と合併して再び役員として再会、その後はうまくいったと根津は回想している（覚埜才介『寺田甚與茂翁・偲び草』昭和七年の根津の回想）。

このダイヤグラムに日付は入っていないが、前後に綴じられた時刻表から明治四二年（一九〇九）一月現在と推定される。汐見橋～堺東間は蒸気列車のみでありながら、すでに日中二五～三〇分間隔で運転されていた。同年一〇月一日～三一日には臨時列車運転の「増度御届」が提出されているが、その理由書に「長野駅付近松茸狩客ノ便利ヲ計リ」とあ

る。また明治四三年（一九一〇）七月の「臨時旅客列車増発御届」によれば、七月三一日の堺市大魚市と翌八月一日の住吉神社大祭に備えて終夜運転を申請した。添付された時刻表には、汐見橋発〇時一五分、一時二五分、二時二五分、三時三〇分、四時〇五分、四時四〇分（〇時以降のみ引用）の列車が運転されたようで、汽車を使って祭やレジャーに赴くライフスタイルがこの時期に少しずつ一般化していったことがわかる。

電車の運転開始と駅の新設

高野登山鉄道としての運行が始まって数年が経つうち、阪神電気鉄道（明治三八年開業）や箕面《みのお》有馬電気軌道（現阪急。明治四三年）、京阪電気鉄道（同年）といった電気鉄道の利便性に注目が集まり、蒸気機関車のみであった高野登山鉄道でも電車の運転を計画するようになった。次は明治四四年（一九一一）五月九日に提出された「列車運転原動力ニ電気ヲ併用スル為メ工事方法変更儀認可申請」に付された理由書である。

理由書

世運《せうん》ノ発展ニ伴ヒ、交通機関ノ改良ヲ企図スルハ今日ノ急務ナリト信ス。当社鉄道汐見橋、長野間ニ於ケル乗客ノ往来、近時頓《とみ》ニ繁多ヲ見ルニ至リ、就中《なかんづく》長野遊園設置以来、都市人士ノ遊来スルモノ益々頻繁ヲ来タスノ状況ヲ呈シツ、アル折柄、現今ノ如ク専ラ動力ヲ蒸気ニ而已《のみか》籍リテハ到底世人ニ満足ヲ与フルコト能ハサルヲ以テ、今般原動力ニ電気ヲ併用シ、旅客ハ概ネ電車ニ

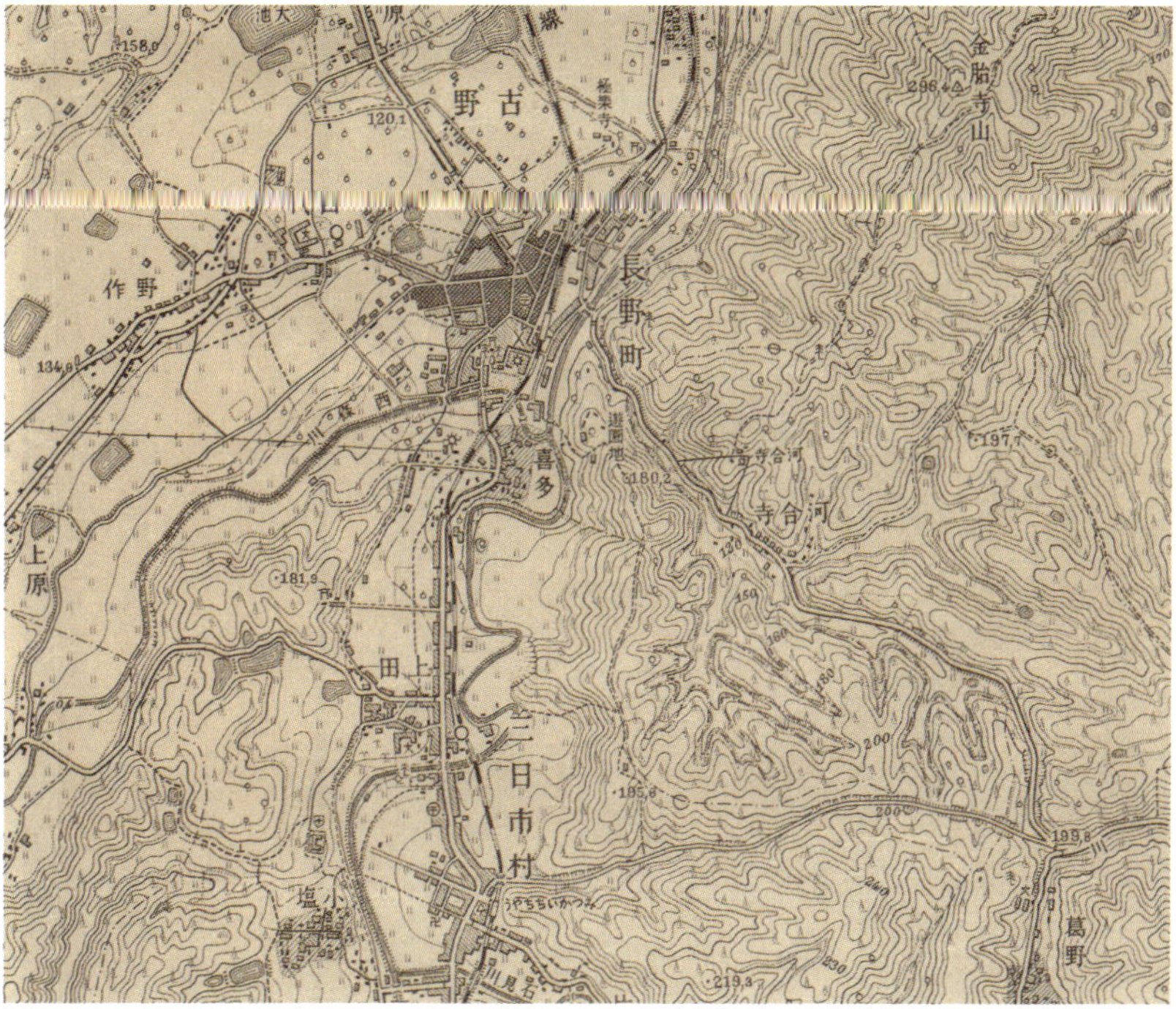

図3　長野（現河内長野）〜三日市町間の線路と長野駅の南東側に開設された長野遊園地。図の当時はすでに南海鉄道高野線となっている。1:25,000「富田林」昭和7年修正　×0.8

テ輸送シ、貨物ハ在来ノ蒸気列車ニテ運送スルコトトシ、以テ交通上ノ便益ヲ計ラントス。依テ本件工事方法変更ヲ申請スル次第ナリ。

長野遊園地は明治四四年に高野登山鉄道が地元有志の協力を得て駅の南東側に設けたもので、桜や楓《かえで》などが植えられ、花見や紅葉の名所として親しまれた。温泉施設と旅館・食堂などもあり、行楽地として大いに賑わったという。ちょうど箕面有馬電気軌道が宝塚に新温泉を開業した頃だ。長野遊園地は現在、大阪府営の長野公園となっている。

加速性能が高く小回りの利く電

車は駅間距離を短くとってこまめに停車することができるため、電化を機に高野登山鉄道でも次の三つの新駅と一つの信号所を設置した。いずれも大正元年（一九一二）一〇月一〇日の開業である。

蛇足ながら、私が監修した『日本鉄道旅行地図帳　関西1』（新潮社・平成二〇年）では我孫子前駅の開業日を明治四〇年（一九〇七）一月六日とした。鉄道省の『鉄道停車場一覧』や『南海電気鉄道百年史』などの記述を踏襲したものであるが、「我孫子」付近では臨時停車場の設置などもあって複雑なのが混乱の原因かもしれない。なお、池尻信号所は大正三年（一九一四）五月に廃止された。

停車場名	汐見橋起点の哩程〔キロ換算〕	所在地
我孫子前《あびこまえ》	五哩〇一鎖一〇節〔八・〇七〕	東成郡墨江《すみのえ》村大字遠里小野《おりおの》
中百舌鳥《なかもず》	八哩六九鎖三五節〔一四・二七〕	泉北郡中百舌鳥《なかもず》村大字金口《かねくち》
萩原《はぎはら》天神	一〇哩七〇鎖〇〇節〔一七・五〇〕	南河内郡日置荘《ひきしょう》村大字原寺《でら》
池尻信号所	一三哩一七鎖六〇節〔二一・二八〕	南河内郡狭山村大字池尻

高野登山鉄道として改めて橋本へ

旧高野鉄道が申請しながら力及ばず「短縮願」を提出していた長野〜橋本間は、高野登山鉄道が改めて建設することになるが、着工は大正二年（一九一三）五月のことであった。それまでの経緯を同鉄道が明治四五年・大正元年（一九一二）上半期の「第十回営業報告書」で簡潔に説明しているので引用する。

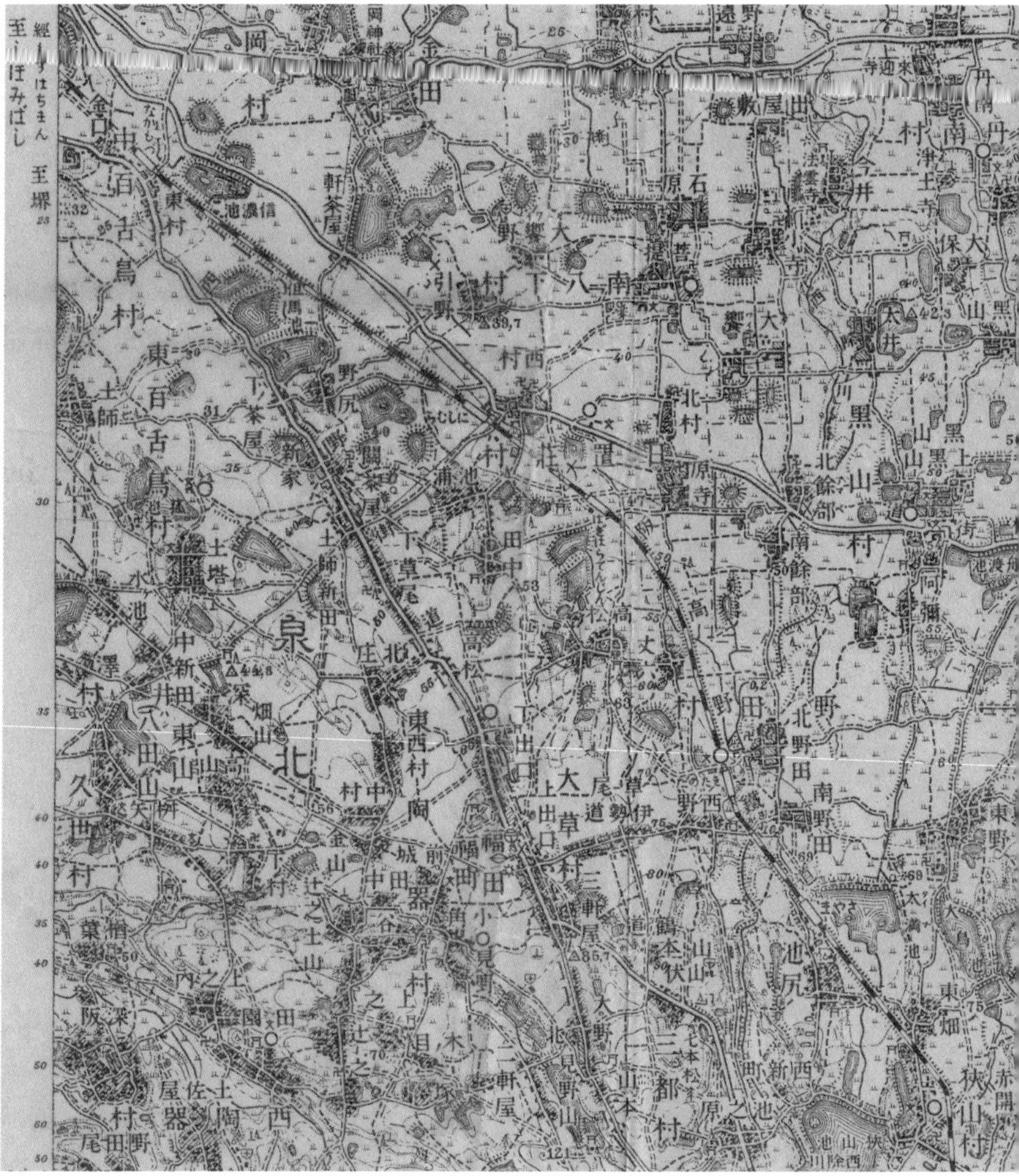

図4　電車の導入に際して新設された中百舌鳥駅と萩原天神駅。図の修正された年にはさらに北野田駅（当初は福町《ふくまち》駅の予定）が追加されている。1:50,000「大阪東南部」大正3年部分修正　×0.9

一　線路延長ノ件　長野橋本間延長線ハ前期ヨリ引続キ撰線ノ改良ニ力《つと》メタル結果、紀見峠以北ノ線路ハ最早《もはや》改良ノ余地ナク、紀見峠以南ハ右岸線即チ辻（御幸辻《みゆきつじ》駅付近）ヲ過クルモノト、左岸線即チ胡麻生《ごもう》ヲ過クルモノトノ二線ニ就キ優劣ヲ比較シ、遂ニ其ノ右岸線ヲ採ルノ有利ナルコトヲ確メタリ。而シテ長野橋本間線路ノ亘長《こうちょう》十哩二分ノ一（約一六・九キロメートル）、曲線半径八鎖（八チェーン＝約一六一メートル）、最急勾配四十分ノ一（二五パーミル）ヲ以テ能ク其ノ目的ヲ達スルコトヲ得ル見込ミナリ。又橋本停車場ヨリ更ニ進ミテ院線紀和線（現JR和歌山線）ト交叉シ、紀ノ川右岸ニ延長シ、川砂利ノ採取ヲ為スヘキ線路亘長一哩ハ已《すで》ニ測量ヲ終了シ、今ヤ全線ニ亘リ専ラ工事ノ設計中ニ在リ。

延長線中紀見峠隧道ハ、已《すで》ニ明治三十二年ヨリ三十三年ニ亘リ其ノ一部工事ヲ施シアル（高野鉄道時代に着工・中断していた＝引用者注）ヲ以テ、本期間ニ於テ其ノ埋没シタル部分ヲ発掘シテ既成部分ノ状態ヲ実査シ、以テ該隧道ハ其ノ位置ヲ変更セスシテ線路ノ一部ニ利用スルノ得策ナルコトヲ確メ、八月上旬工事着手ノ届出ヲナシタリ。

工事監督上必要ヲ認メ、三日市、天見《あまみ》、紀見ノ三ヶ所ニ監督員詰所ヲ新設シタリ。

山越えルートである長野〜橋本間は高野鉄道がおおむね設計を終えていたが、これによれば紀見峠以南が決まっていなかったらしい。峠の北側は誰が見ても天見川の狭い谷に沿って遡るしかないので選択の余地はなく、南側は橋本川の左岸に沿って進めば胡麻生の集落を通るのだが、結局は川から少し離れた右岸つまり西側の御幸辻《みゆきつじ》駅を通るルートが決まった。最急勾配を、通常の鉄道では

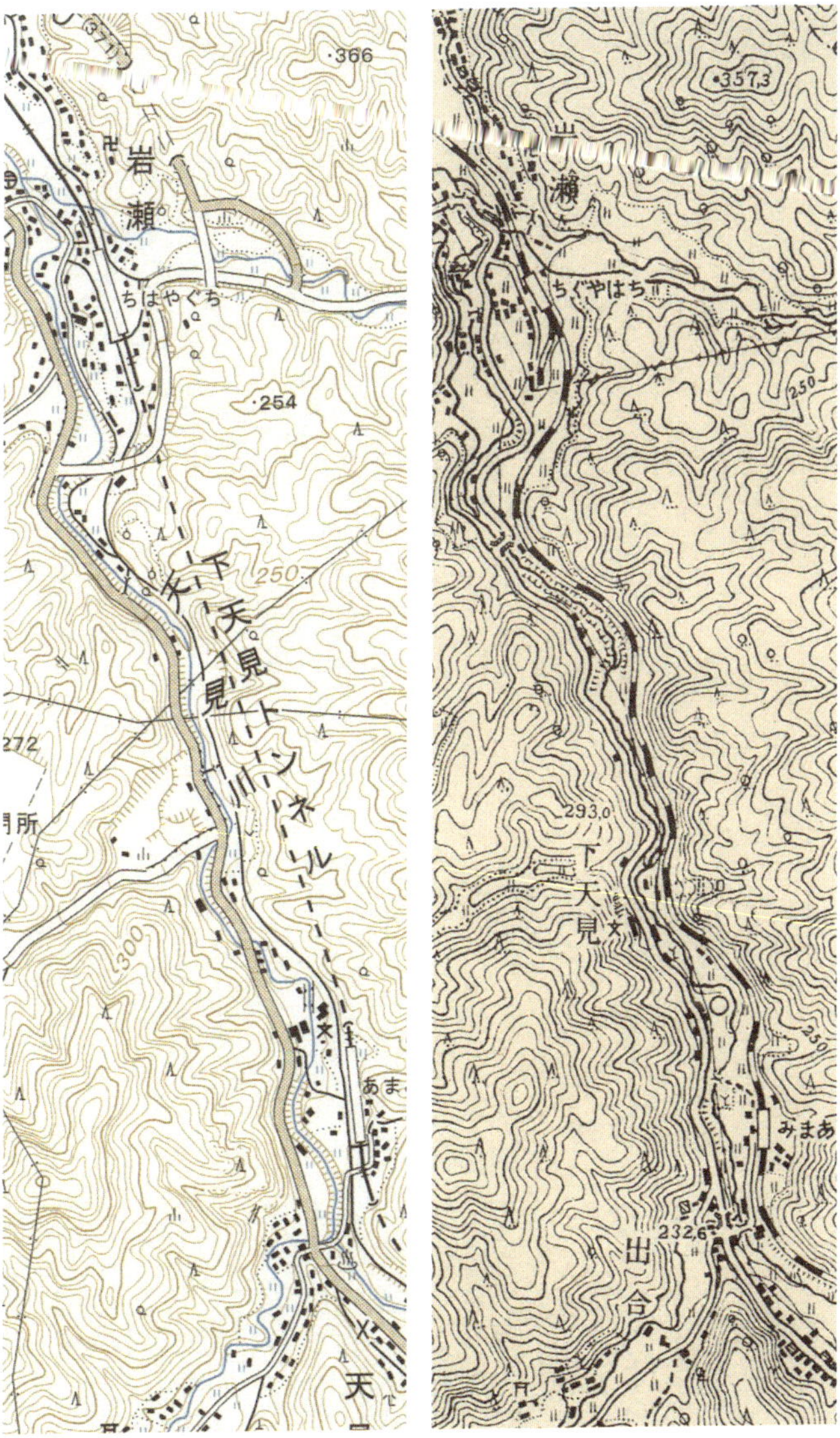

図5　急勾配区間に設けられた千早口・天見の両駅。急カーブが続いていたため昭和58年（1983）に複線化と線路改良が行なわれた。1:25,000「岩湧山」昭和7年測図（右）および平成22年更新（左）　×1.4

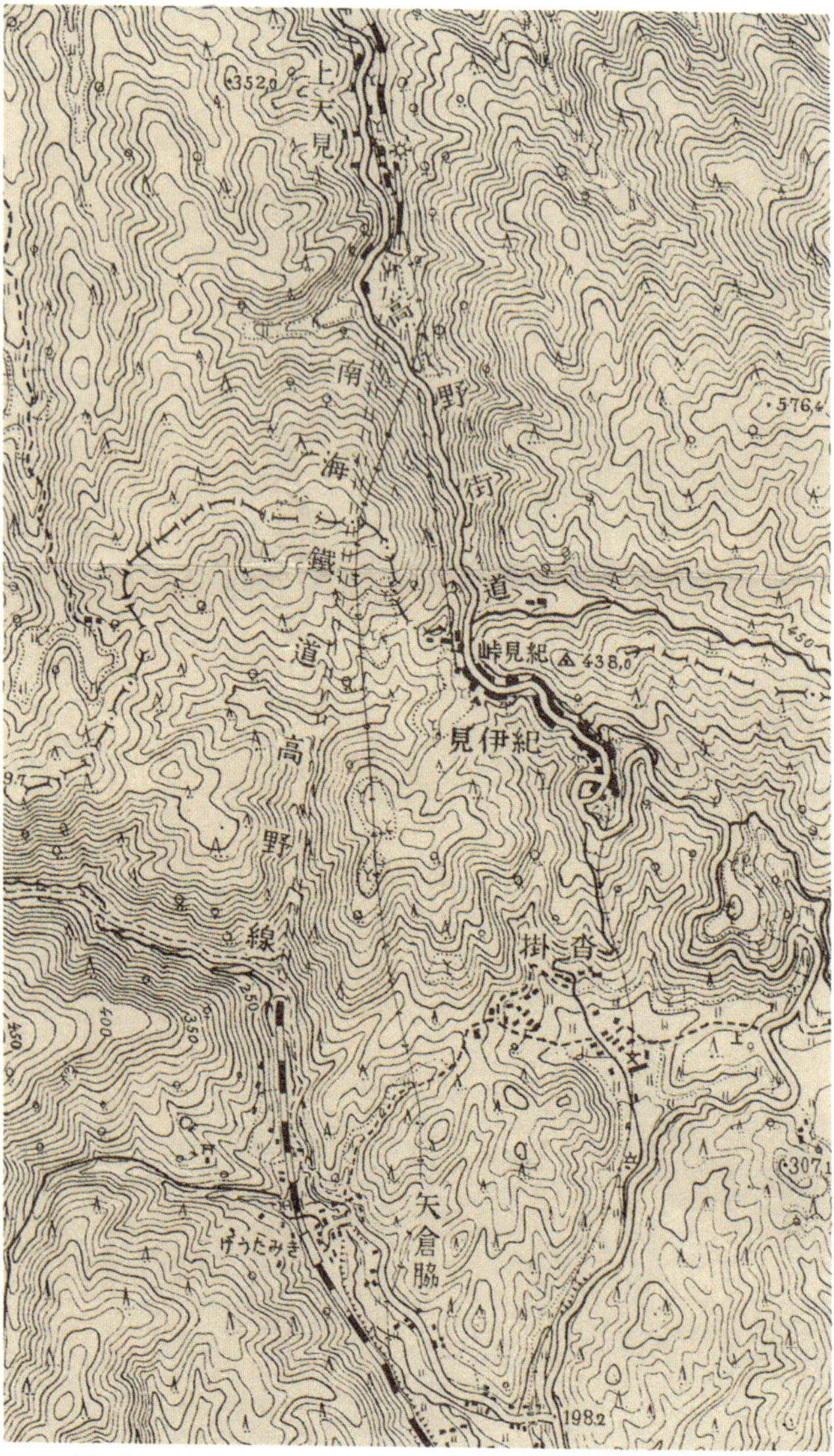

図6　紀見峠に穿たれた1556.7メートルの紀見峠トンネルとその南側に位置する紀見峠駅。付近は25パーミルの急勾配が連続する区間であった。1:25,000「岩湧山」昭和7年測図　×1.2

限界の二五パーミルにギリギリ設定したことで、難しい選択だったのであろう。ちなみにこの区間は昭和五〇年代に複線化とともに線形改良を行なった際、一部がトンネルなどで短絡されて最急勾配は二三パーミルと急になっている。線路改良といえば戦前から勾配の緩和が長年の常識であったが、高性能の電車が走る時代ならではの対応だ。

　長野の南に位置する三日市村まではひと足先の大正三年（一九一四）一〇月二一日に一駅区間だけが開業した。駅名が三日市町と「町《ちょう》」が付いている理由については、北陸本線にすでに存在した三日市駅（現黒部駅）との混同を避けるためだろう。当時はちょうど全国の同名駅を改称して区別する施策が行なわれ始めた時期であり、たとえば同年一二月一日には全国に三つあった長岡駅を、東海道本線は近江長岡、東北本線は伊達と改めている。信越本線の長岡駅（現新潟県長岡市）については町の規模を考慮したのか、改称は行なわれていない。延伸区間の新駅が「三日市村駅」ではなく「三日市町」としたのは、高野街道がこれから山に入る地点で、昔から市場町であったことが考慮されたのかもしれない。

紀見峠を越えて橋本まで開業

　三日市町開業の五か月後、大正四年（一九一五）三月一一日には橋本までの区間が開業する。旧高野鉄道以来の目的地だ。橋本の町は紀ノ川の水運と高野街道が十字に交差する古くからの交通の要衝で、かつて豊臣秀吉と高野山の間の折衝を担った応其《おうご》上人《しょうにん》が紀ノ川北岸に宿駅の設置を申請して認められ、塩の荷揚場を作って塩市を開いたのが町の発端である。さらに上人は高野参拝者のため、天正一五年（一五八七）に紀ノ川に一三〇間（約二三六メートル）の橋を架けた。この橋は三年ほどの後に洪水で流されてしまうが、これが橋本の地名の由来とされる。明治二二年（一八八九）の町村制施行の際には伊都《いと》郡内で唯一の「町」で、翌二三年からは郡役所が置かれた。

次の文書は、開業に先だって鉄道当局によって行なわれた工事竣功監査報告書である（開業の二日前の日付）。表題に「軽便鉄道」とあるのは狭軌鉄道を意味するものではなく、鉄道建設促進のための規制緩和政策（認可手続の簡素化や線路規格の緩和）における法的な位置付けだ。なお原文は走り書きで崩し字が多く、特に後半は判読困難な部分もあり、誤写のおそれもあることを了承いただきたい。

大正四年三月九日

技手　枝松鷹次
技師　米沢政治郎
同　大河内甲一

高野登山鉄道株式会社軽便鉄道
三日市町橋本間線路敷設工事竣功監査報告

竣功線路ハ大阪府南河内郡三日市町《ママ》長野起点〇哩七九鎖〇〇節（約一・五九キロメートル）ニ於ケル三日市町停車場ニ起リ、漸昇シテ（少しずつ上って）河内、紀伊ノ国境ナル紀見峠ニ延長五千百七呎《フィート》（後に掲載されている本報告の「隧道表」によれば、五一〇七フィート三四四＝約一五五六・七メートル）余ノ隧道ヲ鑿《うが》チ、直《ただち》ニ遞降シ（少しずつ降りて）、和歌山県伊都郡橋本町地内長野起点一〇哩四〇鎖五節三〔約一六・九〇キロメートル〕ナリ橋本停車場ニ於テ国有鉄道和歌山線ト聯絡スルモノニシテ、実延長九哩四九鎖三八節七アリ。線路ハ隧道前後共、大体四十分ノ一勾配〔二五パーミル〕ヲ以テ上下シ、急峻ナル山腹ニ拠リ線路ヲ布設セルガ為メ、屈曲多ク土工橋梁等亦《また》大ナルモノアリテ、工事最モ困難ノケ所《かしょ》タリ。

本区間ハ〔客?〕年一月ヲ以テ電気併用工事施行ノ認可ヲ得テ送電線、饋電線〔きでんせん＝架線に電力を供給する電線〕、電車線〔架線〕ノ架設、木津川変電所内ノ増設工事、天見変電所新設工事等何レモ施設ヲ了シ、今回電車ノ運転ヲ開始セントスルモノニシテ、電車ノ改造、電気設備一切、及電車運転ニ必要ナル停車場内ノ設備ハ線路ト共ニ大体竣功セリ。以上線路及電気工事ノ概要ハ別紙図面、工事方法概要書及諸

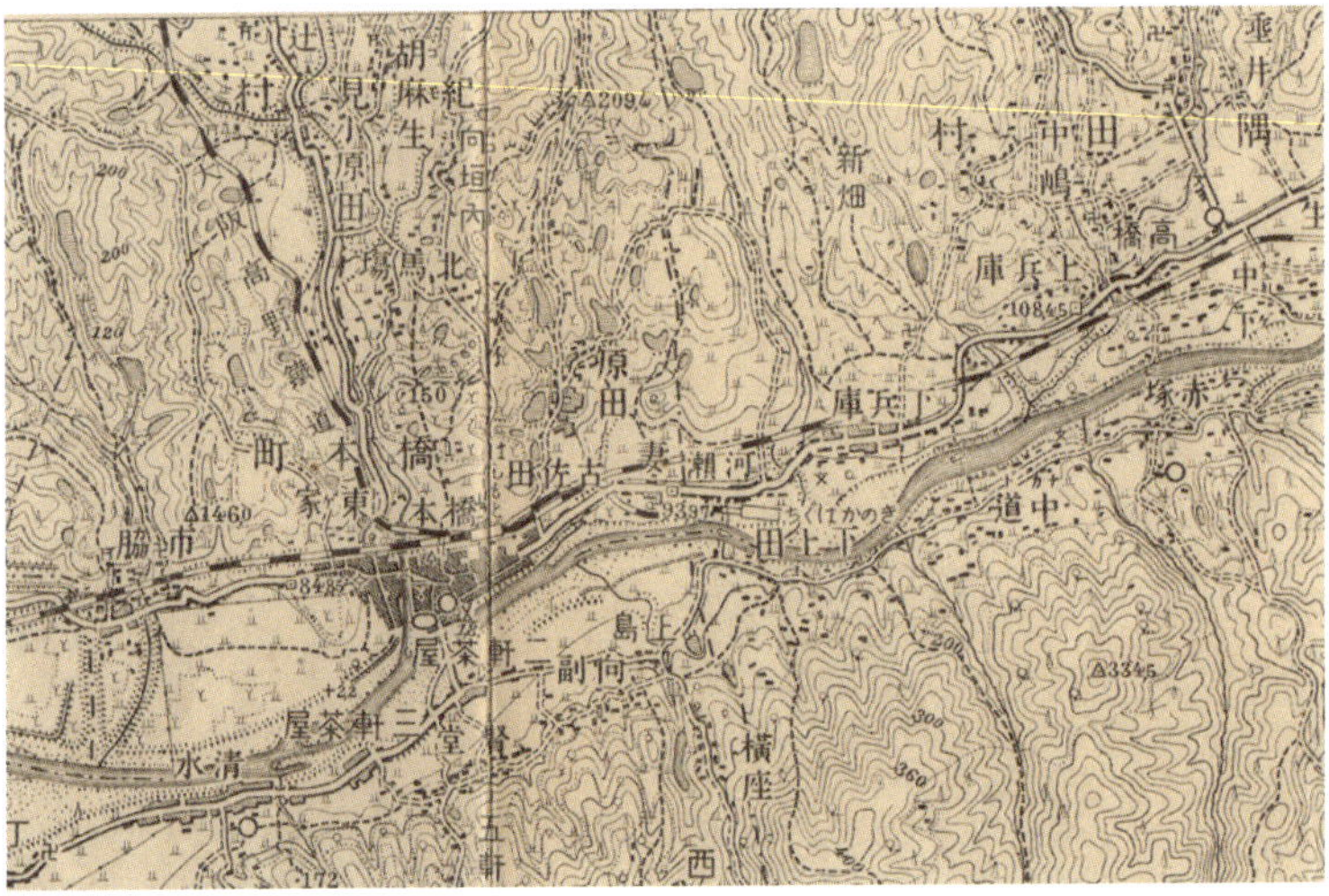

図7　橋本から先の紀ノ川口貨物駅（川砂利等の輸送用）まで延伸された時点の地形図。1:50,000「橋本」大正5年鉄道補入　×0.9

表ノ如シ。

別紙答申書ノ各項ハ未ダ整備スルニ至ラズ、就中《なかんづく》一乃至一〇項ハ運転開始前完成シ、其他モ予定期限内ニ竣功セシムルヲ要ス。

三日市《ママ》及橋本間ニ電動客車一両、附随車二両（何レモ満載）ヲ連結シ、予定時刻表ノ通リ運転セシメタルニ、線路、車両及電気設備ニ何等異状ナク、変電所ニ於ケル電動発電機ノ出力亦《また》〔一字不詳〕当ニシテ別途申請中ノ時刻表ノ運転文〔障？〕ナキヲ認メタリ。〔以下略〕

急勾配・急カーブの山岳路線

二五パーミルの急勾配が連続する本格的な山岳路線であることが記されているが、停車場構内も勾配区間（八パーミル程度）が存在したので、電車の旅客列車はともかく、蒸気機関車が牽引する貨物列車については積み卸しホームだけ水平とし、スイッチバック式で発着することが別の文書に明記されていた。以下は同じく監査報告の「工事方法概要」である。

三日市町橋本間工事方法概要

鉄道ノ種類　単線蒸気電気併用鉄道
軌　間　三呎六吋〔三フィート六インチ＝一〇六七ミリメートル〕
軌道ノ間隔　一二呎〔約三・六六メートル〕以上
最小曲線　八鎖〔八チェーン＝約一六〇・九メートル〕

最急勾配　四十分ノ一〔二五パーミル〕
　　　　　但シ停車場構内電車線ノ一部ニ三十分ノ一〔三三・三パーミル〕ヲ存ス
施工基面幅　築堤切取共一四呎〔一四フィート＝約四・二七メートル〕
軌条ノ重量　一碼《ヤード》ニ付六拾封度《ポンド》〔ほぼ三〇キロレール〕
枕木ノ配置　軌条長三十三呎ニ対シ十四挺〔約一〇メートルのレールにつき一四本〕
道床ノ厚　平均一哩ニ付砂利二百三十立坪《りゅうつぼ》〔一キロメートルにつき約二六〇立方メートル〕
轍叉ノ番号　六番、八番及十番
電気鉄道方式　直流六〇〇「ヴォルト」単線架空式
送電線路方式　特別高圧一一、〇〇〇「ヴォルト」三相三線式
車　両　従来使用ノ電車ニ七〇馬力電動機二個ヲ増設シ、電線接続法ヲ変更セル外〔一字不詳〕空気制動装置ニモ変更ヲ加へ、且ツ増備ヲ行ヘリ

さすがに最急曲線が約一六一メートルというのは急で、これが後年のスピードアップと二〇メートル車導入の妨げになり、大々的な線路改良につながった（橋本以南の最急曲線は現在でもさらに急な一〇〇メートル）。なお、停車場表は次のように掲載されている。このうち高野辻《こうやつじ》駅は大正一〇年（一九二一）に現在の御幸辻に改められた。大字名も長らく辻であったが、昭和三〇年（一九五五）に合併で橋本市内となったのを機に、駅名に合わせて「御幸辻」に変更されている。この表は三日市町～橋本間の監査報告のものなので長野駅は載っていないが、参考のために（　）で追加した。なお

明治四三年（一九一〇）に長野村は町制施行して長野町となった。〔 〕内はキロメートル換算。

名称	所在地	位置
（長野）	（大阪府南河内郡長野町大字長野）	（〇哩〇〇鎖〇〇節〔〇・〇〇〕）
三日市町	大阪府南河内郡三日市村大字三日市	〇哩七九鎖〇〇節〔一・五九〕
千早口	大阪府南河内郡天見村大字岩瀬	三哩一六鎖〇〇節〔五・一五〕
天見	大阪府南河内郡天見村大字天見	四哩二八鎖〇〇節〔七・〇〇〕
紀見峠	和歌山県伊都郡紀見村大字矢倉脇《やぐらわき》	六哩四八鎖〇〇節〔一〇・六二〕
高野辻	和歌山県伊都郡紀見村大字辻	八哩五五鎖〇〇節〔一三・九八〕
橋本	和歌山県伊都郡橋本町大字古佐田《こさだ》	一〇哩四〇鎖〇五・三節〔一六・九〇〕

開業の翌月末にあたる大正四年（一九一五）四月三〇日、社名を高野登山鉄道から「大阪高野鉄道」に改めている。社史によれば「高野登山では、山麓鉄道の感をまぬがれないが、大阪高野は大都市大阪から高野までということだろう」としている。

橋本駅は大阪の汐見橋駅から四五・二キロメートル（当時）、開業直後の資料は手元にないが、大正七年（一九一八）の時刻表によればここを電車が一時間四〇分ほどで結んでいた。高野登山鉄道の開通以前は和歌山線で大和高田、王寺から関西本線を経由して大阪の湊町駅まで三時間前後、最短でも二時間二〇分であったことに比べれば大幅なスピードアップで、この利便性の向上によって運輸成績も上がっていった。

なお「第十回営業報告書」で言及している橋本から紀ノ川畔への砂利採取線は、橋本開業後から約半年後の大正四年九月一日に開業している。橋本〜紀ノ川口間の長さ七〇鎖（約一・四一キロメートル）の貨物専用線で、大正一三年（一九二四）以降に延伸される高野山方面への新線は、橋本〜紀ノ川口間のほぼ中間地点に妻信号所を設けて、そこから分岐する形となった。

高野山へ分け入る本格的登山電車

橋本から高野山へ向けて延伸

紀見峠を越える急勾配線を橋本まで延伸した高野登山鉄道改め大阪高野鉄道（大正四年四月三〇日商号変更）は、いよいよ山上の宗教都市・高野山を目指すことになるのだが、高野登山鉄道時代の大正二年（一九一三）一月一〇日に路線延伸の免許申請書を提出している。

鉄道延長敷設免許申請書

本会社曩《さき》ニ御認可ヲ得タル長野、橋本間延長線ノ終点、国有鉄道橋本駅ヲ起点トシ、更ニ和歌山県伊《い》都《と》郡高《こう》野《や》村ニ達スル十九哩〔約三〇・六キロメートル〕間ニ鉄道ヲ延長敷設シ、旅客貨物運輸ノ営業仕度《つかまつりたく》候間、免許状御下付被成下度《なしくだされたく》、軽便鉄道法ニ拠リ別紙書類図面相添へ此段申請仕候也。

大正弐年一月十日

高野登山鉄道株式会社
取締役社長　根津嘉一郎

この申請書には次のような「副申」が添えられている。高野山への道がいかに峻険であり、近代的交通手段たる鉄道が待たれているかを訴えた。

副　申

高野山ハ和歌山県伊都郡高野村ニアリテ、往昔《おうじゃく》弘法大師ノ開基セル霊場ニシテ、国内ノ人士ハ凖《べ》テ宗旨ノ如何ヲ問ハス、帰信茲《ここ》ニ萃《あつ》マリ。殊ニ同山ハ森厳《しんげん》雄大ナル風致ノ霊地タル故《ゆえ》、各地ヨリ信者参拝若クハ遊覧ニ登山スルモノ毎年数十万ノ多キニ達ス。

然ルニ地勢ノ険坂ナルト道路ノ粗悪ナル為メ、交通ノ不便ナルコト実ニ形容シ得ベカラズ。為メニ其ノ登山ノ志望ヲ達セサルモノ尚ホ多々アルノミナラズ、同山及其附近ニ住居ヲ占ムル者ノ日用品タル米穀、蔬菜、食塩ニ至ルマデ悉《ことごと》ク之ヲ大阪若クハ和歌山等ノ各地ヨリ供給ヲ仰キ、而シテ米穀ノ如キハ一日平均白米約四〇石（＝約七二一六リットル）以上ヲ消費シ、食塩、蔬菜等ノ類モ亦《また》之ニ伴ヒ、其他同地ヨリ搬出スル著名ノ産物タル木材、凍豆腐《しみどうふ》、紙等モ夥多《かた》ナルニ拘《かか》ハラス、之ガ輸送機関トシテハ近時開業セル高野索道《さくどう》アルモ、僅カニ一部分ノ運搬ニ止マリ、到底需要ヲ充タス能ハズ。

今尚ホ同山頂ヨリ橋本若クハ高野口《こうやぐち》迄《まで》人肩又ハ馬背ニ依リ之ヲ補ヒ居ルモ、非常ニ高価ナル運

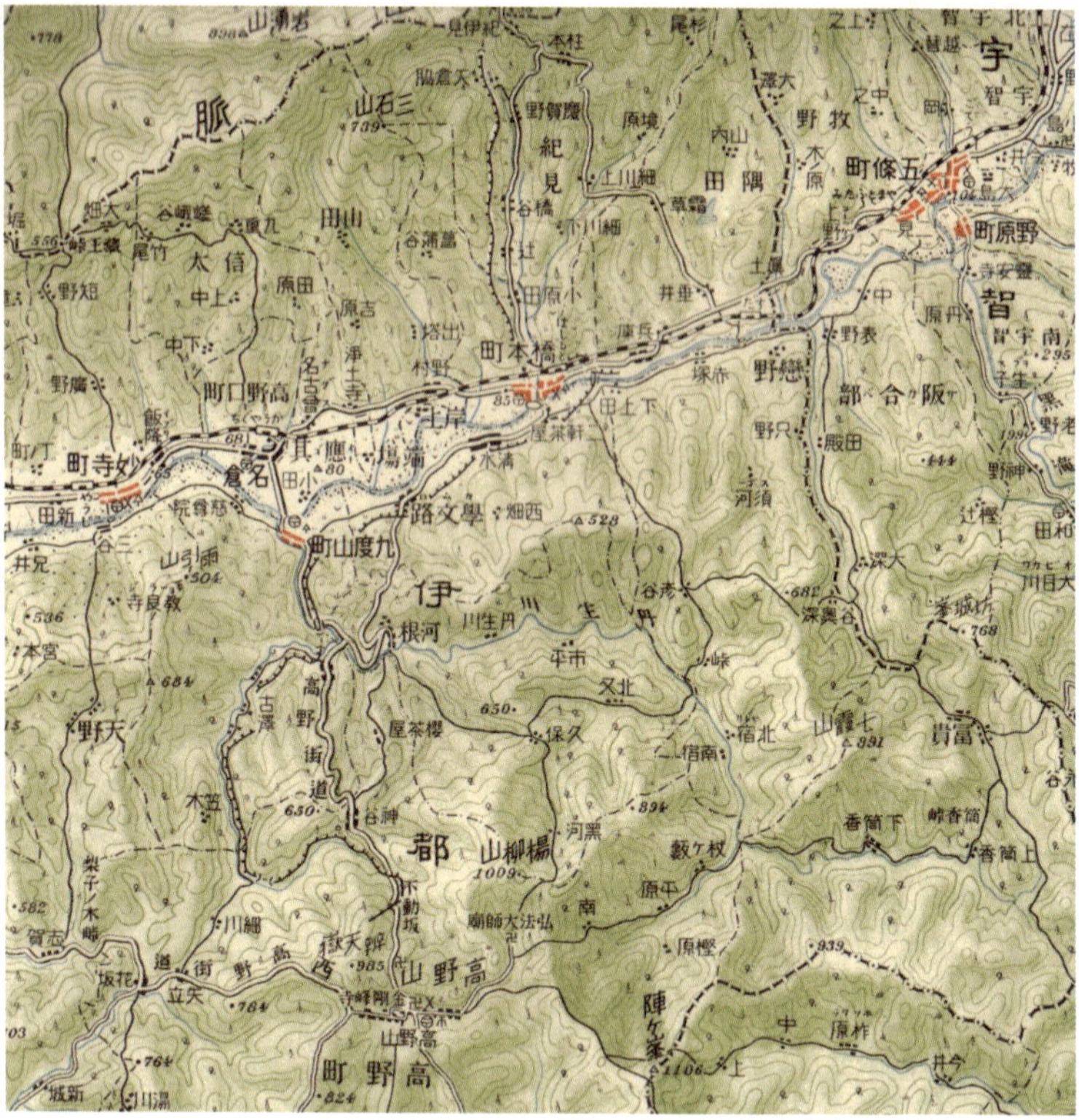

図1　高野山電気鉄道（現南海高野線）が開通した後の高野山とその周辺。1:200,000「和歌山」昭和7年部分修正

賃ヲ要シ、其不利不便尠《すく》ナカラズ。且ツ海外ノ観光団ニ対シ、之ガ勝地ヲ紹介セントスルモ、完全ナル交通機関ノ設備ナキ為メ、登山ヲ試ミントスル者少ナク、常ニ遺憾トスル処ナリ。

山上の「宗教都市」に至る鉄道

高野山は標高八二〇メートル前後の高地にあり、金剛峯寺《こんごうぶじ》を中心として多くの塔頭《たっちゅう》が建ち並ぶ「宗教都市」であり、各地からここへ向かう多くの参詣者や観光客、それに僧俗併せて高野山に住む人を加えれば相当な数に上る。ところが山道は険しく長い道のりで、副申の提出された二年前の明治四四年（一九一一）に開通して間もない貨物用の高野索道も部分的な区間に過ぎず効果は限定的であった。この不便さのため参詣を断念する人も多かったという。高野山では歴史的にコウヤマキ（高野槇）で知られる木材や凍豆腐（高野豆腐）、和紙などの生産も盛んなので、それらの搬出のためにも交通手段の近代化は強く求められていたのである。

〔事前〕然ルニ本会社鉄道ノ長野、橋本間ハ既ニ工事ニ着手シ、着々工程ヲ進行セシメントナシツヽアルヲ以テ、今回本願ノ線路ヲ延長シ、旅客貨物ノ集散中心地タル大阪市ト高野山間ノ交通機関ヲ完備セシメ、現下ニ於ケル前述ノ如キ不便、不経済ヲ除去セシメ、信者観光客ヲシテ容易ク其ノ志望ヲ達セシメ、且同地方ノ産業ヲシテ益々発達セシムルニハ、本鉄道ニ依ラザルヲ得ズ。

然ルニ本鉄道ノ終点地ヲ同山大門ニ採ラザルハ、同山ノ地勢タル橋本又ハ高野口等ノ山麓ヨリ漸次急峻トナリ、就中《なかんづく》神谷《かみや》及大門口ニ至リテ頓《とみ》ニ急峻ノ度ヲ加ヘ、到底大門口ヨリハ山頂ニ登攀スルヲ得サル而已《のみ》ナラズ、強《しい》テ大門附近ヨリ山頂ニ線路ヲ敷設セントスルトキハ、森厳幽邃《ゆうすい》ナル霊地ノ風致ヲ損スルノ虞《おそれ》モ有之《これあり》、不得止《やむをえず》本願線路ヲ撰択シタルモノニシテ、本会社ハ近キ将来ニ於テ本願鉄道ニ蒸気車ト電車トヲ併用シ、貨物ハ専ラ蒸気車ヲ以テ輸送シ、旅客ハ電車ニ依リ敏速ニ往来セシムル計画ヲ為シ居ル次第ニシテ、他日尚進テ同山頂ヨリ或方面ニ線路ヲ延長スル企図ヲ為シ居ルタメ、本申請ノ線路ハ最モ其ノ当ヲ得タルモノト確信致シ居候ニ付、何卒御詮議ノ上ハ至急御免許被成下度《なしくだされたく》、此段副申仕候也。

大正二年一月十日

高野登山鉄道株式会社

取締役社長　根津嘉一郎

内閣総理大臣　公爵桂太郎殿

長野～橋本間はすでに順調に工事が進み、これをさらに高野山まで延伸すれば大阪と直結し、参詣・観光客の利便性は大幅に改善され、また地元の産業振興にも大いに役立つとした。貨物は蒸気機関車の牽引する列車で、旅客は身軽な電車で「敏速ニ往来セシムル」計画である。貨客で動力を分けるのは長野～橋本間で実施する予定の方式であったが、いかにも蒸気鉄道から電気鉄道への移行期らしい。

なお、神谷から高野山の西の入口にあたる大門までのコースは急峻過ぎて線路の敷設が難しいことに加えて「森厳幽邃ナル霊地ノ風致ヲ損スル」おそれがあるので、やむを得ずこのコースにしたことが記されている。ちなみに現在の高野線紀伊神谷駅から高野山までは、谷のどん詰まりに設けた極楽橋駅からケーブルカーで一気によじ登るコースとなっているが、全区間をアプト式等の歯軌条を用いない「粘着式」で敷設するためには別ルートをたどらざるを得なかった。

屈曲をきわめた当初計画のルート

申請書には平面図と縦断面図が添付されているが、これがなかなか迫力満点である。ルートは最

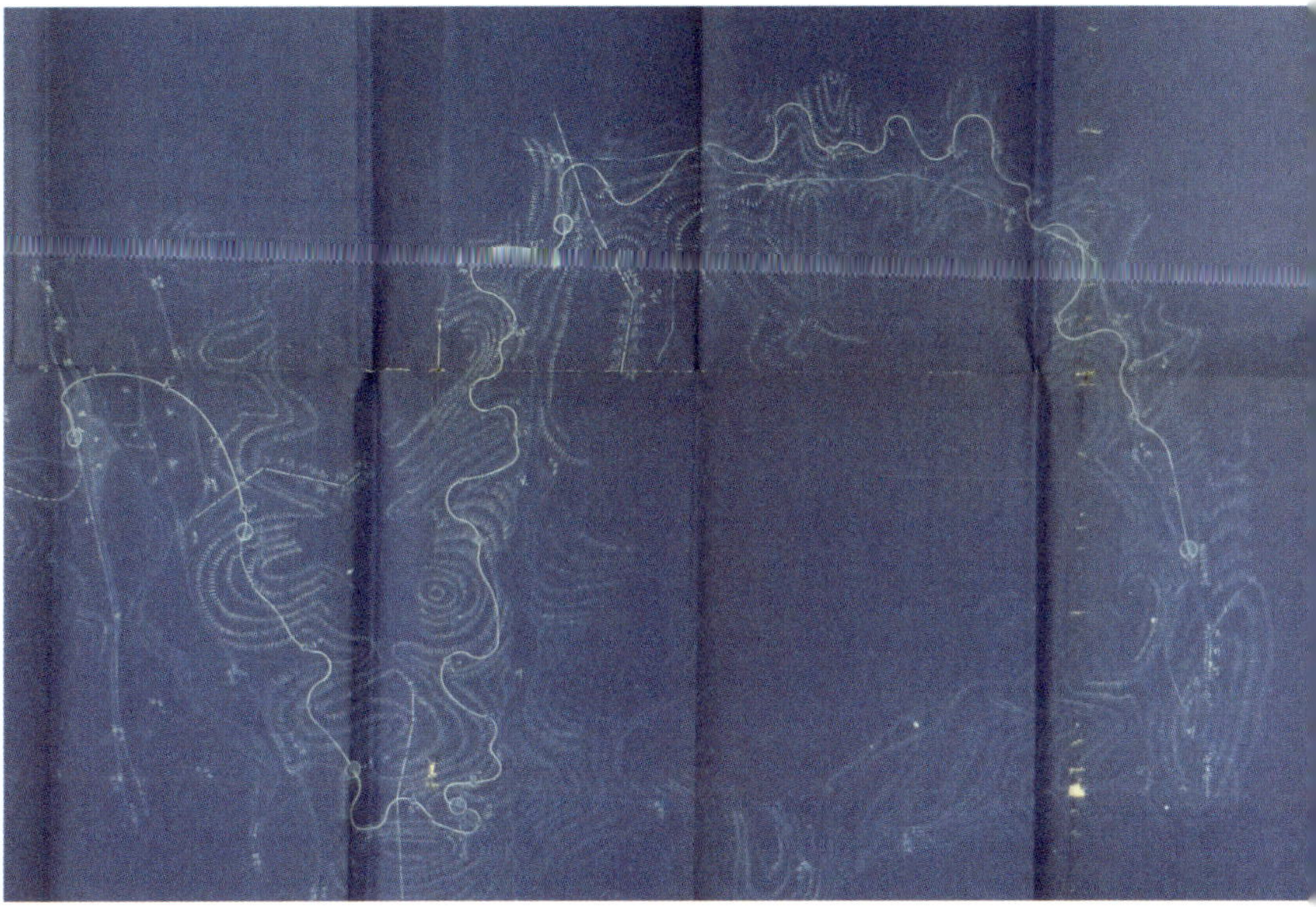

図2　険しい山の中で33.3パーミルの上限勾配を守るべく、おそるべき屈曲を見せる計画線。左端が橋下駅で右下が高野山（左が北）。「高野登山鉄道橋本高野山間延長線路予測平面図」鉄道省文書「南海鉄道（元大阪高野鉄道）」巻三　大正2年　国立公文書館蔵

終区間にケーブルカーを組み込んだ現在の高野線とはだいぶ異なっていた。具体的に言えば、橋本から紀ノ川を渡って清水、学《か》文路《むろ》と進むのはほぼ共通しているが、この間も線路が蛇行していることから、現在線より山側をたどることで、少しでも手前から高度を稼ぐのに徹したようだ。

その先は現在線のように高野下（椎出）へは出ずに丹生《にう》川沿いに東へ遡り、江戸期に高野街道の宿場として発達した河根《かね》を経て彦谷《ひこたに》で南へ転じ、さらに支流の清川沿いに西へ遡って中の橋あたりへ出るというルートであった。地形図で等高線の具合を見ればほとんどの区間で急斜面が迫るまさに深山幽谷であり、三三・三パーミルという最急勾配を守るために蛇行を繰り返しながら山腹を上っていく。この線路がもし実現したとしても大半がトンネル内とならざ

るを得ず、工費を考えてもあまり現実味のないルートだったのではないだろうか。

縦断面図でたどってみると、まず起点の橋本駅から八〇分の一勾配（一二・五パーミル）で緩く上り始め、橋本起点二マイル一二チェーン（約三・五キロメートル）の清水駅に着く。そこから一〇〇分の一（一〇パーミル）の緩い上り勾配で学文路《かむろ》駅が四マイル〇〇チェーン（六・四キロメートル）。ここからが本格的な上り急勾配区間で、すぐに三〇分の一（三三・三パーミル）となるが、この勾配は駅以外の全区間で終点まで連続する。

ひたすら上って五マイル六〇チェーン（九・三キロメートル）の河根《かね》駅、さらに上って彦谷《ひこたに》駅が一一マイル二〇チェーン（一八・一キロメートル）、次は終点だが最も駅間距離が長く、清川沿いのさらに狭い谷を同じ限界勾配で約一〇キロメートルにわたって上れば、ようやく高野山駅に着くという按配だ。全長一八マイル七〇チェーン（二八・八キロメートル＝ちょうど東京〜横浜間と同じ）は、現在の橋本〜高野山間の二〇・六キロメートルに比べてはるかに長い距離であるが、勾配を三三・三パーミルに抑えたため蛇行迂回は避けられず、やむを得ない距離であろう。

橋本〜高野山間の申請は却下

しかし大正二年（一九一三）五月にこの線路延長線布設願は却下される。理由は「現在免許線和歌山水力電気株式会社軽便鉄道高野線ト其ノ起終点及目的ヲ同フ《おなじう》セルヲ以テ」、つまり高野登山鉄道の新線計画は和歌山水力電気に免許した路線と起点が同一であり、かつ同一目的なのでダメということだ。監督官庁としては当然の判断である。

ただし、和歌山水力電気の方も免許は持ちながらなかなか着工できず、竣工期限を何度も延期していた。高野登山改め大阪高野鉄道はその免許を譲渡するよう同社に持ちかけたが、肝心の自前の新株の払い込みが完了していなかったため増資もできず、別会社である高野大師鉄道株式会社（社長・根津嘉一郎）を立ち上げた。和歌山水力電気とは大正三年（一九一四）六月九日に敷設権譲渡の仮契約が結ばれ、その後は同五年に権利譲渡を鉄道省から許可されている。

しかし折悪しく第一次世界大戦の影響で着工が延期を余儀なくされるなど、なかなか事業は進展しなかった。大正一一年（一九二二）九月六日には南海鉄道が大阪高野鉄道を合併するのだが、『南海電気鉄道百年史』にはその経緯が簡潔に記されているので、少し長いが引用する。大阪高野が橋本まで延伸させたことにより紀ノ川流域から大阪へ出る速達ルートが確立、南海とは一部のエリアで競合することとなったため、将来的に見れば大阪高野を合併しておいた方が今後の展開にとって得策という判断であった。

南海鉄道の理想としてかかげている阪南交通機関の統一の意味からも、早急に同社を合併すべく機会をうかがっていた。しかし、高野側からみれば「高野鉄道の規模、業績をみて悪い条件で合併される」との思惑があり、当初は拒否された。双方が、いかに有利な条件で合併するかを考え、互いに腹をさぐりあい、長らくにらみ合う状態が続いた。

大正十一年（一九二二）にいたり、両者は対等合併することで意見が一致した。しかし、当時の両社の規模、業績からみれば、大阪高野側に有利な合併であった。

同時に高野大師鉄道も南海鉄道に合併した。同社は紀ノ川鉄橋の建設工事に着手はしていたが、いまだ開業していなかったにもかかわらず、南海株二に対して高野大師株三の割合、解散手当三万円を受け取った。第三者からみれば、ずい分と虫のよい条件に甘んじたと騒がれたが、南海鉄道が同線の将来性を買ったと判断すべきだろう。

これにより大阪高野鉄道と高野大師鉄道はいずれも南海鉄道となったが、その際に高野大師鉄道がまだ着工していなかった高野下（椎出《しいで》）以南、高野山までの山岳区間を和歌山水力電気に返還している。その和歌山水力電気は南海が大阪高野を合併する直前の大正一一年（一九二二）七月一日に京阪電気鉄道に合併された。ちなみに和歌山水力電気は和歌山市内の路面電車事業も行なっており、戦後の昭和三六年（一九六一）には南海電気鉄道和歌山市内線として引き継ぐことになるのだが、それはまだ先の話である。

「並行線」でも今回は認可

さて、大正一三年（一九二四）には高野登山鋼索鉄道株式会社が設立された。京阪が所有する高野下〜高野山間がまだ着工に至らない時期であるが、明らかな「並行線」にもかかわらず、京阪もこちらも高度差が大きいこの区間にあって鋼索鉄道（ケーブルカー）の区間を有するため輸送力は将来の高野登山者数を考えれば不足しており、両者が少し終点を異にするアクセス線として併存することは十分可能であるという考え方に基づいて敷設の申請が行なわれた。大正一三年四月二三日付の官報には、次の通り免許下付について掲載されている。

◯通運

◎鉄道免許状下付　本月八日高野登山鋼索鉄道株式会社発起人板倉勝憲《かつのり》外二十三名ニ対シ鉄道敷設免許状ヲ下付セリ。其起業目論見ノ概要左ノ如シ（鉄道省）

動力　電気鉄道　軌間　三呎六吋（三フィート六インチ＝一〇六七ミリメートル）　起終点　和歌山県伊都《いと》郡高野村　同郡九度山《くどやま》町　延長哩程　四哩四鎖（四マイル四チェーン＝約六・五二キロメートル）　建設費　百五十万円

次は京阪との「並行線」ながら免許した鉄道省による理由書である。

理　由

本線路ハ高野登山者ノ利便ニ資セントスル適当ノ施設ナリ、本路線ト併行スル京阪電気鉄道（椎出（現高野下）、大門間工事施行線）線アルモ、両者孰《いず》レモ一部鋼索線ニシテ、其ノ性質上平坦線ニ於ケル鉄道ニ比シ輸送力少キヲ以テ二者ハ併立シ得ベク、且《かつ》両者ト連絡スル南海鉄道橋本椎出間ハ、其ノ一部ヲ複線トナスノ計画アル状態ナルヲ以テ、将来三者ハ相俟《あいまち》テ交通ノ円滑ヲ期シ得ルモノト認ム。仍《よっ》テ伺案《しあん》ノ通免許可然《しかるべし》。

京阪と高野登山鋼索鉄道を折衷したルートへ

その並行線の関係がよくわかるのが申請書類中に綴じられたこの図だが、地形図に青線で描かれたのが京阪電気鉄道（旧和歌山水力電気）の免許線、緑色が高野登山鋼索鉄道の免許線である。いずれも椎出（現高野下）を起点としているが、破線部分はケーブルカーだ。具体的には次のようなルートである。

①京阪電気鉄道（青）　椎出から細川までが平坦線、そこから鏡石までケーブルで上がり、別の平坦線（上部軌道）で高野山の西口に位置する大門を目指す二平坦線＋一ケーブル。

②高野登山鋼索鉄道（緑）　椎出からケーブルで井出谷に一気に上り、そこから不動坂（現極楽橋付近）まで平坦線、その後は女人堂まで二つ目のケーブルで登る二ケーブル＋一平坦線。

両線を折衷した形の赤線が結局は現在の高野線ルートに近いのだが、山岳路線の建設にあたって南海鉄道は大正一四年（一九二五）三月二六日に子会社の高野山電気鉄道を設立した（鉄道省文書には、高野登山鋼索鉄道から社名を変更したとの記述。会社設立登記は三月二八日）。その間に南海鉄道では橋本付近の妻信号所（紀ノ川口貨物線との分岐点）～学文路《かむろ》間を大正一三年（一九二四）一一月一日、さらに九度山まで一二月二五日、翌一四年七月三〇日には高野下まで開通させている。ついでながら当初この駅は「高野山」と称したが、これから「本物の高野山」へ向かううえで誤解を招かないための配慮か、開業直後の九月一一日には「高野下」と改称した。

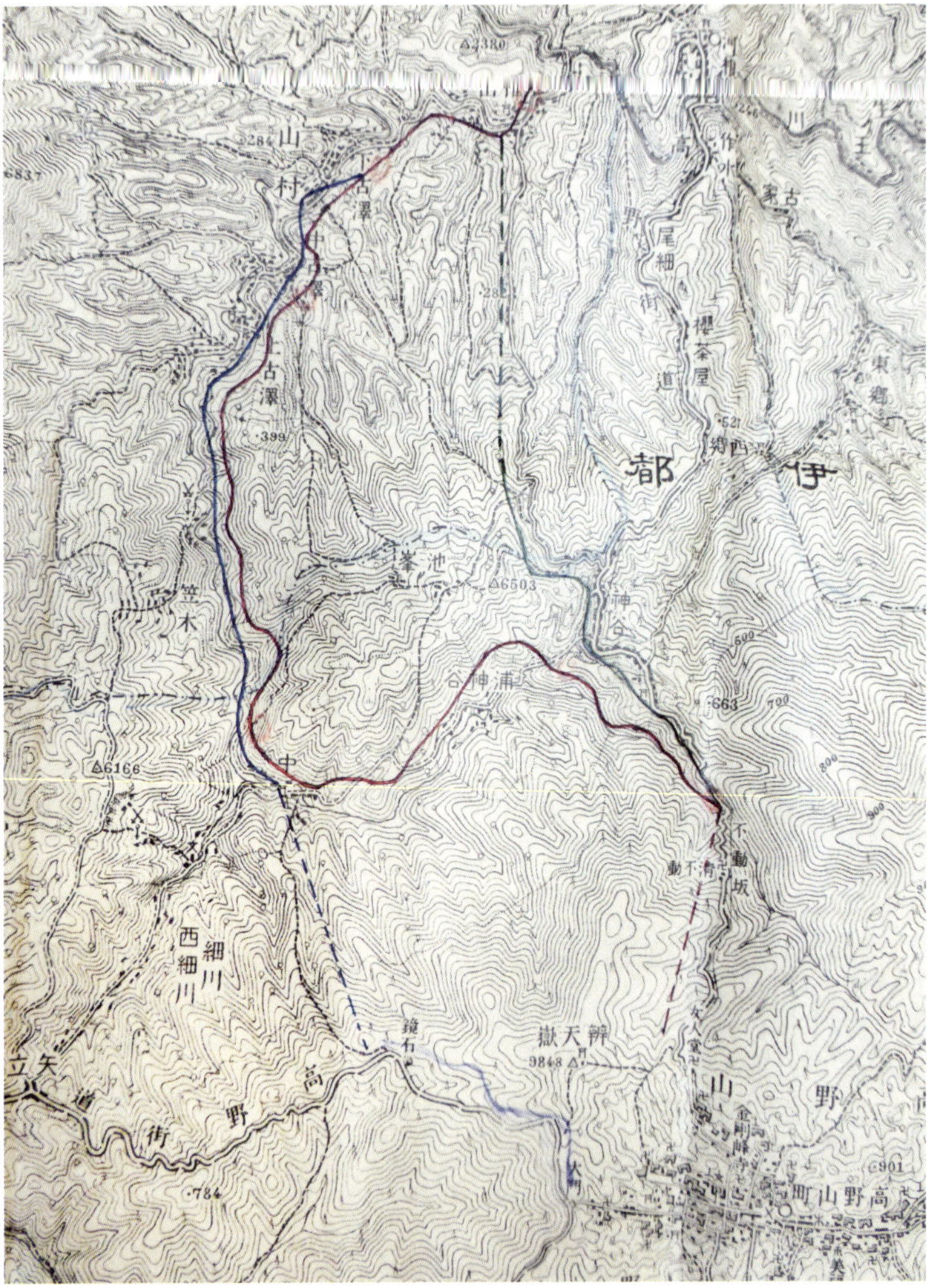

図3　高野山をめぐる3ルート。西側の青線が京阪電気鉄道（旧和歌山水力電気）、東側の緑線が高野登山鋼索鉄道、その間に描かれた赤線が両者を折衷した形の高野山電気鉄道のルート（ほぼ現路線）。鉄道省文書「高野山電気鉄道　巻一」大正13年～昭和2年　国立公文書館蔵

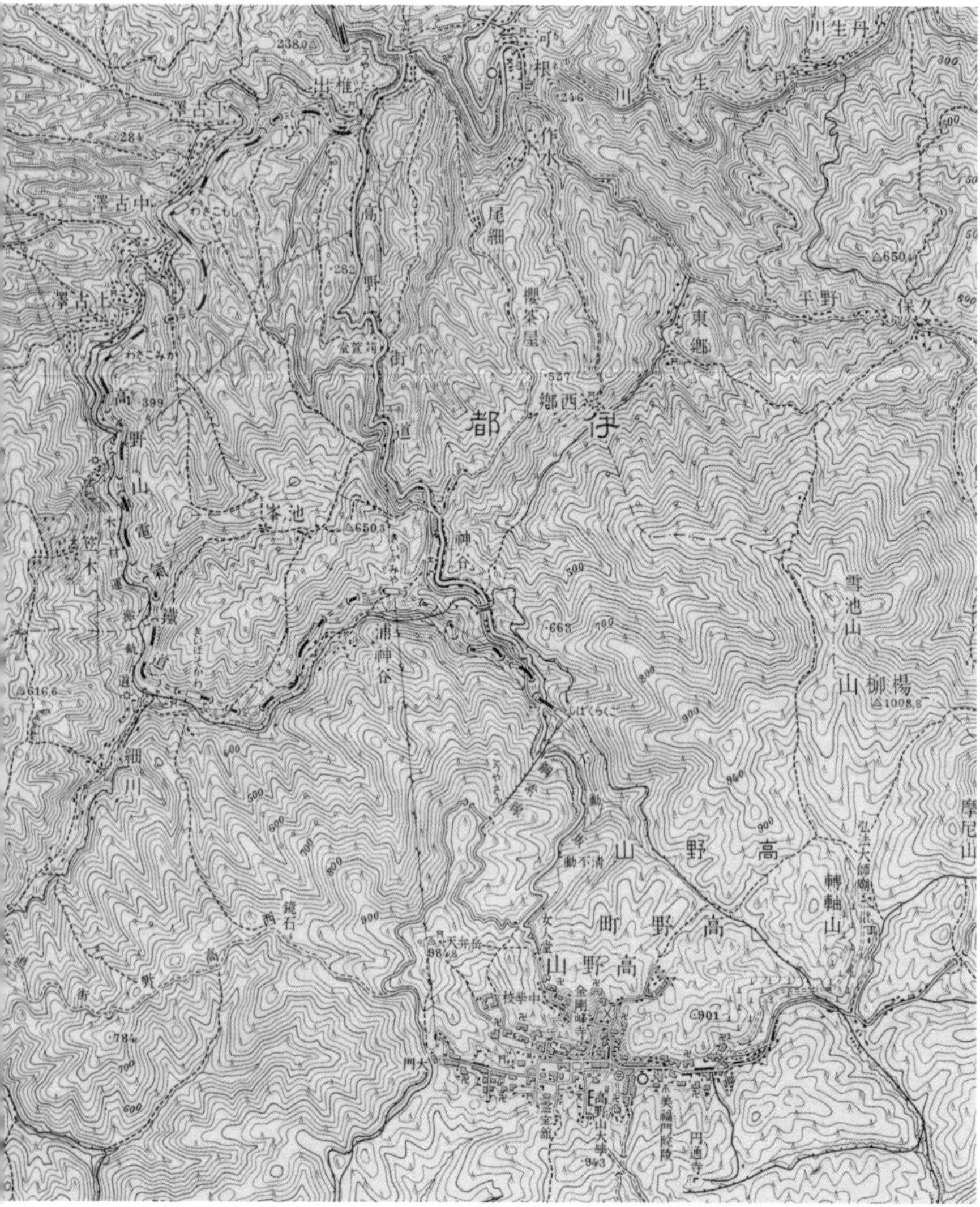

図4　高野山電気鉄道として建設された高野下～極楽橋間の鉄道線、極楽橋～高野山間の鋼索鉄道（ケーブルカー）が描かれた地形図。併走している森林軌道は鉄道建設のための資材運搬にも活躍した。1:50,000「高野山」昭和9年修正　×0.8

そもそも表向きは「輸送力不足のために二路線を免許」したことになっているが、結局は京阪の免許線を南海の子会社・高野山電気鉄道が買収していることから、内実は京阪と南海の調整をスムーズに運ぶため当局が配慮したシナリオではないだろうか。ちなみに高野山電気鉄道の社長に就任した岡田意一《いいち》は元鉄道省監督局長であった。「天下り防止」がうるさい昨今ではあり得ない人選だが、戦前ではまったく珍しくない。

急峻な路線ならではの「特殊設計」

高野下駅の標高は一〇八・〇メートル、鉄道線の終点である極楽橋駅は五三四・九メートルと標高差が大きい。この間一〇・三キロメートルで四二六・九メートル上がるということは、平均勾配が四〇パーミルを超えてしまう。実際には駅の構内は勾配を緩くする必要もあるため、最急勾配は五〇パーミルとして「特殊設計」を申請した。狭い谷をたどるためにカーブも急で、最小半径は一〇〇メートルとかなりの急曲線となった。

次の申請書にも言及されている地方鉄道建設規程（大正八年八月一三日）の第一三条は「軌間三呎六吋（一〇六七ミリメートル）及四呎八吋半（一四三五ミリメートル）ノモノニ在リテハ八鎖（約一六〇メートル）以上」と定め、第一五条には「本線ノ勾配ハ三十分ノ一（三三・三パーミル）ヨリ急ナルコトヲ得ス」とある。

高野山電気鉄道線路工事特殊設計許可申請書

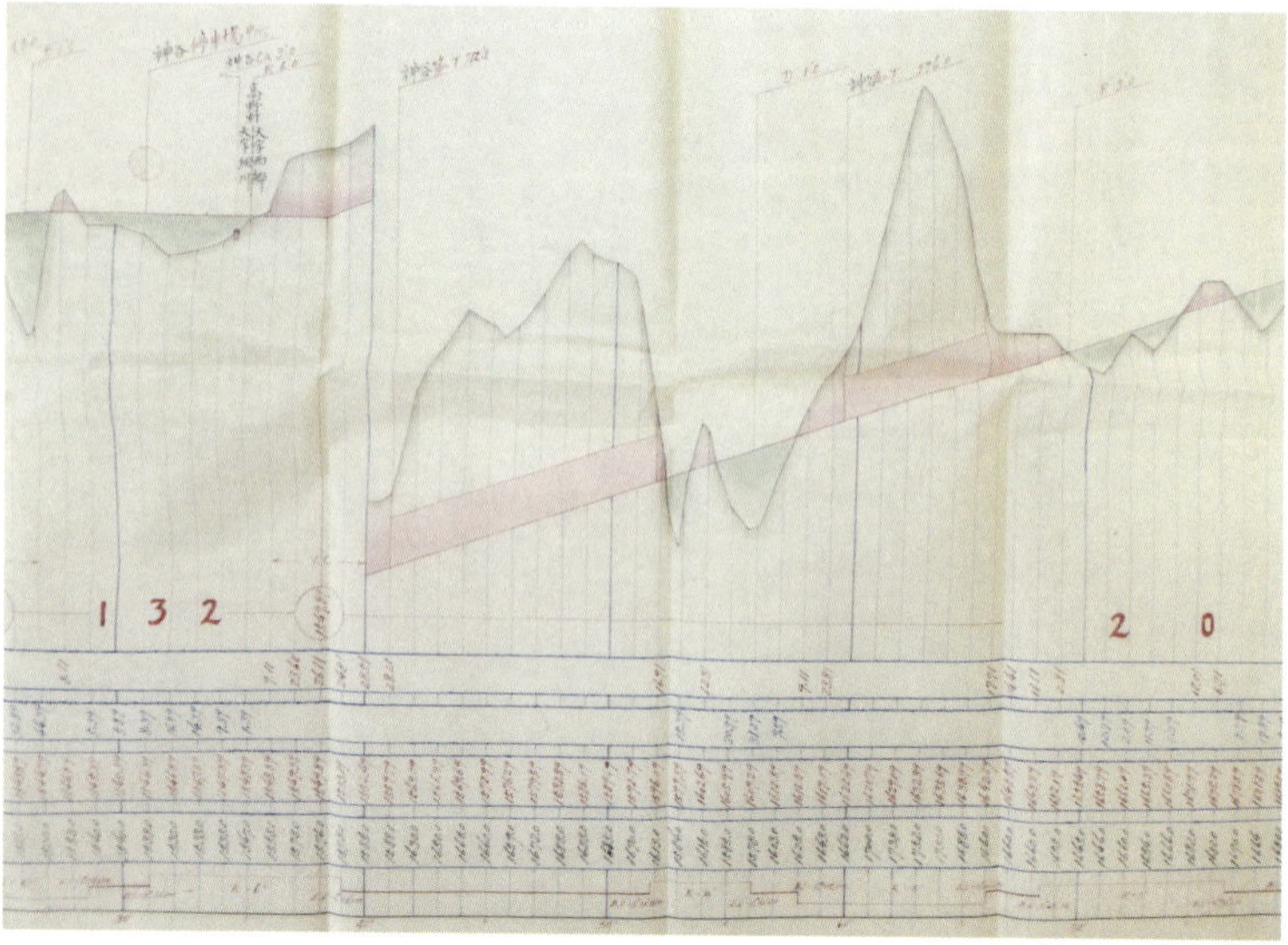

図5　きれいに着色された高野山電気鉄道の線路縦断面図。神谷（左上・現紀伊神谷）駅付近の部分で、大きく朱書きされた「132」は同駅構内の132分の1勾配（約7.6パーミル）、「20」は最急勾配である20分の1（50パーミル）を示す。鉄道省文書「高野山電気鉄道」巻一　大正13年～昭和2年　国立公文書館蔵

大正拾参年四月八日付監第六八二号ヲ以テ御免許相成候和歌山県伊都郡九度山町大字椎出ヨリ同郡高野村高野山上ニ至ル本会社線路中、井出谷不動阪間電気鉄道線路ニ於ケル曲線及ヒ勾配ハ、地勢ノ状況ニ依リ地方鉄道建設規程第拾参条及第拾五条ノ御規程ニ依リ工事施行困難ニ付キ、最小曲線半径ヲ五鎖〔五チェーン＝約一〇〇・六メートル〕、最急勾配ヲ弐拾分ノ一〔二〇分の一＝五〇パーミル〕トシ、工事実施仕度《つかまつりたく》候間、特別ノ御詮議ヲ以テ御許可相成度、地方鉄道建設規程第一条ニ依リ此段及申請候也。

大正拾四年四月四日

高野山電気鉄道株式会社

取締役社長　岡田意一

鉄道大臣　仙石　貢殿

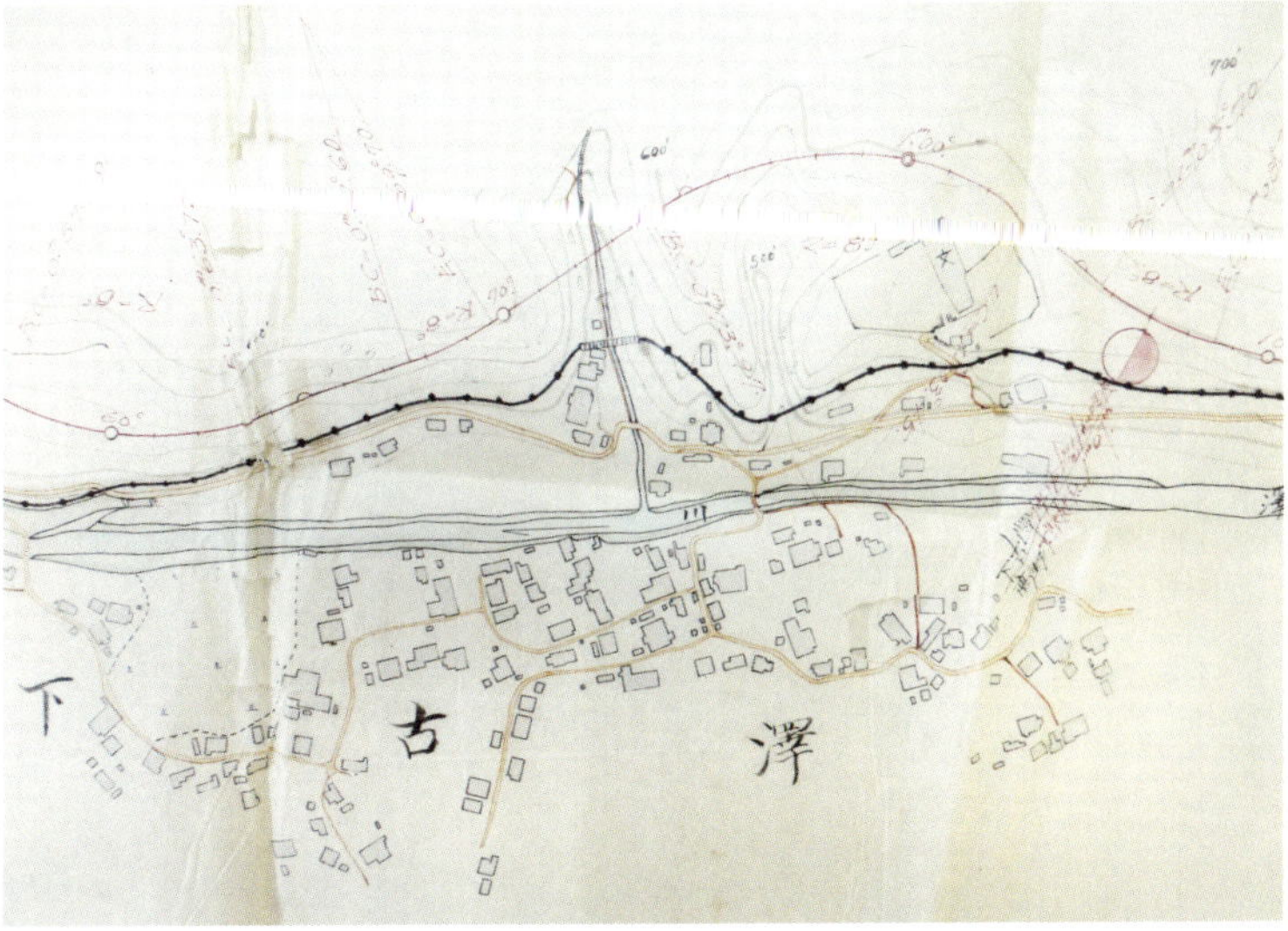

図6　高野山電気鉄道の線路平面図のうち下古沢駅付近。赤い細線が電気鉄道、黒線は既存の森林軌道。現在では「トロッコ道」と呼ばれる歩道になっている。鉄道省文書「高野山電気鉄道」巻一 大正13年〜昭和2年 国立公文書館蔵

地方鉄道建設規程の第一条には「但シ特別ノ設計ヲ必要トスルモノニ在リテハ監督官庁ノ許可ヲ受ケ本規程ニ依ラサルコトヲ得」とある通り、この特殊設計は許可された。高野山電気鉄道以外にも、少し前の大正八年（一九一九）に竣功した小田原電気鉄道（現箱根登山鉄道）の箱根湯本〜強羅間がさらに急な八〇パーミルを採用しており、現在に至るまで粘着式鉄道としては国内最急勾配を誇っているのを始め、高野と同時期の神戸有馬電気鉄道（現神戸電気鉄道・昭和三年竣功）が五〇パーミルを採用している。

険しい山の中での難工事を経て昭和三年（一九二八）六月一八日に高野下〜神谷（昭和五年から紀伊神谷）間、翌四年二月二一日には極楽橋まで開通した。地方鉄道建設規程によれば停車場構内は二〇〇分の一勾配

（五パーミル）以内となっているが、この路線では第一五条の規定にある「特別ノ事由アル場合」の限界値である一〇パーミルを採用した。

なお、これだけ厳しい条件の路線だけあって、車両には安全面が特に配慮され、開業時に導入された電動客車デ一〇一～一〇八、荷物室付電動客車デニ五〇一・五〇二には、竣功監査復命書の車両表によればいずれも「手用、空気、電磁軌条、電気制動付」とブレーキが何重にも備えられていた。このうち「電磁軌条制動」は電磁吸着ブレーキで、台車に備えられた電磁石をレールに吸着させる非常ブレーキである。

次は高野下～神谷間を開業する二日前にあたる昭和三年（一九二八）六月一六日に行なわれた竣功監査復命書に掲げられた停車場表である（〔〕内は現駅名）。ついでに極楽橋延伸のデータも昭和四年二月一八日竣功監査復命書のものを追加して掲げた。

名称	所在地	位置〔キロメートル換算〕
高野下《こうやした》	和歌山県伊都郡九度山《くどやま》町椎出《しいで》	〇哩〇〇鎖〇〇節〔〇・〇〇〕
下古沢《しもこさわ》	和歌山県伊都郡九度山町下古沢	一哩〇二鎖七八・二節〔一・六七〕
上古沢	和歌山県伊都郡九度山町上古沢	二哩〇五鎖二・四節〔三・三二〕
細川〔紀伊細川〕	和歌山県伊都郡高野村細川	三哩七五鎖五四・四節〔六・三五〕
神谷《かみや》〔紀伊神谷〕	和歌山県伊都郡高野村神谷	五哩三四鎖二二・四節〔八・七四〕
極楽橋	和歌山県伊都郡高野村	六哩三〇鎖四七・四節〔一〇・二七〕

図7　急峻な地形をたどる高野線も開業から91年を経過した。1:25,000「高野山」平成12年修正×0.8

国有林内での敷設が難航したケーブル線

なお、極楽橋から高野山駅（計画当初は「高野山上」）に至るケーブル区間は、金剛峯寺《こんごうぶじ》所有の風致保安林および国有林での軌道敷設の許可の関係で工事着手が遅れた。特に国有林を管轄する大阪営林局との交渉は手間取り、昭和三年（一九二八）一〇月八日付の工事着手期限延期願によれば「借用願書提出致シ候、以来約二ケ年間ニ数十回ニ渉リ大阪営林局ニ対シ嘆願又ハ陳情旁々《かたがた》速ニ許可セラレ度旨《たきむね》懇願致候得共《そうらえども》、今尚ホ御承認ニ不接《せっせず》、誠ニ迷惑致居リ候」と、憤懣やるかたなしという気分が珍しく公文書に表出されている。もちろん営林局も国有林保護の見地から誠実に仕事に向き合ったためだろうが。

ケーブルはようやく昭和五年（一九三〇）六月二九日に開業したが、和歌山水力電気の前身の高野電気鉄道（高野山電気鉄道とは別）が明治四四年（一九一一）に敷設免許を取得してから、実に二〇年近い歳月が経過していた。ケーブルの山上駅である高野山駅舎は、木造二階建てのどことなく寺院風の珍しい洋館（平成一七年に登録有形文化財）として開業の二年も前に竣功していたが、ようやく出番が回ってきたのである。

高野下～極楽橋間には二三か所に及ぶトンネルが設けられた。竣功監査復命書の「隧道表」より、起点方からの順番で隧道名を掲げてみよう。なお（　）内はメートル換算した長さである。

〔高野下駅〕猪子山（一〇二・六メートル）・下古沢（四二・二メートル）〔下古沢駅〕弁天山（九〇・五メートル）・大福山（一一七・七メートル）・馬場山（一四七・九メートル）〔上古沢駅〕上古沢（一六〇・

九メートル）・瀬戸〔五一・三メートル〕・蛇窪〔二二・一メートル〕・笠木（一一八・七メートル）・大下〔一三・六メートル〕・入谷〔九四・五メートル〕〔細川駅〕細川（一五二・九メートル）・城谷〔六三・三メートル〕・前迫〔一二八・七メートル〕・羽根山〔六三・三メートル〕・浦神谷〔三二・二メートル〕・王子山（一六〇・九メートル）・神谷（一八二・〇メートル）〔神谷駅〕大迫〔二四四・四メートル〕・指尾　一二〇・七メートル）・不動〔二二・一メートル〕・西郷〔二四・一メートル〕・四寸岩（一〇〇・六メートル）〔極楽橋駅〕

急峻な地形で多くの小さな谷を跨ぐため橋梁も多数に及ぶが、なかでも大規模なのがトレッスル橋の中古沢《なかこさわ》橋梁である。この形式の橋は櫓《やぐら》のように鉄骨の橋脚を立てた上に桁を渡すもので、代表格は山陰本線の余部《あまるべ》橋梁であった。しかし平成二二年（二〇一〇）の架け替えでコンクリート橋となり、今では全国に一一橋という貴重な存在だ。中古沢橋梁の特徴はその桁もトラス構造であるのが珍しい。現在は橋脚の足下に展望デッキが設けられている。

さて、開業当初は架線電圧が六〇〇ボルトの南海高野線と一五〇〇ボルトの高野山電気鉄道で電圧が異なるため両者間での直通はできなかったが、昭和七年（一九三二）四月二八日に高野山が六〇〇ボルトに「降圧」することで解決、難波から高野山直下の極楽橋が直結されることとなった。ちなみに昭和四年（一九二九）一一月一日から高野線の列車はすべて難波始発となっており、現在では「大阪市内のローカル線」として知られる「汐見橋支線」は、早くもこの頃には主役を降りている。

超高速のライバル・阪和電気鉄道

南海鉄道と並行する阪和電気鉄道

大阪市と和歌山市の間には現在、南海電気鉄道の本線とJR阪和《はんわ》線が並行している。ターミナルは大阪側が南海の難波とJRの天王寺、和歌山側が南海の和歌山市とJRの和歌山と異なってはいるが、両者は和泉山脈を越える区間を除けばほぼ一～三キロメートルほどの間隔で併走しているので、完全な競合関係にある。しかも全線で約六〇キロの距離を走りながら、起点から終点までただの一度も線路を接続することがない。

南海鉄道が和歌山へ通じてから約三〇年が経った昭和四年（一九二九）に登場したこの競合線は当初、阪和電気鉄道という私鉄であった。結局は昭和一五年（一九四〇）に南海鉄道に合併され、最終的には国による戦時中の強制買収で同一九年に国鉄阪和線となるのだが、既存の鉄道とこれだけ併行した私鉄が実現した背景を探るために、明治期の鉄道国有化の動きをたどってみよう。

話はだいぶ遡るが、日本でいえば維新直後の明治三年（一八七〇）から翌年にかけて、プロイセ

図1　以前より狭いとはいえ現在よりはるかに広かった第一次世界大戦後（1929年）のドイツ。旧プロイセン王国はこの領域の北側の多くを占めていた。三省堂『最近世界地図』昭和4年発行

ン（ドイツ）とフランスの間で普仏《ふふつ》戦争が行なわれた。日本に最初の鉄道が開通する二年前の話である。当時のドイツはバイエルンやザクセンなど多くの国（旧領邦）が分立する状態であったが、その中で最大のプロイセン王国の宰相ビスマルクが率いる軍は、それら旧領邦の国々の援軍も得て、当時の最新輸送手段であった鉄道と野戦砲を駆使した戦いを進め、ナポレオン三世の第二帝政フランスを破っている。

　近代国家としてドイツ統一を目指すビスマルクが力を入れたのが鉄道の国有化であった。英国のジャーナリストであるクリ

スチャン・ウォルマーが書いた『世界鉄道史』（邦訳・河出書房新社）によれば、普仏戦争当時のドイツ地域は一八の国に合計六六もの鉄道会社が林立しており、戦時中に果たした鉄道の威力の大きさを痛感した彼は、まず鉄道の規格を標準化することを目指した。一旦緩急あった時に前線の鉄道が破壊された際にも後方から同じ規格品を送ることで素早く復旧が可能だからである。

もちろん当時の鉄道会社は、自動車というライバルが存在しないなかでなかなか儲かる商売でもあり、ビスマルクの強権をもってしても、当時の自由主義的な時代精神も相まって、鉄道の国有化を実現するのは難しかったという。一〇年にわたる議論と政治的な駆け引きの末に、一八七九年から八〇年にかけて鉄道国有化法案を通過させ、民営鉄道の強制収用を可能にした。このエピソードを、やはり「新興国」だった大日本帝国の政府が知らなかったはずはない。

もともと日本では鉄道の黎明期に新政府の資金不足が深刻で、民間投資による鉄道インフラの整備に頼らざるを得ない事情があった。このため最初の新橋〜横浜間や京阪神間の鉄道を除けば、日本鉄道（東北・常磐・高崎各線など）、山陽鉄道（山陽本線）、関西《かんせい》鉄道（関西《かんさい》本線）、九州鉄道（鹿児島・日豊・長崎各線など）といった「私鉄」が幹線輸送を支えていたのである。

日本が近代国家として初めて経験した対外戦争である日清戦争では、当時新橋から広島に達していた鉄道が兵員や兵器の輸送に威力を発揮した。非常時における機動性を考えれば国家による鉄道の一元的な輸送管理が望ましいことははっきりしているのだが、地域の陸上交通を独占する事業としてのうま味もあり、会社を国に売り渡すことへの抵抗はもちろん存在した。反対に経営難の鉄道会社にとっては、なるべく高い金額で国に買収してもらいたかったのも事実であるが。

実業界では鉄道国有化に対する賛否が熱く議論されるようになったが、国有化を進めたい山縣有朋が第一次内閣で憲政党に協力を求め、鉄道国有調査会が設けられることになった。当初の買収リストは主に幹線クラスの路線で、日本・西成《にしなり》（大阪桜島線など）・北海道炭礦（室蘭本線など）・北越（信越本線など）・甲武（中央本線）・関西・山陽・九州・京都（山陰本線）の九社だけであったが、明治三九年（一九〇六）二月一七日の閣議には北海道（函館本線）・岩越《がんえつ》（磐越西線）・総武・房総（外房線など）・七尾・参宮・阪鶴《はんかく》（福知山線など）・徳島（徳島線）の八社を加えて一七社とした。さらに後の閣議では一五社が追加されて合計三二社にも達し、この最後の追加で南海鉄道と高野鉄道が入ってしまったのである。

南海・高野の両社にとってはまさに青天の霹靂であったが、鉄道国有化法案には反対者も多く、調整をとるべく貴族院が三二社から一七社に戻す修正案を出した。そしてお家芸の感もある議場での乱闘を経て強行採決、結局は当初案の一七社が国有化されている。もう少し野党が弱かったら今頃は「JR南海線」になっていたかもしれないことを考えれば、国会における議決というのは、つくづく後世にまで響くものである。

悲願の紀伊半島一周鉄道

紀伊半島の多くを占める和歌山県の鉄道といえば、今では紀勢本線が大半の距離を占めているものの、明治末年の段階では大阪へ通じる南海鉄道が県都の北側をわずかにかすめるのを除けば、紀ノ川に沿って敷かれた国鉄和歌山線だけで、海岸沿いに線路は皆無という状態であった。ようやく

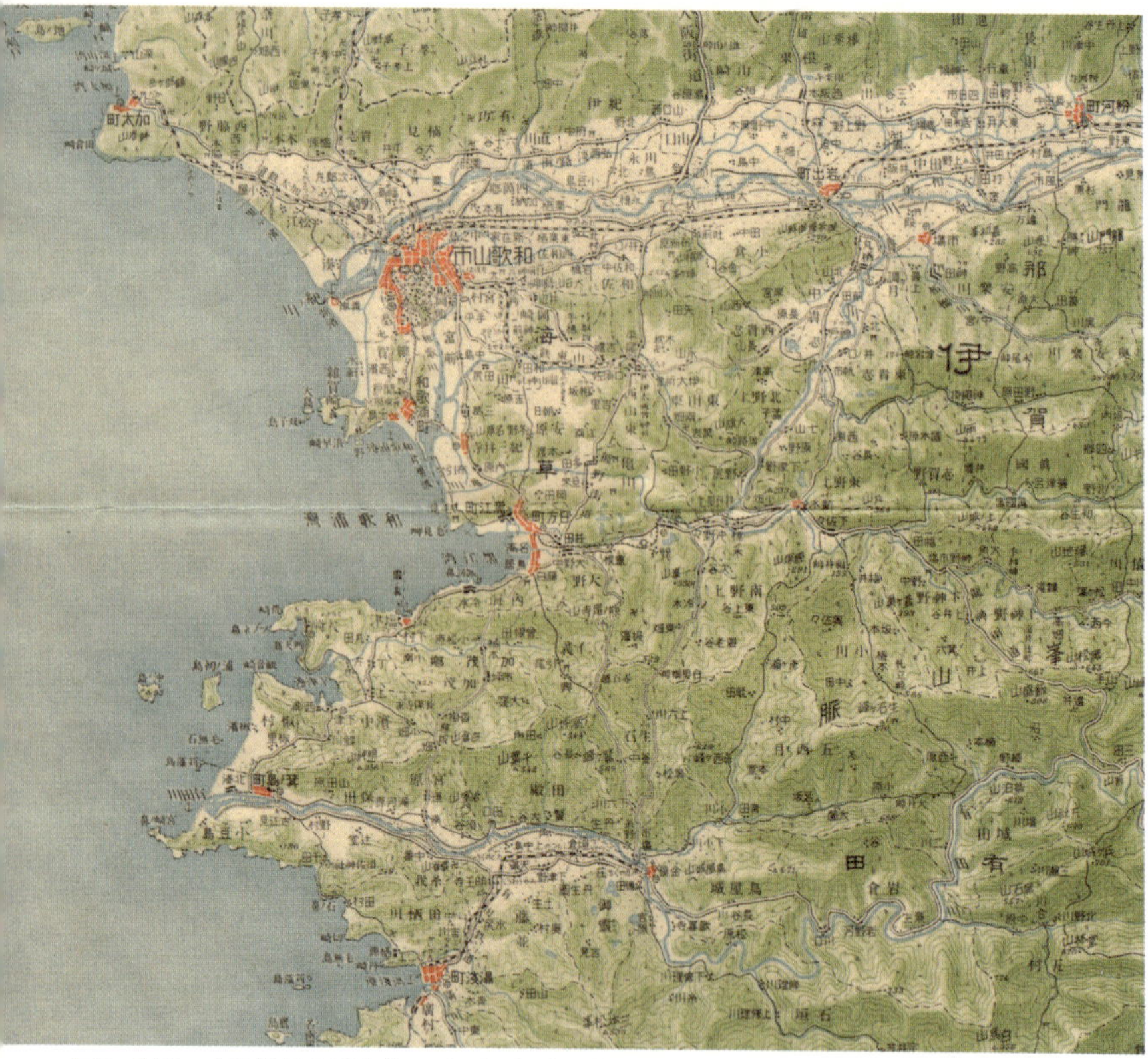

図2　内陸へ小私鉄だけが延びていた頃の和歌山市以南の状況。1:200,000帝国図「和歌山」大正9年製版　×0.6

大正元年（一九一二）から二年にかけて新宮〜勝浦（現紀伊勝浦）間が新宮鉄道の手で開通、その後は大正四年（一九一五）から翌五年にかけて和歌山、湯浅、日方《ひかた》（海南市）から山東《さんどう》軽便鉄道（現和歌山電鐵）、有田《ありだ》鉄道、野上《のかみ》軽便鉄道（後の野上電気鉄道）といった小私鉄がいずれも短い路線を内陸へ向けて開業した程度に留まっている。

　和歌山県選出の有力代議士であった岡崎邦輔は、鉄道に恵まれない紀伊半島を一周する鉄道構想の実現に向けて熱心に働きかけ、大正七年（一九一八）には鉄道敷設法に紀勢東線・紀勢西線を明記させることに成功した。これを受けて同九年には紀勢東線（相可口《おうかぐち》（現多気《き》）～栃原《とちはら》間）が、翌一〇年には紀勢西線（紀三井寺～加茂郷間）が着工されている。西線としては大正一三年（一九二四）の和歌山（現紀和駅）～箕島《みのしま》間が最初の開業区間であった。

さて、鉄道が開通する前の紀伊半島沿岸を巡る交通機関といえば、毎日一便ずつ出航する大阪商船の大阪～名古屋線であった。大正四年（一九一五）の時刻表『公認汽車汽船旅行案内』三月号によれば船は一日一便で、他に田辺までの便、「勝浦急航便」が各一便見える。

名古屋行きの時刻を見れば、大阪を夕方一六時半に出た船は兵庫に一九時二〇分、和歌浦（和歌山市）〇時二〇分、湯浅が午前二時半、比井《ひい》（日高町）四時、御坊五時半、印南《いなみ》六時半を経て田辺に七時五〇分に着く。ここを八時五〇分に出てからは周参見《すさみ》一一時一〇分、串本《くしもと》一四時二〇分、古座《ざ》一五時、太地《たいじ》一六時四〇分、勝浦四時五九分着である。同所の出航が一八時ちょうどで三輪崎《みわさき》（新宮市）に一九時一〇分、木本《きのもと》（熊野市）に二二時二〇分、二木島《にぎしま》二三時三〇分、九鬼《くき》には三日目の午前一時、尾鷲《おわせ》は深夜の二時半、島勝《しまかつ》（紀北町）四時、長島五時二〇分、神前《かみざき》（南伊勢町）七時二〇分、志摩半島の先端の波切《なきり》（志摩市）に一〇時二〇分、鳥羽が一二時一七分着で一三時一〇分発、津一六時二〇分、日が暮れて四日市に一九時、終着の名古屋・熱田港には三日目の夜の二〇時四九分というダイヤであった（カッコ内は現在の市町村名）。

全区間を「完乗」すれば合計五二時間あまりの長丁場で、和歌浦から田辺でさえ七時間半である（現在は特急「くろしお」で約七〇分）。当時の紀伊半島――東牟婁《ひがしむろ》郡・西牟婁郡に住む人たちが、このように前近代的なスピードで一日三回ほど姿を現わす船便から、近代の高速交通機関であった汽車での移動を切望していたことは想像に難くない。

紀勢線の建設を進める以上、大阪と和歌山の間は国鉄線で結ばれているべきであるとして、大正九年（一九二〇）には原敬内閣の時に南海鉄道を国が買収しようとする動きが起きた。ところが第一次世界大戦時の好景気がこの年に一転して反動不況に突入してしまう。南海鉄道としては、ただでさえ阪堺電気軌道の合併で配当が落ち込んだところへ、買収金額の根拠となる三年間の平均営業収入が反動不況でガタ落ちとなっている。そんなに安く買い叩かれてはかなわないので、政界へ買収反対運動を仕掛けるなど経営陣が奔走しているうちに議会が解散となり、結果的に買収の件は沙汰止みとなった。

政府としては阪和間に新たな国鉄線の敷設を目指さざるを得なくなったのだが、その区間には、前年の大正八年（一九一九）一一月二八日に阪和《はんわ》電気鉄道がうまい具合に申請していた。三五人の発起人の内訳としては、泉州に根拠地をもつ大阪の綿業資本家たち、紀伊半島の沿岸航路を担っていた大阪商船グループ、それに紀勢線の建設を後押ししている和歌山市の有力者たちであった。この中で大阪商船グループは、今後の鉄道建設に伴う航路撤退を視野に入れた新規事業への投資としての性格が強かったようだ。阪和電気鉄道は大正一二年（一九二三）七月一〇日に免許を得ることができ、同一二日には官報に次の通り掲載されている。

◎鉄道免許状下付　本月十日阪和電気鉄道株式会社発起人喜多又蔵他三十一名ニ対シ鉄道敷設免許状ヲ下付セリ。其企業目論見ノ概要左ノ如シ（鉄道省）。　鉄道種別　電気鉄道　軌道幅員

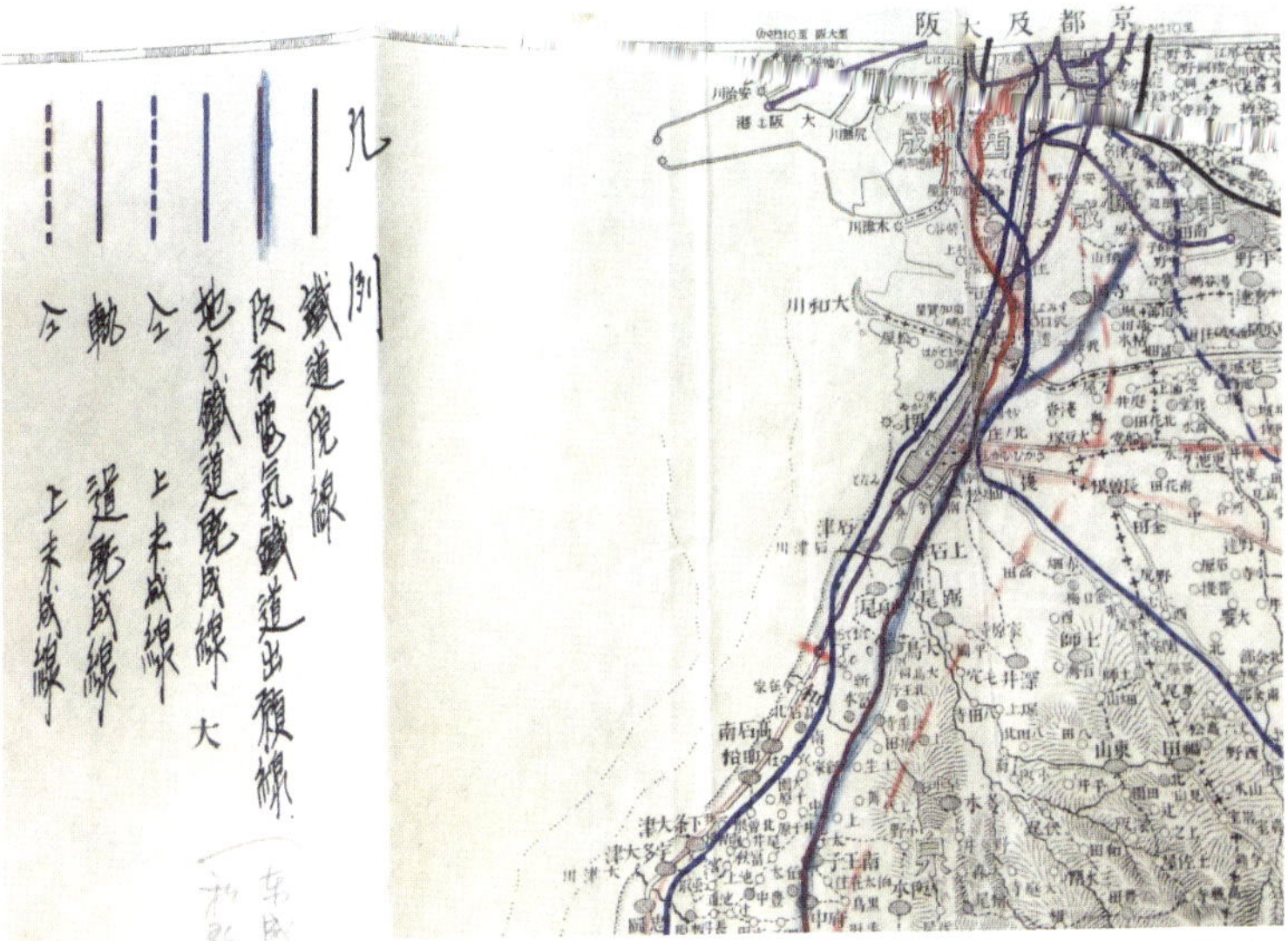

図3　阪和電気鉄道の敷設免許申請書に添付された地図に描かれた計画線。鉄道省文書「阪和電気鉄道」巻一　大正12年〜15年　国立公文書館蔵

三呎六吋〔三フィート六インチ＝約一〇六七ミリメートル〕　線路両端　大阪府東成《ひがしなり》郡田辺町　和歌山県和歌山市本町　延長哩程　三十六哩七十鎖〔三六マイル七〇チェーン＝約五九・三四キロメートル〕　建設資金　金二千万円

起点とされた東成郡田辺町というのはおおむね現在の大阪市東住吉区で、当初は近鉄南大阪線の前身である大阪鉄道の「松原駅」（現在の河内松原とは別）を起点とする計画だった。ちなみに同線は大正一二年四月一三日の開業なので、図3でも未成線を意味する紺色の破線となっている。松原駅と称しているにもかかわらず、この破線に接続していない理由はわからないが、破線もだいぶアバウトなので誤差の範囲だろうか。いずれにせよ阪

和電気鉄道の最終的な起点は関西本線や城東線（現大阪環状線）に接続する天王寺となる。

免許状には但し書きとして「本線路ノ起点ハ国有鉄道ニ連絡スルヲ適当ト認ムルヲ以テ、工事施行認可申請迄ニ連絡地点ヲ選定シ、線路変更ノ申請ヲ為スヘシ」とされていた。当初から将来的には国が買収する意図をもっていたからかもしれない。このため当初は四フィート八インチ半（一四三五ミリメートル）とされた軌間も、大正一〇年（一九二一）一〇月二四日に提出された起終点変更の申請時には国鉄と同じに改められた。ちなみにそれ以前の起点は大阪市南区木津大国町（現在の浪速区。市営地下鉄御堂筋線・四つ橋線大黒町駅付近か）、終点が和歌山市屏風町（正しくは屏風丁。和歌山市駅前）となっている。起点側が大幅に違うが、その旧ルートは図の赤い実線部分だ。

なお和歌山側の終点が屏風丁から本町に変更されたのは、南海鉄道のすぐ東側で紀ノ川を渡り、東へ折れてこの本町（八丁目）で国鉄に合流させる意図があったためだろう。これも後日、現在のように東和歌山駅（現和歌山駅）に接続地点が再度変更されることになる（二一七ページ図5参照）。なお免許が下付されるに至った事情や理由が申請書類に次のように添付されている。

参考　理由

大阪、和歌山間ノ交通機関トシテハ南海鉄道難波、和歌山市間（全部複線）ノ捷径ト同鉄道汐見橋、橋本間（元大阪高野鉄道線、全部単線）ノ迂路ト二線アリ。然レトモ前者ハ近時漸《ようや》ク輸送力ノ最大限度ニ達セムトシツツアリテ、現在ノ設備ニ於テハ今日以上多ク期待スルコト能ハサルノミナラス、後者ハ長野橋本間ニ於テ曲線及勾配ノ関係上著シク輸送力ヲ制限セラレ、之亦《これまた》将来ニ対シ大ヲ望ムコト困難ナリトス。

而シテ目下工事中ノ国有鉄道紀勢線漸次《ぜんじ》開通スルニ随《したが》ヒ、大阪和歌山間ノ交通ハ益々増加スヘク、殊ニ貨物ノ移動多量ニ上ルコトモ容易ニ想像シ得ルヲ以テ、之カ趨勢ニ応スヘキ一線ヲ新《あらた》ニ設ケルコトハ、時機ニ適切ナル計画ナルヘシ。故ニ本件ハ免許可然《しかるべき》モノト認メラル、モ、起点ヲ適当ナル地点ニ於テ国有鉄道ト連絡シ、其ノ機能ヲ増進スル様、線路系絡ヲ更正セシムル要アリト認ム。仍《よっ》テ特ニ之カ条件ヲ附シ、伺案ノ通処理セムトス。


阪和間を直接結ぶ路線としては南海鉄道（難波〜和歌山市）がすでに存在しているが、現在すでに輸送力の限界に近づいている。さらに国鉄紀勢線（紀勢西線）が今後和歌山以南に開通すれば、特に貨物輸送は激増することが予想され、南海だけでは需要を満たすことができない。そこでこの阪和電気鉄道が適切な地点で国鉄と連絡することにより、その機能を増進することが期待される、という。従来は「並行線」を二重投資だとして回避するよう行政指導を行なってきた鉄道当局だが、工業国家への脱皮を急激に遂げつつあった当時の日本の状況を背景に、輸送量が逼迫すると考えられる区間については積極的に認可する方針を示していたのである。要するに時期や個々の状況でケースバイケース、裁量の幅は広かったということだ。

大正一二年（一九二三）七月一〇日の免許取得を受け、着工に向けて工事施行認可申請を行なおうとした矢先、関東大震災が東京を襲い、日本の経済界は大きなダメージを受けた。阪和が翌一三年五月一九日に提出した「地方鉄道法第十三条ニ依ル認可申請期日延期願」の一部を次に掲げよう。

（前略）御許可後直《ただち》ニ発起人総会ヲ開キ、創立委員ノ選定、株式募集其他ノ事務ヲ着々進メツヽアル折柄、関東地方ノ大震災ニ遭遇シ、之レガ為一般経済界ハ一時震慄スベキ状態ニ陥リ、既設事業ト雖《いえど》モ甚シク打撃ヲ蒙《こうむ》リ、殊ニ新規計画中ノ事業ノ如キハ孰《いず》レモ蹉《さ》躓《ち》（＝つまずき）ヲ来《きた》シ、殆ンド其成立不可能ノ状態ニ立至リ申候。（後略）

この震災では東京駅の隣、現在の丸の内トラストタワーと鉄鋼ビルの位置にあった鉄道省の建物も焼けてしまい、阪和でも申請書類や図面などを大正一三年（一九二四）七月三一日に再提出している。これを申請中の他の鉄道会社もそれぞれ提出したであろうから、対応する鉄道会社も官僚たちも、さぞ大変な思いを味わったことだろう。最終的に大正一五年（一九二六）七月八日に鉄道工事施行認可申請書が提出された。「工事方法書」の主な箇所を掲げれば以下の通りである。

工事方法書

一、動力　電気
二、軌間　三呎六吋（約一〇六七ミリメートル）
三、単線、複線等ノ別、其区間　全線複線トス
四、軌道ノ中心間隔　十二呎二吋（約三・七一メートル）以上トス
五、建築定規及車両定規　別紙第十二号図ノ通リトス

六、最小曲線半径　二十鎖〔約四〇二・三メートル〕
七、最急勾配　四十分ノ一〔二五パーミル〕
〔中略〕
十、軌条、転轍機、轍叉及枕木
イ）軌条ノ重量
本線　一碼《ヤード》ニ付百封度《ポンド》〔約五〇キロレール〕
側線　一碼ニ付六十封度〔約三〇キロレール〕
〔以下略〕

最小曲線半径が四〇二メートルと大きいのは、当時の電気鉄道の高速化を反映したもので、カーブだけで言えば戦後の「日本国有鉄道建設規程」の中でも最上級の「特別甲線」にあたる。しかもその四〇〇メートルが適用されているのは天王寺駅を過ぎたカーブの一部と、和泉山脈越えの信達《しんだち》〔現和泉砂川〕駅以南だけで、大半の区間は直線または半径一〇〇〇メートル以上のカーブであり、かなりの高速走行を可能とする設計であった。

図4　かつての起点・田辺町（現阪和線南田辺駅付近＝線が途切れた地点）から国鉄に連絡すべく天王寺まで申請された線路（紺色）。赤の実線は大阪鉄道（現近鉄南大阪線）、東へ延びる赤破線は未成に終わった免許線　鉄道省文書「阪和電気鉄道」巻二 昭和2年 国立公文書館蔵

図5　市街地が連続する南海鉄道の沿線とは対照的に、人家の疎らな「山の手」を走る岸和田付近の阪和電気鉄道。その代わり線形は良好なので、戦前のスピード記録を誇る「超特急」がこの線路を駆け抜けた。1:50,000「岸和田」昭和10年修正　×0.6

なお免許の条件として付された「国鉄線に接続」は従来の起点・田辺町（大阪市住吉区南田辺町）から天王寺駅（大阪市住吉区天王寺町＝当時）に至る延長線一マイル三八チェーン（約二・三七キロメートル。実際には約一マイル五五チェーン）とされ、この区間は元号が改まった昭和二年（一九二七）三月一九日に免許を得ている。なお、細かいことを言えば天王寺駅から城東線を跨いだあたりまでの短区間（〇マイル四七チェーン＝約〇・九五キロメートル）は大阪鉄道と競合していた南大阪電気鉄道（未成）が大正一三年（一九二四）三月七日に取得した免許を譲渡されたものだ。天王寺駅の南北に並行した同社の予定線路のうち北側は不要ということで阪和に譲ったのであるが、大阪阿部野橋駅から東へ向かう路線は結局未成に終わっている。

阪和電気鉄道の開業

昭和四年（一九二九）七月一八日、阪和天王寺（現天王寺）駅から和泉府中駅までの本線と鳳《おおとり》〜阪和浜寺（現東羽衣）間が開通した。「阪和電気鉄道阪和天王寺和泉府中　々浜寺支線工事竣功監査報告」に添付された「建設工事概要」から停車場一覧（停留場も含む）を次に掲げる。所在地は昭和九年一二月一五日現在の鉄道省『鉄道停車場一覧』で大字名を補った（大字なしの町村もあり）。

名称	所在地	測量哩（　）内はキロメートル換算
〈本線〉		
阪和天王寺	大阪市天王寺区堀越《ほりこし》町	○哩一○鎖一一・二節（○・二○）
南田辺	大阪市住吉区南田辺町	一哩五四鎖八八・八節＊（二・七二）
臨南寺《りんなんじ》前	大阪市住吉区西長居《にしながい》町	一哩一九鎖一一・二節＊（四・七二）
杉本町	大阪市住吉区杉本町	二哩四五鎖一一・二節＊（六・八四）
仁徳御陵《にんとくごりょう》前	大阪府泉北《せんぼく》郡百舌鳥《もず》村夕雲開《せきうんひらき》	五哩一三鎖一一・二節＊（一一・○二）
上野芝《うえのしば》	大阪府泉北郡踞尾《つくの》村	六哩○三鎖一一・二節＊（一二・四三）
鳳《おおとり》	大阪府泉北郡鳳《おおとり》町北王子《きたおうじ》	七哩五八鎖一四・五節＊（一五・一五）
信太山《しのだやま》	大阪府泉北郡伯太《はかた》村池上《いけがみ》	一○哩三○鎖一四・五節＊（一九・四二）
和泉府中	大阪府泉北郡国府《こくぶ》村府中	一一哩二六鎖一四・五節＊（二○・九四）
〈浜寺支線〉		

鳳　　　　大阪府泉北郡鳳町北王子　　　　○哩○二鎖一四・五節〔○・○四〕
阪和浜寺　大阪府泉北郡高石町羽衣　　　　一哩○一鎖七五・○節〔一・六四〕

＊距離は歴史的な経緯から阪和天王寺以外の駅は南田辺起点の数値が記されているが、煩雑なので引用者が「キロメートル換算」の欄で天王寺起点の数値に補正した。現在の駅名と異なるものは阪和天王寺（天王寺）、臨南寺前（長居）、仁徳御陵前（百舌鳥）、阪和浜寺（東羽衣）で、カッコ内が現駅名。

和歌山へ到達する以前に浜寺支線を先に開通させた目的は、開業の七月一八日という日付でもわかる通り、夏休みの海水浴客の取り込みであった。阪和浜寺駅は南海鉄道の羽衣駅のすぐ隣で、南海が長年にわたって投資し、リゾート地として開発したエリアのお客を横取りしようとする、ずいぶんとあからさまな線形である。

和泉府中駅まで開業した翌昭和五年（一九三〇）六月一六日には終点の阪和東和歌山（現和歌山）駅まで全通を果たしている。なお、その時の竣功監査報告が薄冊に綴じられていなかったので、前出の『鉄道停車場一覧』から所在地・営業キロとともに和泉府中〜阪和東和歌山間の当時の駅一覧を次に掲げた（町村名は昭和五年現在）。なお、昭和五年四月一日からは鉄道の距離表記にキロメートルが採用されることとなり、公文書にもそのように記されるようになっている。

図6　南海鉄道が明治期からリゾート開発を手がけていた浜寺公園に殴り込みをかけた形の阪和電気鉄道浜寺支線は、どう見てもあからさまな「侵略線形」。1:50,000「大阪西南部」昭和7年要部修正　×0.9

名称	所在地	天王寺起点のキロ程
和泉府中	大阪府泉北郡国府《こくぶ》村府中	二〇・九
久米田	大阪府泉南郡八木《やぎ》村大町	二三・九
土生郷《はぶごう》	大阪府泉南郡土生郷村土生	二六・五
和泉橋本	大阪府泉南郡南近義《こぎ》村橋本	三〇・〇
熊取《くまとり》	大阪府泉南郡熊取村大久保	三二・九
日根野《ひねの》	大阪府泉南郡日根野村日根野	三四・八
長滝《ながたき》	大阪府泉南郡長滝村	三六・二
新家《しんげ》	大阪府泉南郡新家村新家	三八・五
信達《しんだち》	大阪府泉南郡信達村牧野	四〇・五
山中渓《やまなかだに》	大阪府泉南郡東鳥取村山中	四五・二
紀伊	和歌山県海草《かいそう》郡紀伊村北野	五三・二
六十谷《むそた》	和歌山県海草郡有功《いさお》村六十谷	五七・一
阪和東和歌山	和歌山県和歌山市吉田	六一・二

＊現在の駅名と異なるものは土生郷（東岸和田）、信達（和泉砂川）、阪和東和歌山（和歌山）。町村の後に大字名の記載がないものは当時大字が存在しなかったもの。

阪和と南海のスピード競争

阪和電気鉄道は、最初の開業からわずか一一年後の昭和一五年（一九四〇）一二月一日に南海鉄道に合併されて消え、その後は同一九年に国有化されて阪和線となった。このため歴史としてはごく短期間であったが、その間の高速運転ぶりは一世を風靡したものである。それでも最初のうちはそのスピードも遠慮がちであった。まずは全線開業時に阪和間を六五分で結ぶ急行列車を走らせている。途中停車駅は鳳のみで、これが下り二一本、上り二二本と本数は多く確保した。

これに対する南海鉄道の対抗策は迅速で、阪和の開業からわずか五日後の昭和五年（一九三〇）六月二一日から、難波〜和歌山市間を六〇分ちょうどで結ぶ特急列車をデビューさせ、これを一日一五往復走らせたのである。途中の停車駅は龍神〔堺付近〕、浜寺公園、岸和田、佐野〔現泉佐野〕であった。さらに急行も停車駅を減らして従来の九〇分から七五分に短縮、運賃も一円から九六銭に値下げした（阪和も九六銭）。このスピードアップに備えてモハ三〇一系の半鋼製二〇メートルの大型車を投入している。

南海より市街地から離れた内陸側を走る阪和電気鉄道としては、スピードで南海に負けていては存在意義がないため、そこから本気で時間短縮に挑むこととなった。開業わずか三か月半の一〇月一日には第一次スピードアップとして急行の所要時間を一〇分縮めて阪和間を五五分とし、翌六年七月九日からは第二次でノンストップ特急を新設、これを一挙に四八分とした（二一往復の急行のうち六往復を特急化）。さらに第三次として昭和八年（一九三三）一二月二〇日からは「超特急」を新設、ついに阪和間を四五分とした。これが戦前の定期列車としての国内スピード記録である。

ちなみにこの表定時速八一・六キロメートルは、戦後の昭和三五年（一九六〇）に東海道本線の電車特急「こだま」が東京～大阪間を六時間三〇分（表定時速八五・六キロ）に短縮するまで、戦争を挟んだとはいえ約四半世紀の間、抜かれることはなかった。

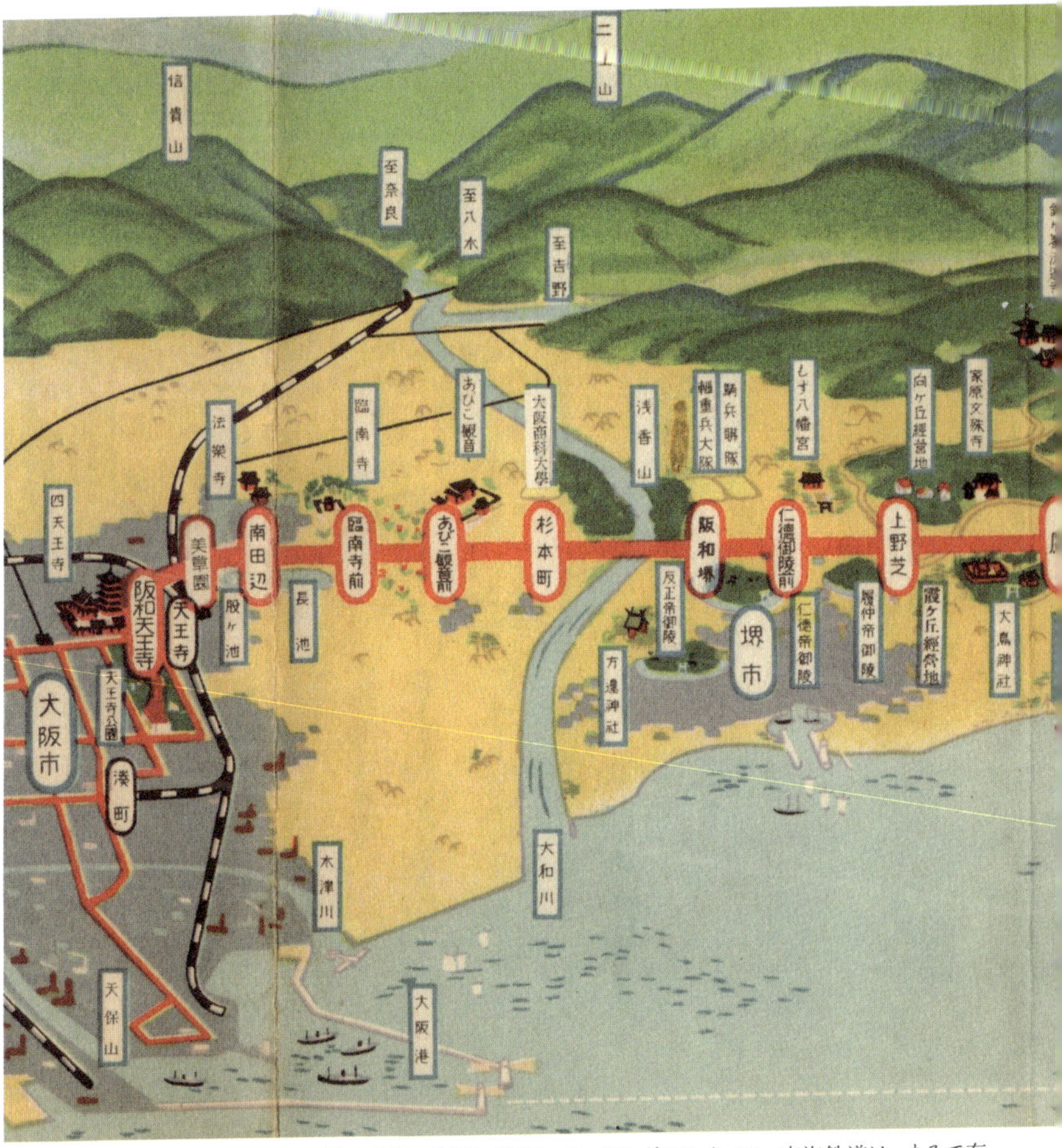

図7　阪和電気鉄道の沿線案内図。海側に並行しているはずのライバル・南海鉄道は、まるで存在しないかのように消されている。当時の沿線案内図では競合他社の路線を無視することは珍しくなかった。『沿線御案内』阪和電鉄 昭和9年(1934)～11年の発行と推定される。

戦時体制下での阪和合併、そして国有化

スピード競争から居住性へ

阪和電気鉄道の看板列車である超特急は戦前最速となるスピードを見せつけたが、明治期に全通を果たした南海鉄道の方は、それほど線形が悪いわけではないけれど、最初から高速仕様の相手とは対等に戦えない。そこで登場させたのが冷房車であった。

南海では、阪和電気鉄道が部分開業する昭和四年（一九二九）を期して新造した二〇メートル級の大型鋼製電車二〇〇一形（当初はモハ三〇一形）を投入し、難波〜和歌山市間の六四・四キロメートル（阪和より五パーセントほど長い）を特急でちょうど六〇分の所要時間で走破させた。しかし速度の差は歴然としているため、経営陣は冷房車の投入を決意する。『南海電気鉄道百年史』の巻末年表によれば、昭和一一年（一九三六）七月一九日に「わが国で初めて冷房電車運転」とあるが、車両は件の二〇〇一形に大阪金属工業（現ダイキン工業）製の冷房装置を付けたもので、重量は二・五トンに及んだ。消費電力はかなり大きなものがあったが、乗客には好評であったという。次の表

は翌年さらに増備された八両の冷房車に対する鉄道省の竣功監査報告書に掲載された「測定成績表」である。

冷房電車温度及湿度測定成績表　一二－六－二三〔昭和一二年六月二三日か〕天候　雨後曇

測定場所	外気 乾球	外気 湿球	外気 湿度	No.二〇〇四 乾球	No.二〇〇四 湿球	No.二〇〇四 湿度	No.二八〇四 乾球	No.二八〇四 湿球	No.二八〇四 湿度
難波	－	－	－	一八	一三・五	六〇％	－	－	－
龍神	二六	二四	八五％	一九	一四・五	六二％	一八	一四	六五％
浜寺公園	二七	二四・五	八二％	一八・五	一四	六一％	一九・五	一五	五九％
羽衣	－	－	－	一八・五	一四	六一％	一九	一五	六六％
大津	－	－	－	一八・五	一四・五	六五％	一九	一五	六六％
岸和田	二七	二四	八〇％	一八	一四	六五％	一八・五	一四・二	六二％
貝塚	二七	二四	八〇％	一八	一三	五八％	一八	一三・八	五九％
佐野	二五・五	二二・五	八〇％	一八	一三・二	六〇％	一八	一三	五八％
箱作	二六・五	二四	八〇％	一八	一三	五八％	一八	一三・五	六〇％
孝子	二七・五	二四	八〇％	一八	一三	五八％	一八	一三・五	六〇％
紀ノ川	二八・五	二五・五	八〇％	一八	一三	五八％	一八	一四	六三％

平　均	二七　二四　八〇%	一八・二　一三・六　六二%	一八・五　一四・一　六二%

備考　各車室内温度ハ客室中央部柱中部ニ吊セル乾湿寒暖計ノ指示ニシテ、室外温度ハ最後部車外隅柱ニ吊セル寒暖計ノ指示トス。

試験とはいえ、現代の常識からすれば震え上がりそうな室内温度（表はもちろん摂氏）が実際に保たれていたかは不明だが、『百年史』によれば、非冷房車を避けて冷房車を待つ人が多かったため

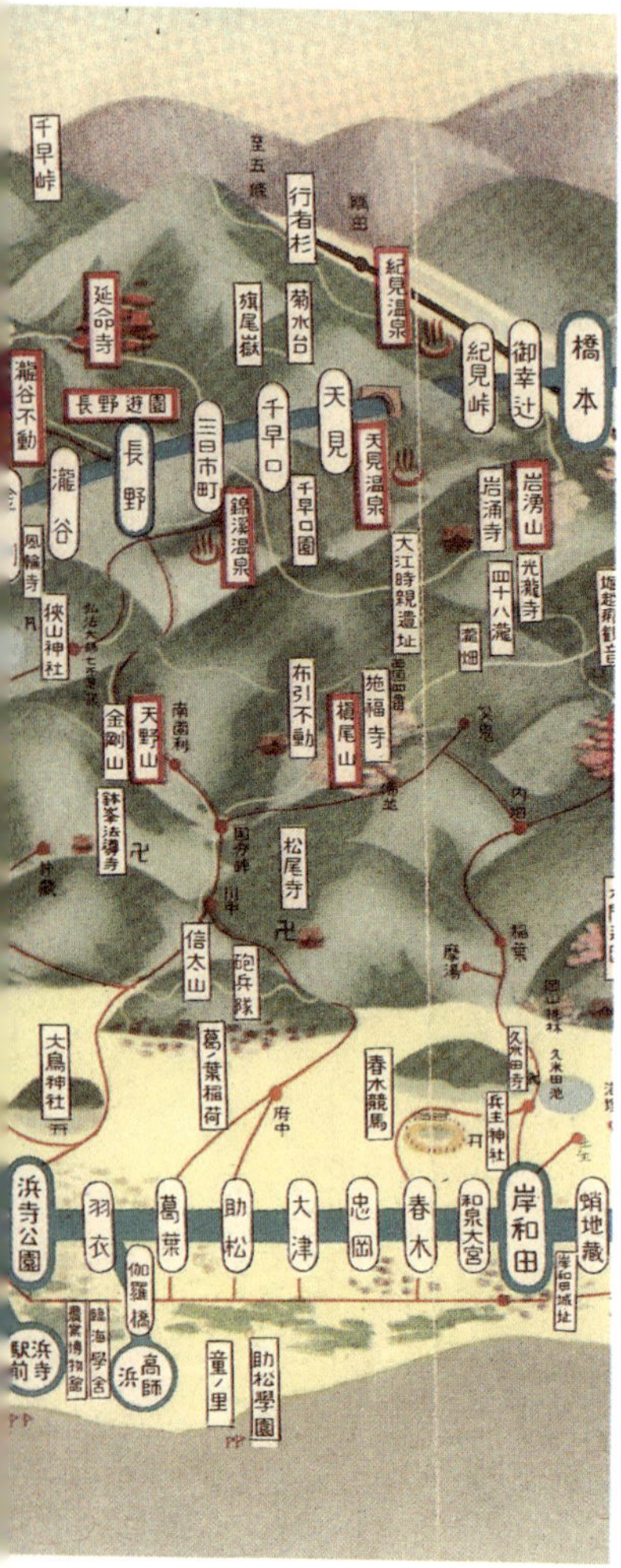

図1　昭和12年（1937）頃の南海鉄道の沿線案内図。阪和電気鉄道の図と同様、こちらにもライバル・阪和のラインは描かれていない。『沿線案内』南海鉄道 昭和12年頃

かなり混雑し、場合によっては冷房車の方が暑かったこともあるといった記述から、実際にはこれほどの低温ではなかったと思われる。冷房車が大手私鉄の通勤列車に本格的に浸透していくのは昭和五〇年代からなので、ずいぶんと早期の導入だった。ちなみに当時は一般人が経験できる冷房空間といえば百貨店内くらいのものだったという。添付された「車両表」によれば、いずれも日本車輌製造の電動機付二〇〇一形で四六・〇トン、モータなしの附随車二八〇一形で三九・〇トンと、今どきのステンレス車両などよりだいぶ重量級である。定員はそれぞれ一四二人。

冷房は消えて戦時体制へ

好評だった冷房車が登場した翌年にあたる昭和一二年（一九三七）には日中戦争が始まる。宣戦布告なしの戦闘開始であったため、当時は支那事変または日支事変と称した。日本国内は徐々に戦時体制に向けて動き始めるが、石油の多くを「仮想敵国」たるアメリカからの輸入に依存していた日本のエネルギーの見通しは厳しく、節約の空気が世を覆うことになった。そんななかで冷房などという「贅沢」はまっ先に槍玉に挙がり、南海鉄道でもこの年を最後に冷房サービスを停止、重い機器は取り外している。

昭和一二年といえば、地形図の世界では軍機保護法の改正に伴って「戦時改描」が実施されるようになった。たとえば図上の軍施設や戦略的に重要な工場、操車場、発変電所、ダムなどが、畑や住宅地などに擬装されるようになったのである。この年の九月には、国内の資金の流れを効率よく戦争に振り向けるために「臨時資金調整法」が施行されている。戦争遂行にとって重要と認められる事業に手厚く資金を供給し、反対に不要不急とされる対象への資金の流入を制限するためだ。国家による統制経済の色がこの頃から濃くなっていく。
国家の「軍事シフト」を反映して、昭和一〇年代から特に大都市圏郊外で大規模な軍需工場の立地が目立つようになり、これに伴って南海鉄道でも電車の混雑が目立って激しくなってきた。そこで同法の適用を受けるべく昭和一四年(一九三九)に申請を行なっている(提出日付不詳)のだが、この時の文書に当時の状況がよく表われているので次に引用しよう。

臨時資金調整法施行細則第十条ニ依ル
事業設備拡張ニ関スル説明書

一、会社ノ住所及名称〔略〕
二、会社ノ資本金及払込資本金〔略〕
三、事業設備拡張ニ関スル計画及其予算ノ大要並ニ資金調達方法
計画　現有車両ト同一設計ノ電動車拾両及制御車拾両計弐拾両ヲ増設シ、鉄道本線ニ使用ス。
予算　総額金壱百六拾五万円也〔内訳略〕
四、事業設備拡張ヲ必要トスル事由
弊社営業線路ハ生産都市大《だい》大阪ノ中枢地域ヲ起点トシ、鉄道本線、高野線、軌道線、三線何レモ一部重工業製造工場ノ密集セル大阪市南部及《および》之ニ近接セル堺市ヲ縦貫或ハ横断シ、沿線市町

村ノ発展目覚シク、特ニ時局関係工業ノ勃興ニ至リテハ、都市地域、農村地域ヲ通ジ益々顕著ニシテ飛躍的ニ殷盛トナリ、重工業製造工場ノ膨大ナル拡張頻々《ひんぴん》ト行ハレ、大小ノ新設工場群立枚挙ニ遑《いとま》ナク、家屋ノ増築等ノ著シキハ衆知ノ事実ナリ。

此ノ現象ハ堺市方面ニ於テ特ニ著シク、尚岸和田市、大津町〔現泉大津市〕方面ノ軍需工場又ハ時局関係工場ノ新設及増設セラル、モノ甚ダ多ク見受クル所ナリ。

輓近《ばんきん》〔＝近頃〕鉄道運輸繁忙ハ普遍的趨勢ニシテ、前述ノ影響ニ基因シ、弊社ニ於テモ其例ニ洩レズ恵沢ニ浴シ、一途ニ上昇過程ヲ辿リ、其交通量ハ添付調査図ニ示ス如ク、昭和十三年上半期ヨリ躍進的ニ増加シ、毎年下半期ニ於ケル減少ノ前例ヲ打破リ、昭和十三年下半期ニ至リテハ、尚一層激増ノ数字ヲ現示セリ。

之《これ》ハ《は》ガソリン統制強化ニ依ル「バス」運輸機能減殺《げんさい》ニ基キ一層拍車ヲカケラレ、電車ニ於テ「ラツシユ、アワー」ニテ其混雑特ニ著シク、弊社ニ於テハ極力運輸機関ノ最大能力ヲ発揮シ得ル様、鋭意努力スル所ナルモ、現有車数ニテハ到底過剰輸送ヲ不満ナカラシムル能ハザル状態トナレリ。

ここでバスの運行に支障をきたしたという「ガソリン統制」は、満洲事変以来の日本に対する国際社会の厳しい姿勢の反映で、この申請が提出された翌年の昭和一五年（一九四〇）からはアメリカによる日本への石油の輸出が段階的に制限される。鉄道分野では、非電化線での利便性を上げて好評だった気動車の運行が大幅に制限されるなど影響は大きかったが、同一六年には最終的に石油の全面禁輸に至り、その年の暮れには追い詰められた日本が「窮鼠猫を噛む」が如き対応、すなわ

図2　ラッシュ時の混雑ぶりの証拠として提出されたと思われる住吉公園、難波両駅の写真。鉄道省文書「南海鉄道」巻三十（昭和14年）国立公文書館蔵

ち真珠湾攻撃へとなだれ込むのは周知のことである。

なお、前ページの写真はこの文書に隣接して綴じられていたもので、住吉公園〔現住吉大社〕駅と難波駅の朝ラッシュ時らしい風景である。このうち住吉公園駅の方はキャプションが「午後九時」になっているが、明らかに明るいから午前であろう。いずれにせよホーム上は立錐の余地のないほどの混雑ぶりだ。

〔承前〕尚吾精鋭ナル軍関係ニ就キ考察スルニ、泉北伯太《せんぼくはかたに》ニ野砲聯《れん》隊《たい》、堺市東郊ニ騎兵聯隊、和歌山市終端ニ近接ノ深山《みやま》重砲、尚軍療養施設トシテハ堺市東郊ノ金岡《かなおか》病院、泉南ノ将兵療養所、遠クハ完通セル紀

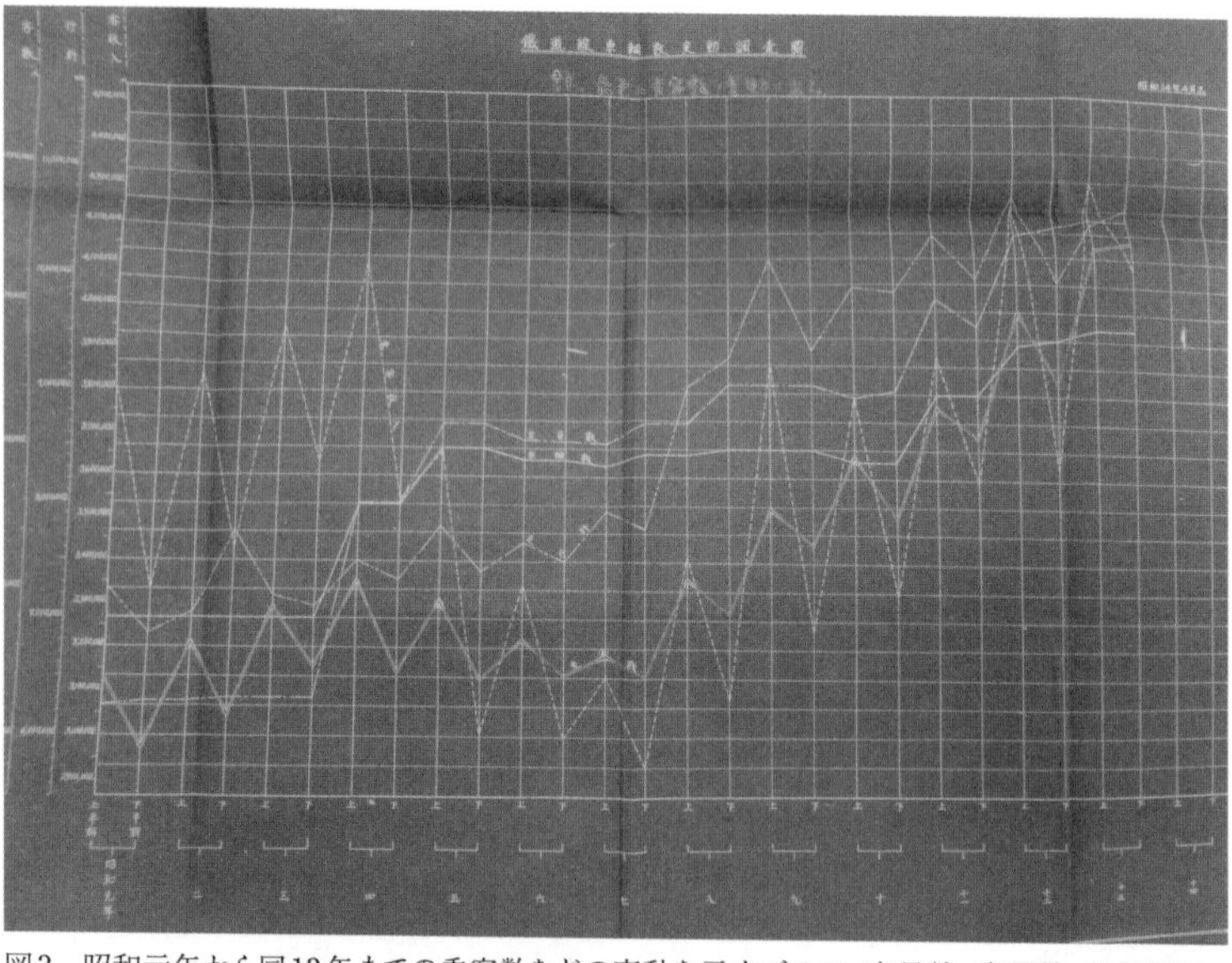

図3　昭和元年から同13年までの乗客数などの変動を示すグラフ。定員数、車両数、走行粁（キロメートル）とともに乗客数（赤線）が右肩上がりであることがわかる。鉄道省文書「南海鉄道」巻三十（昭和14年）国立公文書館蔵

勢西線沿線白浜ノ陸軍療養所等設立サレアリ、住吉ニ大阪護国神社ハ造営中ニシテ、弊社運輸機関ノ利用益々顕著トナレリ。

其他高野線ニ武運長久戦捷《せんしょう》祈願、護国ノ英霊ノ慰安ヲ旨トシ、参詣者絶エザル霊峰高野山ヲ有シ、曠古〔前代未聞〕ノ忠臣楠公《なんこう》父子ニ最モ由緒深キ金剛山、観心寺ニ依リ、日本精神発揚ノ運動益々活溌トナリ、或ハ厚生省ノ意志《ママ》ニ応ヘル「ハイキング」施設ノ好適ナル山岳平野ノ多々存在スル等、列記ナレバ繁雑ニ堪ヘザル所ナリ。

更ニ近キ将来ノ計画ニ就キ考察スルニ、鉄道本線泉南ノ地深日《ふけ》〔現泉南郡岬町〕ニ約三十万坪ノ敷地ヲ擁シ、海軍工廠ノ設立、或ハ高野線百舌鳥《もず》村ニ生産力拡充ノ完璧《ママ》ヲ期スル一策トシテ大阪高等工業学校〔官立。現大阪府立大学工学部の前身のひとつ。堺市中区〕ノ設立決定ヲ見、尚同沿線ニ陸軍学校ノ設立ヲ見ル現状ニアリ、就而《ついては》将来弊社鉄道運輸機関ハ刮目《かつもく》ニ値スル輸送状態ヲ現出スルニ至ルベク、現在既ニ行詰レル輸送機関ヲ更生セシメ、尚此儘《このまま》ニ放置シ、増車ナサザレバ、交通機関ノ重大使命ノ完全遂行ヲ期シ得ザルニ至ル。近キ将来トノ両方面ニ深甚ナル考慮ヲナシ、茲《ここ》ニ鉄道本線ニ電動車拾両、制御車拾両、計弐拾両、及高野線ニ制御車五両、合計弐拾五両ヲ新造シ、現在将来ヲ通ジ円滑ナル輸送ヲ行ヒ、後顧ノ憂《うれい》ナカラシメントスルモノナリ。

乗客増加状況〔算用数字に直した〕

年度	乗客数	増加数〔対前年〕
昭和八年度	六一六八万五〇〇〇人	四〇九万九二〇〇人

昭和九年度	六四七二万八一〇〇人	三〇四万七六〇〇人
昭和一〇年度	六六六八万六九〇〇人	一九五万八八〇〇人
昭和一一年度	七〇一九万二四〇〇人	三五〇万五五〇〇人
昭和一二年度	七四二三万 六〇〇人	四〇三万八二〇〇人
昭和一三年度上	＊三九八〇万四二〇〇人	一四九万三四〇〇人
昭和一三年度下	＊四〇〇四万五七五九人	四一二万五八八三人
〔昭和一三年度計	七九八四万九九五九人	五六一万九二八三人〕

当時は首都圏でも「相模原軍都計画」に象徴されるように陸軍士官学校や通信学校といった軍施設の拡張に伴う郊外移転が盛んに行なわれていたが、関西でもここに言及されているような動きがあった。このうち深日《ふけ》の三〇万坪（約一平方キロメートル）に及ぶ敷地に建設されようとしていた「海

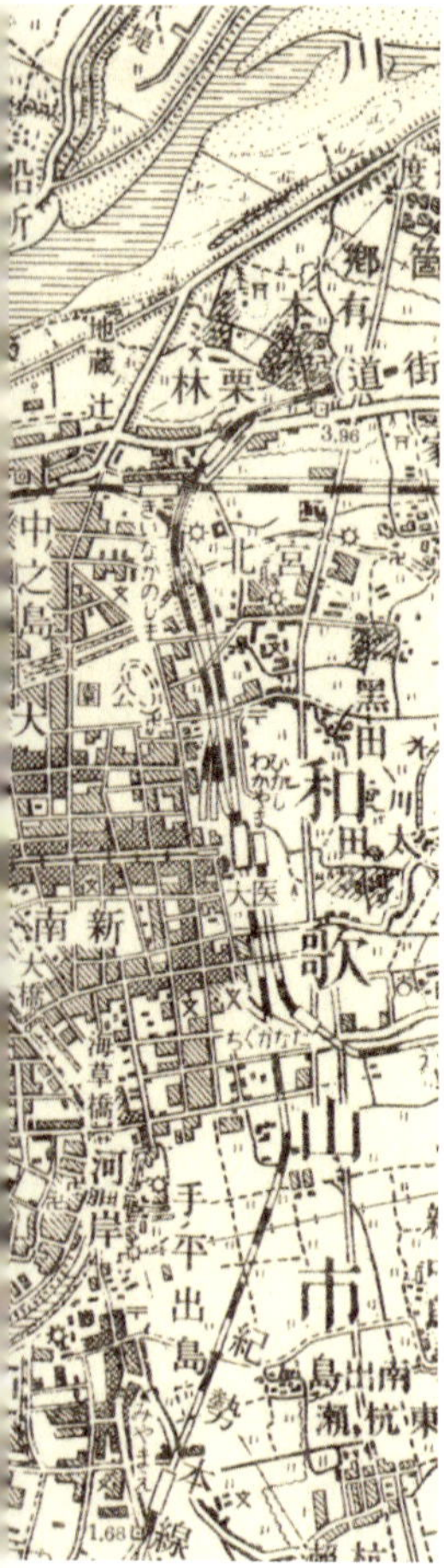

図4　和歌山市の紀ノ川右岸に位置する松江には、昭和17年（1942）に住友金属工業和歌山製鉄所（現新日鐵住金和歌山製鐵所）が進出した。1:50,000「和歌山」昭和33年要部修正

軍工廠」は、実際には潜水艦などを専用に建造する造船所として川崎製鉄（現ＪＦＥスチール）の泉州工場が建設された。

　面積の方は計画通りにいかなかったようで、敗戦直後の空中写真などで確認するとその半分ほどであろうか。それでも巨大工場には変わりなく、従業員の輸送のため南《みなみ》淡輪《たんのわ》（現みさき公園）駅から深日港《ふけこう》を経て多奈川に至る支線（現多奈川線）が建設された。開業は昭和一九年（一九四四）六月一日で、資材不足が深刻であったこの時期に建設される路線といえば、ほぼ軍用または軍需産業用に限られていた。

　ただし支線敷設の免許申請は昭和一四年（一九三九）に提出されており、だいぶ時間がかかった印象である。申請書類に添えられた大阪府知事からの「副申」は次の通り。

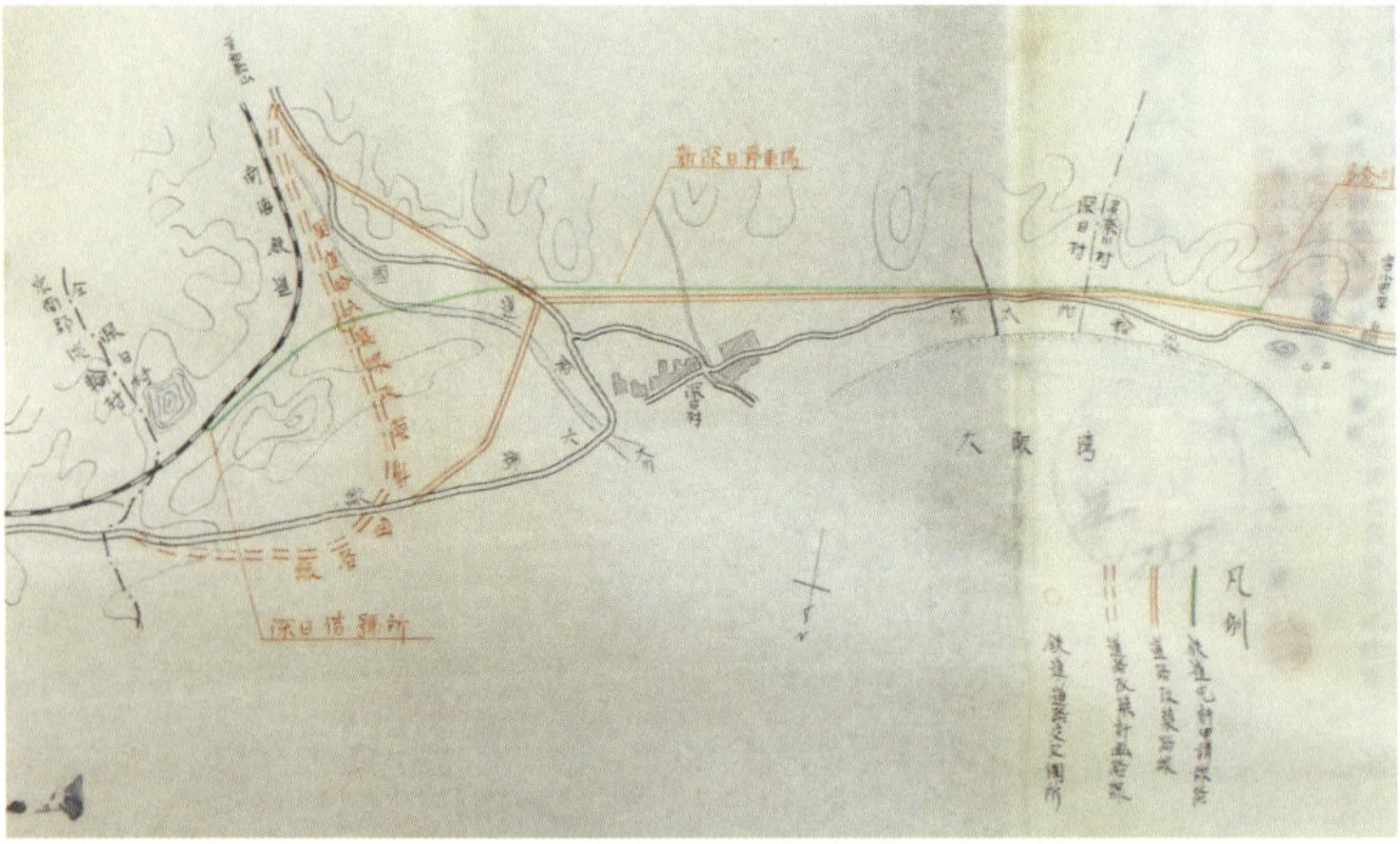

図5　多奈川線の敷設免許申請書類に添付された計画路線（緑色の線）。本線からの分岐地点（深日信号所）には昭和13年（1938）に南淡輪（現みさき公園）駅が設置されたはずなので、図はそれ以前のもの。新深日停車場は開業時の深日町駅で、町から遠かった本線の深日駅はこれに伴って貨物駅となり、昭和20年（1945）6月11日に休止、同23年に廃止された。鉄道省文書「南海鉄道」巻三一（昭和15年）国立公文書館蔵

道第一三三三五号

地方鉄道敷設免許申請ニ付副申

南海鉄道株式会社ヨリ標記ノ件、別紙ノ通申請ニ依リ調査候処、右ハ府下泉南郡多奈川村地内ニ今回海軍重要施設ヲ設置セラル、コト、相成候ニ付、本願鉄道ヲ敷設シ、之カ施設地ト後方トノ交通連絡ヲ図ラムトスルモノニ有之、而シテ本鉄道ヲ敷設スヘキ深日《ふけ》、多奈川両部落ハ現在人家数百戸ノ一漁村ニ過キサルモ、該重要施設々置《せっち》ノ暁ニ於テハ顕著ナル発展ヲ来スヘク予想セラル、ヲ以テ、本鉄道ハ之カ交通上並ニ特ニ軍事上緊切ナル施設ト被認《みとめられ》候ニ付、左記御考慮ノ上御免許相成様致度《あいなるよういたしたく》願書及進達候也。

昭和十四年十月十一日

大阪府知事　半井《なからい》清

鉄道大臣　永井柳《りゅう》太郎殿

話は昭和一五年（一九四〇）に遡るが、この年の一二月一日に南海鉄道は強力なライバルであった阪和電気鉄道を吸収合併する。『南海電気鉄道百年史』では「昭和十五年にいたって、鉄道当局は、両社の競争は経営基盤をあやうくする恐れがあり、運転保安上も問題であるとの見地から合併を働きかけた」と、この合併が鉄道当局の意向であったことを明記している。昭和一五年八月二一日付の「会社合併認可申請書」に記された合併の事由は次の通り。

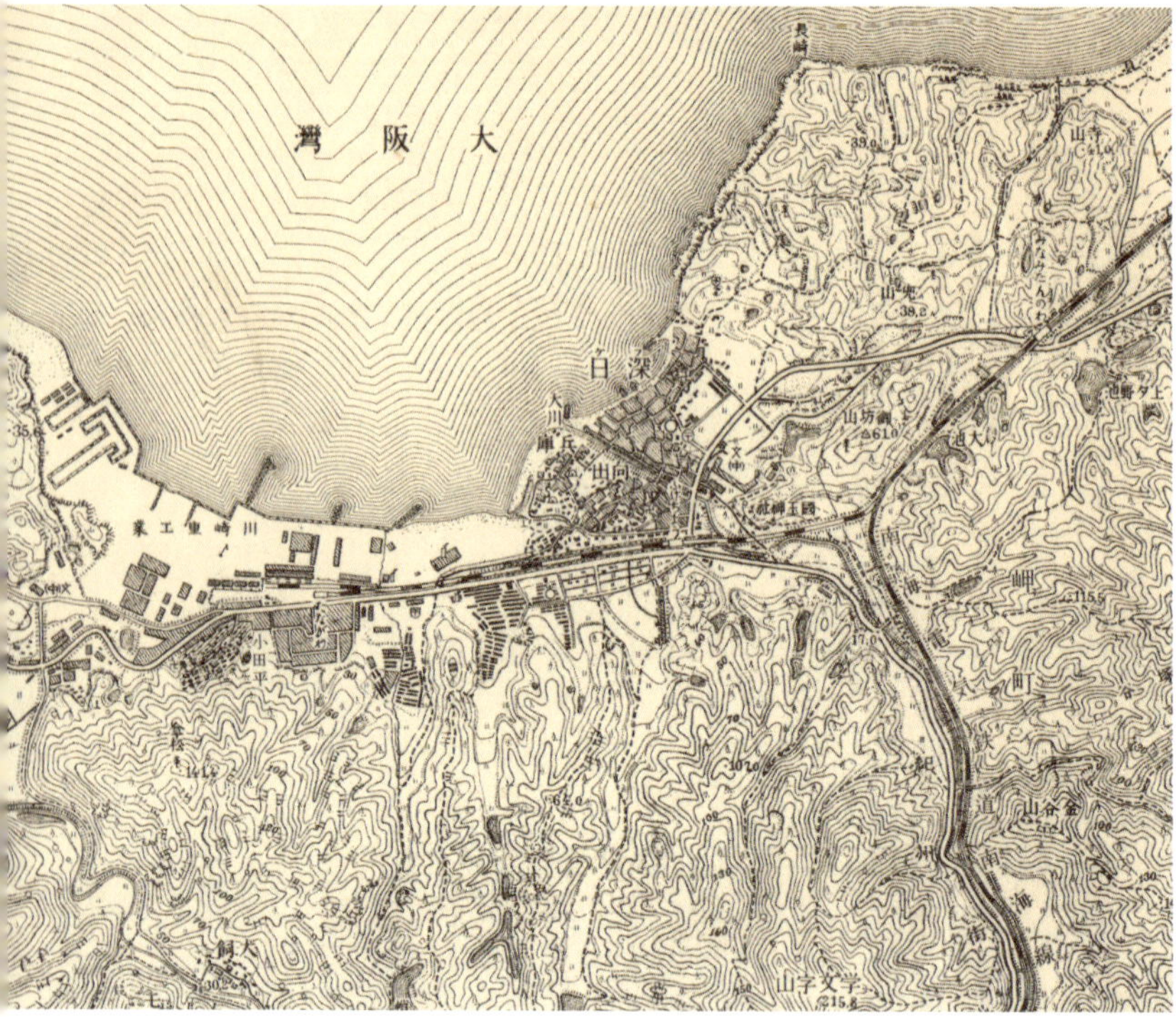

図6　開通後の多奈川線とその沿線。深日（ふけ）〜多奈川の海岸が埋め立てられて軍需工場（川崎重工業）となった。1:25,000「淡輪」昭和22年修正同33年資料修正　×0.8

合併ノ事由

　本邦ニ於ケル交通事業ハ、我国力ノ発展ニ伴ヒ近年著シク発達シタルモ、都心ニ通ズル鉄道、軌道等平行線ノ簇出《そうしゅつ》（＝簇出）スルニ及ビ、動《やや》モスレバ事業相互ノ連絡統一ヲ欠キ、併立競争ノ弊ヲ生セシメルニ至リ、其ノ結果ハ資本ノ浪費トナリ、国家的ニモ洵《まこと》ニ不経済不合理ト申スベキ実状ニシテ、之ガ是正ノ必要ハ今更申ス迄モナキ儀ナルガ、殊ニ目下支那事変ノ処理ト国際状勢ニ対処シテ高度国防国家建設ノ為メ、其ノ必要ハ一層緊要必至ノ情勢ト認メラレ候。

　茲《ここ》ニ於テ起終点ヲ大阪市、和

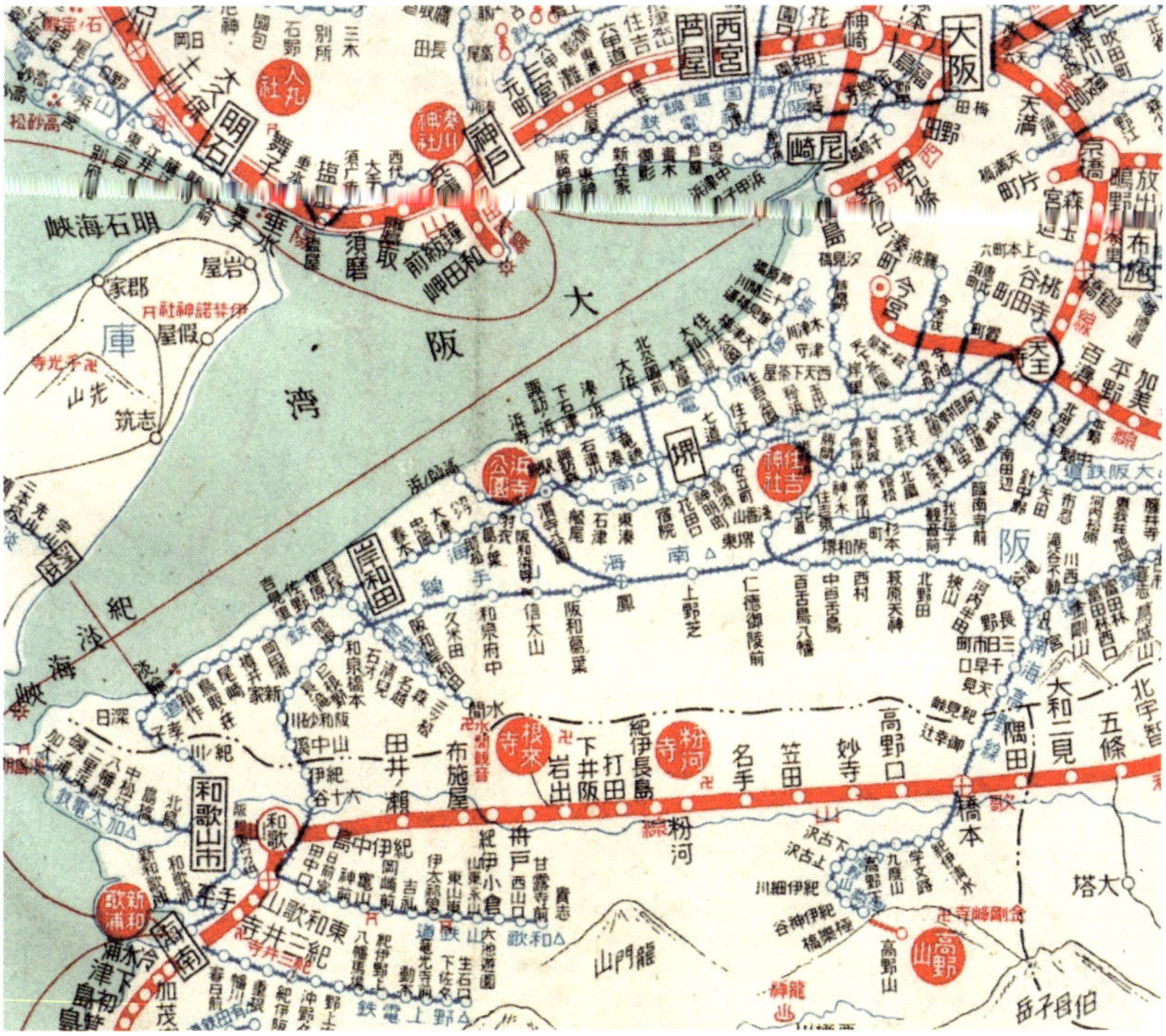

図7　3年半しか存在しなかった南海山手線（旧阪和電気鉄道）の載った路線図。地図会社も戦時統合されて日本統制地図という会社が発行している。『鉄道旅行図』著作・駸々堂書店　発行・日本統制地図　昭和16年

歌山市ニ有スル南海鉄道株式会社ト阪和電気鉄道株式会社ノ両社ヲ合併シテ、併立競争ニ依ル弊ヲ除去スルハ勿論、進ンデ一層経営ノ合理化ヲ図リ、沿線ノ開発ト産業文化ノ発展ニ寄与シ、更ニ将来ニ於ケル施設ノ整備、改良ニ対シ資本ノ強化ニ資セントスルモノニ有之、最近ニ於ケル両社ノ業績其他ノ事情ヨリ考察スルモ、現在ガ最モ適当ナル合併ノ時期ト思考セラル、次第ニ御座候。

当時は「支那事変」をめぐる国際情勢に対処するために、交通分野での国家の介入度合が徐々に強まっていたが、昭和一三年（一九

三八）に施行された陸上交通事業調整法に基づき、南海と阪和の合併は同一五年一二月一日に実施された。これに伴って阪和電気鉄道は「南海鉄道山手線」となるが、昭和一七年（一九四二）二月一五日にはライバル他社ゆえに素通りしていた南海高野線と阪和電気鉄道線（南海山手線）の交差地点に三国ヶ丘駅が設けられている。

しかし山手線と呼ばれた時期は短く、合併からわずか三年半後の昭和一九年（一九四四）五月一日、同線は国に強制買収された。和歌山方面の製鉄所や化学工場などが多く立地し、戦略的重要性に基づくものであったが、『南海電気鉄道百年史』に「買収の形式は、地方鉄道法第三十条以下によるものだが、実質は国家総動員法をタテにしたものであった。何の予告もなく電報一本で代表者が呼び出され、買収を申し渡された」とあるように、まさに有無を言わさぬものであったようだ。

かつて明治三九年（一九〇六）に鉄道国有法が施行された際、一旦は国有化の対象に挙げられながらも、時の政局によりそれを免れた南海であるが、その後に登場した阪和電気鉄道のきわめて良好な第一級の複線電化線を、国家としていずれ獲得する意向であったことは想像に難くない。それを好機到来とばかりに「非常時」に行なった形である。買収価格は約六三八九万円であったが、もちろん非常時ゆえの戦時公債。戦後にこれが紙屑になったのは言うまでもない。結果的には南海鉄道にとってずいぶんと高い買い物であった。

その南海鉄道も阪和の買収からちょうど一か月後の昭和一九年六月一日、戦時統合の国策の下、やはり陸上交通事業調整法により関西急行鉄道（以前の大阪電気軌道・参宮急行電鉄などが合併）と合併、近畿日本鉄道の一部となる。「南海」が近鉄から独立したのは戦後の昭和二二年（一九四七）三月一五日、合併を免れていた高野電気鉄道を改称する形で、新たに南海電気鉄道が戦前の路線（もちろん山手線以外）を復活させた。

あとがき

関西圏の大手三社、阪神・阪急・京阪を取り上げた本シリーズの「関西1」に引き続き、本書では近鉄・南海の二社を取り上げた。近畿日本鉄道は第三セクターへの移管などもあって少し距離が短くなったとはいえ、今も約五〇〇キロの路線網を誇る大私鉄である。前身となる私鉄は多く、連載では大阪線、南大阪線・吉野線、橿原線、山田線、名古屋線を中心に一〇回にわたって取り上げたが、都市間連絡線の奈良線や名古屋線、参詣路線の山田線（旧参宮急行電鉄）、観光と参詣輸送を併せ持った吉野線、信者輸送目的という珍しい出自をもつ天理軽便鉄道などさまざまな性格の路線の生い立ちをたどるのは興味深かった。主要幹線の中で京都線（旧奈良電気鉄道）は残念ながら割愛したが、またの機会に譲ることにしよう。

さて、南海電気鉄道（旧南海鉄道）は現存する日本最古の私鉄である。前身の阪堺鉄道は二フィート九インチ（八三八ミリ）という珍しい軌間で始まったが、これは廃止になった釜石鉱山の鉄道の車両や資材を流用したものだ。その融通の利かせ方など、今日では見られない類の阿吽の呼吸もあったようである。

南海鉄道は明治三九年（一九〇六）にすったもんだの末に決まった幹線鉄道国有化の際にぎりぎりでそれを免れた。帝国議会における政党間の微妙な関係が後々まで響くこのような案件は、現代人にとっても他人事ではない。

高野線はもともと南海とは別の鉄道会社であった。特に橋本以南の本格的な登山鉄道の出現に至る経緯も興味深い。通勤者が減少し始めている関西圏にあっても高野山を訪れる外国人観光客の利用が増えているのは救いだ。スペースの関係で本書では本線と高野線だけに限定したが、魅力的な軌道線――現阪堺電気鉄道および今はなき和歌山軌道線も機会があれば調べてみたいものである。

白水社のネット連載「鉄道王国の歩み」も近鉄の最終回で三七回。京王線の第一回からずいぶん長く書き続けたものだが、月に二回書くはずが私の怠慢で時に二か月に一回程度のスローペースに落ちたこともしばしばであった。いつもながら辛抱強く待っていただいた同社の担当の岩堀雅己さんには感謝に堪えない。

関東と関西が終わった後の連載をどうするかといえば、名鉄や西鉄という大手はまだ残っているのだが、全国各地に点在する中小を含む魅力的な鉄道を取り上げることになった。どんな巻の名前になるか決まってはいないが、本になった暁にはまたお会いしましょう。いつものことだが、著者の浅学菲才ゆえの誤りが本書のどこかに隠れているかもしれないので、もし発見された場合には鬼の首を取ったような感じでご一報いただければ幸甚である。

平成三一年（二〇一九）二月一日

今尾恵介

「この地図は、国土地理院長の承認を得て、同院発行の20万分1 地勢図、20万分1 輯製図、20万分1 帝国図、5万分1地形図、2万5千分1地形図、2万分1仮製図、2万分1 正式図及び1万分1 地形図を複製したものである。(承認番号 平30情複、第1254号)」

『中央新聞』の引用(36ページ〜)は、神戸大学附属図書館デジタルアーカイブの「新聞記事文庫」によったが、本連載の方針に従って適宜句読点を追加し、同アーカイブに添付されている原典を参照して歴史的仮名遣いに戻した。

＊本書は白水社ホームページで平成29年(2017)3月から平成30年(2018)9月まで連載された「鉄道王国の歩み　公文書と地形図でたどる私鉄史」に加筆・修正を行なったものです。

主要参考文献

『鉄道省(鉄道院)文書』(当該各簿冊)国立公文書館蔵
『官報』該当各巻 国立国会図書館デジタルコレクション
『近畿日本鉄道100年のあゆみ』近畿日本鉄道 平成22年(2010)
『大阪電気軌道株式会社三十年史』大阪電気軌道 昭和15年(1940)
『南海電気鉄道百年史』南海電気鉄道 昭和60年(1985)
『開通五拾年 南海鉄道発達史』南海鉄道 昭和11年(1936)
『日本鉄道史 上篇』鉄道大臣官房文書課 大正10年(1921)
『停車場変遷大事典 国鉄JR編』JTB パブリッシング 平成10 年(1998)
『鉄道停車場一覧』鉄道省 昭和9年(1934)復刻鉄道名著集成 アテネ書房 1993年
『日本鉄道旅行地図帳 8号 関西1』今尾恵介監修 新潮社 平成20年(2008)
『私鉄史ハンドブック』和久田康雄 電気車研究会 平成5年(1993)
『新版 角川日本地名大辞典DVD-ROM』角川グループパブリッシング 平成23年(2011)
『全訂 全国市町村名変遷総覧』市町村自治研究会監修 日本加除出版 平成18年(2006)
『橋のない川』第1部 住井すゑ 新潮社 平成4年(1992)
『私鉄物語』清水啓次郎 春秋社 昭和5年(1930)
＊この他に各種鉄道時刻表、市街図・地形図・地勢図(帝国図)等の地図を参照しました。

著者紹介

今尾恵介 いまお けいすけ

1959年横浜市生まれ。中学生の頃から国土地理院発行の地形図や時刻表を眺めるのが趣味だった。音楽出版社勤務を経て、1991年にフリーランサーとして独立。旅行ガイドブック等へのイラストマップ作成、地図・旅行関係の雑誌への連載をスタート。以後、地図・地名・鉄道関係の単行本の執筆を精力的に手がける。膨大な地図資料をもとに、地域の来し方や行く末を読み解き、環境、政治、地方都市のあり方までを考える。現在、(一財)日本地図センター客員研究員、日本地図学会「地図と地名」専門部会主査、名古屋レール・アーカイブス会員。2017年に第2回斎藤茂太賞、2018年に第43回交通図書賞を受賞。

著書は『日本鉄道旅行地図帳』、『日本鉄道旅行歴史地図帳』(いずれも監修)、『地図で読む戦争の時代』『地図で読む昭和の日本』『地図で読む世界と日本(白水Uブックス)』、『日本地図のたのしみ』、『地図で楽しむ日本の鉄道』、『鉄道唱歌と地図でたどるあの駅この街』、『東京凸凹地形散歩』、など多数。

デザイン
三木俊一+守屋 圭(文京図案室)

地図《ちず》と鉄道省文書《てつどうしょうもんじょ》で読《よ》む私鉄《してつ》の歩《あゆ》み
関西（2）近鉄《きんてつ》・南海《なんかい》

二〇一九年三月一〇日　印刷
二〇一九年三月三〇日　発行

著　者 © 今尾恵介
発行者　及川直志
印刷所　株式会社三秀舎
発行所　株式会社白水社

東京都千代田区神田小川町三の二四
電話　営業部　〇三（三二九一）七八一一
　　　編集部　〇三（三二九一）七八二一
振替　〇〇一九〇―五―三三二二八
郵便番号　一〇一―〇〇五二
www.hakusuisha.co.jp

乱丁・落丁本は、送料小社負担にてお取り替えいたします。

加瀬製本

ISBN978-4-560-09687-1

Printed in Japan

今尾恵介 著

地図と鉄道省文書で読む私鉄の歩み

「鉄道王国」日本の歩みを、資料と当時の地図から浮かび上がらせていく。関東関西全五巻。

関東1 東急・小田急
関東2 京王・西武・東武
関東3 京成・京急・相鉄
関西1 阪神・阪急・京阪
関西2 近鉄・南海

地図で読む戦争の時代

描かれた日本、描かれなかった日本

蛇行を繰り返す線路、忽然と現われる円形の区画、広大な空き地。地図に描かれた戦争の痕跡を古今内外の地図をもとにさぐっていく本書は、植民地や領土問題を考える上でも示唆に富む。

地図で読む昭和の日本

定点観測でたどる街の風景

戦争、敗戦、高度経済成長、ニュータウン、産業構造の転換など、明治維新以来、近代化を急速に進めた日本の歩みを、各時代の地図をもとに定点観測していく。いまを知る一冊。

地図で読む世界と日本

地図は客観的ではない。なにを大切にするかによって描かれ方はさまざま。歴史や文化、生活が写し込まれている古今東西の地図をとおして、色とりどりの〈世界のかたち〉を味わう一冊。〔白水Uブックス〕